한말 외국인 기록 06

하멜 표류기 / 조선전 / 금단의 나라 조선

이 책의 맞춤법과 띄어쓰기는 역주자의 의견을 기준으로 했습니다.

개정판

한말 외국인 기록 06

하멜 표류기 / 조선전 / 금단의 나라 조선

1999년 10월 20일 초판 1판 1쇄
2019년 11월 1일 개정판 1판 1쇄
2023년 11월 20일 개정판 1판 2쇄

저자 | H. 하멜 / 뒤 알드 / E. J. 오페르트
역주자 | 신복룡 / 신복룡 · 장우영 / 신복룡 · 장우영
발행인 | 임동규
발행처 | **(주)집문당**
등록 | 1971. 3. 23. 제2012-000069호
주소 | 03134 서울시 종로구 돈화문로 82, 5층
전화 | +82-1811-7567
이메일 | sale@jipmoon.com
홈페이지 | www.jipmoon.com

편 집 | 장이지
디자인 | 임용우

ISBN 978-89-303-1837-2 04900
978-89-303-1831-0(세트)

가격 25,000원

하멜 표류기

Narrative and Description of the Kingdom of Korea

H. 하멜 지음/신복룡 역주

집문당

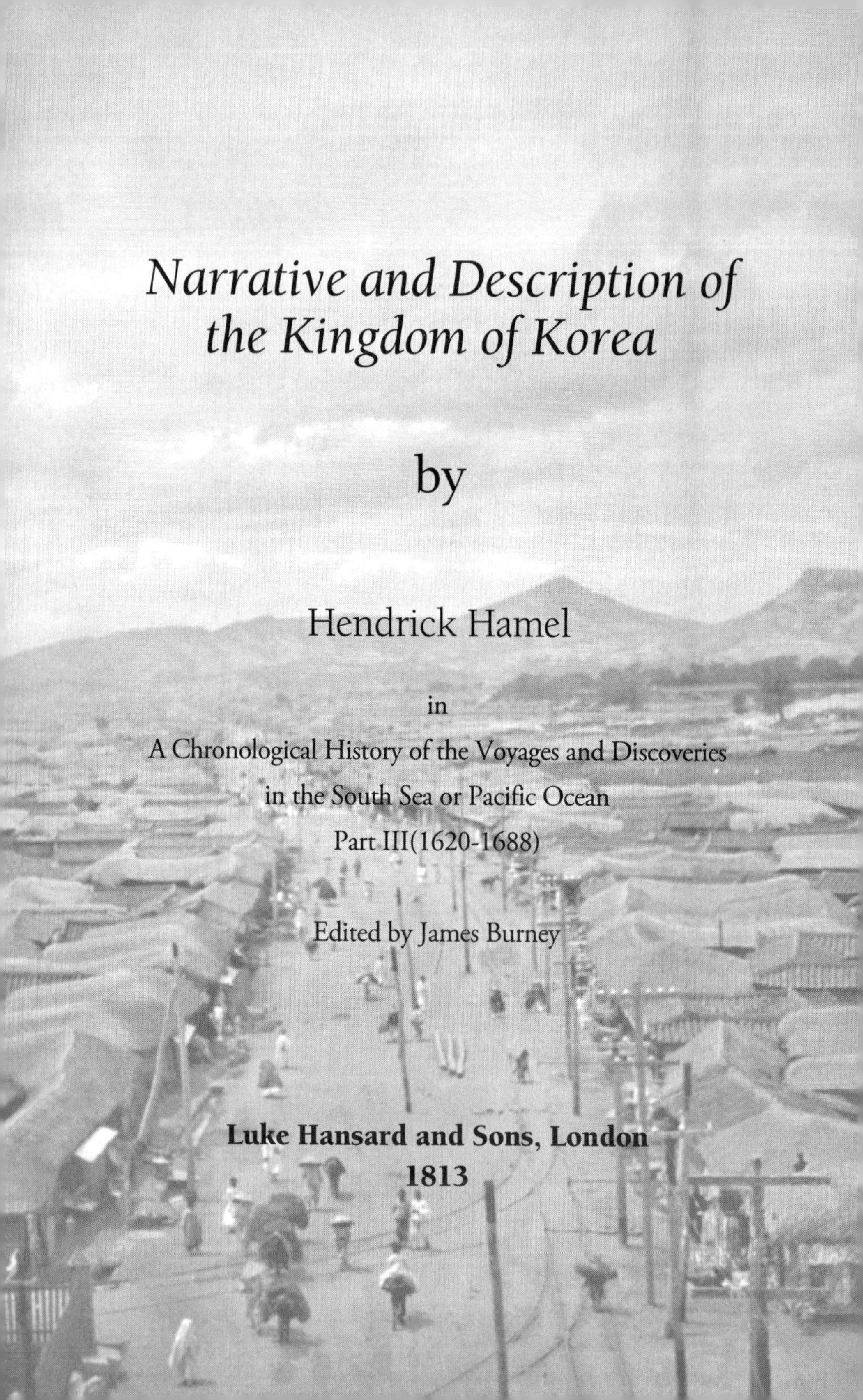

Narrative and Description of the Kingdom of Korea

by

Hendrick Hamel

in

A Chronological History of the Voyages and Discoveries in the South Sea or Pacific Ocean

Part III(1620-1688)

Edited by James Burney

Luke Hansard and Sons, London

1813

역주자 서문

한국의 개화사나 대외관계사를 논의하면서 가장 먼저, 그리고 가장 흔히 거명되는 인물과 사항은 아마도 하멜과 그의 표류기가 아니었던가 생각된다. 그러나 역사에서 그토록 빈번하게 회자(膾炙)된 것과는 달리 이 책은 독자들로부터 멀리 떨어져 있었다. 그렇다고 해서 이 책을 연구한 선학(先學)이 없었던 것은 아니다. 이미 오래전에 이병도(李丙燾) 선생에 의해 『하멜 표류기』(서울 : 일조각, 1954)가 번역·출간된 적이 있고, 컬럼비아 대학의 레드야드(Gari K. Ledyard) 교수의 노작 『하멜 표류기』(朴允熙 옮김, 서울 : 삼중당, 1975)가 있다. 그러나 이들은 모두 오래 전에 절판되었거나 시중에서 구하기가 어려운 실정이다.

나는 이러한 노작들이 출판되었음에도 불구하고 『한말 외국인 기록』 전집을 내면서 이 『하멜표류기』를 넣지 않는다면 구색이 맞지 않을뿐더러 이를 내 나름대로 다시 주석해보고 싶은 오랜 바람이 있었기에 이를 역주하게 되었다. 다만 다른 것이 있다면 위의 두 분은 불어판을 대본으로 한 것이며, 나는 영문판을 대본으로 했다는 차이가 있다. 이러한 차이에도 불구하고 이 번역본이 두 선학의 연구에 빚을 지고 있는 것만은 부인할 수가 없다. 사진은 호산방(壺山房)의 박대헌(朴大憲) 사장이 소장하고 있는 네델란드의 판본(Martinus Nijhoff, 1920)을 이용했다.

이 글이 가지는 가치에도 불구하고 독자나 연구자들은 표류기 그 자체에만 관심을 기울였을 뿐 정작 하멜(Hendrick Hamel)의 생애에 대해서는 연구가 거의 없다. 레드야드 교수의 연구에 따르면 그는 1630년 전후에 태어나서 1692년에 죽었다는 사실만이 밝혀지고 있을 뿐이다.(p. 175) 하멜은 이 글에서 자신은 스파르웨르(Sparwer, 영어로는 Sparrow Hawk)의 서기(secretary)라고 기록한 것으로 보아 선원은 아니었고 일종의 선무원(船務

員)이었던 것으로 보이며 그 배가 일본으로 가는 무역선이었다는 점을 고려한다면 그는 그런 업종에 종사했던 사람으로 보인다. 그가 조선을 탈출할 당시에 배를 마련하고서도 운항에 자신이 없어 특별히 항해사를 탈주자 일행에 포함시킬 수밖에 없었다는 그의 고백이 이를 뒷받침하고 있다.

표류기에 나타난 그의 탐구심이나 문장으로 볼 때 그는 많이 배운 사람인 것 같지는 않다. 그럼에도 불구하고, 비록 회상에 의해 쓴 것이고 또 주위 사람의 권고에 의한 것이었다고 하더라도, 이만한 기록을 남기려고 애쓴 그의 노력은 가상하다. 더욱이 기억에 의한 글임에도 13년에 걸친 억류 생활의 일자를 어렴풋이나마 회상할 수 있었던 그의 비상한 기억력은 놀라운 것이었다.

하멜은 당초부터 일기를 쓴 것은 아니며, 일본에 도착하여 일본 관원의 조사를 받고 본국에로 귀환하려고 배편을 기다리던 2개월 동안에 메모의 형식으로 이 글을 썼고 귀로에 바타비아(Batavia)에 들려 총독에게 이 글을 바친 것으로 되어 있는데 그 글이 어떻게 다시 본국 네덜란드에 전해져서 그의 귀국과 함께 출판되었는지는 알 수가 없으나, 이 글이 후세에 전해진 것만으로도 사학사(史學史)를 위해 다행이라 하지 않을 수 없다. 이 글은 효종(孝宗) 시대의 정치·사회상과 간간이 묻어 나오는 그의 북벌(北伐) 의지를 엿볼 수 있다는 점에 그의 가치를 인정하지 않을 수 없다.

언제인가는 출판할 날이 있으려니 하는 기대 속에서 이 책을 번역한 지는 꽤 오래 되었지만, 『한말 외국인 기록』의 전집 22권을 출판하겠다는 임경환(林庚煥) 사장님의 제의를 들었을 때 기쁘기도 했으나 너무도 엄청난 일이라 엄두를 낼 수가 없었다. 그러던 차에 이러한 고충을 들은 1998학년도 건국대학교 정치외교학 과목의 나의 수강생들 300명이 한 장씩 컴퓨터에 입력해 주겠다고 나섰을 때 나는 한없이 고마왔고 크게 용기를 얻었다. 나는 그 300명의 이름을 여기에 일일이 적을 수 없는 것이 미안하고 유감스럽다.

모두가 고생했고 고맙지만, 특히 이형구(李衡求) 군이 많은 고생을 했다.

사내답지 않게 수줍음이 많은 조교 박성진(朴城進) 군은 마음이 넉넉지 못한 나의 방에서 마음 고생이 많았으리라고 생각되며, 주석을 찾으려고 각국의 대사관과 문화원을 찾아다니면서 싫은 내색 한 번 하지 않았다. 건국대학교 대학원 박사 과정의 고경민(高敬旼) 군은 컴퓨터 작업을 하느라고 많은 고생을 했다. 그들의 고생이 단순한 고생으로 그치지 않고 앞날의 그들의 학문 생활에 좋은 경험이 될 수 있다면 나로서는 미안함을 덜 수 있을 것이다.

영어로 쓰여진 동양사를 번역하는 과정에서 가장 어려운 작업은 영문으로 표기된 인명이나 지명을 어떻게 한자로 복원하느냐의 문제이다. 특히 원칙이 없이 쓴 일본과 중국의 인명·지명의 표기는 참으로 어려웠다. 노력할 만큼 했음에도 불구하고 끝내 밝히지 못한 어휘가 몇 군데 있는 것은 전적으로 나의 공부가 부족한 탓이며 뒷날 이를 딛고 더 훌륭한 학자에 의해 또 다른 번역판이 나올 때는 완벽하게 해독되기를 바랄 뿐이다.

끝으로 편집 교정과 출판 과정에서 고생하신 집문당의 우진주(禹軫柱) 상무님과 편집부 직원 여러분, 그리고 신세진 모든 분들에게 깊이 감사한다.

발행자 서문

1653년, 스파르웨르호(Sparwer : Sparrow Hawk)라는 이름의 네덜란드 선박이 대만(Formosa)의 타이완(Taywan)[1]으로부터 나가사키(長崎)를 향해 출항했다. 그러나 그 배는 결코 나가사키에 도달할 수 없었고, 네덜란드의 동인도회사는 1666년까지 그 배와 관련된 어떠한 소식도 받지 못했다. 1668년 로테르담(Rotterdam)에서 『1653년 타이완에로의 스파르웨르호의 불우한 항해에 관한 일지 : 스파르웨르호가 제주도에서 좌초된 이유와 더불어 조선 왕조의 영토·지방·도시·요새에 관한 특별한 묘사』라는 내용의 이야기가 하멜(Hendrick Hamel)에 의해 발간되었다. 그 이야기는 1670년에 프랑스어로 번역되어 출간되었고, 뒤에 『북해 항해기』(*Recueil des Voyages du Nord*, Vol. IV, Amsterdam, 1782)에 삽입되었다. 이 글은 또한 처칠(John Churchill)[2]의 『항해 전집』 4권에 영어로 번역되어 있다.

그러나 그 모험과 관련된 현실성에 대해 몇몇 의문점이 제기되었고, 그 무렵의 상황에 대한 두서너 가지 의문의 여지가 있다는 것을 인정하지 않을 수 없다. 그러나 그것들이 이야기의 나머지 부분에 영향을 미치지는 못한다. 따라서 특정한 것들에 관한 지적을 무시하면 그 나머지의 사실과 관계된 진실인 증거들은 만족스러운 것들이라고 여겨진다. 작가는 그 자신을 스파르웨르호에 승선한 서기(Secretary)였다고 언급했고, 같은 해 발간된 이야기에서 모국인 네덜란드로 그와 함께 돌아온 나머지 7명 승무원들의 이름

1) 사실상 대만(Formosa)과 타이완(Taywan)은 같은 지명인데 하멜은 외국인이 쓰는 Formosa와 Taywan이 각기 다른 지명으로 오해하고 있다.

2) 처칠(John Churchill : 1650~1722) : 영국의 군인. 공작(公爵). 세인트 폴스대학에서 수학. 대네덜란드전쟁(1689), 대아일랜드전쟁(1690), 대스페인전쟁(1702)에서 공을 세웠으나 많은 정치적 전변을 겪었다.

을 밝혔다. 나가사키의 네덜란드 함대의 최고 사령관과 1667년 10월과 11월에 일본으로부터 바타비아까지 그들과 함께 온 그 상관의 이름 또한 언급되어 있다. 그리고 그 이야기에서 바타비아에 상륙한 그들이 총독(The Governor General)에게 그들의 모험 일지를 전달했다고 주장했다.

그들의 언급에 어떠한 부분이라도 거짓이 있었다면 그것은 즉각적인 조사와 폭로를 면할 수 없었을 것이다. 그러나 지금까지 하멜의 보고는 그 무렵의 현실과 전혀 모순되거나 의문스러워 보이지는 않는다. 오히려 중국 북쪽 지역에서 발견된 지역에 대한 니로프(Van Nierop)의 논문과 그 뒤에 출간된 윗센(M. Witsen)의 『타타르의 동북 지방』(*Nord en Oost Tartarye*, 1674)이라는 글에서 두 사람은 어떠한 의심스런 징후도 나타내지 않고 하멜이 말한 스파르웨르호 난파의 주요한 상황들을 인용했다. 만약 이 이야기가 프랑스나 영국의 전집으로 출판되지 않았더라면, 그 이야기를 받아들일 만큼 충분한 신뢰성에 의심이 제기되는 구실이 되었을 것이다. 따라서 그것은 그 자체로 사실적인 훌륭한 증거를 포함하고 있음을 보여주게 될 것이다.

조선에 대한 인식이 거의 없었던 유럽인들은 하멜의 이야기를 중요하게 받아들였다. 16세기 후반에 조선은 일본의 침략을 받았고 제수이트(Jesuit) 교단의 몇몇 신부들이 일본 군대와 그들의 조선인 포로들의 개종을 위해 조선으로 건너갔으나,[3] 그들의 노력으로 하멜의 저술과 비교가 가능한 조선이나 조선인들에 대한 묘사를 거의 찾아볼 수 없다고 기록하고 있다. 따라서 일부 예외적인 경우를 제외하고는 하멜의 저서만이 유럽인들이 조선 내부에 서 일어난 일을 목격한 유일한 기록으로서의 독자적인 위치를 차지하고 있다.

다음은 하멜 자신의 이야기지만 적어도 구체적인 몇몇 부분은 요약했다.

3) 이때 포르투갈의 신부 세스페데스(Gregorio de Cespedes : 1551~1611)가 온 것은 사실이지만 전시의 적대감 때문에 포교를 할 수는 없었고 일본군의 군종 신부의 역할을 했을 뿐이다.

발행자의 해제(解題)

선교사 레지 신부(Jean-Baptiste Régis)[1]가 하멜보다 몇 년 뒤에 조선에 대하여 얻은 지식은 조선에 대한 하멜의 지리적인 서술, 특히 지역의 이름[2]과 다르기 때문에 그는 하멜의 기록을 신뢰하지 않았다. 그러나 조선에 대한 하멜과 선교사들의 진술이 대부분 명백히 다름에도 불구하고, 그들의 글을 상호 비교 · 검토해 볼 필요가 있을 것이다. 두 사람의 기록은 지리적 지식뿐만 아니라 좀 더 많은 구체적인 점에서 명백한 일치를 보여주고 있다.

조선에 대한 선교사들의 서술은 관찰이 아닌 조사의 열매이다. 그와 같이 유리한 상황에서 얻어진 그들의 정보는 장소에 대한 일반적인 정확성에 대해 의심의 여지가 없다. 비록 항해 일지라는 제목이지만 하멜의 이야기는 서술 방법과 사건의 상황에 비추어 볼 때 그가 탈출한 뒤에 작성하였다는 것을 알 수 있으며, 메모에 도움 받지 않은 기억이라는 것을 추측할 수 있다. 또한 조선왕조에 대한 그의 서술도 그와 같은 것으로 보아야 한다. 만약 그가 13년에 걸친 감금 생활의 여가 동안에 그러한 기록에 착수했더라면, 그 일은 그의 관찰을 좀 더 생생하게 기록했을 것이고 현재의 페이지보다 훨씬 많은 양을 채울 수 있었을 것이다.

강희제(康熙帝, 재위 : 1662~1722)의 후원 아래 중국에 있는 선교사들이 중국의 조사에 착수했을 때, 조선이 같은 조사에 포함되었어야 하며 중국과

1) 레지 신부(P. Regis : ?) : 파리외방전교회 소속의 신부. 세례명은 요한. 강희제 치하의 청나라에 입국하여 주로 교회사 자료를 정리하여 본국에 전하는 임무를 맡았다. 그가 수집한 자료는 알드(Du Halde) 신부의 손을 거쳐 책으로 완성되었는데 『중국사』(*The General History of Korea*, 1741)가 그 대표적인 작품이다. 이 두 사람의 행적에 관해서는, 본 『한말외국인기록』 제11권인 『조선전』의 역주자 머리말을 참고할 것.

2) (편자 주) See *Hist. General des Voyage*, Vol. XI, p. 520.

함께 같은 지도 위에 나타나는 것이 바람직했을 것이다. 조선의 국왕이 선교사들의 출입을 거부했을 때, 황제는 수학 학교의 중국 관리를 동반한 청나라의 고위 관리를 그곳에 사신으로 보냈다. 그 관리로부터 레지 신부는 조선 내부에 대한 모든 정보를 얻었다.

따라서 중국인 통역자와 중국식 발음의 매개를 통해 그에게 보고된 조선의 지방과 지역의 이름들은 오해의 여지가 매우 컸다. 예를 들어 레지 신부가 언급한 조선의 이름들 가운데서 우리는 Kaoli와 Tchao-sien을 볼 수 있다. 퐁테니(P. Fontaney)[3] 신부가 수도를 Chaut-sien[4]이라는 이름을 부여한 것이 조선에서 무엇을 의미하는지에 대해 몇몇 의문점이 제기될 수 있다. 이러한 모든 이름들은 하멜의 Caori란 이름과 분명히 일치되었다.

선교사들과 하멜은 또한 그 각각의 이름들이 다름에도, 조선이 8개 지방으로 나누어졌다는 데에 동의하고 있다. 복잡한 지방의 길을 감안하더라도 남해안에서 수도까지 여행한 거리를 통해서 하멜이 내린 평가에 따르면, 조선은 조선 해도상[5]에 나타난 것보다 좀 더 북쪽에 위치하고 있다. 이는 하멜과 레지 신부 사이에서 가장 일치되지 않는 부분이다. 조선의 해도를 보면 수도는 경기도(King-kitao)로 불린다. 중국의 수학자들이 관찰한 수도의 위치는 북위 37° 38′이다.

---

3) 퐁테니(Jean de Fontaney : 프랑스 제수이트파 신부. 명문 루이 르 그랑대학(College Louis le Grand)의 수학 및 천문학 교수였는데 중국에서 포교 활동을 하던 훼어비스트(Ferdinand Verbiest)의 요청에 따라 국왕 루이 14세의 어명을 받고 중국에 프랑스의 영향력을 확대하고자 파견되었다. 그는 부베(Joachim Bouvet), 게르비용(Jean-François Gerbillon), 르콩트(Louis-Daniel Lecomte), 타하르(Guy Tachard), 비델루(Claude de Visdelou)와 함께 1688년에 도착하여 선교 활동에 종사하다가 동료들을 남겨두고 1702년에 귀국하여 왕립 앙리 르 그랑대학(Collège Royal Henry le Grand)의 총장으로 1710년까지 봉직했다.

4) (편자 주) Lettres edifiantes, Vol. VI, p. 147. 여기에서 Tchao-sien이니 Chaut-sien이니 한 것은 조선의 유사음이다.(역주)

5) (편자 주) 뒤 알드(Du Halde)가 편찬한 조선의 해도는 조선 국왕의 궁궐에 걸려 있는 해도를 모사(模寫)한 것이다.

하멜은 조선이 선교사의 보고에서 언급된 것보다는 좀 더 북쪽으로 뻗어 있다고 기술했다. 그러나 특히 그는 정보에 대한 평가의 어떠한 수단도 가지고 있지 않았다. 하멜이 살던 무렵의 네덜란드 지리학자인 비셔르(Cornelis Vischer)[6]와 블로(W. Jansen Blaeu)[7]는 그들의 해도에서 조선을 섬으로 표기하고 있다. 같은 시대의 다른 지리도에서도 조선을 똑같이 잘못 표기하고 있다. 서구의 관점에서 보면 조선은 폭 3리그(league)[8]의 강으로 중국과 분리되어 있다.[9] 이러한 사실들은 유럽인들이 조선에 대해 얼마나 잘못 알고 있는가를 보여준다. 하멜이 조선을 기술하면서 쓴 직접적이고도 명백한 방법은 더욱 주목할 만한 것이며, 오늘날의 방법에 비추어 보더라도, 하멜의 주장이 맞았음을 보여준다.

중국의 기록을 보고 하멜이 쓴 조선에 관한 기록은 뒷날 선교사들의 증명에 의해 보완되었다. 조선 왕조의 역사에 대해 제출한 대강의 개요에서 레지 신부는 조선과 중국 사이에는 몇 세대 동안 많은 단절이 있었음에도 불구하고, 곧 중국의 봉신국(封臣國)으로 돌아올 것이 확실하기 때문에 조선은 항상 봉신국으로 간주되어야 한다고 말했다. 그리고 "전쟁이 끝날 무렵에는, 조선 국왕은 관습적으로 충성을 맹세하고, 공물을 바치며, 그 해에 중국의 월력(月曆)을 받으며, 중국 황제는 모든 조선인 포로들을 석방하고 과거에 대한 은사(恩赦)를 공표한다."고 말했다.

그러한 관습은 중국의 역사서에서 좀 더 명확히 언급되었다. 강희제의 통치 기간에 중국의 오삼계(吳三桂)[10] 장군은 청나라 조정에 반역하여 황제

---

6) 비세르(Cornelis Vischer : 1625~1662?) : 네덜란드의 초상화가이자 성서 역사 학자.
7) 블로(W. Jansen Blaeu : 1571~1638) : 네덜란드의 수학자이자 지리학자겸 우주물리학자로서 암스테르담에 지리출판사를 운영하면서 많은 새로운 세계 지도를 출간했다.
8) 1리그(league)=4.8km.
9) (편자 주) *Le Voyageur curieux qui fait le tour du Monde*, Par. M. de B. Paris, 1664.
10) 오삼계(吳三桂) : 중국 명청 교체기의 무인. 요동 사람. 산해관(山海關)의 진수(鎭守)로 있다가 이자성(李自成)의 난을 평정한 공로로 청조에 들어와 평서왕(平西王)에 봉해지고

를 자칭하면서 속령의 군주들에게 중국 월력을 보냈다. 그러나 속령의 군주들은 그것을 받는 것을 거부했다. 하멜은 중국 월력이 조선 사람들에게 편리하다는 잇점 때문에 조선 사람들이 그것을 사용하는 것이지 그 자체가 종속성을 뜻하는 것은 아니라고 언급했다. 이는 조선의 독립성을 강력하게 의미하고 있는 것이다. 왜냐하면 이는 조선 사람들이 스스로 중국에 대한 예속을 의미하는 것이기보다는, 편의주의라는 측면에서 한중(韓中) 관계를 설명하는 데 대해 거부감을 덜 느끼는 것을 분명히 의미하는 것이기 때문이다. 이점에서 하멜의 지적은 주목할 만하다.

강희제가 파견한 청나라 사신은 조선의 수도에서 돌아오자마자 그가 머무르는 동안 그의 행동을 면밀히 관찰하던 많은 조선 사람들에게 끊임없이 공격받았다고 선교사들에게 불평했다. 그가 말한 모든 것과 그가 머무른 숙소에서 있었던 모든 사실에 대한 보고가 곧 숙소와 궁궐 사이에 밀착하여 머무르고 있던 사람들에 의해 궁궐로 보고되었다. 하멜이 그의 결론에서 말한 것과 이를 비교해 보면 이러한 상황은 조선 사람의 특이한 성향에 대해 동의하는 결과를 낳게 하며 그들로 하여금 하멜 표류기의 현실성에 대해 어떠한 의심도 품지 못하게 했다. 이는 관련된 조선의 문헌과도 일치하는 것이다.

하멜이 지난날에 했던 것처럼, 레지 신부는 조선의 승려들이 조선에서 천박한 평가를 받고 있다고 언급했다. 또한 조선어가 중국어나 만주어와 다름에도 불구하고 중국 문자가 조선 전역에 걸쳐 사용된다고 그는 말했다. 그런가 하면 조선에서는 중국의 글이 책을 인쇄하거나 국가 관심사를 전달하고자 사용된다고 하멜은 말한다. 그는 조선 사람들이 지난날에 들어보지 못한 이름과 물건들을 쓰면서 좀 더 쉽게 그러한 것들을 글로 쓰고 공통적으

운남(雲南)을 다스리다가 반역하여 스스로 주제(周帝)라 칭했으나 곧 병사함.

로 사용하는 편리한 방법을 알고 있다고 지적한다. 이러한 것들은 만주어에 대한 뒤 알드(Du Halde)[11]의 보고와 마르티니(P. Martini) 신부의 『여직(女直 : 女眞) : 조선과 접경한 동만주』(*Niuche : A Country of Eastern Tartary Bordering upon Korea*)에서도 충분히 증명되었다.

마르티니 신부는 조선이 큰 산으로 분리된 반도이며 조선 사람들의 언어는 페르시아어와 비슷하게 들린다고 말한다. 조선어는 아라비아 문자와 일부 비슷한 문자를 가지고 있다. 조선의 알파벳은 중국의 그것과는 전혀 다르다. 조선의 문자는 A, B, C와 같이 소리와 발음을 가진다. 조선 사람들은 자음과 모음이 조합된 소리를 통해 만들어진 특별한 60개 이상의 문자를 가졌음을 자랑한다. 예를 들어 ba, be, 그리고 c와 같은 것들이다.

청나라 사람들은 중국인이 만주어를 사용하도록 하려고 노력했다. 이에 대해 중국인들은 고대 관습을 회상하며 지난날의 독립심을 일깨웠고 정복자에 대한 적의를 느낌으로써 스스로 만주족의 새로운 제도에 저항하도록 만들었다. 뒤 알드는 현재의 가문이 왕위에 오른 뒤 만주어는 중국어와 함께 조정에서 동등하게 사용되었다고 언급했다. 이를테면 모든 법정에는 한 명의 만주족과 다른 한 명의 한족(漢族)으로 이뤄진 2명의 재판관이 있다.

따라서 모든 공공 행위는 두 가지 언어로 이루어진다. "만주어가 중국어보다 배우는 데 쉽다는 것을 비교하지 않는다 하더라도 만약 만주족이 그들의 언어 사전을 만들거나 중국 책을 번역하는 고통을 감수하지 않는다면 만주어는 완전히 폐지될 위험에 놓여 있다. 그러나 만주어로 만들어진 첫 사전들은 중국 문자로써는 정확한 소리와 의미를 부여하는 것이 불가능하다

---

11) 뒤 알드(Du Halde : 1674~1743) : 파리 출생. 제수이트회 신부. 제수이트회에서 각국의 문서를 수집하는 역할을 함. 『중국사』(*The General History of China*, London : J. Watts, 1741)를 썼는데 그 가운데 제4권에 『조선전』이 수록되어 있다. 이 책은 서양인이 쓴 최초의 한국사로서, 한국을 이해하려는 독자들의 가장 중요한 자료가 되었다. 이에 관한 자세한 논의는 본 『한말외국인기록』 제6권인 『조선전』의 역주자 머리말을 참고할 것.

는 이유로 만주어 사전의 편찬은 불필요한 것으로 판명되었다."[12]

조선 사람들이 그들의 책을 발행하면서 한글보다 한문을 더 선호한 것은 이미도 중국 연호를 받아들인 것처럼 조선이 중국의 봉신국이었기 때문일 것이다. 형태가 복잡하고 끊임없는 연습을 통해서만 의미를 가슴에 새길 수 있으며 난해한 의미를 갖는 한자는 만주어 가운데 소리 요소의 상징으로 간단히 사용되는 글자나 문자 보다 좀 더 품위를 지닌 것이라고 조선 사람들은 생각하고 있다. 그럼에도 불구하고 중국에서 과학이 아주 오랫동안 침체한 이유는, 전적으로 그렇다고 말할 수는 없지만, 그 문자의 사용에 대한 집착이 여러 분야에서 학문의 진보를 방해했기 때문이라고 결론지을 수 있다. 만약 독자들이 중국과 만주 문자의 주제까지 들어간다면 그들은 위에서 말한 설명과 이를 뒷받침하는 몇 가지의 일반적인 주의가 필요하다.

언어의 기원이나 초기의 형태를 살펴보면 첫 발음으로 사용된 소리는 표현하고자 하는 사물을 모사하거나 의미를 나타내는 것이었다고 생각된다. 이를테면 일반적으로 채택된 소리가 새 언어의 단어가 되었다. 문자를 통한 의사 소통은 표현하고자 하는 사물이나 뜻을 부호로 나타내기 때문에 그 시초는 언어의 발생 방법과 같다. 중국인들이 사용한 문자는 언어에서 사용되는 사물의 명칭과는 완전히 별개의 표현 종류였다. 예컨대 그들의 초기 책에서는 태양을 ㅇ로, 달을 ㅇ로, 가운데를 ㅇ로, 산을 ㅇ과 같이 보여주는 특이한 예를 보여주고 있다.

뒤 알드의 기록에 따르면, 중국어에 알파벳은 없지만 적어도 80,000개 정도의 단어만큼이나 되는 많은 문자를 가지고 있다고 한다. 어느 작가는 그보다 3배가 된다고 기록한 바 있다. 그러나 그 뒤에 헤어 본 결과 중국 문자의 수는 35,000개로 판명되었다. 많은 문자에서 너무 많은 변화가 일어났다.

---

12) (편자 주) Du Halde, Tome 4me, *Remarques sur La langue des Tartares Mantsheoux.*

이를테면 오랜 세월 동안 위에서 언급된 것들은 처음부터 최초의 분명하고 의도된 동질성을 벗어나 거의 모든 글자가 대폭적인 변화를 겪었다. 그러한 변화는 대부분이 아마도 좀 더 빨리 쓰려는 편리함을 얻을 목적에서 이루어졌다고 생각된다.

중국 문자 가운데 214는 기초적인 것으로 간주되는데 이를 “변”(邊 : 部首)이라고 한다. 그러한 부수의 다양한 조합으로 모든 나머지 문자들을 만들었다. 문자가 그렇게 구성되면서 각각의 개별적인 문자들에 처음부터 어느 정도 자연의 묘사나 또는 자연의 의미와 유사한 모습이 포함되었다. 그리고 많은 문자들이 진보적 변화와 개선을 거치면서 복잡함을 버렸음에도 불구하고 전체적으로 여전히 사물과 사건을 나타내도록 채택된 본래의 독특한 특징들이 많이 남아 있다.

중국어와는 너무나 다른 언어를 쓰는 일본과 통킹(東京, 베트남) 그리고 유구열도의 원주민들은 중국의 책을 읽을 수도 있고 적어도 각각의 언어에 대한 상호간의 지식이 없으면서도 중국 사람들과 어울린다. 그러한 어울림은 상업이나 많은 일반적인 목적을 위해 이루어진다고 생각될 수 있지만 글로 쓰기의 차이에서 오는 다양한 색조의 의미를 소통한다고 볼 수는 없다. 그럼에도 불구하고 선교사들 가운데 일부는 중국어가 세계의 모든 곳에서 육성되기를 바랄 정도이며 중국 문자를 사용하여 복음을 보편적으로 포교하고자 한자로 쓴 것에 대해 호의적인 견해를 가지고 있다.

중국 사람들은 몇 백 개의 많은 사전들을 가지고 있다. 더욱이 중국 사람들은 기원전 시대에 이미 사전을 사용했다고 한다. 결론적으로 이것은 중국 사람들이 소리를 표현하려고 썼던 문자의 사용이 굉장히 오래 되었음을 암시한다. 그리고 중국 사람이 조잡하지만 어느 정도 규칙적이고 상징적인 알파벳을 고안해 냈음을 충분히 이해할 수 있다. 그러한 목적을 위해 어떤 방법이 동원되었는가에 대한 간단한 설명은 우리의 학술지에 실려 있는 한자에 관한 한 논문을 통해서 알 수 있다.[13]

소리를 표현하고자 문자를 쓰는 첫 단계는 문자를 관습에 일치시키고 특정한 이름에 문자를 부여하는 것이다. 알파벳의 목적을 위해 중국 사람은 그들이 동의했던 이름을 가진 부수 48개를 선택했고 그것에 따라 모든 문자의 이름과 소리가 고정되었다. 선택된 부수 가운데 36개는 첫 소리를 나타내는 데 사용되었고, 12개는 끝소리를 나타내는 데 사용되었다.

명(明)이란 단어를 예로 들어보자. 해(日)와 달(月)을 나타내는 두 문자의 조합은 광채란 의미를 가진다. 중국어에서 광채는 해와 달의 중국어 명칭에서 우리가 알고 있는 어떠한 유사점도 없는 明이란 단어이다. 문자 明의 소리를 나타내고자 목(木)이라는 기본적 문자가 첫 소리를 보여주고자 사용되었다. 그리고 기본적인 문자인 청(靑)의 끝소리 모음이 사용되었고 이들이 함께 모음이 明이라는 글자를 위해 대용되었다. 다시 말해 분(分)과 혈(頁)이라는 글자가 합쳐 반(頒)이 되고 치(齒)와 영(令)이 합치면 령(齡)이 된다. 다른 글자들도 마찬가지이다.[14]

중국 문자의 이러한 알파벳 사용은 나라나 가족의 고유 명사를 나타내려고 사용하는 과정에서 나타난 것이 아닐 뿐더러 어떤 책을 쓰고자 나타난 것도 아니다. 그리고 사실상 한자의 음을 확인하려고 그들의 사전을 만든 이외의 다른 목적이 있었던 것도 아니다. 따라서 각기 다른 독자들이 어떤 동일한 글자를 읽으면서 그 의미를 정확하게 전달할 수 있을 만큼 그들의 문장 작성 방법이 완숙하다고 믿기는 어렵다.

오늘날 중국의 철자법은 많은 탈곡과 키질이 필요한 곡식에 견줄 수 있다. 모든 단음절의 소리는 그것을 표현하려면 두 문자[변과 몸]가 요구되고 있기 때문에 각각의 문자들은 그것이 본래 가지고 있던 기능을 반감할 필요

---

13) (편자 주) J. Marshman, "On The Characters and Sounds of the Chinese Language," *Quarterly Review*, May 1811. Art. VII, Printed at Serampore, 1809.

14) 한자가 마치 왼쪽 변은 자음이고 오른쪽의 몸은 모음인 듯이 서술한 이 기록은 사실과 다르다.

가 있다. 아무리 문자가 우스꽝스럽게 보인다 하더라도 문자를 지배하는 규칙은 우리의 단어 맞추기(Rebus)와 비교할 수 있다. 첫 번째 단어의 앞부분에 두 번째 단어의 뒷부분을 추가한다.

한자는 획이 많다는 점에서 이러한 어려움은 가중되고 있다. 어떤 글자는 70획이 되는 것도 있다.[15] 글자가 이토록 복잡하고 어려운 것은 글자가 너무 쉬워 아무나 배울 수 있도록 하지 못하게 하려는 계략에서 나온 것이다. 만약 중국에서 문학적 지식이 승진의 유일한 것이 사실이라면, 세계의 나머지 곳에서 예술이나 수공예의 세계에서 볼 수 있는 바와 같이, 남들이 자기의 영역에 들어오지 못하도록 하려는 질투심에서 이런 짓을 하고 있다는 것은 놀라운 일이 아니다. 워든 가문(Woden Family)[16]은 글 쓰는 기술에 따라 지도자가 되어 오랫동안 북유럽 국가의 숭배를 받았다.

이는 소리를 표현하는 상형 문자와 표음 문자의 공존을 위한 설명을 제공했다. 중국이 이러한 종류의 가장 주목할 만한 사례일 수 없다. 대영박물관에 보존된 유명한 비문[17]으로 보아 명백히 알 수 있듯이, 이집트인들은 그들 자신의 글을 쓰고자 공통된 서체를 가진 뒤에는 물론이고 심지어 톨레미(Ptolemy) 왕[18] 시대에 알렉산드리아에서 모두 그리스 문자를 사용했을 때에도 그들만의 상형 문자를 계속해서 사용했다.

덜 문명화된 침략자인 만주족들은 중국에서 사용된 이 욕스러운 문자들이야말로 중국에서 정부의 엄정한 규율로 백성들을 묵종시키고 권력을 안

---

15) 변으로서 가장 많은 것이 17획의 약(龠)인데 이를 오해한 것으로 보인다.

16) 워든 가문(Woden Family) : 앵글로 색슨계의 주신(主神) 가문으로서 북구라파의 오딘(Odin)에 해당함.

17) 로제타(Rosetta)석을 의미함. 기원전 196년에 이집트의 왕 톨레미(Ptolemy) 5세의 공적을 치하하고자 세운 공적비로서 상형 문자, 민간 문자, 그리스 문자로 되어 있음. 1799년에 나폴레옹이 원정 당시에 강탈해 갔으며, 현재는 대영박물관에 보관되어 있음.

18) 톨레미(Ptolemy) 왕 : 기원 전 305년에 알렉산더대왕이 죽은 뒤 그의 부하인 톨레미 1세가 개조(開祖)한 때로부터 기원 전 30년의 클레오파트라가 죽을 때까지의 이집트 왕조.

정시키는 주요한 요소라고 생각했는데, 이제는 그들에게도 그러한 성향이 전이되었음이 틀림없다. 한자는 그런 식으로 존경을 받으면서 보존되어 왔나. 소규모의 지역 사회나 문명화된 민족의 침입을 받은 사회에서 상형 문자는 사라졌어도 지식의 진보는 더 이상 출발점부터 지체되지 않았는데 중국의 경우가 그렇다.

지성의 약화는 결코 그 나라의 현지인의 탓으로 돌릴 수 없다. 오히려 현지인들은 예민하고 독창성을 갖는다는 것이 일반적으로 인정되었다. 만약 현지인들이 유럽인들에게 뒤지고 있다면 이는 자신을 개선하려는 능력에서 열세한 탓이 아니라 과학을 습득하고자 사용하는 수단의 차이가 있기 때문이다.

하멜의 이야기로 돌아가자. 그와 관계된 여러 상황 가운데 의심스러운 몇 가지 점이 있는데, 조선의 바다에서 잡은 고래에서 발견된 유럽의 작살에 관한 이야기이다. 몇 년 뒤에 하멜의 동향 사람 가운데 하나가 그와 비슷한 주장을 제기했다. 그러나 그 뒤 러시아인들이 조선의 북동쪽 바다를 자주 드나들었음에도 불구하고 그러한 사실을 증명한 어떠한 것도 발견되지 않았다. 아울러 조선 사람들은 조선의 북동쪽에는 무한한 바다 이외에는 어떠한 것도 없다고 생각했다.

조선 사람들이 에조(蝦夷)[19] 땅의 존재를 몰랐을 리가 없다. 하멜은 또한 조선 사람들이 여성을 존경하는 법률에 대한 서술을 지나치게 믿었다. 왜냐하면 고정된 장소에서 살고 있는 사람들의 말을 모두 신용할 수 없기 때문이다. 그러나 몇몇 남성들 가운데에는 그들이 하고 싶을 때 그들의 부인과 이혼하는 것이 허용될 수 있다. 부인들은 이혼을 한 뒤에 그들의 빈곤한 자식들이 세상으로 내쫓기는 것에 괴로워하게 될 것이다.

---

19) 에조(蝦夷) : 홋카이도(北海島)의 옛 명칭으로서, 그곳에 살던 옛 아이누족을 의미하는 경우도 있다.

그럴 만한 기회가 있었음에도 불구하고 하멜의 일행이 조선의 언어를 한 마디도 배우지 않은 것은 실망스러운 것이다. 이 이야기는 또한 조선 사람의 삶의 양식, 풍습, 기질을 친숙하게 알도록 우리를 이끌 수 있는 상황이 너무 적게 서술되었다는 점에서 크게 불만스럽다. 그토록 오랜 감금 생활 동안 네덜란드 사람 일부가 그 나라의 여성 가운데 부인을 얻고자 노력했다고 틀림없이 생각할 수 있다.

그러나 그들 가운데 어느 누구도 하멜이 결혼했다거나 혹은 그들의 결혼을 방해했다는 어떠한 이야기도 없다. 하멜은 탐구심이 많은 사람도 아니어서 당초 출판사의 강권에 못 이겨 회상의 형식으로 이 글을 썼기 때문에 가장 인상 깊었던 일들만을 기록했다는 것은 지극히 당연한 일이라고 결론 삼아 변명하고 있다. 따라서 우리는 배의 난파와 조선에서의 탈출에 대한 보고로 가득 찬 그의 이야기의 1/3만을 보았을 따름이다.

만약 하멜과 그의 동료들이 귀환하여 유능한 사람들에게 조사 받았다면, 조선에 대한 매우 충분하고 만족스러운 보고가 나왔을 것이라는 점에 의심할 나위도 없다. 네덜란드 동인도회사가 조선에 남겨진 스파르웨르호의 나머지 선원들을 석방하고자 어떤 일을 했는지의 여부는 여기에 나타나 있지 않다.[20]

20) 이 글이 나온 뒤로 네덜란드의 동인도회사가 잔여 표류객의 귀환을 위해 어떤 노력을 했으며, 그 결과는 어떠했는지에 대한 글이 발굴되었다. 자세한 내용은 이 책의 말미에 붙은 『나가사키(長崎)심문서』와 부록을 참고할 것.

차 례

제 1 장 제주도 표착 일기

출항

1653년 1월 10일에 우리는 텍셀[1]을 떠나 6월 1일에 바타비아[2]로 가는 어느 길목에 정박했다. 1월 14일에 우리는 대만의 총독으로 새로 부임하는 레서(Cornelys Lesser)를 호송하고자 대만으로 떠났다. 그곳에는 전임자가 있었는데 관례에 따라 그의 임기는 3년이었다. 7월 16일에 우리는 대만에 정박하여 레서 씨를 하륙시켰다. 그는 총독부의 위원회와 상의를 거쳐 우리에게 일본으로 출항하라고 명령했다. 그에 따라 우리는 7월 30일에 짐을 싣고 출항하여 바다로 나갔다. 그 다음날 저녁에 대만 해협을 지날 때 폭풍이 일더니 밤이 되자 더욱 심해졌다.

8월 1일 아침에 우리는 가까이에 있는 작은 섬을 발견했다. 우리는 폭풍을 피할 수 있는 곳을 찾아 닻을 내리려 했으나 바다가 깊어 닻을 그럴 수가 없었다. 그럼에도 불구하고 우리는 끝내 정박에 성공했다. 다행히 날씨가 칭명하게 되자 우리는 자신이 중국의 해인 가까이에 있다는 사실을 발견했

1) 텍셀(Texel) : 네덜란드의 북부에 있는 섬.
2) 바타비아(Batavia) : 인도네시아의 수도 자카르타의 네덜란드령 시대의 명칭.

었다. 그곳을 바라보니 무장한 군인들이 해안에 열을 지어 우리가 그곳에 난파하면 노획할 것을 기대하고 있었다. 그러나 하느님이 도와 그들의 기대는 이뤄지지 않았다. 폭풍은 더욱 거세졌지만 안전하게 닻을 내리고 그 날의 낮과 밤을 지냈다.

다음 날인 8월 2일의 날씨는 맑았으나 바람이 일지 않았다. 3일이 되어 우리는 닻을 올렸으나 대만이 다시 우리의 시야에 들어 왔다. 우리는 8월 11일까지 바람을 따라 중국 대륙과 대만 사이를 오르내렸다. 그때 동남풍이 불고 폭풍우가 몰아쳐 우리는 북동쪽으로 떠내려갔다. 3일 동안 바람이 거칠게 불어 방향을 종잡을 수가 없어 우리는 돛을 내리고 올리는 일을 계속했으나 빗발이 세어 방향을 관측할 수가 없었다.

표착

8월 15일이 되자 바람이 너무 거칠어 우리는 서로의 말을 알아들을 수가 없었고 닻을 1인치도 올릴 수가 없었다. 배에는 물이 가득 차올랐다. 파도가 더욱 높아지더니 여러 차례 우리를 덮쳤다. 그 날 저녁에 우리의 소형 구명정과 거의 모든 고물 전망대가 파도에 떠내려갔으며, 배는 거대한 파도에 부딪혀 당장이라도 전복될 것만 같았다. 따라서 우리는 선수의 작은 닻을 잘라 바다에 버리기로 결정했다. 우리가 그 작업을 하고 있을 때 파도가 고물을 쳐 갑판 위의 모든 선원들이 떠내려 갈 뻔 했다. 우리가 이런 상황에 빠져 있을 때 2층 유리창의 끝에서 야간 당번을 보던 수부가 소리쳤다.

"육지가 보인다!"

그 거리는 조총의 착탄 거리 정도였다. 우리는 닻을 내리려 했으나 헛수고였다. 바닥이 너무 깊고 바람이 너무 거칠어 바다는 요동치고 있었다. 닻은 걸리지 않고 배는 심하게 파도에 부딪혔다. 밤은 칠흑같이 어둡고 비는 퍼붓듯이 쏟아졌다. 세 번의 파도가 부딪히자 배에 구멍이 뚫리더니 선창

하멜 일행이 제주도에 상륙하는 모습

밑에 있던 사람들은 침대에 누운 채로 익사했거나 밖으로 뛰쳐나오지도 못한 채 죽었다.

모든 사람이 해안에 오르려고 발버둥을 쳤다. 15명이 해안의 한 곳에 상륙했는데[3] 대부분이 벌거숭이이거나 상처를 입었다. 처음에 우리는 우리들만이 살아남은 줄로만 알았다. 그러나 절벽으로 올라가니 사람들의 신음 소리가 들렸으나 보이지는 않았다. 날씨가 너무 어두워 우리는 당분간 그들을 구할 수가 없었다.

날이 밝자(8월 16일) 걸을 수 있는 사람들은 해안으로 걸어올라 갔다. 몇

---

3) 이들이 상륙한 지점에 대해서는 지역 이해가 걸려 있어 논란이 많으나 대체로 제주도 남제주군 대정읍 대아수 해변으로 알려져 있는데 이는 지금의 대정면 고산리 해안의 "큰물"이다. 자세한 내용은 부록의 「지영록」 참조.

명의 동료들이 여기저기에 흩어져 있었다. 배는 산산이 부서지고 64명이었던 선원이 36명으로 줄어들었으며, 그 가운데 대부분이 중상을 입은 것을 바라보며 우리의 심정이 어떠했으리라는 것은 쉽게 상상할 수 있을 것이다.

사라진 사람 가운데에서 우리는 암스테르담 출신의 선장인 에흐베르츠(Captain Egbertz)의 시체를 발견했다. 그는 머리에 팔을 베고 해변에 늘어져 있었다. 우리는 그 자리에 그를 묻어 주었다. 우리는 계속하여 해안을 수색하다가 밀가루 한 포대와 절인 고기 한 배럴,[4] 그리고 포도주 한 통을 발견했다. 주민이 하나도 보이지 않았으므로 우리는 무인도에 표착한 줄로 알았다. 밤을 대비하여 우리는 덮을 감으로 돛 조각을 모았으나 불을 필 수가 없었다.

이튿날인 8월 17일 아침이 되어 우리 자신의 처량한 신세를 한탄하고 있을 때 얼마 떨어진 거리에 한 사람이 있음을 볼 수 있었다. 우리는 그를 부르며 손짓했다. 그러나 그는 우리를 보자 달아났다. 정오가 조금 지나자 또 다른 세 사람이 나타났는데 그 가운데 한 사람은 조총을 가지고 있었고 다른 사람은 활과 화살을 가지고 있었다. 그들이 조총의 착탄 거리 정도까지 왔을 때 우리가 그들을 만나려고 다가가자 그들은 달아났다. 우리 일행 가운데 한 사람이 달려가 그들을 잡으니 그들은 아무런 저항도 없이 총을 내주었다.

우리는 그 총을 이용하여 우리에게 그토록 절실했던 불을 얻을 수 있었다. 그들의 복장은 중국인의 그것과 비슷했고 말총으로 만든 모자를 쓴 것만이 달랐다. 우리는 그들이 중국의 해적인 줄로만 알았다. 저녁이 되자 이번에는 같은 복장을 입고 무장한 100명이 몰려 왔다. 그들은 우리의 숫자를 세고 가까이 자리를 잡더니 밤새도록 지킬 듯이 우리를 둘러쌌다.

---

4) 1배럴(barrel)=36갤런.

8월 18일 아침에 우리는 천막을 넓게 펴고자 정오까지 일을 했다. 이때 약 2,000명의 군인이 몰려 왔다. 그들 가운데 일부는 말을 타고 있었고 일부는 말을 타지 않은 채 마치 전투 대열처럼 우리의 천막 앞에 늘어섰다. 우리의 일행 가운데 서기와 수석 조타수 그리고 2명의 수부 등 4명이 그들의 대장[5] 앞에 이르자 그는 우리 일행의 목에 각기 방울이 달린 것을 달도록 명령했다. 이는 마치 우리의 고국 홀란드에서 양이 달아나는 것을 알 수 있도록 목에 방울을 달아 놓는 것과 같았다. 그런 상태에서 그는 우리 일행이 그들 앞에 무릎을 꿇고 엎드리라고 명령했다. 그러자 병사들이 환호했다.

천막 안에 남아서 그러한 광경을 지켜보던 우리는 우리도 저렇게 되리라고 준비를 하고 있었다. 결국 우리도 불려 나가 무릎을 꿇고 엎드렸다. 그 뒤에도 우리는 무릎을 꿇고 있으라는 지시를 받았다. 그런 상태에서 그들은 우리에게 무엇인가를 물었지만 우리는 알아들을 수가 없었다. 우리는 자신이 나가사키로 가고자 한다는 것을 이해시키려고 온갖 노력을 기울였다. 그러나 그들은 일본을 모르는지 우리가 뜻하는 바를 이루지 못했다. 그 뒤에 우리는 조선 사람들이 일본을 "왜" 또는 "일본"이라고 부른다는 것을 알았다.

우리에게서 아무런 정보도 얻을 수 없다는 것을 안 지휘관은 우리 각자에게 독주를 한 잔씩 마시게 한 뒤 천막으로 돌려보냈다. 우리를 지휘했던 몇 사람은 우리가 적은 양의 돼지 비곗살과 절인 고기 밖에 없다는 것을 알고는 그것을 지휘관에게 가져가 보였다. 그 뒤 한 시간 쯤 지나자 그들은 밥을 가져 왔다. 그들은 우리가 거의 허기진 것을 알고 우리가 한꺼번에 많은 음식을 먹고 몸을 상하지 않도록 했다.

오후가 되자 그들은 여러 명이 손에 밧줄을 들고 다시 왔다. 우리는 그들이 우리를 모두 목매달아 죽이려는 줄로만 알고 몹시 놀랐다. 그러나 그들

5) 대정현감 권극중(權克中 : 1598~?)을 의미함. 자(字)는 학고. 1630년(인조 8년)에 식년 진사시에 합격.

하멜 일행이 조선의 관군에게 잡히는 모습

이 그 밧줄로 난파한 우리의 배로 달려가더니 그들에게 유용한 물건을 건져 올리는 것을 보고서야 우리는 안심했다. 밤이 되자 그들은 더 많은 밥을 주었다. 우리의 수석 조타수가 관측해 본 결과 우리는 북위 33°32′에 위치한 제주도[6]에 표착했다는 것을 알았다.

8월 19일 종일토록 섬의 주민들은 난파한 우리의 배에서 물건을 건져내

6) 서양인들은 왜 제주도를 Quelpart라고 불렀는지에 대해서는 여러 가지 의견이 있다. 제주도에 접근하기에 앞서 만난 가파도에서 취음한 것이라는 주장도 있고, "여기가 어디이지?"(quel partie)라는 뜻이라는 주장도 있다. 그러나 최근 박대헌(朴大憲)의 연구에 따르면, 그들이 조선에 오기에 앞서 네덜란드에는 't Galjot't Quelpaert de Brack이라는 갤리선이 있었는데, 제주도를 처음 발견한 서양 사람들이 그 배의 이름을 따 줄여서 Quelpart라고 부르게 되었다고 한다. 박대헌, 「서양지도에 나타난 제주의 모습과 그 명칭에 관한 연구」, 『제주도연구』 19집(제주 : 제주학회, 2001), pp. 154 참조.

기에 바빴다. 그들은 건진 물건을 말리고 쇠붙이가 박힌 나무를 태워 쇠붙이를 골라냈다. 그들은 쇠붙이를 매우 값지게 생각하고 있기 때문이었다. 그러는 동안에 우리는 그들과 다소 친숙해졌다. 우리들 가운데 몇 사람은 군대의 지휘관을 찾아가자, 그 섬의 수사도 우리에게 다가왔다. 우리는 그에게 망원경과 붉은 포도주, 그리고 바위틈에서 찾은 선장의 은컵을 선물했다. 그들은 특히 포도주를 좋아하여 멈추지 않고 마시면서 몹시 흥겨워했다. 그들은 우정의 표시로 그 은컵을 우리에게 되돌려 주었다.

8월 20일에 그들은 쇠붙이를 얻으려고 나무를 태우는 작업을 마쳤다. 그날 그들은 먹을 것을 두 번 더 우리에게 가져 왔다.

8월 21일 아침에 그 지휘관은, 우리가 그곳을 떠나기에 앞서, 우리가 천막 안에 보관하고 있던 물품을 모두 자기 앞에 가져오라고 명령했다. 그들은 우리가 보는 앞에서 그 물품을 봉인했다. 그러한 작업이 진행되는 동안 본토인 몇 사람이 그 지휘관 앞에 끌려 나왔다. 그들은 난파한 우리 배에서 물건을 빼내어 개인적으로 가지고 있다가 적발된 사람들이었다. 적발된 사람들은 우리가 보는 앞에서 처벌을 받았다. 그들은 발바닥에 각기 30~40대의 곤장을 맞았는데, 그 곤장의 굵기는 팔뚝만 했고, 그 길이는 사람의 키만큼 길었다. 매질이 어찌나 혹독했던지 어떤 사람은 발가락이 떨어져 나갔다.

정오가 되자 그들은 우리에게 출발하라는 시늉을 했다. 말을 탈 수 있는 사람들을 위해 말이 준비되었고 아픈 사람들을 위해서는 들것을 준비했다. 이런 식으로 우리는 여러 명의 군인들의 감시를 받으며 약 4리그를 간 다음 저녁 무렵이 되어서 대정이라는 작은 마을에 도착했다. 우리는 여기에서 부실한 식사를 한 다음 마구간처럼 생긴 건물로 들어갔다.

호송

다음 날(8월 22일) 동이 틀 무렵에 우리는 대정을 떠났는데 이 날의 여행에서 우리는 2척의 배가 정박해 있는 작은 항구를 지났다. 우리는 그 마을에서 멈춰 식사를 한 다음 저녁에 목관 또는 목사가 있는 마을에 도착했다. 이 마을에는 그 섬의 최고 관리가 거주하고 있었다.

우리는 어느 관아의 뜰로 끌려 나갔는데 거기에는 3,000명의 무장한 군인들[7]이 서 있고 그 모습이 몹시 험악했다. 목사는 마치 왕처럼 일종의 누대 위에 앉아 있었다. 우리는 그곳의 관리의 앞에 엎드리라는 지시를 받았다. 그런 뒤 그는 우리에게 어디에서 왔으며, 어디로 가는가를 손짓으로 물었다. 우리는 앞서 했던 것처럼 우리는 홀란드 사람이며 일본의 나가사키로 가고 싶다고 대답했다. 그가 고개를 끄덕이는 것으로 보아 우리가 말한 것을 어느 정도 이해하는 듯했다. 우리 일행은 4명씩 한 무리가 되어 그 앞에서 꼭 같은 질문을 듣고 똑같이 대답했다. 그 뒤 우리는 어느 집으로 가라는 지시를 받았는데 그 집은 지금의 왕의 아저씨가 왕위를 찬탈하려다가 갇혀 죽은 곳이라고 한다.[8]

우리는 이곳에 갇혀 있으면서 매일 규칙적으로 12온스의 밥과 밀가루 음식 같은 것을 지급받았다. 그러나 그 밖의 부식이라고는 거의 없었고 요리 솜씨가 나빠 거의 먹을 수가 없었다. 우리가 보기에 그 목사는 매우 유능한 사람처럼 보였으며, 우리의 이러한 판단은 틀리지 않았다. 그의 나이는 약 70세가 되어 보였으며, 서울에서 태어났는데 조정에서도 매우 높이 평가받는 사람이라고 한다. 그는 우리를 물리려 하다가 자신은 왕에게 장계를 올려 우리를 어떻게 처리해야 할지를 문의하겠다는 뜻을 비쳤다. 서울과 제주의 거리는 약 80리그(384킬로미터)[9]이기 때문에 왕의 답신이 도착하려면 상당 히 오랜 시간이 걸리리라는 사실에 우리는 놀랐다.

---

7) 당시 제주에 이만한 병력이 있었다는 것은 다소 과장된 것이다.
8) 광해군이 이곳에 유배되었다가 죽은 사실을 잘못 들은 것 같다. 그 시점에서 이 정도의 대화를 나눈다는 것은 불가능했을 것이며, 이는 뒷날 들은 것을 적어 넣은 것으로 보인다.
9) 당시의 거리로 볼 때 서울에서 제주까지의 거리는 적어도 650km는 넘었다고 보아야 한다.

우리는 우리가 먹던 고기를 먹을 수 있도록 해 줄 것과 우리 일행 가운데 6명이 한 무리를 이뤄 공기를 쐴 수 있도록 매일 바깥에 나가는 것을 허락해 줄 것과 세탁을 할 수 있도록 허락해 달라고 간청했다. 그 뒤 그는 감사하게도 우리를 자주 밖으로 내보내 주었으며, 그의 앞에서 우리말과 그 나라 말을 써 보도록 함으로써 우리는 다소나마 그 나라 말을 이해할 수 있게 되었다. 그는 가끔씩 우리에게 작은 잔치를 베풀어 줌으로써 우리의 기분을 전환시켜 주는 것을 기뻐했다. 그는 또한 환자를 극진히 보살펴 주었으며, 이 우상을 숭배하는 이교도가 우리를 대해 준 호의는 똑같은 상황에서 기독교인들이 우리를 대해 준 것보다 더 친절했다고 말할 수 있다.[10]

---

10) 이상의 기록들은 하멜의 일행이 제주 목사 이원진을 면담할 때의 기록이다. 한국 측의 문헌에는 당시의 정황이 다음과 같이 기록되어 있다.
제주 목사 이원진이 다음과 같이 치계하였다.
"배 한 척이 고을 남쪽에서 깨져 해안에 닿았기에 대정 현감 권극중과 판관 노정을 시켜 군사를 거느리고 가서 보게 하였더니, 어느 나라 사람인지는 모르겠으나 배가 바다 가운데에서 뒤집혀 살아남은 자는 38인이며 말이 통하지 않고 문자도 다릅니다. 배 안에는 약재와 녹비 따위 물건을 많이 실었으며, 목향 94포, 용뇌 4항, 녹비 2만7천 장이 었습니다. 파란 눈에 코가 높고 노란 머리에 수염이 짧았는데, 혹 구레나룻은 깎고 콧수염을 남긴 자도 있었습니다. 그 옷은 길어서 넓적다리까지 내려오고 옷자락이 넷으로 갈라졌으며 옷깃 옆과 소매 밑에 다 이어 묶는 끈이 있었으며 바지는 주름이 잡혀 치마 같았습니다. 왜어를 아는 자를 시켜 묻기를 "너희는 서양의 크리스천인가?" 하니 다들 "예, 예" 하였고, 우리 나라를 가리켜 물으니 고려라 하고, 본도를 가리켜 물으니 오질도라 하고, 중원을 가리켜 물으니 혹 대명이라고도 하고 대방이라고도 하였으며, 서북을 가리켜 물으니 타타르라 하고, 정동을 가리켜 물으니 일본이라고도 하고 낭가삭기(장기)라고도 하였으며, 이어서 가려는 곳을 물으니 낭가삭기라 하였습니다."
이에 조정에서 서울로 올려 보내라고 명하였다. 전에 온 남만인 박연이라는 자가 보고 "과연 만인이다." 하였으므로 드디어 금려에 편입하였는데, 대개 그 사람들은 화포를 잘 다루었기 때문이다. 그들 중에는 코로 통소를 부는 사람도 있었고 발을 흔들며 춤추는 사람도 있었다. 『효종실록』 4년(1653) 8월 6일(무진)
제주 목사 이원진(1592~?)은 호(號)가 승경으로 인조 시대에 경오별시에 합격한 뒤 동래 부사를 거쳐 제주 목사에 부임해 있었다. 그는 재임 중에 『탐라지』를 편수했다. 그 뒤 그는 중앙 정부로 올라가 부호군을 지내고 관찰사에 이르렀다. 이원진은 유형원의 외삼촌이며 성호 이익의 당숙이었다.

벨테브레와의 만남

10월 29일에 우리의 서기와 일등 조타수, 그리고 의무원이 목사에게 불려 나갔다. 거기에서 그들은 목사 옆에 붉은 수염이 난 사람이 함께 앉아 있는 것을 보았다. 목사가 우리에게 물었다.

"이 사람이 누구라고 생각하는가?"

우리가 대답했다.

"홀란드 사람인 것 같습니다."

그 말을 들은 그는 껄껄 웃으며 말했다.

"이 사람은 조선 사람이니 그대들이 잘못 보았다."

얼마의 대화가 흐른 뒤 이제까지 조용히 앉아 있던 그 사람이 홀란드 말로 우리에게 물었다.

"그대들은 무엇 하는 사람이며 어느 나라에서 왔는가?"

우리가 대답했다.

"우리는 홀란드 사람으로서 어느 회사에서 일하고 있는데 배를 타고 일본으로 가다가 우리가 표착한 그 바다 앞에서 풍랑을 만나 어쩔 수 없이 표착하게 되었으며, 하늘에 빌건대, 우리가 항해를 계속할 수 있는 것 이외에는 더 바랄 것이 없습니다."

그런 다음 우리는 자유롭게 그의 이름이 무엇이며, 어느 나라 사람이냐고 물었다. 그는 이름이 벨테브레[11]라고 더듬거리며 대답했다. 그의 설명에

---

11) 벨테브레(Jan Jansen Weltevree : 1595~?) : 네덜란드 리프 지방에서 태어나 1626년(인조 4년) 홀란디아호 선원으로 동양에 왔다가 이듬 해 우베르케르크호를 타고 일본으로 향하던 중 풍랑을 만나 표류하다가 제주도에 도착하였다. 동료 선원 히아베르츠(Direk Gijsbertz) · 피에테르츠(Janpierteree Pieterz)와 함께 음료수를 구하려고 상륙했다가 조선 관헌에게 잡혀 1628년(인조 6년) 서울로 압송되었다. 그 뒤 동료 2인과 함께 훈련도감에서 훈련대장 구인후의 지휘를 받아 항복해 온 왜인과 포로된 청나라 군인을 통솔 감시했고, 명나라에서 수입한 홍이포의 제작법 · 조종법을 지도했다. 1636년에 병자

따르면, 그는 1627년에 프리깃함인 우데르케르크호를 타고 일본으로 가던 중에 풍랑을 만나 조선의 해안에 표류하면서 물이 떨어져 선장이 자신과 다른 두 선원에게 작은 배를 타고 상륙하여 물을 구해오라고 명령하기에 물을 구하러 뭍에 올랐다가 그곳 주민에게 붙잡혔다고 한다. 그의 두 동료의 이름은 헤라즈(Thierri Gerads)와 피에테레츠(Jan Pieterz)인데 둘 다 암스테르담 출신으로서 17~18년 전에 청나라 군대가 쳐들어 왔을 때[병자호란] 전사했다고 한다.

우리가 그에게 물었다.

"그대는 지금 어디에 살고 있으며, 이 시간에 어떻게 이 섬에 오게 되었는가?"

그가 이렇게 대답했다.

"나는 지금 서울에 살고 있다. 그대들이 누구이며 무슨 일로 이 나라에 오게 되었는지를 알아보려고 조정에서 나를 보냈다."

그는 덧붙여 이렇게 말했다.

"나는 조선에 오랫동안 살면서 왕에게 일본으로 보내 달라고 부탁했지만 날개가 있어 날아가지 못할 바에는 기대하지 말라는 대답 밖에 듣지 못했다. 이 나라에 표착한 외국인을 결코 본국으로 보내지 않는 것이 이 나라의 불변하는 관습이며, 그러나 그 밖의 다른 점에서는 대접이 훌륭하며 필요한 모든 물품을 공급받는다."

이 훌륭한 통역자를 만난 기쁨 때문에 우리는 자신의 불행을 잠시 잊을 수 있었다. 벨테브레 씨가 이 나라에 표착할 무렵 그의 나이가 58세였는데 그가 모국어를 너무 잊어 처음 만났을 때는 의사를 소통하는 데 매우 어려

호란이 일어나자 훈련도감군을 따라 출전 · 분투했는데 이 때 히아베르츠와 피에테르츠는 전사하였다. 그가 견문한 동양 각 국의 풍물과 천기 관측에 대해 즐겨 이야기하고, 자주 선악과 화복의 이치를 말해 도자와 같은 면모를 보였다고 한다. 개신교의 나라 네덜란드 태생이라는 점을 감안할 때 기독교의 교리를 설명한 것으로 보인다. 조선 여자와 혼인해 1남 1녀를 두었는데, 이들의 거취에 관해서는 기록이 전하지 않는다.

움이 많았다는 점이 우리를 놀라게 했다.

그런 다음 그들은 우리에 관한 조치를 문서화하고 격식을 갖춰 조정으로 발송했다. 목사는 곧 좋은 소식이 올 것이라고 우리에게 용기를 주었다. 벨테브레가 떠난 뒤 그와 함께 왔던 관리들이 늘 우리를 찾아왔다.

12월 초에 우리의 은인이었던 목사의 3년 임기가 만료되자 새로운 목사가 부임했다. 우리는 이와 같은 인사 이동에 크게 상심했다. 이임한 목사는 자신이 떠나기에 앞서 다가오는 겨울에 대비하여 우리에게 옷을 마련해 주는 등, 그가 우리에게 베푼 자비와 후의는 글로써 다 표현할 길이 없다. 그는 우리 모두에게 겹옷과 바지와 신발 두 켤레를 주었으며, 그 밖에도 그는 우리를 정중하게 대해 주었다. 그는 자신이 우리를 본토로 데려가지 못하는 것을 마음 아파했다. 그는 조정으로 올라가면 우리를 위해서 할 수 있는 모든 것을 할 것이라는 말도 했다. 그는 우리의 책과 난파한 우리의 배에서 건진 사소한 많은 물건들을 우리에게 돌려주도록 했다.

신임 목사는 우리의 음식을 삭감하여 쌀과 소금과 물만 주도록 했다. 우리는 역풍을 만나 출항하지 못하고 아직 섬에 갇혀 있는 전임 목사에게 우리의 실정을 호소했다. 그러나 그는 이미 임기가 끝났기 때문에 우리 대표들의 말을 듣는 것은 옳지 않다고 대답했다. 그럼에도 불구하고 그는 후임자에게 편지를 써 주었다. 따라서 그가 섬에 머물고 있는 동안에는 부족하나마 음식이 배급되어 우리의 불평을 가라앉힐 수 있었다.

1654년 1월 초에 그 훌륭한 목사가 전임한 이후 우리의 처지는 더욱 나빠졌다. 그들은 쌀과 밀가루 대신에 보리를 주었으며 양도 줄었다. 이와 같은 사실은 우리로 하여금 6명씩 외출하는 자유를 좀 더 유용하게 이용해야겠다는 생각을 하게 만들었다. 서울의 왕으로부터 우리를 어떻게 조처하라는 지시가 없다는 소식을 들은 우리는 이 섬에서의 야만적인 유폐 생활을 종식시켜야 한다는 생각을 하기 시작했다. 여러 차례 숙의한 끝에 우리들 가운데 6명은 배를 훔쳐 4월 말에 밤을 이용하여 탈주하기로 결정했다. 그러나 우리 일행 가운데 하나가 담을 넘다가 개에게 들켰다. 개가 짖어 대자 보초병이 달려오는 바람에 우리는 탈주의 기회를 잃었다.

1차 탈출 실패

그러나 5월 초에 외출 차례가 된 수석 조타수와 5명은 대정 근처의 어느 마을에서 장비가 갖춰져 있고 지키는 사람도 없는 배 한 척을 발견했다. 그들은 일행 가운데 한 사람을 우리의 숙소로 보내어 약간의 빵과 널빤지를 가져오도록 했다. 이와 함께 그들은 각기 물을 넉넉히 지참한 다음 그 작은 배를 몰고 모래톱 위로 밀고 나아갔다. 그러나 그들은 곧 주민들에게 들켰다. 주민 가운데 하나가 조총을 들고 바닷가로 따라갔으나 그들의 출발을 막을 수는 없었다.

그러나 불행히도 일행 가운데 한 사람이 뒤처져 있다가 일행과 합류하지 못했다. 나머지 5명은 닻을 올렸으나 돛대와 돛이 바닷물로 빠지는 사고가 일어났다. 그럼에도 불구하고 그들은 물건을 수습하여 다시 닻을 올렸으나 이번에는 돛대가 부러졌다. 이렇게 지체하는 사이에 주민들은 다른 배를 타고 그 배를 추격했다. 두 배가 마주치자 탈주자 가운데 한 사람이 제주 주민의 배를 탈취하려고 몸을 던져 뛰어들었다. 그러나 그 배에 이미 절반쯤 물이 차 있고 자기들의 목적을 수행하기에 적절치 않음을 안 그들은 조용히 항복했다.

그들이 목사 앞에 끌려오자 목사는 그들을 쇠사슬로 나무토막에 묶어 바닥에 엎드리도록 했다. 나머지 우리들도 결박을 당하여 끌려 나갔다. 모두 기 대령하자 목사는 벨테브레를 통하여 그들 이외의 누구의 생각으로 배를 탈취했느냐고 물었다. 탈주자들은 자신들 이외에는 이 일을 아는 사람이 없노라고 한결같이 대답했다. 그러자 목사는 그들의 계획이 무엇인지를 묻고서는, 빵과 물도 없이 그 작은 배를 타고 일본으로 탈주하려 했다는 사실을

하멜 일행이 곤장을 맞는 모습

알고서는 매우 놀라워했다. 탈주자 6명 이외에는 포승을 풀어 줬다. 그들은 볼기에 25대의 곤장을 맞았는데 매질이 얼마나 혹독했던지 그들은 한 달 동안이나 침대에서 일어나지를 못했다. 이제 우리 모두는 외출의 자유를 박탈당했으며, 밤낮으로 엄한 감시를 받았다.

5월 말에 법정에 출두하라는 명령서가 우리에게 전달되었다. 6~7일이 지난 뒤에 우리는 발에 족쇄를 차고 한 손은 나무에 사슬로 묶인 채 4척의 배에 나누어 탔다. 우리는 이틀에 걸쳐 역풍을 안고 갔으나 목적지에 다다르지 못하고 되돌아와 제주도의 옛날 감옥에 갇혔다. 이 섬의 주민들은 이 섬을 세헤수레라고 부른다.[12] 이 섬은 육지로부터 12~13리그(57~58km) 떨

12) (편자 주) 윗센(M. Witsen) 씨의 말에 따르면 네덜란드 사람들은 이 섬을 퀠파트라고 부르며, 이곳 주민들은 스스로를 뫼세라고 부르고, 한자로는 풍마라고 쓴다. Vol. IId, edit.

어져 있다.[13]

섬의 북쪽에는 배를 정박할 수 있는 항구가 있고 여기에서 대륙으로 배를 출항시킨다. 그러나 이곳은 암초가 많고 또 배가 대피할 만한 곳이 하나밖에 없기 때문에 이곳의 지리를 잘 모르는 사람으로서는 접근하기도 어렵고 매우 위험하다. 섬 전체가 온통 바위로 덮여 있다. 이곳에는 말과 소가 많아 왕의 수입을 올려 주고 있다. 따라서 이곳은 마소가 많고 목축업이 발달되어 있음에도 불구하고 주민들은 매우 가난하다. 이 섬에는 나무가 울창한 매우 높은 산이 있으며 계곡에서는 쌀이 많이 생산된다.

육지로 이송

4~5일이 지나 역풍이 바뀌자 우리는 지난번처럼 감시를 받으며 배에 올랐다. 다음날 아침 우리는 육지에 올랐는데 이곳에서는 사슬을 푸는 대신에 경계를 두 배로 강화했다. 상륙한 다음날 아침에 우리는 말을 타고 해남이라는 마을을 향해 길을 떠났다. 그 다음날 우리는 영암이라는 곳에 이르렀다. 이곳에서 난파한 이후 계속 몸이 아팠던 쿨스(Paul Jan Kools)가 죽어 그곳에 묻어 주었다. 그날 밤에 우리는 나주에 도착했다.

그 다음날 밤에는 장성에서 잤으며, 그곳에서 다시 정읍을 거쳐 높은 산을 넘으니 입암산성이 보였다. 성은 매우 우람했다. 거기에서 우리는 태인을 거쳐 이튿날 김제라는 작은 마을에서 잠시 멈추었다. 그날 밤에 우리는 전주(全州)라는 큰 마을에 도착했는데 이곳은 지난날 왕이 살던 곳으로서[14] 지금은 전라도 관찰사가 주재하고 있었다. 이곳은 바다로부터 하룻길

1692, p. 21. 제주를 "풍마"라고 한 것은 "탐라"의 오기가 아닌가 여겨진다. (역자 주)

13) 제주도는 해남으로부터 약 90km 떨어져 있다.

14) 전주가 왕실의 본관인 사실을 이렇게 기록한 것 같다.

하멜 일행이 제주도를 떠나 본토로 가는 모습

이었지만 마을이 컸고 큰 장이 서고 있었다.

그 뒤 우리는 금구 연산이라는 작은 마을을 거쳐 충청관찰사가 주재하고 있는 공주에 도착했다. 그 다음날 우리는 큰 강을 지나 이 나라의 수도 서울이 있는 경기도에 들어섰다. 각기 다른 곳에서 여러 날을 잔 뒤에 도르트레히트[15] 앞을 지나는 뮤즈강만큼 넓은 강을 건넜다. 이강을 건너 1리그를 가니 왕궁이 있는 서울이었다. 우리는 우리가 출발한 곳으로부터 이 도시에 이르기까지 75리그 정도를 여행했으리라고 생각했다. 우리는 계속 북상만 했으며 약간 서쪽으로 방향을 기울인 적이 있었다.

---

15) 도르트레히트(Dordrecht) : 네덜란드 남서부 지역에 있는 도시.

하멜 일행이 국왕(효종)을 알현하는 모습

효종의 알현

서울에 도착한 우리는 한 곳에 억류되었다. 이틀이 지나자 우리는 서너 명씩 짝을 지어 서울에서 정착하여 살고 있는 중국인들과 함께 살게 되었다. 그런 일이 있은 직후 우리는 왕 앞에 불려 갔다. 국왕은 우리에게 여러 가지를 물어 봤고, 벨테브레가 우리 말을 통역했다. 우리는 가장 정중한 태도로 왕에게 아뢰기를, 우리는 풍랑에 배를 잃은 사람이니 우리를 일본으로 보내 달라고 간청했다. 이에 대해 국왕이 이렇게 대답했다.

"이 땅에 들어온 외국인을 내보내는 것은 이 나라의 국법에 위배되기 때문에 그대들은 이 나라에서 여생을 보내야 하며, 그 동안에 생활 용품을 제공하겠다."

우리는 어전에서 우리들이 할 수 있는 것, 예컨대 노래나 춤이나 우리의 풍속에 따른 놀이를 해보라는 명령을 받았다. 여흥이 끝난 뒤에 우리는 귀한 음식을 대접받았으며, 조선 사람들과 똑같은 옷을 지어 입을 수 있도록 옷감을 하사받았다.

이튿날 우리는 훈련대장[16]에게로 인계되었다. 훈련대장은 벨테브레의 통역을 통하여 우리에게 이렇게 말했다.

"그대들은 어명에 따라 훈련대에 편입될 것이며, 매월 70캐티[17]의 쌀을 배급받을 것이오."

그들은 우리에게 종이를 한 장씩 주면서 그들의 문자로 우리의 이름, 나이, 국적, 지난날의 직업, 그리고 현재의 소속을 적도록 하고 국왕과 훈련대장의 철인을 찍었다. 이 종이와 함께 우리는 조총과 화약과 총알을 지급받았다. 우리는 매월 초하루와 4일에는 훈련대장 앞에서 사격을 연습해야 하며, 언제든지 그가 부르면 출두할 수 있도록 준비하고 있으라는 명령을 받았다. 한 중국인과 벨테브레가 우리의 조장으로 지명되었다. 이 조장은 봄과 가을에는 한 달에 세 번씩 우리를 검열했고, 그밖에도 수시로 훈련을 받았다.

신기한 것을 좋아하는 서울의 양반들은 우리를 그들의 집으로 초대하여 음식을 대접한 뒤에 우리의 훈련 모습과 춤을 보고 싶어 했다. 더욱이 우리에 대한 여인들과 아이들의 호기심은 대단했다. 왜냐하면 우리들은 괴물처럼 생겼으며, 우리가 물을 마실 때는 코를 뒤로 젖힌다는 등의 소문이 나돌았기 때문이었다. 그러니 우리도 그들과 꼭 같은 사람이라는 것을 본 그들의 실망과 놀라움이 컸다.

그럼에도 불구하고 우리를 보고 싶어 하는 호기심이 너무 컸기 때문에 우리는 거리에 나갈 수도 없었고 우리의 숙소에서조차도 조용히 있을 수가 없

16) 당시의 훈련 대장은 이완(1602~1674)이었다.
17) 1캐티(katty)=604.8g

었다. 그렇게 되자 우리의 조장은 허가 없이는 누구도 우리의 숙소에 들어올 수 없다고 명령했다. 이 조치는 매우 필요한 것이었다. 왜냐하면 우리에게 접근할 수 있는 자유가 있는 양반 댁의 하인들이 우리를 숙소에서 끌어내어 조롱하고 짐승처럼 데리고 놀았기 때문이었다.

8월에 청나라에 조공을 요구하러 사신이 왔다. 그 때문에 국왕은 우리를 그의 요새로 보내어 사신이 서울에 머물고 있는 동안 철저히 감시하라고 명령했다. 이 요새는 서울에서 6~7리그 떨어진 남한산성이라는 산 위에 있었는데 그 정상까지 걸어 오르는 데는 3시간이 걸렸다. 전쟁이 나면 왕은 이 요새로 피신하기 때문에 여기에는 많은 수비대가 3년을 견딜 수 있는 장비가 비축되어 있었다. 우리는 청나라의 사신이 떠난 9월 초까지 거기에 있었다.

11월이 되자 서울에서 1리그 떨어져 있는 한강이 굳게 얼어 짐을 실은 말이 그 위로 지나 다녔다. 추위가 심하게 되자 우리는 난파선에서 건져낸 가죽을 되돌려 받아 그것을 팔아 옷을 사 입었다. 우리들은 두세 명이 돈을 추렴하여 작은 오두막집을 사서 그 안에서 살았다. 집값은 은화 9~10냥이었다. 그렇게 함으로써 우리는 산에 가서 나무를 해 오도록 끊임없이 우리에게 명령하는 중국인 조장의 괴롭힘을 피할 수 있었다.

청국 사신에게 탄원

1655년 3월에 청나라의 사신이 다시 서울에 오자 우리는 집안에 철저하게 감금되었다. 그런데 청나라의 사신이 떠나는 날 우리의 일행 중에서 수석 조타수인 암스테르담 출신의 얀츠(Hendrick Jansz)와 사수인 보스(Hendrick Jansz Bos)가 나무하러 간다는 핑계로 밖으로 나가 청나라의 사신이 지나가기로 되어 있는 길목에서 기다렸다. 사신이 많은 기병과 보병을 앞세우고 오는 것을 본 우리의 친구들은 앞으로 나아가 사신의 말고삐를 잡고 조선의 옷을 벗어버린 다음 그 안에 있는 홀란드의 옷을 보여 주었다. 이렇게 되자 커다란 소동이 일어났다. 사신은 자신이 그 날 밤에 묵도록 되어 있는 곳까지 따라오라고 그들에게 명령했다. 그러나 사신은 그들이 하는 말을 알아들을 수 없었다. 그는 지난날 벨테브레에 대한 얘기를 들은 바 있어 그를 불러오도록 했다.

벨테브레는 무슨 일이 일어났는지를 알자마자 곧장 왕에게로 달려가서 이 사실을 알렸다. 왕은 곧 회의를 열고 그 사신에게 많은 선물을 보내기로 결정하였다. 그 결과 불행한 우리의 두 친구는 서울로 호송되었다. 그 뒤 그들은 곧 감옥에서 죽었다. 그들의 죽음이 자연사였는지 아니면 고문에 의해 죽었는지는 아무도 모른다. 우리들 가운데 누구도 그들을 볼 수 없었다. 이 사건으로 말미암아 우리는 병조로 끌려가 우리의 동료가 탈주하려는 것을 알리지 않았다는 죄목으로 곧장 50도의 형을 받았다. 그러나 그 형의 집행은 면죄되었다.[18]

6월에 청나라의 사신이 다시 온다는 소식이 오자 우리의 조수와 2등 조타수, 그리고 사수는 어느 해안으로 이송되어 사신이 떠날 때까지 감금되었다. 청나라의 사신은 8월에 왔다. 그 해의 연말까지 우리는 심한 감시를 받았다. 조타수와 사수의 사건이 있은 후로 청나라의 사신이 두 번 더 왔으나 그에 대한 아무런 언급이 없었다. 그럼에도 불구하고 우리에게 호의적이었던 몇몇 조선 사람들이 감금된 우리에게 귀띔해 준 바에 따르면, 청나라가 우리를 자기들에게 넘겨줄 것을 요구하리라는 것을 조선의 고관이 알고 있다는 것과 우리 일행의 한 명과 조선 사람 두 명을 똑같이 무장하여 1 : 2로

---

18) 이 당시의 한국 측 기록은 다음과 같다.
"당초에 남만인 30여 인이 표류하여 제주에 이르렀으므로 목사 이원진이 잡아서 서울로 보냈었다. 조정에서 늠료를 주고 도감의 군오에 나누어 예속시켰다. 청나라 사신이 왔을 때에 남북산이라는 자가 길에서 곧바로 하소하여 고국으로 돌려보내 주기를 청하니, 청사가 크게 놀라 본국을 시켜 잡아 두고 기다리게 하였다. 남북산이 애가 타서 먹지 않고 죽었으므로 조정이 매우 근심하였으나, 청나라 사람들이 끝내 묻지 않았다." 『효종실록』 6년(1655) 4월 25일(기묘)

결투를 시키려 한다는 것이었다.

조선의 관리들은 그렇게 하여 우리를 죽임으로써 왕은 우리에게 사고가 발생하여 죽은 것이지 조선이 외국인을 살해하였다는 비난으로부터 벗어나려고 하는 것이었다. 그러나 우리가 들은 바에 따르면, 왕은 어떻게 해서든지 우리를 살려 주고 싶어 했다. 벨테브레를 만나 이를 상의하였더니, 그가 이렇게 말했다.

"그대들이 앞으로 3일 동안만 살아남으면, 그 후에는 생명의 위협이 없을 것이요."

우리를 처치하는 회의를 주재했던 왕의 아우[19]가 회의 장소로 가는 길에 우리의 숙소 앞을 지나게 되었다. 우리는 그 기회를 틈타 그에게 달려 나가 우리를 보호해 줄 것을 애원했다. 이에 우리를 측은하게 생각한 왕제는 우리를 살리려고 그가 할 수 있는 모든 일을 했다. 우리가 살 수 있었던 것은 그와 왕의 덕분이었다. 그러나 그들은 우리를 전라도로 보내는 것이 좋겠다고 생각했다. 우리가 서울을 떠날 때 벨테브레를 본 것이 마지막이었다. 그 뒤 우리는 그를 보지도 못했고, 그의 소식을 듣지도 못했다.

우리는 처음 서울에 올라올 때 지났던 마을들을 거꾸로 지나 대창이라고 하는 전라 병영에 도착했다. 이곳에 들어서니 거대한 성채가 이곳을 압도하고 있었다.[20] 이때 해변 어느 곳에 감금되었던 우리의 세 동료도 여기에서

---

19) 인조의 3남이자 효종의 아우인 인평대군(1622~1658)을 가리킴. 호는 송계로서 청나라의 사신으로 여러 차례 왕래함.

20) 이들이 도착한 곳은 지금의 강진군 병영면이었다. 당시의 지명은 탐진과 도강이었다. 이곳에는 태종 17년(1417)부터 병영이 설치되어 있었는데 이는 모두가 왜구의 침략이 빈번했기 때문이었다. 병영은 정확히 병마절도사의 병영을 뜻하는 것으로서 육전대가 주둔하고 있었다. 병영은 도의 감영과 같은 장소에 위치하는 것이 통례이지만 호남의 지리적 요인 때문에 감영과 병영이 분리되어 있었다. 이곳에는 수인산성이라는 천혜의 요새를 중심으로 장성의 입암산성, 무주의 적상산성, 남원의 교룡산성이 배치되어 5만 명의 병력을 수용하고 있었는데 병정의 대부분은 승군이었다. 하멜의 일행이 강진에 배속되어 있었던 것도 운명적이었다. 왜냐하면 강진은 해로가 일본으로 흘러가고 있었기 때문

하멜 일행이 사역하는 모습

합류하여 우리는 모두 33명이 되었다. 우리는 여기에서 쌀을 배급받았으며 그 밖의 것은 아무 것도 받지 못했다.

우리가 하는 일은 병영의 풀을 뽑고 청소하는 것이었다. 우리는 나무를 하려고 3리그나 떨어진 산을 가야 했기 때문에 우리의 옷은 남루해졌다. 우리는 모든 면에서 비참하여 병사를 찾아가 주민들에게 구걸을 할 수 있도록 허락해 달라고 간청했다. 이 나라에서는 구걸이 그렇게 부끄러운 짓은 아니었다. 병사는 우리의 구걸을 허락했다. 우리는 주민들의 호기심 덕분에 많은 것을 구걸할 수 있었고 그래서 그 해 겨울 동안 추위를 피할 수 있었다.

1659년에 국왕[효종]이 죽자 청나라 황제의 허락을 받아 그의 아들[현종]

에 작은 목선으로서도 탈출이 가능했기 때문이다. 만약 그들이 현해탄을 사이에 두고 억류되어 있었더라면 행상 탈출은 훨씬 더 어려웠을 것이다.

이 왕위를 이어 받았다. 그렇다고 해서 우리에게 바뀐 것은 없었다. 우리는 계속하여 주로 사찰의 스님들을 찾아 다녔다. 그들은 매우 자비로웠으며, 우리의 모험담과 외국의 풍물에 관한 얘기를 듣는 것을 즐거워했다. 그들은 이런 얘기로 즐겁게 밤낮을 보냈다. 신임 병사가 부임했는데 그는 우리에게 매우 친절했다. 그는 우리에게 아무런 제약 없이 외출을 허락해 주었다.

1661년은 참으로 어려운 한 해였다. 많은 사람이 굶어 죽고 거리에는 도적이 들끓었다.

1663년에도 형편은 어려워 우리는 생활필수품조차 보급 받지 못했다. 병사는 조정에 글을 올려 우리를 다른 마을로 이송하라는 지시를 받았다. 그는 우리 일행 가운데 12명을 좌수영으로, 5명을 순천으로, 그리고 나머지 5명은 남원으로 보냈다. 이 당시 우리 일행은 모두 22명뿐이었다. 이러한 헤어짐은 우리를 몹시 가슴 아프게 했다.

3월 말쯤 되어 우리는 병사에 감사의 작별 인사를 드리고, 아픈 사람과 짐을 말에 싣고 새로운 마을로 길을 떠났다. 좌수영과 순천은 같은 노상에 있었다. 길을 떠난 지 3일 만에 우리는 순천에 도착하여 수사(水使)에게 인계되었다. 이 관리는 매우 인자한 사람이었는데 우리가 도착한 뒤 3일 만에 조정으로 올라가고 새로운 수사가 부임했다. 그런데 이 후임자는 매우 혹독한 사람으로서 우리로 하여금 계절적 고통을 겪게 했으며, 온갖 괴로움을 주었다. 겨울이 되자 수사는 우리가 절반씩 외출하도록 허락하는 편의를 제공해 주었다.

이 수사는 곧 서울로 올라가 대장이 되었다. 그의 후임자[21]는 우리에게 매우 호의적이었으며 모든 어려운 일을 면제해 주었다. 우리는 한 달에 두 번씩 점호를 받고 우리의 병영에 보초를 섰으며, 필요할 때면 외출을 신청

---

21) 전라좌수사 이도빈을 가리킴. 『승정원일기』 현종 7년 11월 병조계 참조.

할 수도 있었다. 이 관리는 자주 우리와 대화를 나누었으며, 우리가 일본으로 탈주하지 못하도록 가끔 소집하곤 했다. 이 마지막 수사는 6개월 이상 그의 자리를 지키지 못했다. 우리가 들은 바에 따르면, 그는 어떤 작은 실수로 많은 사람을 죽게 한 죄로 유죄 판결을 받고 정강이에 곤장 90도를 맞은 다음 종신 유배를 당했다.

1663년 연말에 혜성이 나타났고, 곧 이어 두 번째의 혜성이 나타났다.[22] 첫 번째 나타난 것은 동남쪽에 두 달 동안 머물렀고, 두 번째 나타난 것은 서남쪽에 머물렀는데 꼬리는 각기 반대 방향으로 흐르고 있었다. 혜성이 나타나자 조정은 커다란 혼란에 빠졌다. 왕은 모든 항구와 배의 경계를 두 배로 강화하도록 명령했으며, 매일 군사 훈련을 실시했다. 해안 가까이에 사는 주민들에게는 밤에 불빛이 비춰지 못하도록 하여 바다에서 보이는 일이 없게 했다. 우리는 가는 곳마다 혜성이 나타나는 것은 무슨 징조냐는 질문을 받았다. 우리는 대답하기를, 혜성은 하느님의 심판의 전조로서 질병이나 전쟁이나 기근이 일어나며 그 세 가지가 함께 일어날 수도 있다고 했다.

그 다음해인 1665년은 매우 조용히 지나갔다. 우리는 배를 소유할 수 있는 길을 물색했다. 우리는 해안에서 먹을 것을 찾을 수 있지나 않을까 하는 생각에서 가끔 작은 배를 저어 보기도 했고, 작은 섬에까지 나가 보기도 했다. 다른 곳에 분산되어 있던 동료들도 가끔 우리를 찾아왔으며, 수사의 기분이 좋을 때면 우리가 친구들이 있는 곳을 찾아가기도 했다.

1666년에 우리의 수사가 서울로 영전되어 올라가고 그 대신에 새로운 수사가 부임했다. 이 인사 교체로 우리는 훌륭한 보호자이자 좋은 친구를 잃었다. 우리에게는 신임 수사가 부임하기까지의 3일 동안의 자유가 있었다.

---

22) 1663년(현종 5년) 10월 10일(무진)에 혜성이 나타났다가 이듬해인 1664년 정월 6일(계사)에 사라졌으며, 2월 20일(정축)에 다시 나타났다. 『현종개수실록』 5년(1663) 10월 10일자, 6년(1664) 정월 6일자 및 2월 20일자 참조.

신임 수사는 점쟁이로부터 부임의 길일을 선택하려고 3일의 여가를 받는다. 신임 수사는 부임하자마자 우리에게 사역을 명령했으며, 끝도 없이 진흙을 이기는 노역에 몰아넣었다. 우리는 전임 수사는 우리에게 이런 일을 시키지 않았으며, 왕도 우리를 이곳에 노동자로 보낸 것은 아니라고 항변하면서 사역을 거부했다. 이러한 저항에 대해 수사는 우리에게 후회하게 만들어 줄 수 있는 수단을 찾겠노라고 위협했다.

이런 일이 있은 지 며칠이 지나 그는 왕실에 소속된 매우 훌륭한 배를 탔다가 돛대 앞에 보관된 화약을 잘못 다루어 배에 불이 났다. 배의 앞부분이 폭발하여 날아가고 다섯 명이 죽었다. 그 결과로 수사는 파면을 당하고[23] 새로운 수사[24]가 부임했는데 그는 우리에게 전임자보다 더 호의적이라고는 볼 수 없었다. 그는 우리에게 하루에 100패덤[25]의 멍석을 짜라고 명령했다.

우리는 지난날처럼 항변하였으나 이제 우리는 포대의 광장에 난 잡초를 뽑고, 화살을 만들기에 적합한 나무를 찾아 잘라 와야만 했다. 전보다 더 가혹한 이와 같은 부가적인 노역은 우리로 하여금 이 우상 숭배의 나라에서 더 이상 속박된 삶을 사느니 차라리 탈주를 결심하도록 만들었다.

탈출

우리의 이웃에는 우리와 매우 친숙한 한 사람이 살고 있었다. 우리는 이웃 섬에서 목화를 좀 얻어 오는 데 필요하니 작은 배 한 척만 사 달라고 설득했다. 우리는 이를 위해 그 동안 돈을 좀 장만해 둔 것이 있었다. 우리의 친구가 서둘러 대금을 지불했다. 그런데 우리가 원하는 것이 다소 큰 배인 것

---

23) 이 당시의 수사는 이민발이었다. 당시의 상황에 관한 기록은 『현종개수실록』 7년(1666) 4월 17일(정묘) 참조.

24) 신임 수사는 정영이었다. 『현종개수실록』 7년(1666) 5월 5일(을유) 참조.

25) 1패덤(fathom)=183cm.

을 안 선주는 홍정을 철회해 버렸다. 그는 우리가 그 배를 이용하여 도망할는지도 모르며 그렇게 되면 자기의 목숨이 달아난다는 것을 알았기 때문이었다. 그 말은 맞는 말이었다.

그러나 대금을 두 배로 준다니 목전의 현찰은 그 뒤에 무슨 일이 일어날는지도 모른다는 판단을 흐리게 했다. 우리는 그 두 조선 사람들이 모르게 우리 배에 필요한 돛과 그 밖의 필요한 물건들을 장만했다. 그러는 가운데 다행히도 다른 곳에 있던 두 동료가 우연히 우리를 찾아왔다. 우리는 그 가운데 한 사람을 순천으로 보내어 유능한 항해사인 브리스(Jan Pieter de Vries)를 불러와 우리와 합류하도록 했다. 그런데 브리스는 그때 순천에 없었고 남원에 가 있었다. 연락병은 다시 16리그가 떨어진 남원으로 가서 브리스를 찾아 데리고 왔다. 그 연락 책임자는 4일 동안에 50리그는 충분히 될 거리를 걸은 셈이다.

9월 4일 밤, 달이 질 무렵에 우리는 쌀과 물과 물병과 냄비 등의 비품을 지고 성벽을 넘었다. 우리는 다른 사람들에게 들키지 않고 해안을 벗어나서 육지로부터 대포의 사정거리쯤에 떨어져 있는 작은 섬으로 갔다. 거기에서 우리는 작은 배에 있던 통에 먹을 물을 채웠다. 우리는 소리 없이 섬을 빠져나와 마을 사람들의 배나 병선에 발견되지 않게 섬 사이를 빠져나갔다. 우리가 원하는 방향으로 바람이 불었다. 우리는 진심으로 하느님께 감사하며 돛을 올렸다.

5일 아침이 되니 섬 사이를 거의 빠져 나왔다. 그런데 옆을 지나가는 어부가 우리를 부르기에 우리는 대답도 하지 않았다. 해가 뜨자 바람이 멎었다. 우리는 육지의 반대 방향으로 노를 저었다. 오후가 되자 바람이 다시 일기에 우리는 남동쪽이라고 생각되는 방향을 향하여 나아갔다. 밤이 되자 바람이 더욱 일어 우리는 조선을 벗어났다. 그제야 우리는 추적당하리라는 걱정을 떨쳐 버릴 수가 있었다.[26]

하멜 일행이 탈출하는 모습

---

26) 이들이 탈주한 뒤에 해방 방백 수령에 대한 징계가 있었다. 이에 관한 한국 측의 기록은 다음과 같다.

"상이 희정당에 나아가 대신과 비변사의 신하들을 인견하였다. 왕이 표류해 온 남만인에 대해 답할 서계의 일을 물으니, 영상 정태화가 아뢰기를, "지난해 청나라 사신이 나올 때에 남만인들이 갑자기 홍제교의 주변에 나타나 갖가지로 호소하였기 때문에 전라도에 나누어 두었는데, 왜국으로 도망쳐 들어간 자들은 필시 이 무리일 것입니다." 하였다. 다시 승지 민유중이 아뢰기를, "신이 호남에 있을 때에 보았는데, 이 무리들은 연로해서 구걸하다가 신에게 호소하기를, '만약 저희들을 왜국으로 보내준다면 저희 나라로 돌아갈 수 있을 것이오.'라고 하였는데, 그들이 도망쳐 왜국으로 들어간 것이 의심할 게 없습니다." 하였다. 좌상 홍명하가 아뢰기를, '남만인이 타국으로 도주하였는데도 지방 관원이 아직까지 보고하지 않았으니, 정말 한심스럽습니다.' 하였다. 왕이 본도에 명령해 조사하여 아뢴 다음에 치죄하라고 하였다." 『현종개수실록』 7년(1666) 10월 26일(계유).

왕이 이르기를, "만인이 도망간 것은 정세형이 겸관으로 차출된 다음 날이었으니 이는 세형의 죄가 아니다. 8~9월 이후에 재임한 실관(들이 끝까지 덮어두고 보고하지 않으니 매우 놀랍다. 정세형은 놓아 보내고 지금 재임 중에 있는 관리는 잡아다가 문초하여 죄를 정하도록 하라." 하였다. 『현종실록』 7년(1666) 12월 13일(기미).

일본 해역에 도착

9월 6일 아침이 되어 우리는 처음으로 일본의 어느 섬에 접근했다. 밤이 되니 순풍이 불었다. 우리는 알지 못했지만 우리는 히란도섬[27] 가까이에 와 있었다. 그러나 우리는 자신이 일본에 와 있다는 사실을 몰랐을 뿐만 아니라 처음 보는 뱃길이었기 때문에 상륙하지 않았다. 우리는 나가사키로 가고 싶었을 뿐이다.

7일 아침이 되니 바람은 고르지 못하고 날씨는 차가운데 우리는 숫자를 헤아릴 수 없는 수많은 섬 사이에 떠 있었다. 우리는 닻을 내리고 그 밤을 지내고자 했으나 사방에서 불빛이 보이기에 우리는 배를 더 저어 나가는 것이 좋겠다고 생각했다.

8일 아침에 역풍이 강하게 불기에 우리는 정오가 되어 어느 만에 정박했지만 그곳이 어디인지를 알 수 없었다. 우리가 식사를 만드는 동안 많은 원주민들이 우리 주위를 지나가면서 배를 멈추지도 않고 말을 걸지도 않았다. 저녁이 되자 각기 두 개의 칼을 찬 여섯 명의 뱃사람을 태운 배가 우리에게 다가오기에 우리는 다시 바다로 나갈 생각으로 돛을 올렸다. 그러자 그들은 재빨리 우리에게로 다가왔다.

우리는 준비해 두었던 홀란드 깃발을 꺼내어 흔들며, “홀란드”, “나가사키” 등을 외쳤다. 그러자 그들은 돛을 내리고 해안으로 배를 대라는 신호를 보냈다. 우리가 그들의 말대로 했더니 그들은 우리 일행 가운데 하나를 그들의 배로 데리고 갔다. 그들은 우리에게 닻을 내리게 하고서는 또 다른 한 사람을 데리고 갔다. 우리는 이곳이 고토열도[28]라는 것을 알았다.

우리가 홀란드 사람인 것을 안 그들은 나가사키에 다섯 척의 홀란드 선박

---

27) 히란도섬(Firando) : 일본의 고토열도 북쪽에 있는 히라도섬을 오기한 것임.
28) 고토열도(五島列島) : 일본 규슈 사세보 앞바다에 있는 섬.

하멜 일행이 나가사키에 도착하는 모습

이 있다고 우리에게 알려 주었다. 우리는 자신들이 난파 선원이며 얼마 동안 조선에 억류되어 있었으며, 어떻게 탈출했는가를 설명하려고 노력했다. 우리가 이곳에서 3일을 머무는 동안 일본 사람들은 우리를 감시하면서도 필수품을 보급해 주고 비를 피할 수 있도록 모포를 마련해 주었다. 고토열도의 많은 주민들과 몇몇 높은 사람들은 우리에게 선물을 주는 등 친절을 베풀면서도 아무런 댓가를 바라지 않았다.

9월 12일 우리는 다른 섬으로 옮겼다. 13일에 우리는 커다란 두 척의 큰 배와 두 척의 작은 배를 타고 나가사키로 향했다. 우리 동료 가운데 두 명은 그 큰 배에 탔다. 밤이 깊이 나가사키에 도착했는데 그곳에는 우리 회사[네덜란드 동인도회사] 소속의 배 5척이 정박해 있는 것을 볼 수 있었다.

14일 아침에 우리는 육지에 상륙하여 우리 회사 소속의 통역을 통하여 심문을 받았으며, 그들은 우리의 답변을 기록했다. 그런 다음 우리는 현장 앞으로 불려 갔다. 그는 우리에게 이것저것을 물은 다음 우리의 한 일을 칭찬하면서 우리의 상관 책임자인 폴허르스(Wlihem Volguers) 씨에게로 인계했다. 폴허르스 씨는 그의 비서인 로이(Nicholas le Roy) 씨와 함께 우리를 반갑게 맞이해 주었으며, 우리의 풍습에 따른 옷을 장만해 주었다.

10월 1일에 폴허르스 씨는 데시마[29]를 떠났다가 23일에 23척의 배를 몰고 외항에 정박했다. 나가사키의 현장은 우리를 이듬해까지 억류하려고 했다.[30] 그러나 25일에 다시 불러 모든 조사를 마친 다음 우리를 상관장에게 인계하였다. 며칠이 지나 우리는 바타비아를 향하여 출항했다.

11월 20일에 우리는 바타비아에 도착했다. 우리는 바타비아에 상륙하여 총독에게 그간의 기록을 바쳤다. 그는 우리를 성대하게 맞이해 주었으며 12월 28일에 유럽으로 출항하는 배를 태워 주라고 명령했다.

귀국

1668년 7월 20일에 우리는 암스테르담에 도착했다. 우리는 13년 28일 만에 우리를 구원해 주신 신에게 감사하며 뒤에 남겨진 우리의 불쌍한 동료들을 측은히 여기시길 신에게 빌었다.

우리와 함께 조선에서 고향으로 돌아온 사람들의 이름은 호르쿰 출신으로서 승선 당시 서기였던 하멜(Hendrick Hamel), 데니스(Godefroy Denis), 브리스(Jan Pieterz de Vries), 야네(Gerard Jane), 이보켄(Matthis Ybocken),

---

29) 데시마(出島) : 1634년에 포르투갈 상인과의 교역을 위해 나가사키 앞바다에 만든 인공섬으로 1903년에 연륙하여 지금은 존재하지 않음.

30) 이 무렵에 일본은 이 문제를 빌미로 조선과의 무역에서 이익을 얻으려고 했다. 일본은 특히 난파선에 실려 있던 물품의 소유를 주장함으로써 한때나마 양국 간의 외교 문제로 비화했다. 당시 조선 측의 문헌에는 이 사실이 『현종실록』 및 『현종개수실록』 7년(1666) 10월 23일(경오)에 잘 나타나 있다. 부록 참조.

티에리(Cornelys Thieery), 클레르크(Benet Clerc), 그리고 호드프로이(Denis Godefroy)이다.

조선에 남은 사람들의 이름은 라페(Jan Lape), 코넬리스(Hendrick Cornelys), 니콜라스(Jan Nicolas), 얀스(Jacob Jans), 울데르스(Antony Ulders), 아렌트스(Nicolas Arents), 보스켓(Alex. Bosquet), 그리고 유트레히트(Jan van Utrecht)이다.[31)]

31) 하멜은 일행에서 처져 바타비아에서 1년 쯤 머물다가 1670년 무렵에 호르쿰으로 돌아갔다. 그는 다시 동인도회사로 가 근무하다가 1690년 무렵에 돌아와 1692년 2월 12일에 62세로 사망했다. 그는 미혼으로 삶을 마쳤다.

제 2 장 조선의 풍물

조선의 위치

우리는 이 왕국을 코리아(Korea)라 부르는데 이곳 사람들은 자신의 나라를 조선국이라 부르며, 때로는 고려(Caori)라 부른다. 조선은 위도 34°에서 44°까지 뻗어 있으며, 동서의 폭은 75리그 정도이다. 조선 사람들은 조선을 우리가 즐기는 카드의 하나와 비슷한 타원형의 직사각 평형사변형 모습으로 나타낸다.

조선은 산중의 성과 요새를 제외하고 3백 60개의 도시를 포함하는 8개의 지방으로 나뉘어 있다. 조선은 남경만[1]을 사이에 두고 중국과 떨어져 있지만 북쪽은 길고 높은 산들로 중국과 접해 있다. 조선과 일본 사이의 대마도는 이전에 조선의 땅이었다. 그러나 조선은 일본과 맺은 평화조약에서 제주도와 대마도를 교환하였다.

동북해에서 조선 사람들은 해마다 수많은 고래를 잡는다. 그 고래들 가운데 어떤 것에서는 유럽 끝 지방에서 포경업을 하는 프랑스인과 독일인들의 작살과 갈고리가 발견된다. 또, 12월부터 3월까지 조선 사람들은 동북해에

---

1) 남경만(南京灣) : 황해를 의미함.

서 청어를 잡는다. 그리고 몇 달 뒤에는 우리가 정어리라 부르는 것과 비슷하지만 보다 작은 종류의 물고기를 잡는다. 조선과 일본 사이에는 웨이가츠 해협[2]과 연결되는 어떤 통로가 분명히 있었을 것이다. 동북해에 자주 나가는 조선의 어부들에게 그쪽에 어떤 땅이 있는지 우리가 물어 보면 그들은 끝없는 바다 외에 아무것도 없다고 대답한다.

조선에서 중국으로 건너가는 사람들은 황해의 가장 가까운 지역을 향해 하여 건너간다. 육로는 산을 가로질러야 하는 어려움 때문에 매우 불편하다. 겨울에는 추위가 극심하다. 여름에는 들짐승들이 많아 위험하다. 대개 겨울에는 황해의 일부가 건너기에 충분할 정도로 단단히 얼기 때문에 북쪽 연안을 여행하기가 쉽다. 1662년 조선의 겨울은 매우 혹독했다. 우리는 산속 오두막에 있었는데 눈이 너무 많이 와 다른 오두막으로 가려면 눈 밑으로 통로를 만들어야 했다.

물산

혹독한 추위로 벼나 면화가 자랄 수 없기 때문에 북쪽 지방에 사는 조선 사람들은 보리를 경작한다. 북쪽 지방의 부유한 사람들은 쌀이나 면화와 같은 품목을 남쪽 지방에서 수급한다. 그러나 가난한 사람들은 삼베로 짠 옷을 입거나 맨살로 겨울을 보낸다. 극한에 대한 보상인지 그곳에는 인삼이 풍부하다. 조선 사람들은 인삼을 청나라에 공물로 바치며 일본 · 중국과 무역한다. 조선의 다른 지역은 풍요로우며 벼와 다른 곡물들, 면화, 삼 등을 재배하고 누에를 친다.

조선에는 은과 납이 매장되어 있다. 조선 사람들은 농불을 잘 기르며 말

---

2) 웨이가츠해협(Straight of Waigatz) : 북빙양에 있는 섬인 노바야 젬리아와 러시아의 서북단 열도 사이에 있는 해협.

과 소를 많이 가지고 있다. 그러나 코끼리는 없다. 조선 사람들은 가금과 다양한 종류의 새를 기른다. 크기는 다르지만 악어가 강에서 발견된다.[3] 뱀과 독성이 있는 동물들이 조선에는 많이 있다.

통치제도

비록 청나라 황제가 자신보다 높다고 인정할지라도 조선 국왕의 권위는 절대적이다. 7년에 한번, 2개월 동안 왕을 보위하기 위해서 8도에서는 군복무가 가능한 모든 평민들을 차출한다. 그 해 내내 8도에서 상경한 사람들로 도내는 온통 무장되어 있다. 각 도에는 절도사가 있으며 각지에는 방어사가 있다. 지휘소가 없는 마을은 거의 없다. 그럼에도 불구하고 노비에 속하거나 군역에서 면제된 평민의 수는 전체 남성 인구의 1/2에 해당된다. 양친 가운데 어느 한쪽이 노비이면 자녀도 노비가 된다. 양친이 모두 노비이면 자녀는 어머니 쪽 주인의 노비가 된다.

조선은 거의가 바다로 둘러싸여 있기 때문에 대부분의 도시는 모든 장비로 잘 무장된 돛배형 군함과 나룻배형 군함을 보유하고 있다. 대개 돛배형 군함은 두 개의 돛대와 30~32개의 노를 가지고 있으며 노 하나를 5~6명이 젓는다. 따라서 이런 종류의 군함에는 병사 수만큼의 노잡이가 있으며 군함 하나의 전체 승선 인원은 약 300명 정도이다. 나룻배형 함선은 작은 대포나 다량의 화약 무기를 실어 나른다.

각 도에는 수사가 있으며 이들에 대한 책임은 삼군수군절도사가 져야 한다. 그들은 과오를 저지르면 유배나 사형을 당한다. 1666년 봄, 우리는 17척의 나룻배형 함선을 지휘하던 수사가 불이 무기 저장고에 옮아 붙어 다섯

3) 큰 도마뱀을 오기한 것으로 보임.

명이 사망한 사실을 왕에게 고하지 않은 죄로 유배당하는 것을 보았다.

왕은 주요 대신들과 중신들을 매일 소집하여 조례를 연다. 그러나 그들은 왕에게 어떠한 것도 강요할 수 없으며 조언을 하기에 앞서 왕이 하문할 때까지 기다려야만 한다. 관찰사는 3년마다 교체된다. 그러나 재임 기간 동안 거의가 배임으로 고소되기 때문에 임기를 다 채우는 사람은 몇 명이 안 된다. 그리고 왕은 도처에 정보원들[4]을 두고 있다. 군대나 정권을 유지하기 위한 재원은 바다나 토지에서 나는 모든 생산물에서 거둬들인 세금으로 충당된다. 조선의 법은 매우 엄격하다. 왕에게 반역을 하면 당사자는 물론 그의 모든 가족과 친지를 몰살시킨다.

합법적인 이유로 판단되는 것을 보여줄 수 있다면 사대부는 노비를 죽여도 처벌받지 않는다. 또 이유를 증명할 수만 있다면 어떠한 처벌도 받지 않고 아내를 죽일 수 있다. 다른 사람의 아내와 간통한 기혼 남자는 사형을 받는다. 특히 이것은 상류 계층에 있는 사례이다. 범죄자가 죽을 경우, 범죄자의 아버지가 살아 있으면 그 아버지가 형기를 채우고, 그렇지 않으면 가장 가까운 친척이 형기를 채워야 한다. 범죄자는 처형 방법을 선택할 수가 있다.

빚을 갚지 않은 채무자는 한 달에 두세 번 뼈가 드러날 정도로 볼기를 맞는다. 빚을 갚지 않으면 이러한 처벌을 면할 수 없다. 만약 빚을 갚지 못하고 죽으면 제일 가까운 친척이 대신 빚을 갚든가 처벌을 받든지 해야 한다. 경미한 범죄는 체형을 받는데, 조선에서는 이것이 너무 흔해서 아무런 수치심도 느끼지 않는다.

4) 암행어사를 의미하는 것으로 보임.

종교

조선에는 아무런 종교가 없다. 빈민들은 아무런 경외심도 없이 자신들의 우상 앞에서 얼굴을 찌푸린다. 그들은 착한 일을 한 사람은 보답을 받을 것이며 나쁜 짓을 한 사람은 벌을 받을 것이라는 믿음을 가지고 있다. 그러나 그들 사이에 설파되는 교리는 없다. 그럼에도 불구하고 조선에는 암자와 사찰이 많았으며 수많은 종파가 있다.

어떤 사찰에는 5~6백 명 이상의 수도승이 있다. 승려들은 스스로 원한다면 기꺼이 자신들의 직업을 그만 둘 수 있으며 누구든지 승려가 될 수 있다. 일반적으로 승려들은 노비들과 비슷한 취급을 받는다. 승려들은 군역을 면제받지 않으며 대다수가 번갈아 가며 성이나 요새를 경계하는 일에 복무한다. 만약 그가 깨달음을 얻으면 고승으로 추앙된다. 승려들은 말을 타고 다닌다.

승려들은 생명을 가진 동물을 먹지 않는다. 승려들은 머리와 수염을 깎으며 여인들과 말을 주고받는 것은 금지된다. 승려로서 처음 출가하면 팔에 지울 수 없는 표지를 새긴다.[5] 이 표지로 말미암아 그가 승려였던 것을 알아볼 수 있다. 승려들은 생계를 위해 노동이나 장사 또는 탁발을 한다. 승려들은 어린이들에게 읽기나 쓰기를 가르친다. 결혼을 할 수 있는 종파도 있다.

전통적으로 승려들은 속세의 모든 사람들이 태초에는 한 가지 언어를 사용했는데 극락에 오르는 계단을 만들려는 계획이 언어의 혼란을 야기했다고 믿는다. 부자들은 기분 전환을 위해 기생들과 여러 암자에 자주 들린다. 대부분의 암자는 경치가 좋은 곳에 자리하고 있으며 아름다운 정원을 가지고 있다. 그래서 암자는 사찰이라기보다 유희의 장소라고 보아야 한다.

---

5) 승려들의 고행의 한 방법으로서 팔죽지를 심지 불로 지지는 연비의 공양을 의미함.

가족제도

어느 누구도 허가 없이 지붕에 기와를 입히지 못한다. 왜냐하면 지붕은 신분 구별의 표지이기 때문이다. 보통의 집들은 대부분 이엉지붕이다. 귀족들의 집은 웅장하며 입구에 방문객을 맞이하는 사랑채가 있다. 대부분 귀족들의 집에는 입구에 연못과 정원이 있는 마당이 있다. 내당은 집의 구석진 곳에 자리한다. 그러나 어떤 여인들은 외출을 하거나 친구를 만나는 것이 허용되며 매우 귀하게 대접받는다.

8촌 이내의 혈족은 결혼할 수 없다. 남성은 부양할 수 있는 한 많은 여인을 거느릴 수 있으나 집안에는 조강지처만 두어야 하며, 후처는 외부에 두어야 한다. 비록 조강지처가 자식을 많이 낳아도 이혼할 수 있으며 자기 만족을 위해 다른 여자를 얻을 수 있다. 그러나 방백 수령이 새 여자를 조강지처로 인정하지 않으면 그 여자는 조강지처의 권리를 누릴 수 없다. 남성들은 여성을 사실상 노비와 비슷하게 여겼으며 조그만 잘못이나 사소한 구실로 내쫓는다. 이런 경우에 남성들은 여성에게 아이들도 데리고 나가라고 강요하며, 이 불행한 여인들은 아이들과 함께 어렵게 살아간다.

교육제도

지체 높은 사람들이나 귀족들은 자녀의 교육에 신경을 많이 쓰며, 제 때에 자녀들의 읽기와 쓰기를 지도할 스승을 붙여 준다. 스승은 가르치면서 강제를 사용하지 않고 온화한 방법을 쓰며 제자들에게 선조들의 업적과 학문을 설명한다. 그리고 스승의 영광은 제자들의 업적에 의해 먼 미래에 달성된다. 이러한 방식으로 훌륭한 후학을 길러 내고 자신들이 읽은 것을 어떻게 설명하는가를 보면 경이롭다.

예로부터 전해 내려오는 관습으로 각 고을에는 젊은이들을 모아 놓고 나랏일이나 죄를 짓고 처형된 지체 높은 사람들의 죄상을 읽게 하는 향교가 있다. 아버지는 자녀들을 무척 귀여워하며 그에 대한 보답으로 자녀들로부터 깊은 존경을 받는다. 그들은 자신의 행동에 대하여 서로 책임을 진다. 그래서 한쪽이 죄를 짓거나 도망가면 다른 한쪽이 책임을 져야 한다. 노비들은 자녀를 열심히 돌보지 않는다. 자식들이 자라서 노동력을 갖추게 되면 빼앗긴다는 것을 알기 때문이다.

장례의 풍습

사대부가 죽으면 고인의 자식들은 3일간 곡을 해야 한다. 3일 동안 유자녀는 승려와 같은 금욕적인 생활을 해야 하며 아무 일도 해서는 안 된다. 부인과 동침을 해서도 안 된다. 장례 기간 동안 유자녀에게 아이가 태어나면 그 아이는 적출이 되지 못한다. 유가족들은 장례 기간 동안 싸워서도 안 되며, 화를 내어서도 안 되며, 술에 취해서도 안 된다. 유족들은 장례 기간 동안 죽장을 짚고, 거친 삼베옷을 입으며 씻지도 않아 다른 이들과 구별된다. 그래서 유족들은 마치 혼혈아처럼 검다.

장례식 동안에 상주들은 엄숙히 고인에게 제물을 바친다. 사람이 죽으면 유족들은 울부짖고 머리를 풀어헤친 채 길거리로 달려 나간다. 딸들에게 유산을 분배하라는 유언이 없으면 아들이 유산을 나누어 가지는데 장자는 집과 토지를 상속받는다. 딸들은 자신들의 옷가지만 가져갈 수 있다. 아버지는 80세 정도가 되면 자신의 쇠약함을 밝히고 부모를 모실 수 있는 자녀에게 재산의 경영권을 물려준다.

심성

조선 사람들은 매우 도둑질을 잘하며 속이거나 거짓말도 잘한다. 그래서 조선 사람들은 신뢰할 수가 없다. 동시에 조선 사람들은 너무 단순하고 쉽게 속기 때문에 어떤 일을 하도록 설득하는 것은 어렵지 않다. 조선 사람들은 유약한 민족이며 간지하거나 용기가 전혀 없다. 일본제국이 자행하는 약탈을 당하고서도 묵묵히 살아가는 조선 사람들을 목격한 많은 믿을 만한 사람들이 그렇게 말하는 것을 들은 적이 있다. 조선 사람들의 유약함은 벨테브레(Jan J. Weltevree)가 청나라의 침략에 대해 우리에게 들려준 이야기에도 나타난다. 조선 사람들은 겁이 많은 것을 그렇게 수치스러워하지 않는다. 그래서 조선 사람들은 호전적인 사람들을 불쌍히 여긴다.

조선 사람들은 청나라를 칙사 또는 오랑캐로 불렀다. 조선 사람들은 우리나라를 남방국이라 부른다. 이것은 일본이 포르투갈에 붙인 이름이다. 담배의 재배가 포르투갈인에 의해 일본에 전해졌다고 믿었기 때문에 조선 사람들은 담배를 "남방고"라 부른다.[6] 조선 사람들은 담배를 매우 좋아해서 4~5세의 어린이들도 담배를 지니고 다니며 나라 안에 남녀를 불문하고 담배를 피우지 않는 사람은 거의 없다. 이런 점에서 조선 사람들은 남방국이 세상 최고의 나라 가운데 하나가 틀림없다고 생각한다.

교역

조선의 무역은 대부분 일본과 조선 남동쪽 부산에 창고를 가지고 있는 대마도 사람들과의 사이에 이루어진다. 조선 사람들은 후추, 나막신, 명반, 물소 뿔, 가죽 그리고 우리 상인이 일본에 판매한 것을 구매한다. 그 대신에 조선 사람들은 조선의 수공품과 물품을 준다. 조선 사람들은 온 나라에서

6) 이 점에서는 하멜이 다소 오해하고 있는 것 같다. 담배의 어원을 살펴보면, 당초 타바코(tobacco)가 일본어를 거치면서 다바코(タバコ)가 되었고, 이것이 한국에 들어왔을 때는 담바꼬를 거쳐 담배가 되었다.

한 가지 도량형만 사용한다. 그러나 상인들은 모든 제재에도 불구하고 이것을 속인다.

문예

조선의 언어, 문자, 계산 방법은 모두 익히기가 너무 힘들다. 조선 사람들은 때로는 빠르게, 때로는 느리게 말을 한다. 특히 학식이 있거나 지체가 높은 사람들이 그렇다. 조선 사람들은 세 가지 종류의 문자를 가지고 있다. 첫째, 한자는 중국이나 일본의 문자와 유사한데 책을 편찬하거나 국정에 관련된 일에 사용한다. 두 번째인 초서는 우리의 보통 문자와 비슷하다. 이 문자는 지체 높은 사람들이 답장을 하거나 그들끼리 서신을 왕래하는 데 사용된다. 그러나 평민들은 이 문자를 이해하지 못한다. 셋째는 가장 대중적인 문자[諺文]이다. 여인들이나 평민들이 이 문자를 사용한다. 이 문자는 쉽게 배울 수 있고 읽기도 쉽다. 다른 두 문자보다 이 문자가 쉽기 때문에 조선 사람들은 생소한 이름이나 사물을 표현할 대면 이 문자로 표기한다.

조선 사람들은 인쇄본이나 필사본으로 된 많은 고서를 가지고 있으며 원본과 똑같은 사본을 여러 곳의 다른 장소에 보관하여 화재와 같은 갑작스런 재앙에 대비한다.

조선 사람들은 스스로의 달력을 만들 수 있을 만큼 과학이 발전하지 못하여 중국에서 달력을 들여온다. 조선 사람들은 목판이나 나무로 된 활자로 인쇄한다. 목판의 양면에는 꼼꼼한 활자가 새겨져 있다. 조선 사람들은 장부상 대차계정의 기록을 이해하지 못한다. 조선 사람들은 물건을 살 때, 가격만큼 막대기를 내리고 그 위에 표시를 해 둔다. 물건을 팔고는 그 아래에 표시를 해 둔다. 이것을 보고 손익을 계산한다.

왕의 거둥

왕이 거둥할 때는 국가 행사에 참석하는 것이다. 그럴 때면 주변에 어떤 소리도 나서는 안 된다. 벽이나 대나무 끝에 걸려 있거나 울타리에 걸려 있는 상소문을 걷으려고 시종이 왕보다 앞서서 간다. 그리고 왕은 환궁하여 그들을 결재한다. 왕이 지나가는 주변의 모든 집들은 창과 문을 닫아야 한다. 어느 누구도 감히 왕을 쳐다보아서는 안 된다. 심지어 담장 너머에서 쳐다보아서도 안 된다. 왕이 지나갈 때 지위의 높고 낮음을 가리지 않고 모든 사람들은 등을 돌려야 하며, 쳐다보아서도 안 되고 어떠한 소리를 내어서도 안 된다. 심지어 기침 소리도 내서는 안 된다.

칙사

청나라에서 사신이 오면 왕은 사신을 맞이하려고 도시 외곽까지 대신들을 데리고 나간다. 왕과 대신들은 숙소까지 사신과 동행한다. 모든 악공과 무희, 곡예사들이 사신을 즐겁게 해주고자 그들에게 향연을 베푼다. 청나라 사신이 도시에 머무는 동안 그들의 숙소와 왕궁 사이의 길에는 10~12피트 간격으로 병사들이 보초를 선다. 2~3명의 병사가 사신이 머물고 있는 숙소의 문 앞을 늘 지키고 있는데, 이들의 일은 사신의 동향을 지켜보거나 밖으로 버려지는 쪽지 등을 주워서 왕에게 가져다줌으로써 사신이 무엇을 하는지를 왕이 계속 파악할 수 있게 하는 것이다.

제 3 장 나가사키 심문서[1)]

나가사키의 봉행(행정 · 재판 사무를 담당하는 무사의 직명)이 최초의 회견 때 우리들에게 행한 질문과 각각의 질문에 대한 답변을 아래와 같이 기술함.

(1) 너희는 어느 나라 국민이며, 또한 어디에서 왔는가?

- 우리들은 네덜란드인이며, 코레이에서 왔습니다.

(2) 너희들은 어떻게 그 곳에 가게 됐으며, 또한 무슨 배로 타고 갔는가?

- 1653년 8월 16일에 우리들이 타고 가던 상선 스페르베르호가 닷새 동안 계속된 폭풍으로 난파되었습니다.

---

1) 이 글은 하멜 일행이 탈주하여 일본에 도착한 뒤 나가사키에서 심문 받은 내용이다. 심문은 네덜란드 상관의 주재원이 묻고 일본인 두 사람이 배석했다. 이 글은 『조선유수기』, 동양문고 132)(동경 : 평범사, 1969), pp. 74~85를 전재한 것이며 네덜란드인 이름의 영문표기는 지명숙 · 왈라벤, 『보물섬은 어디에 : 네덜란드 공문서를 통해 본 한국과의 교류사』(서울 : 연세대학교출판부, 2003), pp. 294~285를 참고했다. 이 글은 당시 조선의 사정을 아는 데 도움이 될 뿐만 아니라 당시 일본의 대한(對韓) 인식을 이해하는 데 매우 중요한 자료가 된다.

(3) 배가 난파된 곳은 어디인가? 또한 승조원은 몇 명이며 대포는 몇 문이 탑재되어 있었는가?

- 우리 말로는 켈파르트(Quelpart)라 하고, 조선 사람들이 제주라고 하는 섬이었습니다. 승조원은 64명이고, 대포는 30문이 탑재되어 있었습니다.

(4) 켈파르트 섬은 본토로부터 얼마나 떨어져 있는가? 그리고 그 섬의 상황은 어떤가?

- 본토의 남쪽으로 약 10내지 12마일 정도 떨어진 곳에 있으며, 인구는 많고 땅은 비옥합니다. 주위는 15마일 정도입니다.

(5) 너희는 그 배를 타고 어디에서 왔는가? 또한 도중에 들린 곳은 있는가?

- 우리들은 1653년 6월 18일에 바타비아에서 타이완으로 출발했는데 그 곳의 장관인 훼르부르흐(N. Verburgh) 각하와 교대하려 카에사르(C. Caesar) 각하가 그 배에 타고 있었습니다.

(6) 배에 실은 짐은 어떤 것이며 그것을 싣고 어디로 가려고 했나? 또한 누가 그 당시의 상관장이었나?

- 우리들은 타이완을 출발하여 일본으로 향할 예정이었으며, 사슴 가죽, 설탕, 향료와 그 밖의 물품을 싣고 있었습니다. 또한 코이에트(E. Coijet) 각하가 당시 상관장이었습니다.

(7) 승조원과 물건 및 대포는 어느 정도 건졌는가?

- 28명의 승조원이 사망하고 물건과 대포는 잃어버렸으나 뒤에 그것들 가운데 값어치가 없는 물품들 몇 가지를 인양했습니다. 그 처리에 대해서는 모르겠습니다.

(8) 배가 난파된 뒤 그들은 너희에게 어떻게 대했나?

- 우리들을 감옥에 가둬두고 음식과 음료를 주는 등 대체로 양호하게 대하였습니다.

(9) 너희들은 중국인이나 그 외의 사람들의 배를 나포하거나, 또는 중국 해안을 약탈하라는 명령을 받았지 않았는가?

- 일본으로 직행하라는 명령밖에 받지 않았고, 폭풍 때문에 조선의 연안에 표착한 것입니다.

(10) 너희들은 그리스도교도나 네덜란드인 이외의 사람을 배에 태우고 있지는 않았는가?

- 회사에 종사하는 사람뿐이었습니다.

(11) 너희들은 섬에서 얼마나 체류했나? 그리고 거기서 어디로 끌려갔는가?

- 약 10개월 정도 섬에서 체재한 뒤 국왕으로부터 궁궐로 소환되었고, 궁궐은 서울에 있었습니다.

(12) 제주도에서 서울까지는 어느 정도의 거리인가? 또한 가는 데 얼마나 걸렸는가?

- 제주도는 앞서 말씀드린 대로 본토로부터 10~12마일 정도이고, 뭍에 올라서는 말을 타고 14일간 여행했으며, 육로와 수로를 합해 약 90마일에 이릅니다.

(13) 너희들은 수도에서 얼마나 살았는가? 또한 그동안 무엇을 했으며, 국왕은 너희에게 어떤 혜택을 해주었는가?

- 우리들은 그들의 습관에 따라 3년간 체류하는 동안 사령관의 호위병으

로 임용되었고 각자 매월 70근의 쌀과 약간의 의복을 급여로 받았습니다.

(14) 어떤 이유로 국왕은 너희들을 그곳에서 추방했으며, 어디로 보냈는가?

- 우리들의 1등 항해사와 다른 한 사람이 타타르인[청나라 사람]을 찾아가 중국을 경유해서 우리 나라에 되돌아가도록 호소하려 했으나 실패하자 국왕은 우리들을 전라도로 추방했습니다.

(15) 타타르인을 찾아간 동료는 어떻게 됐는가?

- 우리는 곧 투옥되었으며 그들이 처형당했는지 사망했는지에 대해서는 확실히 알 수 없습니다. 우리로서는 알 수가 없습니다.

(16) 조선이라는 나라는 얼마나 큰가?

- 우리의 짐작으로 조선의 남북의 길이는 약 140~150마일이며 동서의 폭은 70~80마일입니다. 또한 8개의 주와 360개의 도시로 나뉘어 있고 크고 작은 섬이 많습니다.

(17) 그곳에서 그리스도교도나 혹은 다른 외국인을 만났는가?

- 네덜란드인인 얀 얀세[벨테브레]뿐이었습니다. 그는 1627년 상선을 타고 타이완에서 일본으로 향하던 중 폭풍에 휘말려 해안에 표류하였습니다. 마실 물이 떨어져 보트로 해안에 접근하다가 동료 2명과 함께 그곳의 사람들에게 체포되었습니다. 그러나 2명의 동료는 타타르인이 그 나라를 침략했을 당시 전사했습니다. 또한 중국에서 전란을 피해 내려온 중국인들도 약간 있었습니다.

(18) 그 야 얀세는 아직 생존해 있는가? 또한 어디서 살고 있는가?

- 그와 10년 동안 만나지 못해 그가 아직 살아있는지 죽었는지는 확실히 모르겠습니다. 그는 궁궐에 살았으며 누구는 그가 살아 있다 하고, 누구는 죽었다고 말합니다.

(19) 그들의 총과 무기는 어떠했는가?

- 화승총과 단도, 활과 화살, 약간의 작은 포를 가지고 있었습니다.

(20) 조선의 성과 요새는 있었는가?

- 도시에는 약간의 저항력밖에 없었고 산 정상에는 몇 개의 작은 성이 있고 전쟁이 일어나면 그곳으로 올라가는데 늘 3년분의 식량을 준비하고 있었습니다.

(21) 그들은 해전을 위해 어떤 배를 가지고 있었는가?

- 도시마다 각각 한 척의 전쟁용 배를 준비해 두고 각각의 배에는 노를 젓는 사람과 병사를 포함하여 200~300명의 수병과 작은 포를 싣고 있었습니다.

(22) 그들은 전쟁을 하고 있었나? 또한 어느 국왕에게 공물을 바치고 있었나?

- 전쟁은 하고 있지 않았고, 타타르인은 매년 2~3회 공물을 거두러왔습니다. 또한 일본에도 공물을 보내고 있었지만 어느 정도인지는 모르겠습니다.

(23) 그들은 무엇을 믿고 있었고 너희들에게 개종하라고 강요했나?

- 우리들의 짐작으로 그들은 중국인과 동일한 신앙을 가졌으며 그들의 관습을 누구에게도 강요하지 않았으며 각자의 뜻에 맡겼습니다.

(24) 그들은 많은 절과 우상(불상)을 가지고 있었는가? 또한 어떻게 예배를 드리고 있었는가?

- 산중에는 많은 사원과 수도원, 불상들이 있고 우리 생각으로는 중국풍으로 예불이 이루어진다고 생각합니다.

(25) 많은 승려가 있었는가? 또한 그들은 어떻게 머리를 깎고 어떤 옷을 입고 있었는가?

- 승려는 상당히 많았고 노동과 동냥으로 먹을 것을 구했으며 의복과 삭발은 일본인 승려와 같습니다.

(26) 양반과 일반인들은 어떤 옷을 입고 있었는가?

- 대부분의 사람들은 중국풍의 옷을 입고 말이나 소털 혹은 대나무로 만든 모자를 쓰고 양발과 신발을 신고 있었습니다.

(27) 쌀과 그 밖의 곡물이 많이 재배되었나?

- 비가 많은 해에는 남부 지방에서 쌀이나 그 밖의 곡물이 풍성히 재배됩니다. 그곳의 작물 농사는 비에 의존하고 있어 비가 내리지 않은 해에는 큰 기근이 일어나 1660년, 1661년, 1662년에는 몇 천 명이 굶어죽었습니다. 또한 그곳에서는 목면을 많이 재배하며, 북부는 보리를 주식으로 하고 있습니다. 왜냐하면 쌀은 추위에 약해 자라지 못하기 때문입니다.

(28) 말이나 소는 많았는가?

- 말은 많이 있었지만 소는 2~3년간 전염병이 돌아 많이 감소했고 아직 그런 상태가 계속되고 있습니다.

(29) 조선에서는 외국인들이 와 무역을 하고 있었는가? 또한 그들은 다른 곳에 무역을 하러 가지는 않았는가?

- 이 나라 사람들(일본인) 이외는 무역을 하러 오지는 않았습니다. 일본인은 그곳에 상관을 가지고 있었습니다. 또한 조선인은 중국의 북부와 북경에서 거래를 하고 있었습니다.

(30) 너희들은 일본 상관에 가 본 적이 있는가?

- 그곳은 우리에게 엄격히 금지되어 있었습니다.

(31) 그들은 무엇을 매개로 서로 거래를 하던가?

- 수도의 양반들은 대부분의 거래는 은이었고 일반인들은 다른 지방과 마찬가지로 각각의 가격에 대해 마포나 쌀 또는 그 밖의 곡물로 거래하고 있었습니다.

(32) 그들은 중국에서 어떤 무역을 하고 있던가?

- 그들은 그곳에서 인삼근과 은 그리고 그 밖의 물품을 가지고 가 생사 등 우리가 일본에 가져온 것과 같은 물품을 구입합니다.

(33) 은광이나 다른 광산은 있었나?

- 오래전부터 은광이 열려 있는데 국왕이 1/4을 가져갑니다. 그러나 다른 광산에 대해서는 들은 바 없습니다.

(34) 그들은 어떤 방법으로 인삼근을 발견하며 그것을 어떻게 사용하며 어디로 수출하던가?

- 인삼근은 북부 지방에서 발견되어 약재로 사용되며 매년 타타르에 공물로 보내고 상인들이 중국과 일본으로 수출합니다.

(35) 중국과 조선은 서로 육지로 서로 이어졌다는 말을 들은 적은 없는가?

- 그들의 말에 따르면 두 곳은 큰 산맥으로 국경이 닿아 있는데, 겨울은 춥고 여름은 맹수 때문에 여행은 위험합니다. 그래서 대부분의 사람은 수로를 이용하고 겨울에는 안전을 위해 빙판 위를 걸어서 통행한다고 합니다.

(36) 조선에서는 어떤 방식으로 총독을 임명하는가?

- 각 주의 태수(현감)는 매년, 보통 총독[관찰사]은 3년마다 교대됩니다.

(37) 너희는 전라도에서는 얼마나 함께 살았는가? 또한 식량과 의복은 어디서 구했고 그곳에서 몇 명이 사망했는가?

- 우리들은 병영이라는 마을에서 약 7년간 함께 살았습니다. 그들은 매월 급여로 50근의 쌀을 지급했고 옷과 부식물은 선량한 주민에게 얻어야 했습니다. 그 기간 동안 11명이 사망했습니다.

(38) 너희들은 무슨 이유로 또 다시 다른 곳으로 보내졌으며 그곳은 이름은 무엇인가?

- 1660년, 1661년, 1662년에는 비가 전혀 내리지 않아 한 마을에서 우리들의 급여를 충당할 수 없어 국왕은 1662년에 우리들을 3곳의 마을, 곧 신성, 순천, 남원에 각각 12명, 5명, 5명으로 분산하여 수용하게 했습니다. 그 고장들도 모두 전라도에 있습니다.

(39) 전라도는 얼마나 크고 어디에 위치하고 있는가?

- 그곳은 남부의 주(州)로 52개의 마을이 있으며 전국에서 가장 인구가 많은 주로서 식량이 무척 풍부합니다.

(40) 국왕이 너희들을 석방했는가? 아니면 너희들이 탈주했는가?

- 우리들은 국왕이 석방하지 않을 것을 잘 알고 있어 적당한 상황을 보아 8명이 탈주를 결심을 했습니다. 그 이유는 이교도의 나라에서 마음 졸이며 살기보다는 차라리 과감히 죽음을 택하는 편이 낫다고 생각했기 때문입니다.

(41) 탈출 무렵 생존한 수는 얼마이며 다른 사람들에게 탈주 계획을 알렸는가? 아니면 알리지 않았는가?

- 그 무렵 생존자의 숫자는 16명이었으며 다른 8명에게는 사전에 알리지 않았습니다.

(42) 왜 그들에게 사전에 알리지 않았는가?

- 매월 1일과 15일에 각 마을의 총독[현감]에게 출두하지 않으면 안 되었고 외출할 때에는 순번을 허가받아야 했으므로 함께 떠날 수 없는 실정이었습니다.

(43) 그들이 어떻게 하면 그 곳을 빠져나올 수 있는가?

- (일본) 황제가 우리들에 대해 (조선) 국왕에게 편지를 써 주시면 그들은 빠져나올 수 있을 것입니다. 그 이유는 일본의 장군(황제)은 매년 표착해 온 (조선) 국왕의 국민을 되돌려 보냈기 때문에 국왕은 감히 거절하지는 않을 것이라고 생각합니다.

(44) 이번 말고도 탈주를 시도한 적이 있는가? 또한 어떤 이유로 두 번이나 실패를 했는가?

- 이번이 세 번째이며, 첫 번째는 케르파르트섬에서 그들 배의 작동법에 서툴러 돛대가 두 번이나 부러졌기 때문이고, 두 번째는 수도에서 타타르인을 믿고 탈출을 시도했으나 그 사신들이 왕에게 매수당하는 바람

에 실패했습니다.

(45) 국왕에게 석방시켜달라고 애원한 적이 있는가? 또한 국왕은 왜 거절하였는가?

- 국왕과 의정부에도 여러 차례 진정을 낸 바 있으나 자기 나라가 다른 나라에 알려지는 것이 싫었기 때문에 외국인을 국외로 내보내지 않는다고, 언제나 같은 대답이었습니다.

(46) 어떻게 배를 구했는가?

- 동냥을 하여 모은 자금으로 배를 샀습니다.

(47) 그와 같은 배를 더 가지고 있었는가?

- 이 배는 세 번째 배로 다른 배들은 일본으로 탈주하기에 너무 작았습니다.

(48) 탈주한 곳은 어디이며 그 곳에서 살았는가?

- 우리는 신성에서 탈주했으며 거기서 5명이 살았고 3명은 순천에서 살았습니다.

(49) 탈주한 곳이 여기서 얼마나 멀며 도중에 얼마나 걸렸는가?

- 우리 짐작으로 신성은 나가사키에서 약 50마일 정도입니다. 고토에 도착하기까지 사흘 동안 항해했고, 고토에서 나흘 체류한 뒤 이곳까지는 이틀이 걸렸으므로 다 합쳐 아흐레가 걸린 셈이 됩니다.

(50) 고토에는 왜 갔으며 우리들(일본인들)이 갔을 때 왜 다시 도망치려했는가?

- 폭풍우 때문에 그곳에 기항하지 않으면 안 되었고 날씨가 약간 좋아지자 나가사키로 항해를 계속하려는 참이었습니다.

(51) 고토 사람들은 너희를 어떻게 대했고 그들이 댓가로 요구한 것이나 받은 것은 없었는가?

- 동료 두 명을 육상으로 연행해 갔고, 우리들에게는 깍듯이 대우해줬으며 그 댓가를 요구하거나 받은 사실은 없습니다.

(52) 너희들 가운데 일본에 와 본 적이 있는 사람이 있는가? 또한 어떻게 항로를 알고 있었는가?

- 아무도 일본에 와 본 적이 없습니다. 항로는 나가사키에 온 적이 있는 조선 사람이 가르쳐주었고, 또한 우리 항사가 [예전에] 들려주었던 그 방향이 어렴풋이나마 아직 기억에 남아 있었기 때문이었습니다.

(53) 아직도 그곳에 있는 잔류자의 성명, 연령, 항해시의 임무 및 현재 살고 있는 거주지는?

- 요하네스 람펜(Johananis Lampen), 조수, 36세
  헨드릭 코르넬리센(Hendrick Cornelissen), 2등 갑판장, 37세
  얀 클라츠(Jan Claesz), 요리사, 49세
  이상은 남원에 살고 있습니다.

  야곱 얀세(Jacob Janse), 조타수, 47세
  안토니 울더릭(Anthonij Ulderic), 포수, 32세
  클라스 아렌첸(Clase Arentzen), 급사, 27세
  이상은 순천에 살고 있습니다.
  산더르트 바스케트(Sandert Basket), 조타수, 41세
  얀 얀세 스펠트(Jan Janse Spelt), 하급 갑판원, 35세[1]

---

1) 이상의 여덟 명 가운데 일곱 명은 그 뒤의 교섭으로 일본을 거쳐 귀국했다. 그들 가운데 얀 클라츠는 조선 여자와 결혼하여 자녀를 두었기 때문에 귀국을 거절했다. 지명숙 · 왈라

(54) 너희의 성명, 연령, 향해 때의 직책은 무엇인가?

- 헨드릭 하멜(Hendric Hamel), 서기, 36세

호훼르트 데니첸(Govert Deniiszen), 조타수, 47세

마테우스 에이보켄(Mattheus Eibockken), 선의(船醫), 32세

얀 피터르첸(Jan Pieterszen), 포수, 36세

헤리트 얀첸(Gerrit Janszen), 포수, 32세

코르넬리스 디르크세(Cornelis Dirckse), 하급 갑판원, 31세

베네딕투스 클레륵(Benedictus Clercq), 급사, 27세

데니스 호훼르첸(Denijs Govertszen), 급사, 25세[2)]

이와 같은 질문과 응답으로 심문이 1666년 9월 14일에 이루어짐.

코레이 왕국에 이르기까지의 항로

위에 언급한 조선왕국에 닿으려면 북위 약 40도 선상에서 그 나라의 서해안이나 낭킹만 해로를 이용해야 합니다. 0.5마일 너비의 서울을 가로지르는 큰 강이 바로 그 부근에서 바다로 흘러 합류되고 있어 국왕의 쌀과 그 밖의 수입을 모두 그 곳으로 싣고 와 큰 배로 운반됩니다. 창고는 하구에서 약 8마일 정도에 있고 거기서 마차에 실려 수도로 옮겨집니다.

국왕은 서울에 있으며 대부분의 귀족과 나라의 대상이 거기서 살고 있습니다. 그들은 중국이나 일본과 거래하며 온갖 상품을 먼저 이곳으로 운반하여 전국으로 유통합니다. 그 곳에서의 거래는 많은 은이 매개로 사용되며

벤, 『보물섬은 어디에』, p. 166 참조.

2) 데니스 호훼르첸(Denijs Govertszen)의 나이가 예사롭지 않다. 13년이 지난 지금에 25세라면 그는 12세에 배를 탔다는 뜻인데, 그 나이에 그는 무슨 일을 할 수 있었을까? 사환이었을까?

상거래의 대부분이 다 거상들 사이에 이뤄지고 있습니다. 그런가 하면 다른 도시나 시골에서는 마포나 곡물을 유통 수단으로 씁니다.

위에서 서해안을 통해 이 나라에 접근하도록 지적한 이유는 남해안과 동해안 특히 해협의 안쪽과 앞쪽에는 표면으로 드러나거나 감추어진 절벽과 암초가 무수히 많기 때문입니다. 또한 조선 뱃사람들의 말을 들어봐도 서해안에는 장애물이 거의 없어 가장 무난하다고 하기 때문입니다.

부 록

1. 『지영록』[1] 서양국 표인기(西洋國漂人記)

당시 목사는 이원진(李元鎭)이고, 판관은 노정(盧錠)이며, 대정현감은 권극중(權克中)이었다.

계사년(1653년) 7월 24일, 서양국 만인(蠻人) 핸드릭크 얀센 등 64명이 한 배에 타고 왔다가 대정현 지방 차귀진(遮歸鎭) 앞바다 대야수(大也水)에서 침몰했다. 해변에서 물에 빠져 죽은 사람이 26명이며 병사한 사람이 2명이며, 살아남은 사람이 36명인데 검정과 흰색과 붉은색으로 된 세 가지의 옷을 입고 있었다. 서로 모여 머리를 맞대기도 하고 서로 걸터앉기도 하고 서로 선 채로 글씨를 서서 물으니 열십자(十) 세 개를 긋고 그 뒤에 여섯 번을 세더니 머리를 가슴 쪽으로 끄덕인 다음, 다시 열십자 두 개를 긋고 여섯 번을 세더니 눈을 감고 쓰러지는 시늉을 하는데 그 모습이 괴이했다.

옷은 이상스럽게 만들어 입었으며 말은 통하지 않았으나 고개를 가슴 쪽으로 끄

---

1) 『지영록』(知瀛錄)은 1694년(숙종 20년) 7월 제주 목사에 부임한 이익태(李益泰, 1633~1704)가 1696년(숙종 22년) 9월까지 재임하면서 일반 업무와 제주 관련 역사, 그리고 부임지에서 임기를 마치고 제주도를 떠나기까지의 행적을 기록한 문집이다. 이익태의 본관은 연안(延安)이며 자는 대유(大裕)요 호는 야계(冶溪)이다. 1668년(현종 9년) 문과에 급제하여 용안현감을 거쳐 제주목사에 부임하였다. 이익태는 임무를 수행하면서 제주도의 상황과 누적된 폐단을 알았으나 문헌이 부족할 뿐만 아니라 남아 있는 사적(史籍)도 자세하지 않아 업무를 수행하는 데 어려움을 느꼈다. 이로 말미암아 이익태 자신의 경험과 관청의 등록(謄錄) 등을 참고하면서 새롭게 기록하여 제주도의 폐단이 바꾸어지기를 기대하였는데, 이 책은 그러한 뜻에서 『지영록』(知瀛錄)이라 이름을 붙였다. 『지영록』은 제주도의 아름다운 경관을 소개했을 뿐만 아니라, 제주도의 문화와 지명 등의 연원을 이해하는 데 중요한 자료적 가치가 있다. 특히 외국인의 표류 상황에 대한 기록을 통해 조선시대 해양교류사, 표류민 송환 체제, 외국인과의 의사 소통을 위한 노력 등을 파악할 수 있다. 그가 제주도에 부임한 것은 하멜이 표착한 지 40년이 지난 뒤이니 목격자들이 살아 있어 비교적 정확하게 사태를 인지했을 것이다. 여기에서 인용한 판본은 이익태(지음), 김익수(옮김), 『지영록』(제주 : 제주문화원, 1997)이다.

덕인 것은 살았다는 뜻이고 눈을 감고 쓰러지는 시늉을 한 것은 죽은 사람의 숫자를 뜻하는 것인데 헤아려 본즉 과연 그러했다. 중국어와 일본어와 유구에서 표착한 사람의 말을 건네 보았으나 뜻이 통하지 않았다. 이들이 아마도 남만이나 서양에서 표류한 사람이 아닌가 여겨져 조정에 보고를 올려 물어보니 남만에서 표류한 박연을 내려 보냈기에 [그 동안 조사하면서] 언문으로 쓴 것을 다시 한문으로 옮겨 별도의 문서로 조정에 올려 보냈다.

박연(朴淵)과 표류한 남만인 세 사람이 처음에는 서로 만나 오래 쳐다보기만 하더니,

"나와 형제로구나"

라고 말했다. 그들은 말이 통하자 서로 잡고 슬피 울었다. 박연도 또한 슬피 울었다.

다음 날 박연이 남만인을 모두 불러 서로 자기들의 말로 살던 곳을 물어보니 모두가 남만에서 온 사람들이었다. 그런데 그들 가운데 한 아이는 나이가 열세 살로 이름은 너넷고불선(Denijs Goverstzen)인데 그 아이만이 서양에 살 적에 박연이 살던 곳의 근처에서 살았다고 한다. 박연이 자기의 친척들에 대한 안부를 물으니 그 아이가 대답하기를,

"살던 집은 무너지고 옛 터에는 잡초만 무성하며, 그의 삼촌은 이미 세상을 떠났고, 친척 몇 사람이 아직 살아 있습니다."

라고 했다. 박연이 더욱 슬퍼하며,

"그대들의 의복이 어찌하여 옛날 것과 다른가?"

라고 물으니 그들이 대답하기를,

"그대가 떠난 뒤에 세월이 이미 많이 흘러 의복과 모든 제도가 옛날 것이 아닙니다."

라고 대답했다. 박연이 다시 묻기를,

"그대들이 가지고 온 물건은 무엇이며 어디로 가던 길인가?"

하고 물으니,

"물건은 사탕과 호초와 목향(木香)인데 이들을 도안도(道安島, Taiwan)에 가서 팔아 녹비(鹿皮)를 사 중국으로 들어가 팔고, 다시 일본으로 건너가 목향과 일

본의 물건을 바꾸려 합니다. 그런데 바다에서 태풍을 만나 여기에 이르렀습니다. 고향을 떠난 지 이미 5년이 지났으니 이제 고향으로 돌아가기를 하느님께 밤낮으로 빌고 있습니다. 만약 우리를 살려 일본으로 보내주시면 그곳에는 우리의 배가 많이 있어 그 편에 쉽게 고향으로 돌아갈 수 있을 것입니다."

라고 하였다.

그 말을 들은 박연이 말하기를,

"일본이 개항한 곳은 나가사키(長崎)뿐이며, 상거래도 지난날과 달라 다른 나라의 상선은 육지에 내려갈 수도 없어 배 위에서 거래를 하고 있으며, 그 나라 사람으로서 다른 나라에 오고 가는 사람은 반드시 죽이는데, 하물며 그대들은 다른 나라 사람이니 더 말할 나위가 있겠는가? 그런즉 그대들은 나와 함께 경사(京師)로 올라가 훈련도감의 포수가 되면 먹고 입을 것이 넉넉하고 몸도 무사할 것이다."

라고 하였다. 표착한 남만족들은 그 말을 듣고 고향으로 돌아가리라는 희망을 버리고 박연의 감언이설에 따르기로 했다.

남만족들은 이름을 먼저 쓰고 성(姓)을 뒤에 쓰며, 글씨는 왼쪽에서 오른쪽으로 쓰는데, 그 모양은 마치 언문을 흘려 쓴 듯 하여 알아볼 수가 없다. 눈은 푸르고 코는 높으며 피부 색깔을 보면 어린 사람은 희고 나이든 사람은 누렇다. 머리카락은 황적색인데 이마 쪽에는 자른 머리가 눈썹까지 내려오고 뒷머리는 어깨까지 내려온다. 어떤 사람은 머리를 박박 깎았으며, 어떤 사람은 구레나룻을 깍고, 어떤 사람은 콧수염을 남겨 두었다. 신장은 8~9척이며, 인사를 할 때는 모자와 신발을 벗고 두 손으로 땅을 짚은 채 무릎을 꿇고 머리를 숙였다. 모자는 양털로 만든 벙거지였다. 이른바 수령은 헨듥 얀샌(Hendrick Jansen)인데 조타수로서 천문에 밝고 방위에 능숙했다.

박연이 그들을 이끌고 육지로 올라와 호남의 수영(水營)에 배속하여 편안히 살게 하고 그들이 가지고 온 병기와 크고 작은 대포는 모두 본주(本州)의 무기고에 보관했다.

2. 『석재고』[1] 해동외사 박연(海東外史 朴延)

박연(朴延)은 아란타(阿蘭陀) 사람으로서 숭정(崇禎) 원년(1627)에 호남에 표착했는데 조정에서는 그를 훈련국에 배속하여 왜인과 표착인을 다루도록 했다. 박연의 처음 이름은 호탄만(胡呑萬)이었는데, 병서를 알았으며, 화포를 다루는 기술이 정교했다. 효종 4년(1653)에 진도(珍島)에 배 한 척이 표착했는데 그 안에는 36 명의 표류객이 타고 있었다. 그들의 옷은 기괴했으며, 코가 높고, 눈이 깊은데 한자도 모르고 우리말을 할 줄도 몰라 누구는 그들이 서양인이라 하고 누구는 남만인이라 했다. 조정에서 박연을 보내어 심문하도록 했는데, 박연이 그들의 말을 듣고 앞섶이 젖도록 눈물을 흘렸다.

그들은 역법(曆法)에 밝았고 조총과 대포를 잘 만들기에 서울 밖 여러 병에 나누어 일하게 했다. 그 뒤 14년이 흘러 그들 가운데 호남 좌도수군절도영에 잡혀 있던 여덟 명이 고기잡이 배를 타고 일본 나가사키로 달아났다. 일본의 장군이 조선의 조정에 사신을 보내어,

"아란타는 일본의 속방인데 이번에 귀국에 억류되어 있던 여덟 명이 나가사키로

1) 이 글의 필자인 윤행임[尹行恁 : 1762(영조 38년)~1801(순조 1년)]은 조선 후기의 문신으로 본관은 남원이며, 자는 성보요, 호는 석재이다. 1782년(정조 6년) 별시 문과에 병과로 급제해 검열 · 주서를 거쳐 초계문신으로 선발되어 규장각 대교에 임명되었다. 한때 정쟁에 몰려 성환에 유배되었다가 규장각 직각으로 복직되었으며 1792년 이조참의에 이르렀다. 1800년(순조 즉위년)에 도승지에 임명되었고, 선혜청제조 · 관상감제조 · 이조참판 · 홍문관제학을 거쳐 실록청이 개국될 때 양관 대제학을 겸하였다. 이 해 신유박해로 강진 신지도에 유배되었으나, 곧 풀려 나와 예조판서 · 전라도관찰사를 역임하였다. 전라도관찰사로 재직할 때 척신 김조순의 사주를 받은 옥당으로부터 서학을 신봉했다는 탄핵을 받아 신지도에 안치되었다가 곧 참형되었다. 헌종 초에 신원되었고 영의정에 추증되었다. 시호는 문헌이다.

탈출하였다"

고 알려왔다. 조정은 그제야 박연도 아란타 사람임을 알고 훈련대장 구인후(具仁垕)의 휘하에서 일하게 하고 그 자손들도 훈련국의 군적(軍籍)에 올렸다. 아란타는 하란(荷蘭)이니, 홍이(紅夷)니, 홍모(紅毛)라고 하는데 서남쪽 바다 가운데 있는 나라이다. 아란타는 명나라 때 대만을 차지하고 있었으나 정성공(鄭成功)[2)]에게 패퇴하자 일본 사람들은 아란타와 서로 도왔다고 한다. 지난날 에조국(蝦夷國)[3)]의 마쓰마에(松前) 출신인 세유두우수(世琉兜宇須)라는 인물이 제주도에 표착하여 20년을 산 적이 있었는데 만력 임진년(1592)에 이르러 그는 왜군의 길잡이가 되었다. 박연은 나라를 위해 그 능력을 발휘하여 아란타의 대포 만드는 법을 전수했으니 놀라운 일이다.

---

2) 정성공(鄭成功 : 1624~1662) : 일본 나가사키 현 히라도시 출신으로 한족인 아버지 정지룡과 일본인 어머니 다가와 사이에서 태어났다. 일본식 이름은 다가와 후쿠마쓰였다. 그는 아버지를 따라 중국으로 돌아가 명나라의 부흥을 위해 청나라에 항거했으며, 네덜란드가 장악하고 있던 대만의 일부를 되찾은 해장이었다.

3) 에조(蝦夷) : 고대 일본 도호쿠 지방 및 홋카이도 지역에 살던 변경 거주 집단을 말한다. 이들은 "에비수"라고도 부르는데, 고대 일본 왕권으로부터 멸시와 지배의 대상이 되었다. 이후 국가의 지배 체제에 편입되었지만 공민 신분이 아닌 특수한 중간 신분이 되었다.

3. 『연경재전집』[1]
초사담헌(草榭談獻) (3) : 박연 · 어계복(朴淵·魚繼卜)

박연은 남만 사람으로 숭정 무진년(1628)에 탐라도에 표착했다. 그는 문자를 읽지 못하지만 남만어로 자신의 이름을 박연이라 했다. 그 나라에는 기후를 예측하고 어느 날은 바람이 불 것이며 어느 날은 비가 올 것임을 신통하게 맞추는 사람이 있었다. 뱃사람들이 그의 말을 따라 지켰으나 박연은 그의 지시를 따르지 않다가 풍랑을 만나 표착했다 한다. 그는 모습이 당당하고 선악과 화복을 말할 때마다 "걱정하지 말라"(毋庸汲汲) 하며 하늘이 갚아 주리라 하니 그의 말에는 이치에 합당함이 있었다.

그 나라의 풍토를 들어보면 날씨가 따뜻하여 서리와 눈이 내리지 않으나 늘 하늘에는 안개가 짙다 하니 어느 노인이 이를 두고 말하기를 "이는 중국에서 눈이 내리기 때문"이라 했다. 그 나라에서 도적질을 한 사람은 죄의 무겁고 가벼움을 가리지 않고 모두 죽이므로 도적이 없다고 한다. 박연은 일본과 유구와 안남을 모두 돌아다니며 장사를 해보았는데 그곳 사람들은 모두 작았으나 비단을 잘 짰다고 한다.

---

1) 이 글의 필자 성해응[成海應 : 1760(영조 36년)~1839(헌종 5년)]은 본관이 창녕이며, 자는 용여요, 호는 연경재로 포천 출신이다. 1783년(정조 7) 진사시에 합격했고, 1788년 규장각 검서관이 되었다. 이덕무 · 유득공 · 박제가 등 북학파 인사들과 교류하면서 여러 서적을 섭렵하여 학문의 바탕을 이루었다. 1801년(순조 1년)에 통례원인의로 옮겼고, 금정찰방이 되었다가 1803년에 음성현감을 지냈다. 1813년에 규장각에 들어갔다가 1815년에 사직하고 고향에 돌아갔다. 그 뒤 충청도 목천과 고향에 거주하면서 학문을 닦았다. 그는 훈고 · 고증을 바탕으로 하면서도, 번쇄하고 지리한 고증은 달가워하지 않았으며, 당시 조선의 학자들이 오로지 의리만을 숭상하고 주희만을 신봉하여 다른 학설을 배척하는 것을 비판하였다. 그의 학문은 지리 · 풍속 · 서적, 심지어 금수 · 곤충에 이르기까지 넓은 폭을 보이지만, 경학과 사학이 사람에게 절실한 학문으로 서로 표리가 된다고 하여 그에 진력하였다.

바닷사람들의 말을 들으면 고려인은 사람을 구워 먹는다고 한다. 그들이 탐라에 표착하니 날은 어두운데 태수가 횃불을 들고 와 심문하는지라, 배 안에 있던 사람들이 모두 통곡하며 이는 우리를 구어 먹으려는 것이라고 생각했으나 시간이 지나자 그렇지 않음을 알았다. 박연은 몹시 추운 날에도 옷을 입지 않았다. 몸집이 크고 눈은 푸르며 얼굴은 하얗고 수염이 가슴까지 내려오니 그 모습이 기이했다. 그는 조선 여인을 아내로 맞아 두 남매를 낳았다.

박연이 우리 나라에 온 지 26년이 지나 계사년(1653)이 되자 서양인이 또 제주도에 표착하였다기에 조정에서는 박연을 보내어 살펴보게 하였다. 박연이 곁에 사람들에게 아무 말도 하지 말라 이르고 그들의 행실을 살펴보았다. 서양인들이 박연을 유심히 살펴보더니,

"이 사람은 우리의 형제이다."

라고 말하더니 서로 잡고 눈물을 흘렸다. 그들이 말하기를,

"우리 나라의 상인들이 일본에 많이 살고 있으니 우리를 일본으로 돌아가도록 해주시오."

라고 했다. 박연이 대답하기를,

"일본에서는 자기 나라 사람일지라도 표류했다가 돌아오면 죽인다오. 야소교[耶羅(蘇)教]를 믿는 사람이 근래에 이곳에 표착하여 대마도로 보내주었더니 대마도주는 그들을 모두 죽이고 재산을 빼앗았다오. 그러니 설령 그대들이 일본으로 간다고 하더라도 곧 죽을 것이요. 나는 이곳에 와서 훈련도감에 소속되어 있으면서 몸이 편안하고 먹을 것이 넉넉하니 그대들이 나를 따라 도성으로 가는 것이 옳겠소."

하니 그들이 그러마고 대답했다. 그들은 도성에 이르자 여러 군영에 나누어 배속했다. 서양 사람들은 기술이 뛰어나고 역법(曆法)과 의술에 뛰어난데 훌륭한 기술자와 의원이 이번 풍랑으로 바다에 빠져 죽고 다만 점성가 한 사람과 권법(拳法)을 잘 아는 사람 하나와 조총을 잘 다루는 사람 하나와 대포를 잘 다루는 사람 여남은 명이 살아남았다. 뒷날 그들은 일본으로 도주하였다.

4. 『조선왕조실록』과 『승정원일기』에 나타난 하멜의 남은 무리들의 환송을 요구하는 일본 측 요구 기록

『현종개수실록』 7년 10월 23일 경오

동래 부사 안진(安縝)이 치계하여 아뢰기를,

"차왜(差倭) 귤성진(橘成陳, 다찌바나) 등이 역관들에게 말하기를 '10여 년 전에 아란타(阿蘭陀) 군민(郡民)이 물화를 싣고 표류하여 탐라에 닿았는데, 탐라인이 그 물건을 전부 빼앗고 그 사람들을 전라도 내에 흩어 놓았다. 그 가운데 8명이 금년 여름에 배를 타고 몰래 도망와서 강호(江戶)에 정박했다. 그래서 강호에서 그 사건의 본말을 자세히 알고자 하여 서계(書契)를 예조에 보내려 한다. 아란타는 바로 일본의 속군(屬郡)으로 공물(貢物)을 가지고 오던 길이었다. 그런데 조선에서 물화를 빼앗고 그 사람들을 억류해 두었으니 이게 과연 성실하고 미더운 도리인가.' 하고, 또 말하기를 '차왜가 나왔을 때 본부(本府)와 접위관(接慰官)의 문답이 예조가 답한 서계와 다르지 않아야 될 것이다. 또 도주(島主)와 강호의 집정자 사이에 크게 틈이 났는데, 만약 서로 어긋나기라도 한다면 도주가 먼저 화를 입을 것이다.' 하였습니다."

하니, 상이 비국에 내려 의논하게 하였다. 비변사에서 답을 올리기를,

"이른바 아란타 사람이란 몇 년 전에 표류해 온 남만인(南蠻人)을 말하는 듯한데, 이들의 복색이 왜인과 같지 않고 말도 통하지 않았으므로 어느 나라 사람인지 알 수가 없었으니 무슨 근거로 일본으로 들여보내겠습니까. 당초에 파손된 배와 물건을 표류해 온 사람들로 하여금 각자 알아서 처리하도록 하였으므로 우리에게는 잘못이 없으니 숨길 만한 일도 없습니다. 차왜가 오면 그대로 답하면 그만입니다. 역관을 시켜 그들의 복장과 말이 왜인과 같았는지의 여부를 물어보고 그들의 답을 들은 다음에 만인이 표류해 온 실상을 갖추어 말해야 되겠습니다. 이렇게 공

문을 보내는 것이 편리하겠습니다."

하니, 상이 따랐다.

『현종실록』;『현종개수실록』 10년 11월 12일 신축

대마도에서 보낸 차왜(差倭) 귤성진(橘成陳)이 동래에 도착했는데 볼 일에 대해서는 말하지 않으면서,

"접위관(接慰官)을 만나 말하겠다."

고 하였다. 동래 부사가 보고하자 정화제(鄭華齊)를 접위관으로 삼았다.

『현종실록』;『현종개수실록』 13년 6월 19일 계사

대마주 태수 평의진(平義眞)이 보고를 올리니 답하다.

이에 앞서 대마주 태수(對馬主太守) 평의진(平義眞)이 강호(江戶)에 들어갔다가 이때에 대마도로 돌아와 귤성진(橘成陳)을 보내어 보고하니, 조정에서 역관에게 명하여 위로하게 하였다. 예조가 평의진에게 글을 보내 꾸짖기를,

"우리 양국이 서로 잘 지낸 지 이제 백년이 되어 갑니다. 그러므로 양국 사이에 사신이 오고 가면서서 만약 예의를 멸시하고 금령을 범한 일이 있으면 더욱 서로 고해주고 경계하여 앞날이 잘되게 해야 할 것입니다. 정관(正官) 평성태(平成太) 등이 사신으로 왔을 때 조정의 처분이 이미 결정되었는데도 사리가 어떠한지 돌아보지도 않고 오직 억지만 부렸으니 이것만도 불가한 일이었습니다. 더욱이 관문(館門)을 뛰쳐나와 방호군(防護軍)을 구타하고 곧바로 동래부(東萊府)까지 갔으니 이 어찌 매우 놀라운 일이 아니겠습니까.

그러나 조정에서는 평소의 우호를 생각하고 관대한 덕의를 미루어 변신(邊臣)으로 하여금 조용히 타이르게 하였습니다. 그럼에도 불구하고 평성태 등은 끝내 개전하지 않았고 급기야 평성태가 죽자 부관(副官) 등이 다시 한결같이 시일을 끌면서 왜관으로 돌아갈 뜻이 없는 지가 이미 오래입니다. 그리고 기타 종종 횡포를 부린 일들도 일일이 세기가 어렵습니다. 조정의 명을 받고 사신 접대의 임무를 맡은 관리에 있어서는 체면이 자별한데도 감히 핍박하고 욕되게 하여 거리낌이 없었는가 하면 또 그의 수행인을 풀어놓아 다른 고을로 넘어가게 하였으니 이는 방자

한 짓 중에서도 더욱 방자한 짓이었습니다.

대체로 예의를 멸시하고 금령을 범하는 것은 국가를 다스리는 사람이면 다 같이 미워하는 일입니다. 가령 우리 나라 사람이 귀국에 사신으로 가서 이 같은 짓을 하였다면 우리 조정에서는 반드시 법으로 다스리지 용서하는 일이 없을 것이고, 귀국 역시 어찌 사신을 곡진하게 옹호하여 멋대로 횡포를 부리게 놔두겠습니까. 이에 역관을 시켜 이 뜻을 알리게 하니, 한결같이 법으로 다스려서 맹약이 더욱 굳건해지고 성의와 신의가 끊임이 없게 되기를 바랍니다."

하였다.

『숙종실록』 3년 2월 1일 무신

대마 도주(對馬島主)가 올해의 준례로 보내 올 9차례의 사자(使者)를 정지한 것을 동래 부사(東萊府使) 이복(李馥)이 왜어 역관(倭語譯官) 김근행(金謹行)이 주선을 잘한 것에 공을 돌리고, 비국에서 복계(覆啓)하기를,

"김근행이 귤성진(橘成陳)에게 보낸 사서(私書)를 가져다 고찰해 보건대, 이에 관한 일을 자세히 말했었고, 귤성진의 답서에 '동지(同知)가 주선한 것을 위해 일체를 보내 온 글에 의해 시행하겠다.' 했었으니, 마땅히 김근행으로 하여금 다시 회답을 만들어 감사하게 여기는 뜻을 말하게 하면 되고, 김근행을 내려 보내 몸소 치사(致謝)하게 할 것은 없습니다."

하니, 그대로 따랐다. 뒷날에 경연(經筵)에서 좌의정 권대운(權大運)이 아뢰기를,

"한 해의 아홉 차례 사자에게 내리는 연향(宴享)과 다례(茶禮) 등에서 쓰이는 잡물(雜物)을 감하게 되었는데, 그 수량이 자못 많습니다. 김근행은 공이 적지 않으니, 가자(加資)하기 바랍니다."

하니, 그대로 따랐다.

『승정원일기』 효종 5년 2월 23일 갑신

대신과 비국당상(備局堂上)을 인견할 때 이원진(李元鎭) 등이 입시하여 표류하여 온 서양국인의 구활(救活)에 대해 논의함.

왕이 대신과 비국의 당상을 인견할 때 우승지 이원진이 아뢰었다.

"서양 사람들을 살려 보내는 문제에 대하여 대신들이 참석한 자리에서 다시 처분을 하교해 주시기 바랍니다. 오늘 대신들이 들어오는데 상의하심이 어떠실지요?"

왕이 말했나.

"남만인들이 이곳에 표착한 것은 비록 귀부(歸附)는 아닐지라도 살리는 길이 있어야 할 것이요. 들으니 제주도에는 기근이 들어 먹고 살기가 매우 어렵다 하니 어찌 하는 것이 좋겠소?"

영의정 정태화(鄭太和)가 아뢰었다.

"관청에서 먹여 살려야 하는데 계속 그럴 수만도 없으니 육지로 데려와 생계를 이어가게 하는 것이 괜찮을 듯합니다."

왕이 말했다.

"그들을 서울로 데려와 훈련국에 배속하여 편히 살게 하는 것이 좋겠소."

영의정 정태화가 다시 아뢰었다.

"그들의 물품은 배로 실어오고 그 무리들은 육지로 올라오게 하여 각 관청에서 그들에게 먹을 것을 주는 것이 어떻겠습니까?"

하니 왕이 그렇게 하도록 했다.

『승정원일기』 현종 7년 11월 25일 신축

비변사가 장계를 올렸다.

"동래부사의 보고에 다르면, 당초 전라도에 남만 사람 여덟 명을 나누어 배속했는데 일본의 오도(五島)로 도주했다 하기에 본도에 공문을 보내어 생존자의 숫자를 알아보라 하였더니, 전라감사 홍처후(洪處厚)가 사실을 알아보고 보고를 올렸는데, 남원에 배속된 세 사람은 모두 관영 안에 있고 좌수영에 배속된 여덟 명 가운데 세 명은 점호를 마쳤으나 다섯 사람은 밖에 나가 아직 돌아오지 않았으며, 순천에 배속된 다섯 명 가운데 두 명은 점호를 마쳤으나 세 명은 돌아오지 않았다고 합니다.

그리하여 그 동료들과 그들을 보호하고 있는 집 주인을 잡아다가 문초하니 모두가 8월 초엿세에 목화를 얻으러 여러 섬에 나갔다가 아직 돌아오지 않았다고 합니다. 그 무렵에 그들의 출입에는 제재가 없었고, 목화를 얻으러 가는 일은 해마다 있는 것인데, 이를 기화로 탈출한 것은 의외이며, 해당 관리는 죄를 면하기 어려우니 좌수사 정영(鄭韺)을 잡아 죄로 다스려야 합니다. 순천현은 그 무렵에 구관은 고향으로 돌아갔고, 본관은 아직 부임하지 않은 상황이었습니다. 따라서 본도에서는 향리들을 잡아 가두었다 하는데, 이제 본도에 영을 내려 다스림이 마땅한지의 여부를 듣고자 하오니 이에 대한 분부가 어떠하신지요?"

왕이 그리 하라고 윤허했다.

역주자 참고문헌

『강진군 마을史 : 병영면 편』(강진 : 강진문화원 · 강진향토문화연구회, 1991)

그리피스(지음), 신복룡(역주), 『은자의 나라 한국』(서울 : 집문당, 1999) ; W. E. Griffis, *Corea : The Hermit Nation*, New York : Charles Scribner's Sons, 1894.

김수진(외), 『세상 사람의 조선 여행』(서울 : 글항아리, 2012)

달레(지음), 정기수(역), 『조선교회사서론』(서울 : 탐구당, 1966) ; Charles Dallet, *Histoire de L'Eglise de Corée*, Paris : Victor Palme, 1874.

레드야드(Gari K. Ledyard)(지음), 朴允熙(옮김), 『하멜 표류기』(서울 : 삼중당, 1975)

朴大憲, 『서양인이 본 조선』(서울 : 壺山房, 1996)

『司馬榜目』

『三國史記』

『석재고』(9) 해동외사 박연(『碩齋稿』(9) 海東外史 朴延)

『세계대지도』(서울 : 서문당, 1985)

『세계인명대사전』(서울 : 문공사, 1973)

『숙종실록』

『승정원일기』

알렌(지음), 신복룡(역주), 『조선견문기』(서울 : 집문당, 1999) ; H. N. Allen, *Things Korean*, New York : Fleming H. Revel Co, 1908.

『연경재전집』(研經齋全集)(56) / 초사담헌(草榭談獻) (3) : 박연 · 어계복(朴淵 · 魚繼卜)

李丙燾, 『하멜 표류기』(서울 : 일조각, 1954)

이형석, 『임진전란사』(상 · 중 · 하)(서울 : 신현실사, 1974)
이홍직, 『국사대사전』(서울 : 지문각, 1965)
『자랑스러운 강진』(강진 : 강진문화원, 1989)
지명숙 · 왈라벤(B. C. A. Walraven)(지음), 『보물섬은 어디에 : 네덜란드 공문서를 통해 본 한국과의 교류사』(서울 : 연세대학교출판부, 2003)
『지영록』(知瀛錄) 서양국 표인기(西洋國漂人記)
『한국가톨릭대사전』(서울 : 한국교회사연구소, 1985)
『한국인명대사전』(서울 : 신구문화사, 1967)
『한국학대백과사전』(서울 : 을유문화사, 1972)
『헌종실록』
『헌종개수실록』
헐버트(지음), 신복룡(역주), 『대한제국멸망사』(서울 : 집문당, 1999) ; H. B. Hulbert, *The Passing of Korea*, London : William Heinemann Co, 1906.
『효종실록』

Atlas of the Encyclopedia Britannica(Chicago : The University of Chicago Press, 1963)
Barhart, Clarence L.(ed), *The New Century Cyclopedia of Names*(New York : Appleton Century Crofts, Inc, 1954)
Encyclopedia Britannica(Chicago : The University of Chicago, 1963)
McGraw Hill International Atlas(New York : McGraw Hill, 1963)
Michaud, *Bibliographie Universelle : Ancienne et Moderne*(Tome Deuxieme : Louis Vives, Librair e Editeur, Paris, 1880, Deuxieme Edition)
Webster's Biographical Dictionary(Springfield : G. and C. Merriam Co, 1951)

찾아보기

조선전

Kingdom of Corea
in
The General History of China

뒤 알드 지음/신복룡 · 장우영 역주

집문당

Kingdom of Corea
in
The General History of China

Containing a Geographical, Historical, Chronological, Political and Physical Description of the EMPIRE of CHINA, Chinese-Tartary, Corea and Thibet.

Including an Exact and Particular Account of their Customs, Manners, Ceremonies, Religion, Arts and Sciences.

Vol. IV

by

P. Du Halde

London : J. Watts
1741

역주자 개정판 서문

미국에서 공부하던 1985~1986년에 워싱턴의 조지타운대학교 로윈저도서관(Lauinger Memorial Library, Georgetown University) 귀중본 도서실에서 이 책을 처음 보았을 때 나는 작은 전율을 느꼈다. 어떻게 이런 책이 한국에는 알려지지도 않았을까 하는 놀라움 때문이었다. 대출은 허락되지도 않고, 몸에 색깔을 가진 필기 도구, 이를테면 볼펜이나 만년필을 지녔는지 검색을 받은 다음, 나는 책을 만져보지도 못하는 상태에서 사서가 장갑을 낀 채 조심스럽게 한 장씩 넘겨주었다.

나는 이럴 일이 아니라 싶어 복사판을 신청했더니 지질의 훼손을 막으려면 복사에도 전문가의 도움이 필요하다면서 1주일 뒤에 오라고 했다. 약속된 시일에 찾아 갔더니 어렵사리 만든 복사판 한 부를 만들어 주었다. 나는 이 책을 번역 · 주석하는 것이 이 책을 본 나의 책무라고 생각했다.

귀국하여 막상 번역을 하려고 보니 간단한 일이 아니었다. 우선 글씨도 작고, 1700년대의 알파벳이 지금의 것과 달랐다. 한 문장이 반 페이지에 이르는 것도 있는데 어디서 끊어야 할지도 고민스러웠다. 그러나 그것은 그리 심각한 문제가 아니었다. 문제는 인명과 지명을 우리말로 찾는 것이었다. 초판 서문에서 고백했듯이, 한문으로 쓴 우리 자료를 중국 발음으로 읽고 그것을 프랑스어로 저술하여 다시 영문판으로 출판했으니 그 표기가 오죽하겠는가? 그럼에도 불구하고 나는 번역에 착수했으며, 다행히도 건국대학교 대학원 박사과정에서 한국고대사를 전공한 이도남(李道男) 선생의 도움으로 많은 부분을 확인할 수 있었다.

그러나 이 책의 번역은 나에게 앙금처럼 남아 있었다. 그것은 다름이 아니라 내가 오독(誤讀)한 부분이 분명히 있을 것이고, 재판이 나오기 전까지는 그것을 풀어야 한다는 압박감 때문이었다. 그러던 터에 초판이 나오자 경상남도에 산다는 ○○○이라는 사람으로부터 전화가 왔다. 평소에 나를 존경했다느니, 나의 글을 많이 읽었다느니 하면서 이야기 끝에 이 책의 원서 복사판을 하나 얻고 싶다는 것이었다.

미국연방문서보관소(NARA)에서 수집한 한국현대사 관계 자료 1만5천 쪽도 출판사에 "거저" 준 터에, 비록 어렵사리 얻은 것이기는 하지만 이 책이라고 보여주지 못할 이유가 없었다. 나는 한국사학계가 안고 있는 고질적인 병폐, 곧 "저 혼자 자료 보는 풍토"에 대하여 강한 저항을 느끼는 사람이었기에 아는 사람이든 모르는 사람이든 내가 가진 자료를 보고 싶다면 아낌없이 복사하여 보내주었다. 그런 뜻에서 나는 ○○○ 씨에게도 『하멜표류기』 영문판과 이 『조선전』을 내 돈으로 복사하여 보내 주었다.

그런 일이 있은 지 2년이 지나 나의 조교가 『하멜표류기』와 『조선전』 두 책이 ○○○ 씨에 의해 번역되어 나왔다는 말과 함께, 뭔가 쭈뼛거리며 말을 못하고 민망해 했다. 내막을 알아보니 ○○○ 씨가 그의 번역판에서 나의 초역 번역판을 무자비하게 비난했다는 것이었다. 상처받기 싫어 보지 않을까 하다가 혹시 내가 밝히지 못한 부분을 그라도 밝힌 것이 있으면 나의 재판에 참고하리라는 생각에 그 두 책을 빌려보았다. 나는 망연자실했다. 그는 나의 글을 평가하면서 "신복룡 교수는 진실을 호도했고, 독자를 어리석게 만들었다."(『조선전』, 547쪽)는 것이었다.

예상했던 대로 내가 미처 찾지 못한 몇 명의 인명과 몇 곳의 지명이 밝혀져 있었다. 그러나 그것만으로 내가 진실을 호도했고 독자를 기만했다고 볼 수는 없다. 그는 내가 오기한 외래어를 준엄하게 꾸짖고 빈정거렸다. 그는 "하멜은 조선 땅에 발을 들여놓은 적도 없고 그가 상륙한 곳은 중국 대륙이었으며,"(『조선전』, 545쪽), 이 책을 자세히 살펴보면, "고조선은 서쪽이 아라비아반도에까지 뻗어 있었고,(540쪽) 고구려는 지금의 내몽골과 외몽골에, 백제는 파키스탄에, 신라는 중국 운남성 일대에, 가야는 인도에 있었는데"(539~540쪽) 내가 그것을 "호도하고 독자를 어리석게 만들었다"는 것이었다.

그리고 ○○○ 씨는 내가 하지 않은 말도 했고, 그가 지적한 것이 틀린 부분도 있었다. 나는 그의 글에 대응할까 말까를 고민하다가 그냥 접기로 했다. 본문이 원고지 300장에 못 미치는 것을 원고지 4,500장의 주석서로 만든 그의 내공이 놀랍기는 하지만 말을 섞지 않는 것이 좋겠다고 판단했다. 고조선 서쪽 국경이 아라비아반도라는데 더 논쟁할 일도 아니었다. 그의 번역본은 주석이 본문의 열 배를 넘다보니 안할 말을 너무 많이 했다.

나는 ○○○ 씨가 나의 몇 가지 오독과 내가 미처 몰랐던 부분을 지적해준 것을 고맙게 생각하지만, 인생을 그렇게 사는 것이 아니라는 말을 하고 싶었다. 사람이 한 평생을 살면서 은혜를 원수로 갚는 사람을 만난다는 것은 성가시고 괴로운 일이다. 나의 오독을 찾았다면 정중하게 나에게 그를 지적해주고 책 한 권 보내는 것이 원본을 복사하여 보내준 사람에게 대한 도리이지, 빈정거리는 글을 쓰는 것은 사리에 맞지 않는다. 가슴에 만 권 서적이 들었으면 무슨 소용이 있으랴? 나는 이 시대의 화흠(華歆)과 형서(邢恕)를 만난 것 같은 아픔을 삭이며 이 글을 쓴다.

2019년 11월에

역주자 신복룡 씀

역주자 초판 서문

남이 나를 어떻게 생각하느냐의 문제는 여염에서뿐만 아니라 국가의 경우에도 마찬가지로 홍미 있는 일일 것이다. 1870년대의 개항과 더불어 이 땅에 들어오기 시작한 서구 세력들이 우리를 어떻게 인식하고 있었느냐의 문제는 그 옳고 그름이나 호의·악의의 문제를 떠나 초기의 한국의 외교 관계에 많은 영향을 미쳤으리라는 것은 쉽게 짐작할 수 있다. 그런 의미에서 이번에 소개하고자 하는 뒤 알드(Du Halde)의 『조선전』은 매우 중요한 사료적 가치를 가지고 있다. 서구인들이 미지의 나라 한국에 관심을 갖기 시작했을 때 그들이 도서관에서 찾을 수 있는 자료라고는 이 책밖에 없었기 때문이었다.

이 책은 본시 『조선전』이라는 이름의 단행본으로 출간된 것이 아니며 『중국 통사 : 중국 제국, 타타르, 조선 그리고 티베트에 대한 지리적·역사적·연대기적·정치적·자연적 묘사와 그들의 독특한 관습·풍습·의례·종교·예술 그리고 과학에 대한 정밀한 기술』이라는 긴 제목으로 출간된 전 4권 가운데 제4권에 수록된 조선편(朝鮮篇)이다. 이 책은 1741년에 런던의 왓스사(J. Watts)에서 제3판이 인쇄되었고 스테이셔너스 홀(Stationers-Hall)의 인근에 있는 돋드사(B. Dod)에서 총판을 맡았다. 이 번역판의 대본은 내가 1985~1986년 동안 미국 조지타운대학(Georgetown University)에서 공부할 때, 그곳 도서관 귀중본 도서실에서 빌려 복사한 것이다.

이 책의 필자인 뒤 알드(Jean-Baptiste Du Halde : 1674~1743) 신부는 세례명이 요한인 예수회 신부로서 1674년 2월 1일 파리에서 출생했다. 일에 대한 열성적인 태도로 말미암아 그는 르고비엥(Legobien) 신부의 뒤를 계승하여, 예수회 선교사들이 여러 나라에서 보내 온 각종 문서(서신)들을 수집하고 분류하는 일을 책임 맡게 되었다. 그는 한때 왕의 고해 신부인 저명한

르텔리에(Letellier) 신부의 비서로 있었다. 그는 자신의 생애 말기에 격심한 육체적 고통을 겪다가 마침내 1743년 8월 18일에 선종(善終)했다. 사람들은 그를 온화한 성품의 소유자로 묘사했다. 그에게서는 다음과 같은 몇 가지 사항들을 살펴볼 수 있다.

첫째로, 그는 해외선교단이 쓴 교화적이며 호기심 어린 서신들을 많이 남겼다는 점이다. 그가 출간한 것은 그 서간집의 9권부터 26권까지인데, 그것들은 그가 임종한 지 얼마 안 되어 발간된 것들이다. 그는 각 권마다 프랑스 선교사들에 대한 헌정사를 써서 서문을 대신하고 있다. 이 작품은 런던에서 영어로, 그리고 아우스부르크(Ausbourg)에서 독일어로 각각 번역되었다. 이 작품은 1781년 케르뵈프(Querbeuf)의 지도를 받으며 26편으로 된 신판으로 간행되었는데, 케르뵈프는 같은 나라들에 대해 다룬 편지들을 함께 묶는 식의 훌륭한 배열 방법으로 그것들을 정리했다.

이 문서들은 선교사들이 방문했던 동양의 여러 나라들과 인도, 중국, 미국에 관한 호기심 어리고 흥미로운 다수의 문서들을 포함하고 있다. 거기에는 세부적 사항들, 기적과 신에게로의 귀의(歸依)에 대한 몇 가지 경건한 이야기들이 담겨 있는데, 이러한 것들이 모든 독자들의 취향에 맞지는 않겠지만, 그렇다고 해서 그것이 그 책의 내면적인 가치를 손상시키지는 않는다. 사람들은 나중에 그 책을 축소시켰는데, 그때 그 책의 품위를 손상시키는 부분은 없어졌다. "교화적인 서신들" 가운데 문제가 되는 나라들에 관하여 글을 쓴 여러 저자들은 이 서신들을 통하여 얻을 수 있는 정보들을 충분히 이용했으며, 그것들을 인용하면서 어려움을 별로 겪지 않았다.

둘째로, 이 책에는 중국과 타타르지방의 중국 제국에 대한 지리적 · 역사적 · 연대기적 · 정치적 · 자연적(물리적)인 묘사들이 담겨 있다. 당비이에(d'Anville)가 작성한 42개의 지도가 갖춰진 도해집, 그리고 그림을 포함한 4권이 1735년에 파리에서, 그리고 1736년에 헤이그에서 출간되었다. 이 책의 재판본(再版本)은 중요한 부록들을 포함하고 있는데 영어로 번역된 것

2권은 1742년에 런던에서 출간되었고, 4권은 1747~1749년 동안에 독일의 로스톡사(Rostock)에서 출간되었다.

영어 번역자는 여러 가지를 삭제했다. 뒤 알드는 때때로 순서와 비평을 뺐다고 비난을 받았지만, 자신의 동료들이 보내 준 서신의 자료를 가지고 아주 능숙하게 그 작품을 만들었다. 이 작품은 중국에 대해 상세하고 정확하게 묘사된 최초의 것인 동시에, 프랑스 인쇄술의 훌륭한 금자탑과 같은 것이다. 『중국에 대한 묘사』(*La Description de la Chine*)는 이 거대한 제국에 대해 다룬 현대 작가들에게 "교화적인 서신"(Lettres édifiantes)보다도 훨씬 더 많은 도움을 주었다. 뒤 알드의 이름은 지리 연구에 전념하는 모든 사람들에게 끊임없이 높이 평가될 만하다. 왜냐하면 이러한 학문에 대해 그 이상의 성과를 거둔다는 것은 어렵기 때문이다.[1)]

그런데 이 책과 관련하여 더욱 주목되는 인물은 이 책에 이용된 자료를 모아 알드 신부에게 보낸 레지(Jean-Baptiste Regis : 1665 ?~1737) 신부이다. 세례명이 요한인 레지는 프랑스 예수회 신부로서 중국 선교사이자 탁월한 지리학자였다. 그는 모든 부류의 탁월한 사람들 가운데, 중국 선교단을 가장 명예롭게 만든 종교 학자들 가운데 한 사람으로 여겨지고 있다.

그러나 레지 신부의 정확한 출생 시기와 장소 그리고 그의 남다른 생활환경은 우리들에게 거의 알려져 있지 않다. 왜냐하면 그들의 생애를 다루어 보기 위해 이미 연구할 기회가 있었던 다른 많은 선교사들처럼, 그는 자신이 알려진다는 것에는 거의 신경 쓰지 않은 채 단지 유익하다고 생각되는 일에만 전념했기 때문이다. 사람들이 그에 대해 알고 있는 모든 것은 그가 자연과학을 빛냈을 뿐만 아니라 자신의 조국을 위해 명예스러운 일을 했다

---

1) 이상의 뒤 알드 신부의 행적에 관해서는, Michaud, *Bibliographie Universelle : Ancienne et Moderne*(Paris : Louis Vives, Libraire-Editeur, 1880), Deuxieme Edition, Tome Deuxieme, p. 464를 참조함.

는 것뿐이다.

레지 신부는 강희제(康熙帝, 재위 : 1662~1722)가 중국 전도를 작성할 생각을 마음에 품고 재능 있는 유럽 선교사들에게 이 일을 인임했던 시기인 1708년에 지리학 연구에 전념하기 시작했다. 예수회 신부들이 이 거대한 작업을 착수한 것은 북경 주위에 위치한 만리장성과 지방들을 그리는 것들로부터였다. 부베(Bouvet)와 레지 신부는 이 일대의 정확한 위치를 확인하는 작업부터 시작했다. 그런데 그 작업을 시작한 지 두 달 뒤에 부베 신부가 병들어 눕게 되자 레지 신부와 자르투(Peter Jartoux) 신부만이 그 작업을 계속하여 1708년 내내 그 일에 얽매이게 되었다. 레지 신부는 1709년 1월에 북경으로 되돌아왔다. 그들이 가져온 지도는 15피트가 넘는 것이었는데, 그것은 자기 제국의 모든 지방과 비슷한 지도를 갖고자 했던 황제를 흡족하게 해 주었다.

그 다음 5월부터 레지 신부는 자르투 신부, 프리델리(Fridelli) 신부와 더불어 만주 지방의 지도와 북경 지방(Petchili)의 지도, 그리고 흑룡강 주변 지방의 지도를 작성하러 떠났다. 그들은 이 작업을 위해 1710년 한 해 동안 그 일에 전념했다. 1711년에 레지 신부는 카르도소(Cardoso) 신부와 함께 산동 지방의 지도를 그리는 책임 맡았다. 그 뒤 그는 호남(湖南), 남경(南京), 절강(浙江) 그리고 복건(福建)의 지도를 작성했는데, 이때 그는 드 마이약(de Maillac) 신부와 앙데레(Henderer) 신부의 도움을 받았다.

1715년 봉쥬르(Bonjour) 신부가 갑자기 별세하자 레지 신부는 운남(雲南) 지방으로 다시 파견되어 그 곳의 지도를 완성했다. 그 일이 끝나자 그는 프리델리 신부와 함께 현 왕조의 호북(湖北)과 호남에 해당하는 귀주(貴州)와 호광(湖廣) 지방의 지도를 작성했다. 이러한 훌륭하고 중대한 작업을 하면서 레지 신부는 우리들로 하여금 뒤 알드 신부를 기억하게 할 만큼 상세한 사항들을 제공해 주었다.

레지 신부는 스스로 지도 작성의 가장 커다란 부분을 담당했다. 그리고 유럽에서 시도되었던 것들보다도 전에 없이 방대한 이 지도 작업이 오직 몇몇 종교인들에 의해 8년에 걸쳐 완성되었다는 점을 생각할 때, 단지 과학에 대한 열의뿐만 아니라 과학의 관심에도 매우 도움이 되었다는 점에서 감탄을 금할 수가 없다. 레지 신부가 전념했던 그토록 방대한 작업과 그가 해야만 했던 여행들이 그의 모든 시간을 차지하지는 않았다. 그에게는 자신이 방문했던 지방이나 그가 알고 있었던 지방에 관한 많은 호기심 어린 관찰들을 정리하는 일이 남아 있었다. 그의 기록은 뒤 알드 신부에게 아주 유용한 것이 되었다.

뒤 알드 신부는 이 점에서 다른 많은 편집자들과 마찬가지로, 자신이 수집한 자료의 원작자들의 이름을 표시하는 것을 너무나 자주 소홀히 했다. 그는 마치 자신의 이름이 원작자들의 이름보다 더 그 글을 보증하는 것처럼 생각했다. 그러나 그는 두 가지 부분, 곧 『중국에 대한 묘사』 제4권에 포함되어 있는 조선과 티베트에 관한 기록에서는 이러한 나쁜 습관을 버렸다. 조선에 관한 기록에서는 조선 사람의 풍습에 관해 이제까지 가장 긍정적이라고 알려져 있는 것을 모두 포함하고 있고, 티베트에 관한 기록은 라마(lamas)들의 계급 분리에 관한 호기심 나는 상세한 사항들을 제공해 주고 있다.

레지 신부는 중국어의 심오한 지식을 습득했다. 그는 중국의 모든 고전들 가운데 가장 오래되고 가장 확실한 것이긴 하지만, 또한 이해하기가 가장 어렵고 애매모호한 『주역』(周易)의 라틴어 번역판을 작성하는 데 중국어를 사용했다. 그는 자신의 번역에 풍부한 설명과 주석들을 달았는데, 그것들 가운데 대부분이 종교와 고미술과 관련된 문장들의 의미를 지니고 있다. 이 귀중한 작품의 원고는 파리도서관에 보관되어 있다.

레지 신부가 프레레(Fréret)에게 보냈던 또 다른 사본은 경도(經度)사무실(Bureau des Longitudes)에서 도서관으로 넘어갔다. 그러나 그것은 불행히도 불완전한 것이 되어, 이 작품의 2/3가량이 소홀히 구성되어 있다. 경도

사무실의 같은 도서관은 같은 저자의 또 다른 원고들을 소장하고 있다. 레지 신부는 1724년까지 생존한 것으로 볼 수 있다. 왜냐하면 그는 중국에서 기독교가 박해를 받을 때 선교사들이 옹정(雍正) 황제(재위 : 1723~1736) 앞에서 가졌던 토론에 참석했기 때문이다.[2)]

이상의 내용을 미루어 볼 때 이 책의 자료는 레지 신부가 수집했고 뒤 알드 신부가 이를 집필했음을 알 수 있다. 그런데 이 글에는 많은 오류가 있다. 내용상의 오류는 어느 정도 불가피했다 하더라도 프랑스 신부가 중국에서 수집한 한국 관계 자료를 중국어로 발음하여 영어로 집필하는 과정에서 얼마나 많은 철자(綴字)의 오류가 있었을까를 쉽게 짐작할 수 있다. 이 번역본은 번역 그 자체보다도 바로 그 표기에 더 많은 어려움이 있었다. 그렇게 많은 오류에도 불구하고 이 책을 주석할 수밖에 없는 이유는 바로 그 오류에 의해 서구인들이 한국을 이해했다고 하는 사실 때문이다.

언제인가는 출판할 날이 있으려니 하는 기대 속에서 이 책을 번역한 지는 꽤 오래 되었지만, 『한말 외국인 기록』의 전집 23권을 출판하겠다는 임경환(林庚煥) 사장님의 제의를 들었을 때 기쁘면서도 너무도 엄청난 일이라 엄두를 낼 수가 없었다. 그러던 차에 이러한 고충을 들은 1998학년도 건국대학교 정치외교학 과목의 나의 수강생들 300명이 한 장씩 컴퓨터에 입력해 주겠다고 나섰을 때 나는 한없이 고마웠고 크게 용기를 얻었다. 나는 그 300명의 이름을 여기에 일일이 적을 수 없는 것이 미안하고 유감스럽다.

모두가 고생했고 고맙지만, 특히 이형구(李衡求) 군과 김(金)한길 군이 많은 몫을 타이핑했으며, 변영욱(邊泳旭) 군은 교정 작업을 하느라고 많은 고생을 했다. 사내답지 않게 수줍음이 많은 조교 박성진(朴城進) 군은 마음이 넉넉지 못한 나의 방에서 마음 고생이 많았으리라고 생각되며, 주석을

2) 이상의 레지 신부의 행적에 관해서는, *Ibid*., pp. 327~328을 참조함.

찾기 위해 각국의 대사관과 문화원을 찾아다니면서 싫은 내색 한 번 하지 않았다.

이 글의 초역(草譯)을 맡아준 건국대학교 대학원 박사 과정의 장우영(張又永) 군[지금은 대구 가톨릭대학 교수]은 공부삼아 한 일이라고는 하지만 애를 많이 썼으며, 건국대학교 대학원 박사 과정의 고경민(高敬旼) 군과 석사 과정의 형은숙(邢恩淑) 양은 컴퓨터 작업을 하느라고 고생을 많이 했다. 그들의 고생이 단순한 고생으로 그치지 않고 앞날의 그들의 학문 생활에 좋은 경험이 될 수 있다면 나로서는 미안함을 덜 수 있을 것이다.

영어로 쓴 동양사를 번역하는 과정에서 가장 어려운 작업은 영문으로 표기된 인명이나 지명을 어떻게 한자로 복원하느냐의 문제이다. 특히 원칙이 없이 쓴 일본과 중국의 인명 · 표기는 참으로 어려웠다. 그런 가운데에도 건국대학교 중어중문학과의 임동석(林東錫) 교수와 고려대학교 사학과 신승하(辛勝夏) 교수는 중국어 표기를 도와주었고, 특히 건국대학교 사학과 박사 과정에 재학 중인 이도남(李道男) 선생은 고대사의 지명 · 인명을 『25사』와 일일이 대조함으로써 많은 어려움을 풀어 주었다.

마지막까지 알 수 없었던 임진왜란 관계의 일본 인명은 상명대학교의 김문자(金文子) 박사님께서 도와주셨다. 그럼에도 불구하고 끝내 밝히지 못한 어휘가 많은 것은 전적으로 나의 불학(不學)의 소치이며 뒷날 이를 딛고 더 훌륭한 학자에 의해 또 다른 번역판이 나올 때는 완벽하게 해독되기를 바랄 뿐이다.

끝으로 편집 교정과 출판 과정에서 고생하신 집문당의 우진주(禹軫柱) 상무님과 편집부 직원 여러분, 그리고 신세진 모든 분들에게 깊이 감사한다.

헌시

웨일즈의 프레데릭 공(Frederick, Prince of Wales)에게 헌정함

귀공의 높으신 덕망과 겸양에도 불구하고, 저는 한때나마 귀공에 대해 품었던 어리석은 추측에 송구스럽지 않을 수 없습니다. 만인에게 기쁨을 안겨 주는 귀공의 온화한 성품은 귀공이 이 왕국의 후계자가 될 수 있을 것인가 하는 어리석은 불만을 떨쳐 버리게 합니다. 자연의 섭리에 따라 왕실의 영예를 높이며 스스로를 가장 빛나게 장식하고 있는 귀공의 덕망을 바라보며 이 나라의 지성계가 얼마나 경탄해 마지않는지 모릅니다.

자유에 대한 귀공의 관대한 사랑과 조국에 대한 끝 모를 외경심과 더불어, 이러한 경탄은 귀공께서 행복하게 누리고 있는 대중적 지지의 가장 합당한 기반이 되고 있으며, 조국의 평화와 번영을 꿈꾸는 모든 이들의 열정 또한 영원토록 지켜 줄 것입니다. 귀공의 발 아래 바치고자 하는 이 저술은 가장 잠재력 있고 번영을 구가하고 있는 동방의 국가에 대한 것으로서 가장 위대한 귀공께서도 관심을 가지실 만한 주제입니다. 왜냐하면 한 때 자신을 세상에서 가장 예의바르다고 믿는 그들의 풍습 · 관습 · 정책 · 종교를 살펴보는 것보다 더 귀공의 마음을 열어 줄 수 있는 것은 없기 때문입니다.

그 나라의 황실의 역사를 통해서, 귀공이 이미 오래 전부터 익히 주지하고 계셨던 사실, 곧 가장 전제적인 권력이 폭정으로 전락할 때 최고 수장의 자리를 보장하지 않을 뿐만 아니라 대중의 복리에 대한 어떠한 도움도 줄 수 없다는 것을 귀공께서는 아시게 될 것입니다. 따라서 덕망과 관용이야말로 왕위를 가장 견고하게 지켜 주며, 가장 위대한 영광은 바로 백성들의 마음속에 군림하는 것입니다.

귀공께서 가장 관대한 정책상의 금언으로 만족감을 주시며 저를 충분히 납득시켜 주셨기 때문에, 저는 풍부한 주제에 관해 기꺼이 부연할 수 있습니다. 그러나 이

저술이 저의 의무와 외경심을 입증하려는 의도로 비추어지고, 특히 저의 주요한 구상이 열정적이고 심오하게 보인 뒤로 이미 귀공께서 강렬하게 인지하고 계신 사실을 재론하는 누를 끼칠까 염려스럽습니다.

귀하의 가장 성실하고 충성스러운 그리고 가장 미천한 신하,

브룩스(R. Brookes)[1] 드림

---

1) 브룩스(Richard Brookes : 1721~1763) : 영국의 물리학자로서 의학과 자연사 및 지리학에 관한 프랑스어판 저술들을 영어로 번역하는 데 기여했다. 그는 미국과 아프리카를 여행했으며, 『고양이전염병』(1721), 『의학 실습』(1751), 『외과학 입문』(1754), 『자연사체계론』(1763)을 썼고, 『초콜릿의 역사』(1724)와 본서인 『중국사』를 번역했다.

발행자 서문

중국은 아직 잘 알려지지 않은 나라들 가운데 가장 주목할 만한 나라이기 때문에, 영국의 독자들에게 영어로 설명된 적이 없는 중국에 대해 세밀하게 소개한다는 것은 대단히 기쁜 일임에 틀림없다. 이 저술을 마친 뒤 알드(Du Halde) 신부는 매우 큰 고충을 겪었을 뿐만 아니라 이 주제에 관해 저술한 다른 어떤 작가보다도 무궁한 도움을 주었다. 인쇄된 내용 이외에도 가장 유능한 선교사들이 쓴 풍부한 필사본들이 유익한 도움이 되었으나 그것들이 충분한 근거가 있다고 판단되지 않았기 때문에, 그는 자신에게 가장 신뢰할 만한 정보를 줄 수 있는 이들과의 대화를 통해 의문을 해소할 수 있는 기회를 가졌다.

어떤 오류가 남아 있을지도 모른다는 걱정에도 불구하고 그는 이 저술을 예수회의 몇 몇 신부들이 재검토할 수 있도록 중국에 보내는 문제를 고려했다. 그러나 콘탄친(P. Contancin) 신부가 도착하여 대부분을 검토함으로써 그럴 필요가 없어졌다. 콘탄친 신부는 그 먼 나라에서 32년을 지냈는데, 10년 동안은 북경에서 예수회를 관장하는 수장(首長)으로 봉직했다. 파리에 머물렀던 1년 내내 그는 뒤 알드 신부의 저술을 완벽하게 만드는 데 필요하다고 여겨지는 것은 무엇이든 수정 또는 가감하면서 충분한 여가를 보냈다. 이들은 각별한 주의를 기울였기 때문에, 지금까지 출간된 이러한 종류의 어떤 간행물에 대해서는 장담할 수 없지만, 이 책에 게재된 내용들은 전적으로 사실이라는 점에 독자들은 만족할 수 있을 것이다.

독자들은 그 나라의 전반에 대해 좀 더 쉬게 이해될 수 있는 일반적인 통념을 가지고 있다. 최근 들어 내전으로 말미암아 평화가 깨지고 중국에 속박되긴 했지만 서번(西蕃 : 서쪽 변방)과 같이 지금까지 매우 강대한 민족이었고 심지어는 중국의 황제들에게까지 공포감을 안겨 주었던 몇 몇 나라들에 대하여 간략한 평가를 특별히 추가함으로써, 뒤 알드 신부의 저술은 중국을 보다 쉽게 이해하도록 해줄 것이다. 몇 몇 선교사의 중국 지방 여행이 곧 이루어졌다. 그들의 관찰은 호기심으로 가득 찼으며 독자들로 하여금 자신을 그 일행 가운데 한 사람으로 상상하게 만들 정도로 그렇게 생생하게 묘사했다. 이것은 그 제국을 이루고 있는 15개 지방을 설명하기에 적절한 예비 과정으로 생각되었다.

그리고 이 나라에서 우리는 탄복할 만한 환경과 대규모의 주거지, 거대한 교역, 공공 건축의 아름다움, 그리고 그 외의 모든 것들을 구비하고 있는 매우 많은 대도시들을 만나게 된다. 토지는 매우 비옥해서 대개 2모작을 하며 많은 종류의 곡물, 수목, 그리고 매우 독특한 과실들을 수확한다. 산에는 온갖 종류의 금속과 광물 그리고 매우 진기한 대리석이 풍부하게 매장되어 있다. 매우 유익한 자연의 초목들과 빼어난 기후 또한 자랑거리이다. 그리고 수려한 수많은 운하와 호수, 그리고 온갖 물고기들이 가득한 강이 산재하고 있는데, 그 위로는 잘 만들어지고 멋있게 꾸며졌으며 놀라울 정도로 거대한 교량들이 필요에 따라 놓여 있었다. 한 마디로 예술과 자연이 생활상의 모든 필요한 것과 기쁨을 제공하면서 서로 자웅(雌雄)을 겨루는 것 같았다.

지리적인 관찰을 마친 다음, 귀공은 요(堯) 임금으로부터 현재에 이르기까지 확실하다고 여겨지는 연대기를 통해 그들의 역사를 개괄적으로 살펴보게 될 것이다. 그러나 제국의 창업자인 복희(伏羲)의 시대와 요임금 통치 초기 사이의 오랜 기간들은 의혹의 여지가 많다. 이와 같은 일반적인 서술을 마친 뒤 민족적인 기질, 풍습, 관습, 통치 제도, 과학의 발달, 종교 등 이 나라에 관련된 모든 면들을 각각 그 특성에 맞추어 세밀하게 다룬다.

같은 내용들에 대해 계속해서 지금까지는 단지 나라의 이름만 알려진 타타르, 조선, 티베트에 관한 기술들이 이어진다. 독자들은 단지 최고의 지리학자가 작성한 지도에 시선을 맞추기만 하면 될 것이다. 그리고 이 저술과는 그다지 직접적인 연관이 없지만 보다 특별한 내용이 있다. 곧 북미 지역으로 통하는 육로가 있는지를 알아보고자, 최근에 제정 러시아의 황제(Czar)가 보내는 곳은 어디든지 돌아다녔던 비어링스 선장(Captain Beerings)이 토볼스크(Tobolsk)[2]에서 캄차카(Kamtschacka)까지의 여행 과정에서 작성한 신천지(New Discoveries)에 관한 기록과 지도가 있다. 그 밖에 언급되어야 할 내용들이 있음에도 서문에서 생략되었다고 생각되는 부분은 본문에서 깊이 있게 다룰 것이다. 따라서 그것이 인쇄본이든 필사본이든 간에 이 책에 발췌된 저술들의 선교사 저자들을 아래에 소개하는 것으로 만족하려 한다.

마르티니(Martin Martini) 신부
베르비에스트(Ferdinando Verbiest) 신부
쿠플레(Philip Couplet) 신부
마즐랭(Gabriel Maghelaens) 신부
퐁테니(John de Fonteney) 신부
부베(Joachim Bouvet) 신부
제르비용(John Francis Gerbillion) 신부
노엘(Francis Noel) 신부
르 콩트(Lewis le Comte) 신부
비스들루(Cladious Visdelou) 신부
레지(John Baptist Regis) 신부
프레마르(Joseph Henry de Premare 신부
뎅트르콜르(Francis-Xavier Dentrecolles) 신부
에르비앙(Julian Placidious Hervien) 신부
콩탕셍(Cyr Contancin) 신부

2) 토볼스크(Tobolsk) : 북위 57° 30′, 동경 67° 30′의 러시아 영토에 있는 작은 도시.

드 고비유(Peter de Goville) 신부

니엘(John Armand Nyel) 신부

파레넹(Dominique Parrenin) 신부

자르투(Peter Jartoux) 신부

타르트르(Vincent de Tartre) 신부

드 멜라(Joseph-Anne-Mary de Mailla) 신부

골레(John Alexis Gollet) 신부

쟈크멩(Claudius Jacquemin) 신부

포르케(Lewis Porquet) 신부

드 샤바냐크(Emerick de Chavagnac) 신부

고빌(Antony Gaubil) 신부

자크(Pere John Baptist Jacques) 신부

발행자의 제4권의 서문

영국의 동인도회사에서 근무하시는,

아담스(Robert Adams) 귀하
곳후리(Peter Godfrey) 귀하
아담스(Abraham Adams) 귀하
구흐(Harry Gough) 귀하
반(Miles Barne) 귀하
하이드(Samuel Hyde) 씨
브래딜(Dodding Braddyll) 귀하
임페이(Michael Impey) 귀하
앨더만(William Billers, Knt., Alderman) 경
러비본드(Edward Lovibond) 귀하
비제(Stephen Bisse) 귀하
리일(Baltzar Lyell) 귀하
브로운트(Richard Blount) 씨
포메로이(William Pomeroy) 귀하
불튼(Richard Boulton) 선장
레이몬드(Jones Raymond) 귀하
버로우(Christopher Burrow) 귀하
루스(William Rous) 귀하
콜본(Charles Colborne) 귀하
솔터(John Salter, Knt) 경
앨더만(Alderman) 경

에머슨(John Emmerson) 씨
톰슨(Quintin Thompson) 경
휘크(Samuel Feake) 경
워즈워드(Josias Wordsworth, jun) 귀하

저는 이 책의 앞 권에 몇 몇 저명한 이들을 거명했지만 이 책에서 다시, 그들에게 경의를 표하지 않은 채로 지나치기에는 제 마음이 도저히 용납되지 않았습니다. 곧 이국(異國)의 발견은 대개 통상 과정에서 연유하고 중국과 같은 나라와의 교류 또한 귀 회사에 의해 유지되기 때문에, 저의 소견으로는 귀하들에게 최상의 경의를 예의바르게 표해야 합니다. 항해를 통해 얻는 잇점들 가운데, 세계의 양극단의 나라들 사이에 이루어지는 교역 이상으로 경이로운 것은 없습니다. 우리는 국가 간의 이러한 만족스러운 관계 덕분에 우리가 소유한 것들과는 매우 다르며 우리에게 없는 긴요한 것들을 충족시킬 수 있으며 우리 왕국에서 생산되지 않는 동방의 진기한 특산물들을 풍요롭게 공급받을 수 있습니다.

그 나라의 주민들이 편의와 만족에 필요한 모든 것들을 자체적으로 구비하고 아울러 기껏해야 식사 재료만을 서구로부터 공급받는다는 확신 때문에 이 섬이 매우 풍요롭다거나 서구와 동떨어진 나라라고 생각하는 것은 흥미롭긴 하지만 오도된 관념입니다. 위험을 무릅쓰고 인도제국의 보고(寶庫)들을 우리에게 알려 주는 교역 상인들이야말로 얼마나 지대한 찬탄과 관심을 불러일으키는지 모르며 이 왕국에서 유래하는 진기한 이익들로 말미암아 그들의 사명 의식이 얼마나 고무되고 있는지도 모릅니다.

그러나 지금까지 우리와 교역해 온 모든 나라들 가운데에서, 중국만큼 이방인들의 접근이 어려운 나라도 없기 때문에, 예수회는 제국의 중심부에 도달하려면 다양한 방안들을 활용하지 않으면 안 되었습니다. 따라서 우리는 다른 영국인들처럼 이 나라의 국민들을 과소평가해 왔으나, 이 방대하고 홍

미로운 나라에 대해 우리가 알고 있는 것은 무엇이든 예수회가 관찰했었다는 사실은 그리 놀랄 만한 일이 아닙니다.

그리고 뒤 알드(Du Halde) 신부가 취급한 필사본들이 전에 작성된 어떤 것들보다도 내용이 풍부하고 정확했기 때문에 예수회가 출간한 모든 보고서들 가운데에서 그의 것만큼 정확한 것은 없습니다. 이러한 이유 때문에, 그의 저술이 영어로 옮겨진다면 호평 받으리라는 것은 의심의 여지가 없습니다. 이 작업이 저의 숙명으로 느껴지기 때문에 저는 탐구의 필요성을 느끼고 있습니다. 그러나 저는 저의 훌륭한 동료에게 특별히 빚을 지고 있습니다. 그의 평판에 어떤 찬사를 더 받아야 할지를 저는 이 글에서 더 이상 표현할 길이 없습니다.

모두들 그렇다고 여기겠지만, 관리하고 있는 회사가 생활의 편의와 만족을 크게 증진시키는 품목들을 수입하는 당신들이 그 나라에 대한 흥미로운 기술(記述)에 매우 기뻐할 수밖에 없는 것처럼, 이 작업은 당신들에게서 받는 솔직하고 호의적인 대접 때문에 실패할 리가 없습니다. 그러나 그렇다손 치더라도 저는 당신들이 이 글을 씀을 기꺼이 용서하고 저의 존경심을 받아주시기를 바랍니다.

귀하들의 가장 미천한 충복,
브룩스(R. Brookes) 드림

차　례

제 I 장 조선왕국에 관한 지리적 관찰 –레지 신부의 기록에서 발췌함

고대 조선의 건국

중국인들은 조선왕국을 카오린(Kao lin)[1]으로 부르고, 그들과 이웃하고 있는 만주의 타타르인들은 솔보(Solbo)[2]라고 불렀다. 조선이 서구에서 가장 잘 알려진 이름이었기 때문이든 수도의 이름이었기 때문이든 간에, 그 이름 또한 중국의 문헌에서 찾을 수 있다. 나는 이 왕국이 한 때 불렸던 다른 여러 이름들의 전말을 밝혀야 할 필요가 있다고는 생각하지 않는다. 매우 오랜 세월 동안 통상적으로 카오리(Kao li)로 불리고 있을 뿐, 12세기 원나라 황실의 역사에서 다른 어떤 국명도 찾아볼 수 없다.

조선왕국은 중국과 봉신 관계를 맺은 뒤로 만주라는 이름으로 매우 잘 알려진 동타타르라는 고대 국가와 북쪽으로 접경하고 있다. 조선왕국은 문헌상에 요동 또는 다른 시기에는 강동으로 불렸던 중국의 한 지방과 서쪽으로 접경하고 있다. 요동은 중국인들이 목재라고 부르는 곳을 경계로 하여 동타

1) (원저자 주) 중국인들은 Kao li kou(고려국)라고 부르는데, Koue(국)는 왕국을 뜻한다.
2) (원저자 주) 타타르인들은 Solho Kouron이라고 부르는데, Kouron은 왕국을 뜻한다.

타르와 분리되어 있다. 동쪽과 남쪽으로는 여러 섬들이 떠 있는 바다가 그 왕국을 둘러싸고 있다. 북에서 남쪽까지의 조선의 폭은 위도 34°에서 43°에 이르는 거의 9°의 넓이이다. 동쪽에서 서쪽까지의 길이는 고르지 못하고 너비에 다소 미치지 못하는 편인데, 최대 폭이 6°를 넘지 않는다.

앞에서 밝힌 대로, 나는 그 곳의 토양에 대해 이렇다 할 점을 말할 수 있을 정도로 조선왕국에 충분히 깊숙하게 들어가 보지는 못했다. 그러나 내가 국경에서 살펴본 바로는 중국 남부의 영향을 받아 토지를 잘 경작하고 있다. 중국의 황제가 이곳에 타타르의 성주를 보내어 매우 정확한 판관의 하급 관리를 만난 적이 있었다.

그 관리의 말에 따르면, 그 나라는 살기 좋으며 쌀, 옥수수, 기장 그리고 다른 곡물들과 같이 생활에 필수적인 작물들을 매우 많이 생산하고 있다고 한다. 그 성주는 관리에게 조선의 지도를 가져오게 했는데, 그것은 중국 황실의 지도와 꼭 같았다. 그는 궁궐에서 멀리 나가보지 않았기 때문에, 봉황성[3]까지의 길이만을 우리에게 설명했다. 봉황성은 요동의 목채 끝 부분에 위치하고 있는 곳으로서, 줄자로 측정되어 있었다. 우리는 그 곳에 가서 바로 그 지점으로부터 봉성의 범위를 측정하기 시작했다. 우리는 직접적인 관찰을 통해 그 곳의 위치가 위도 10° 30′ 20″, 경도 7° 42′임을 알게 되었다.

고대 조선의 지리

봉황성의 동쪽에 이르면 지금의 왕조가 통치하고 있는 조선의 서쪽 경계선이 나타난다. 중국을 침략하기에 앞서 조선을 복속시킨 만주와 조선 사이의 전쟁이 종결된 뒤, 두 나라는 목채와 조선의 경계선 사이에 비거주지역

3) 봉황성(鳳凰城) : 신의주 서북쪽 60km 지점의 중국 요녕성에 있는 지명으로서 조선으로 입국하는 요로임.

을 존속시키기로 합의했다. 그 경계선은 지도에 점선으로 표기되어 있다. 나는 개인적으로 왕국의 내부와 해안에 관하여 내 나름대로의 견해가 없기 때문에 수로와 도시 환경에 대하여 특이하고 정확하게 설명할 수 있는 능력이나 수단을 갖고 있지 않다.

그러나 이 지도가 완성본은 아니지만 다만 지금까지 출간된 것들 가운데 가장 나은 지도라고 독자들에게 권고하는 바이다. 나는 극의 고도를 고정시켜 기하학적인 방식으로 북부 전역과 가능한 서쪽까지 측정했다. 그 면적이 참으로 넓기 때문에, 우리는 앞으로도 이와 같은 방법을 활용하여 다른 지역들의 정확한 경도를 파악할 수 있을 것이다. 마찬가지로 타타르 군주가 봉황성에서부터 줄자로 측정한 길은 황실 지도에 표기되어 있는 다른 척도들의 크기를 판단할 수 있게 해준다.

또한 중국의 수학자들이 우리가 위치하고 있는 북쪽의 고도를 37° 38′ 20″으로 측정했는데, 이 수치를 조선의 궁궐의 고도와 대비함으로써 우리는 조선의 남북 간의 폭이 적어도 5° 5′임을 정확하게 알게 되었다. 아시아의 일반적인 지리와 관련하여 조선을 정확하게 설명하려면 우리는 남쪽과 동쪽까지 관찰을 확대해야 한다.

수량이 풍부하고 동시에 방어막으로서의 역할을 하고 있는 가장 중요한 강은 압록강과 두만강인데, 이 강들은 만주의 지도에는 린구옹(Linguong), 얄루울라(Yalou oula)와 투먼울라(Toumen oula)로 표기되어 있다. 만주어로 울라는 강을 뜻하며 중국인들이 압록강과 두만강으로 부르듯이 중국어의 강과 같은 뜻을 가지고 있다.

두 강은 모두 세계에서 가장 높은 산 가운데의 하나에서 발원한다. 중국인들은 장백산으로 부르고, 만주인들은 찬나린(Chanalin)으로 부르는 그 산은 만년설로 덮여 있다. 두 강 가운데 하나는 동쪽으로 흐르고, 다른 하나는 서쪽으로 흐른다. 두 강 모두 매우 깊고 맑으며 물살은 적당히 빠르다. 확인하지는 못했지만, 다른 강들의 물길은 조선 사람들의 측정을 원용하여

지도에 표기했다.

나는 조선의 첫 번째 마을에서 4리그[4] 안쪽으로 들어가 보지 못했다. 다만 타타르인들에게 들은 바에 따르면, 조선의 가옥은 단층이며 부실하다. 시골의 가옥은 흙으로 지었으며 도시의 가옥은 벽돌로 지었다.

성벽은 중국풍을 본떠 사각형탑, 포대, 아치형 문을 갖추고 있다. 그러나 내가 본 바로는, 조선 사람들이 타타르의 침략을 막고자 두만강의 동쪽 연안을 따라 쌓아올린 거대한 성벽은 중국의 만리장성과는 견줄 바가 아니어서 중층으로 축조하지도 않았고 몹시 엷다. 조선은 그들의 이웃인 만주족으로부터 침략을 받은 첫 나라였기 때문에, 성벽은 90년 동안 철저히 폐허가 되어 있었다.

조선의 수도는 지도상에 경기도로 표기되어 있고, 조선 사람들도 그렇게 부르지만 중국인들은 콩키타오라고 부른다. 그 이유는 중국의 황실에서 다른 왕조의 도성을 지칭할 때, 중국어의 킹이라는 낱말이 쓰이는 것을 허용하지 않기 때문이다. 중국인들에게 킹이라는 말은 단지 자기 나라의 조정이 있는 곳만을 뜻한다. 마찬가지로 중국인들에게는 그들의 황제에게 붙여 왔던 같은 뜻의 다른 낱말인 성제만수라는 말을 다른 왕국의 왕들을 표현하기 위한 설명 어구로 사용하는 것도 허용되지 않으며, 다만 자기 나라의 황제에게만 전용되는 것처럼 생각한다.

중국의 천하사상

그럼에도 불구하고 우리의 저자가 원나라의 첫 황제인 칭기즈칸(1162~1227)을 통해 루이 8세(1187~1226)에게 보낸 편지에서처럼, 그러한 표현들

---

4) 1league=3miles.

이 불경스럽고 조소 섞인 자만심으로 가득 차 있었다고는 말할 수 없다. 왜냐하면, 매우 중요하고도 영생하는 천자로 표현할지언정, 그러한 용어들은 실상 기껏해야 중국의 황제를 표현하는 오래된 관용 어구에 불과한 것이 확실하기 때문이다. 자신의 주인은 인간이며 또한 인간의 후손이라는 것을 모르는 중국인은 없다.

그들의 왕국에 붙여진 이름에 대해서, 특히 중국인들이 자기 나라의 제국만을 의미하는 천하라는 표현에 대해서도 동일한 소견을 개진할 수 있다. 왜냐하면 다른 모든 왕국의 국민들에게 대단한 우월감을 갖고 있을지언정, 그들은 자신들이 세계의 주인이 아니라는 것을 잘 알기 때문이다. 따라서 다른 나라에게 자기들과 동일한 근거를 제공하기도 어렵고, 이러한 차등은 아무리 높은 사신이 올지라도 예외가 아니었기 때문에 설령 왕자가 파견되더라도 황제를 알현할 때는 발아래 무릎을 꿇어야 한다.

중국인들은 조선의 사절들을 조공을 바치는 나라의 대표로 여겼기 때문에, 서열의 구분 없이 그들을 취급했다. 조선의 사절들은 직위에 따른 서열을 인정받지 못했으며, 심지어 중국 사회의 2등급으로도 대접받지 못했다. 그들은 중국의 황제를 알현하기에 앞서 체류하는 처소에 사실상 감금되어 있었다. 그 뒤에 외출을 허용 받았을 때에도 그들은 배려하기보다는 감시의 차원에서 인원수를 점검받았다. 조선에 사신으로 갔던 타타르의 사신도 마찬가지로 극심한 억류 상태에 놓여 있었다고 우리에게 말했다. 그가 머무르던 처소에는 늘 감시자가 붙어 있었으며 그가 말한 모든 내용들은 거리 요소에 배치되어 있는 젊은이들을 통해 왕궁에 전달되었다.

풍습

조선의 복식은 중국의 마지막 황실 시대에 유행했던 대명이라는 중국풍을 본뜬 것이었다. 그들은 길고 큰 소매가 달린 옷을 입었으며, 높은 지위를 상징하는 사각모와 둥근 띠를 두르고 가죽이나 아마 또는 공단으로 만든 장화를 신었다.

조선의 언어는 중국어나 타타르어와는 전혀 다르다. 따라서 중국을 방문하는 이는 누구나 통역사를 대동했다. 왕들조차 중국을 방문할 때 반드시 통과해야 하는 북경과 봉황성에서 자비로 통역사들을 고용했다. 그럼에도 불구하고 중국어로 보내는 서한들은 왕국의 모든 곳에서 통용되었다. 몇 년 전에 마지막으로 우리를 초청했던 사신은 자신이 의미하는 바를 우리에게 이해시키고자 필기 도구를 이용했다.

종교

사신들의 말에 따르면 공자의 교의가 가장 존경을 받는 것과는 달리 도성 안에 불탑의 건립은 허용되지 않고 불교의 승려들은 비천하게 여긴다고 한다. 몇 몇 조선 사람들이 북경에서 몇 번에 걸쳐 세례를 받은 것으로 추정됨에도 불구하고 기독교는 아직까지 조선에 전파되지 않았다. 1724년에 예부[5]가 제정한 금지 조치에 따라 선교가 거의 총체적으로 탄압 받음으로써 선교 활동이 훨씬 어려워진 뒤로, 기독교가 정착하려면 반드시 중국 황제의 허락이 필요하다. 그러나 만약 하나님의 자비로운 기적이 중국에서 일어난다면, 새해에 조선과 타타르의 개종이 이루어지리라는 것은 확실하다. 이와 같은 사실은 이웃하고 있는 조선이 타타르에게 종속적인 관계를 맺고 있음을 보여준다.

5) (원저자 주) 예부(禮部)는 의식을 다루는 부서임.

통치 제도

조선의 통치 제도는 중국과 매우 닮았다. 전국은 8도로 나뉘어 있고, 각 도는 중국의 부에 해당하는 지역 단위인 현에 대해 동일한 권리와 특권을 행사하며 관할한다. 특별한 처벌 사유가 있을 때에는 중국에서 실행하는 것처럼, 죄인을 처벌할 때 조선 사람들은 입에 재갈을 물리지는 않는다. 그러나 죄인의 수치심을 감추어 주고 동시에 국가의 권능을 보여줄 의도로 그의 머리에서 발끝까지 자루를 씌운다.

종이와 인삼

인삼이라는 유명한 작물의 수확과 흑담비 수렵은 조선에서 매우 중요한 일이다. 그들은 매우 튼튼하고 질긴 닥종이를 큰 규모로 교역하고 있다. 그것은 심지어 황궁에서 창문 가리개로 쓰이며 여러 가지 다른 용도로 사용된다. 매년 많은 양의 종이가 생산되긴 하지만, 그것은 중국의 다른 어떤 종이보다도 늘 비싼 값으로 판매된다.

역사

중국의 가장 오래된 고서들과 연대기를 통해 쉽게 볼 수 있는 것처럼, 조선은 매우 오래된 왕국이다. 주나라의 개조인 무왕[6]은 은나라[7] 황실의 마지막 황제를 멸망시킨 뒤, 조공과 신하의 예를 강요하지 않고서도 은나라의 숙부인 기사공을 불행한 조선의 왕으로 삼았다. 일식의 계산으로 확인되고

---

6) 주 나라의 개조는 무왕이 아니라 문왕이었다.
7) (원저자 주) 상(商) 또는 은(殷)은 중국의 두 번째 황실이다.

있는 역사 기술에 따르면, 은나라 왕실이 몰락한 싯점은 더 아래로 볼 수 없으므로 이러한 일은 서기전 1120년경에 일어났음이 틀림없다.

기자조선

중국에서 가장 권위 있는 책 가운데 하나인 『주서』의 제4권 6장에서 수록된 바에 따르면, 무왕은 도움을 얻고자 기자를 재상으로 임명할 정도로 기자는 찬사를 받았다. 기자는 폭정으로 말미암아 조선을 효율적으로 통치할 수 없었던 조카의 제국의 경영을 맡으려 하지 않았다. 황제는 그가 제시한 사유들을 인정하여 그로 하여금 조선의 모든 영역을 관할하도록 했다. 중국의 황제는 기자로 하여금 조선의 주인이 되어 그 나라의 백성들에게 중국의 예법을 소개할 수 있는 수단을 그에게 제공했다.

중국의 역사에 따르면, 기자가 조선을 점령한 뒤 4년 동안 자신의 지략으로 쉽게 모든 난제를 극복했음이 명백하다. 그는 잠시 조선을 떠나도 괜찮다고 생각하고 무왕을 방문했는데, 무왕은 그를 대단히 우호적으로 맞았고 돌아가는 길에는 풍요로운 선물을 딸려 보냈다. 기자 제후의 가문은 700여 년 동안 통치했으나 후세들은 선대들이 펼쳤던 덕치에서 점차 퇴화하여 세습권을 잃었다. 고관들은 누구나 재산을 기반으로 세력을 강화하여 제후의 칭호를 얻었다. 초기의 황제들로부터 왕의 칭호를 하사받은 그들은 합법적인 권력을 행사했다.

전쟁으로 점철되는 가운데 많은 국가들이 출현했는데, 서로의 침략으로 말미암아 중국은 진(秦)·초(楚)·연(燕)·제(齊)·한(韓)·위(魏)·조(趙)의 7개의 왕국으로 분열되었다. 현재의 북경 지방을 차지하고 있던 연나라는 곧장 요동의 맹주로 등장하여 점차 동쪽을 정벌해 가면서 마침내 진번의 권위와 현명한 통치를 받던 조선을 복속시켰다. 조선은 진왕의 야심찬 공격에 오랫동안 항전했으나 다른 6개국의 운명처럼 마침내 굴복했다.

중국의 역사에 따르면, 연나라와 조선의 왕인 부왕은 전쟁에 져 권력을 잃고 기원전 259년에 살해당했다. 진왕은 진시황제(B.C. 247~195)라는 칭호로 전 중국을 제패하고 황제에 등극했다. 자신이 모든 제국을 평정했음을 안 진시황은 북으로 만리장성과 남으로 대양을 경계로 하여 영토를 재편하려는 계획을 세웠다. 그가 앞서 언급한 바 있는 목채를 동쪽의 경계를 확정한 결과, 그 시기부터 그 경계를 벗어나는 나라는 제국에 편입되지 않게 되어 조선도 외래 왕국으로 취급되었다. 이러한 상태는 짧은 기간 동안 지속되었다. 진시황의 아들은 3년 사이에 모든 통치권을 잃어 중국은 20개의 왕국으로 분열되었다.

장다는 연나라의 왕실이 되었고 전불[8]은 교동에서 왕이 되어 조선의 두 번째 왕실의 개조가 되었다. 그러나 몇 년이 채 못가 한나라 황실의 개조인 유방(B.C. 247~195)의 침략을 받아 그들은 모두 멸망했다. 장다도 다른 왕들처럼 그에게 패배하자 모든 제국은 1인 치하에 들어갔다. 고조라는 이름으로 알려진, 유방은 중국을 평정한 뒤 진시황이 했던 것처럼 북쪽으로는 거대한 성벽으로 경계를 삼고 동쪽으로는 다소 수정하여 패수를 경계로 삼았다. 그때부터 중국의 국경과 조선의 국경 사이의 버려진 영토에 어느 정도 규모의 국가가 상존했다.

위만조선

짧은 기간 동안 연나라의 옛 제후의 후손인 위라는 관리는 자신의 동료들과 황제가 해산시킨 병사들을 모집한 뒤 운명을 건 결단으로 중국을 무력으로 정벌하여 통치권을 완전히 장악한 다음 태평성대를 구가했다. 계속해서

8) 원문에는 전불(田市)이 Tien tchi로 되어 있는데 이는 市를 "시"로 잘못 읽은 탓으로 보인다.

그는 조선을 정벌하여 복속시켰다. 그는 왕의 칭호를 얻고 반현에 궁궐을 세웠다. 이 왕실은 우거왕까지 이어져 내려왔다. 우거왕은 한무제의 무력 침공에 성공적으로 대항했으나 조선의 한 지방을 다스리는 태수였던 이계참에게 배신당해 살해되었다. 그는 막료들로 말미암아 부패되어 있었다.

조선은 중국의 변방으로 쇠락하여 여러 군현으로 나뉘어졌다. 이와 같은 분할은 잠시 통합된 적이 있었던 기간을 제외한다면, 오랫동안 지속되었다. 한나라의 황실이 내전으로 분열되어 약화되자 조선은 그들 세력이 쇠퇴함을 이용하여 자신을 왕국의 위치로 복원시켰다. 조선의 왕은 중국의 황제와 화친을 유지하려고 신하의 예를 올리고 특산물들을 조공으로 바쳤다. 얼마 동안의 단절된 기간이 있었을지언정, 조선은 오랫동안 중국에 복속되어 있었기 때문에 조속하게 원상태로 돌아가는 상황이 지속될 수 있었을 것이다.

수(隋) · 당(唐) 시대의 조선

조선을 중국의 지방으로 환원시키려는 의도를 가지고 있던 수양제(580~618)가 황제에 즉위한 뒤, 전에 중국에서 볼 수 없었던 수많은 군사를 일으켜 조선을 침공했다. 그러나 성공을 거두지 못하고 전멸하여 다만 몇 천 명의 군사들만이 원정길에서 살아 돌아 갈 수 있었다. 그러나 그들이 다시 침공하리라고 우려한 조선은 황제에게 사신을 보내어 조공을 바치는 쪽을 선택했고, 황제는 그것을 받아들였다.

당나라 황실이 세워진 뒤에도 그와 같은 일이 몇 차례 일어났다. 당나라는 세차게 조선을 공격했으나 승리를 거두지 못했다. 그럼에도 불구하고 조선은 그의 아들에게 조공을 바치고, 그의 아들 또한 그것을 수용했다. 송나라 황실도 그와 같은 상태를 받아들였다. 두 나라는 그들이 다른 나라와 전쟁을 벌일 때, 서로 지원군을 보내는 등 상보적인 이해 관계를 유지했다. 송나라의 시대에도 동부 타타르의 군대가 조선을 침략하였는데 이때가 곧 여진의 시대이다.

원나라 시대의 조선

타타르의 제후들은 조선을 침략하여 원군으로 출병한 중국 군대를 패퇴시키면서까지 약탈을 감행하고 마침내 조선을 굴복시켰다. 그들은 중국을 침략하여 북부 지방을 점령한 뒤부터 왕의 칭호를 그들의 가문에 부여하고 자신은 황제의 칭호를 사용했다. 그러나 그것이 중국의 유일한 정부가 아니었기 때문에, 중국의 정사에서 별도의 황실로 여겨지지 않는다. 자기 가문의 왕실과 송나라의 황실까지 최초로 폐한 한 가문은 조선을 중국의 지방으로 환원시키고자 막대한 노력을 경주했다.

원의 국호를 쓰며 유럽에서는 칭히 또는 칭기즈칸으로 알려졌고 왕실을 평정한 뒤 중국 역사에서 칭기제와 태조로 불렸던 그 가문의 개조는 전쟁을 조선에까지 확전시키리라고 생각했다. 그는 등극하면서 곧 카진[9]이라는 장군을 압록강 동쪽 지방의 통치자로 임명했다. 매우 중요한 전쟁을 수행하는 황제는 카진 장군으로 하여금 고려의 왕 고종이 조공을 바치는 정도에서 더 나아가 본래의 터전 위에 자신의 왕국을 존속시킴으로써 상황을 종결짓도록 명령했다.

사가들이 오고타이라고 부르며 중국의 원어로 오호타이로 불리는 칭기즈칸의 계승자 태종(재위 1229~ 1246)은 고려로 하여금 그가 임명한 통치자들을 즉각 받아들이도록 요구했다. 그러나 고려는 오고타이의 요구를 받아들이기는커녕 사신을 살해했다. 중국의 역사 기록에 따르면, 고려를 징벌하고자 황제는 살레탑 장군을 보내어 40개 이상의 마을에서 고려인들을 압송

9) 본문에는 Leou co로 되어 있다.

해갔다.

고려 왕 고종은 그의 형제인 회안공 왕정을 급파하여 자신을 속국의 왕으로 인정해 달라고 간청했으나 아무런 성과도 얻지 못한 채 헛걸음으로 돌아왔다. 그러는 동안에 황제는 고려를 정복하여 여러 지방으로 분할한 뒤 중국인들을 정착시키고 중요한 지역에 유능한 군사들을 배치하여 강화했다.

고려의 왕은 해안의 동쪽 지방으로 퇴각했다. 이듬해에 원나라의 관리들을 받아들여야 했던 고려의 여러 고을은 무기를 들고 일어나 외국의 침략자들에게 칼로써 항쟁했다. 그 소식을 들은 살례탑 장군은 다시 그 나라로 쳐들어가 싸우다가 화살을 맞고 죽었다. 이런 상황에서 그들은 강화조약을 맺었다. 오고타이황제는 사냥을 하면서 고려의 왕과 그의 아들 왕순의 문안인사를 받아주겠노라고 허락했다. 황제는 왕을 환대했으며 여러 귀족과 장수 등의 인질들 가운데 왕자를 자신에게 입조시키는 것으로 만족했다. 인질들은 황실의 비용으로 궁궐에서 생활하고 교육을 받았다.

사가들은 코유라고 부르고, 중국인들은 쿼이유라고 부르는 오고타이의 아들 치하에서 평화가 지속되었다. 지난날과 다름없이 루이왕은 그에게 성직권의 일부를 위임하고 선물을 보냈다. 그러나 우리들은 망고 또는 망구로, 중국인들은 망코로 부르는 그의 후계자 치하에서 단지 몇 년 만을 통치하다가 다시 고려와 전쟁을 시작했다. 왕손들 가운데 아아독이라는 한 왕자와 홍복원 장군은 고려를 침략하여 몇 몇 지방을 점령했으나 고려인들로 하여금 그들의 왕을 포기하도록 만들지는 못했다.

고려의 왕은 늘 조공을 바치고 중국과의 화친을 맺고자 왕자들 가운데 하나를 중국에 보냈다. 이와 같은 교류가 이루어지는 동안, 몽골 황제는 죽고 중국인들이 쿠빌라이 또는 호빌라이라고 부르는 홀필렬(1215~1294)이 그의 뒤를 이어 황제에 등극했다. 이 왕자는 모든 일에서 지난날의 황제들의 선례를 따르고자 노력했다. 그가 즉위한 첫 해에 염희헌이라는 관리가 고려의 편을 드는 듯이 보이는 문서를 작성했다.

고려의 왕은 황제에게 조공을 바치는 데 소홀함이 없었다. 왕전[10]이라는 왕자는 그의 명령에 따라 중국에 다녀갔으며 자주 이 궁궐에 머물렀다. 그가 마지막으로 왔을 때, 황제는 송나라와의 전쟁 준비에 몰두해 있었기 때문에 황제를 알현할 수 없었다. 왕자는 부왕이 죽었다는 소식을 들었다. 그가 고려로 돌아가게 된다면, 어찌 천자의 높으신 덕망에 존경심을 다 표할 수 있겠으며 천자께 어떻게 그 감사의 보답을 할 수 있을 것인가?

황제는 고려와 합의한 요구를 수락하여, 황실의 비용으로 왕자가 수행원을 적절하게 대동하고 고려로 돌아가도록 지시했다. 그밖에 그는 모든 고려의 죄수들을 풀어 주고 지난날의 과오를 모두 사면했다. 고려의 왕은 스스로 신하의 예를 올리고 때마다 조공을 바쳤다. 역사의 기록에서 세조로 불리는 3대 쿠빌라이 재위 때에는 중국 책력을 도입했다. 그때부터 고려는 통치 조직을 지켜냈고 고려의 왕은 주권을 상실하지 않으면서 황제로부터 독립적으로 백성들을 다스렸다.

명나라 시대의 고려

명조의 개조 주원장(1328~1398)이 원나라를 몰아내자마자 고려의 왕은 신하의 예를 올리고 조공을 바쳤으며 명나라는 어떤 반감도 없이 그것을 받아들였다. 제국을 평정한 이래 청나라 왕실은 고려에 더 이상을 요구하지 않았다. 고려의 왕이 죽자 황제는 두 명의 관리를 왕자에게 보내 그에게 봉왕이라는 칭호를 수여했다.

자신이 죽은 뒤의 분쟁을 우려한 고려의 왕은 생전에 후계자를 지명하여 황세의 윤허를 받았다. 왕자는 황세 앞에 무릎을 꿇고 후계를 공인받았으며

10) 전(倎) : 고려 고종의 아들로서 뒷날 왕위를 계승한 원종을 뜻함.

고려의 사신들은 수많은 진기한 물건들과 800냥에 이르는 은화를 선물로 받았다. 그 뒤로 고려의 대신이 조공을 가져와 황제의 면전에서 머리를 바닥에 조아렸다.

왕비 또한 황제로부터 비명을 수여받기 전까지는 왕비의 칭호를 사용할 수 없었다. 이와 같은 의례가 정례화됨으로써, 분쟁이나 전쟁을 일으킬 만한 이유도 사라지게 되었다. 이로써 고려는 오랜 세월 동안 달콤한 평화를 누렸다.

제 2 장 조선의 약사

조선의 위치

조선에 관한 이 기록은 다음의 세 저자들의 저술을 발췌한 것이다. 곧 친교쿠 뤼주가 쓴 『세계의 현장』, 강유기가 쓴 『지리 · 지지 개요』, 그리고 탕유칭티오가 쓴 『세계 지리 조사』가 그들이다. 본질적으로 나는 손질하지 않은 번역본에 만족했으며, 의문에 여지가 없다고 판단되는 경우에는 연대기를 추가했다.

중국에 인접하여 속국이 된 뒤 중국의 체르소네수스[1]라고 불렸던 조선은 중국과 일본 사이의 동해로 나있는 곶의 형태로 매달린 큰 반도이다. 동해는 동쪽으로 고려에 이른다. 요동만은 서쪽의 북경[2]과 산동 지방으로부터 고려를 분할한다. 고려는 북쪽으로 여진 지방[3]과 접경하고 남쪽으로는 바

1) 체르소네수스(Chersonesus) : 본디는 기원선 6세기 무렵에 크리미아반도의 한 모서리에 있던 땅을 뜻하는데, 여기에서 이런 용어를 쓴 것은 조선이 마치 크리미아반도처럼 중국의 대륙에 달려 있는 반도라는 뜻이었다.

2) Petche li는 북직예를 뜻하는데 대체로 지금의 북경 일대를 뜻한다.

3) (원저자 주) 생소하긴 하지만 여진이라 함은 중국의 지리학자들이 만주-타타르족의 거주지역을 지칭하는 지명이다. 『지리 관찰』의 p. 88을 참조.

다에 닿아 있다. 그리고 압록강이 남과 북을 가로질러 요동으로부터 고려를 분할한다. 고려의 길이는 동서로 1,200리이고 남북으로 2,200~2,300리이다.

본래 고려에는 다른 여러 나라의 주민들이 거주했다. 그 주요 나라들은 맥과 고구려와 흉노이다. 흉노는 마한, 진한, 변한으로 구획이 분할되었다. 이들은 조선과 고려[4]와 같은 여러 왕국들을 세웠다. 그로부터 발음이 전와되어 우리는 그들을 코리아라고 통칭했다. 그들은 끝내 이씨 가문의 새 왕조가 집권한 이래 조선이라는 국명을 갖게 되었다. 그러나 공식적인 윤허를 통해 중국으로부터 마지막 국명을 부여받았을지언정 통상적으로는 여전히 최초의 국명인 조선으로 통용되었다. 만주족은 조선을 솔호쿠론 또는 솔호왕국으로 불렀는데, "무지개가 뜨는 나라"라는 뜻이다.

행정 구획

이 무렵 조선은 40개 이상의 군과 대도시를 관할하는 8개의 도로 이루어져 있었다. 그 아래에는 부라고 하는 33개의 큰 마을, 주라고 하는 48개의 중간 단위의 마을, 현이라고 하는 70개의 작은 마을로 구성되어 있었다. 조선의 심장부가 되는 가장 중요한 지역에는 왕궁이 있었기 때문에, 그 곳은 경기도 또는 왕성으로 불렸다. 동쪽 지방은 강원도라 불렸는데, 옛 맥의 터전이었다.

서쪽 지방은 황해도이다. 황해는 고조선의 일부와 옛 마한 지역을 포괄한다. 북쪽 지방은 평안도라 불리며 평온하고 고요하다는 듯이다. 평안도는 이전에 고조선왕국의 일부였다. 남쪽은 전라도라고 불린다. 전라는 변한의

---

4) (원저자 주) Kalo는 고가 왕조 치하에서 오랫동안 고려를 통치했다.
(역자 주) 고대 고구려는 중국의 문헌에 "고려"로 표기되어 있다. 그리고 高麗는 "고리"라고 읽었다. 이를테면 그 잔영으로 아직도 우리 사회에서는 고려의 함지박을 "고리짝"이라 하고, 고려 시대를 "고릿적"이라 하고 고구려의 순장법을 "고리장"이라 한다.

터전이었다. 남서 지방은 충청도로 불리는 곳으로서 충절이 깊고 정결하다. 그 지방은 옛 마한의 지역이다. 북동 지방은 함경도로 불리며 평화롭다. 그 지방은 옛 고구려의 영토이다. 마지막으로 남동 지방은 경상도로 불리며 옛 진한의 지역이다.

한성은 조선의 수도이다. 조선의 수도는 한성이라는 이름으로 몇 백 년 동안 이어져 내려왔다. 한성은 북위 36°(sic), 경도는 북경보다 10° 이상의 동쪽에 위치하고 있다. 이것은 중국의 필자가 알려준 위치이다. 기원전 2357년부터 중국을 통치하기 시작한 요나라 당시부터 기원전 2188년 하 왕조의 태강 황제에 이르기까지 조선은 중국에 복속되었다. 태강의 폭정은 조선의 저항을 유발했다.

기자

기원전 1818년부터 기자의 통치가 시작된 이래 조선은 중국에 조공을 바쳤다. 그러나 그의 폭정으로 말미암아 새로운 저항이 촉발되고, 조선이 중국의 일부 영토에까지 침입했다. 기자의 왕위를 찬탈하고 기원전 1766년 무렵부터 통치하기 시작한 탕은 상왕조를 세우고 전쟁을 일으켜 조선을 복속시켰다. 기원전 1562년부터 통치한 상나라의 9대 황제인 중정황제의 치세 동안에 중국을 침공한 후로 조선은 때때로는 굴복하고 때때로는 저항했다. 이러한 복종과 저항의 반전은 상나라의 왕이었던 반경이 통치한 기원전 1324년까지 거듭되었다.

반경의 세력이 약화되자 조선이 강남과 산동 지방의 주인으로 복귀할 수 있는 기회가 왔다. 조선은 자신들을 정복하여 몰아낸 진시황의 통치 이전까지 강남과 산동을 그들의 영토로 유지했다. 그러나 주왕조 이전의 조선의 역사적 사건들은 거의 알려져 있지 않기 때문에, 중국의 역사가들은 기자 시대에 조선의 군주제가 정착되기 시작한 것으로 보는 것이 옳다고 여겼다.

상왕조가 조선을 개국하여 일개 지방으로 다스렸던 시기를 제외한다면, 조선의 군주제는 기자로부터 2,840년 동안 이어져 내려왔다.

상나라의 지혜로운 태자였던 기자는 지금도 조선왕국의 개창자로 추앙을 받고 있다. 기자의 유익하고 자유분방한 조언은 중국의 황제이자 그의 조카인 주의 분노를 샀다. 폭정을 통해 자신과 왕국을 오랫동안 지켜왔던 황제는 기자의 조언을 따르기는커녕, 기자에게 죄를 물어 옥에 쳐 가두었다. 주의 무왕이 풀어줄 때까지 그는 밀폐된 옥에 감금되어 있었다. 무왕은 주의 왕위와 목숨을 빼앗아 기원전 1122년에 주왕조를 세웠다.

감옥에서 풀려나난 기자는 곧 자신의 가문으로부터 제국을 빼앗은 한무제의 지배권 밖으로 떠나고 싶어 했다. 그는 조선만큼 자신의 구상에 적합한 곳을 찾을 수 없어서, 그 곳에 정착했다. 그런데, 주무왕은 그의 계획을 부인하기는커녕, 기자를 조선의 왕으로 임명함으로써 조선이 주나라에 복종함으로써 발생할 수도 있는 불안감을 씻어주었다. 기자의 후손들은 기원전 246년 무렵부터 중국을 통치하기 시작한 진시황에 이를 때까지 조선을 통치했다. 진시황은 기자 가문으로부터 빼앗은 조선을 점령하지 않고서도 그들을 복속시켜 요동에 병합했다. 이 황실의 제후들은 후라는 칭호를 사용하며 조선의 지배자가 되어 기준이 왕의 지배권과 왕위를 누릴 때까지 40대 왕에 걸쳐 나라를 다스렸다.

위만

기원전 206년 무렵부터 중국을 통치하기 시작한 한고조 초기에 중국을 뒤흔든 내전으로 혼란이 일어나자 본디 북경 지방 출신으로서 중국인들이 위만이라 불렀던 한 인물이 그 혼란을 십분 활용하는 방법을 알고 일어섰다. 그 뒤 여러 차례의 전쟁에서 위만은 기준에게 승리를 거둠으로써 조선의 지배자가 되어 조선의 왕의 칭호를 얻었다. 위만은 기자조선을 멸망시키고 요동의 지배를 받아 왔던 조선을 독립시켰다.

위만이 중국의 황제들로부터 자신의 왕위 찬탈을 승인받을 수 있기까지는 오랜 시간이 걸렸다. 그러나 기원전 122년부터 통치하기 시작한 혜제와 그의 이름으로 섭정했던 모친 여후는 지난날에 요동을 다스렸던 제후와 협력하여 마침내 혜제를 조선의 왕으로 만들었다. 이는 위만에게 정복지를 확장할 수 있는 기회를 주었다. 그는 점차 맥, 고구려, 예 및 다른 여러 나라들을 손에 넣었다.

위만의 왕손인 우거는 기원전 110년경 한무제의 사신인 섭하를 살해함으로써 위험한 전쟁을 유발했다. 한무제는 양복과 순체를 보내어 그의 오만을 응징하려 했으나 성공하지 못했다. 곧 우거의 친구가 그를 암살하여 자발적으로 황제에게 데려가자 한무제는 조선을 중국의 지방으로 편입하여 창해군이라고 불렀다. 황제는 정복전쟁을 통하여 조선 전역을 진번·임둔·낙랑·현도의 4개의 군 곧 도로 나누었다. 그는 옥저와 고구려를 세 번째 순위의 지방 단위로 전락시켰다. 기원전 86년부터 통치하기 시작한 소제는 2개 도의 태수들을 물러나게 하고 낙랑과 현도 지방만 존속시켜 조선은 단지 2개의 도로만 이루어지게 되었다.

고구려

고구려는 부여[5]로부터 이어져 내려왔다. 부여인들은 동타타르의 주민들이었음이 틀림없다. 그러나 그들의 기록에 따르면, 그들의 기원은 대체로 설화적이며 사후 설화 또한 독자들에게 부여와 사가들이 역사를 얼마나 쉽

---

5) (원저자 주) 중국인들은 흔히 왕과 왕국 그리고 그 주민들에게 같은 이름을 붙인다. 예를 들어, 부여라는 이름을 가진 이들과 그들의 왕국은 다르게 불리지만 때때로 부여는 왕명을 뜻하는데, 비록 소수일지언정 이러한 뜻으로 쓰이는 몇몇 예들이 있다.

게 믿는가의 극치를 보여줄 것이다. 참으로 이런 우화는 터무니없는 이야기들이 가능한 것처럼 믿게 만드는 것이 사실이다. 마찬가지로 다른 측면에서 엄숙하게 꾸며진 로마사도 터무니없는 사례들을 보여준다. 다음은 그들이 기술한 내용들이다.

고구려의 왕은 하백의 딸을 집에 가두고 그를 차지했다. 햇볕이 따갑게 내리쬐던 어느 날, 그 여인은 아이를 임신하여 부셸[6] 만한 크기의 알을 낳았다. 알이 깨지자 그 속에 남자 아이가 보였다. 그는 고구려 말로 위대한 궁수라는 뜻의 주몽이라는 이름으로 성장했다. 고구려의 왕은 그를 종마사육장의 감독관으로 임명했다. 주몽은 자신이 탈 말은 살찌게 만들고 나머지 준마들은 여위게 했다. 왕은 살찐 말들을 자신이 차지하고 여윈 말을 주몽에게 주었다. 어느 날 그들이 사냥을 나갔을 때, 왕은 주몽으로 하여금 그가 만나는 짐승들을 활로 쏘게 하였더니 주몽은 많은 사슴을 잡았다. 이를 본 왕은 그를 제거하리라고 결심했다.

왕의 생각을 알게 된 주몽은 어머니를 남겨 두고 오위와 마리와 협부의 시중을 받으며 떠났다. 그는 맹렬한 추격을 받으며 매우 건너기 어려운 강에 이르렀다. 그는 말했다.

"아! 누가 태양의 자손이며 하백의 딸인 어머니가 낳은 자식이던가, 나는 이 강둑에 멈추어 서서 이 장애를 넘을 수 없단 말인가?"

그가 이 말을 마치지도 않았는데 거북들이 나타나 강을 건널 수 있도록 서로의 몸을 연결하여 다리를 만들어 주었다. 주몽이 보술수라는 강을 건너자 세 사람이 나타났다. 첫 번째 사람은 삼베옷을 입고 있었고, 두 번째 사람은 장삼을 입고 있었으며, 세 번째 사람은 해초를 뒤집어쓰고 있었다. 그들은 주몽과 함께 흘승골성 지방으로 갔다. 그곳에서 그는 고(高)라는 성으

---

6) 1부셸(bushel)=약 36리터. 한국 측의 기록에는 닷 되들이만한 크기라고 되어 있다.

로 가문을 일으키고 고구려를 세웠다.

한나라 왕조를 재건하여 기원전 25년부터 통치하기 시작한 광무제(재위 기원전 141~기원전 87)는 낙랑과 현도의 지배자들을 몰아내고 조선왕국을 두 번째로 요동 정부에 복속시켰다. 요동을 다스리고 있던 제동은 정의롭고 강직해서 누구도 얕잡아 볼 수 없었다. 고구려 왕은 이러한 정세를 이용하고 군사를 동원하여 맥 · 일본 · 한 · 부여를 정복했다. 그러나 중국 황제에게 계속해서 상시적으로 조공을 바쳤다.

고구려의 왕 궁(고구려의 6대 태조왕, 재위 53~146)은 황제의 영토에까지 전쟁을 확대한 최초의 사람이었다. 그는 현토를 포위 공격하여 모든 관리들을 참살했다. 요동을 다스리던 태수 채풍은 그와의 전투에서 전사했으나 이번에는 궁이 부여 왕의 아들인 위구태에게 패전하여 그의 아들 수성(고구려 7대 차대왕, 재위 146~165)이 왕위를 계승했다.

수성은 황제에게 굴복하여 현도를 넘겨주고 늘 조공을 바쳤다. 그러나 환제와 영제의 통치력이 약화되자 그는 현도의 경임에까지 쳐들어가 196년부터 그 지방을 통치하기 시작했던 현토의 태수를 내쫓았다. 그러자 공손도는 전쟁을 일으켜 수성의 왕국을 수중에 넣었다. 공손도의 후손들은 공손연에 이르기까지 그가 정복한 지역을 통치했다. 공손연의 왕국은 조조가 창업한 위 왕조에 의해 멸망했다.

이이모(고구려 9대 고국천왕, 재위 179~197)는 도주하여 환도성 밑자락에 궁궐을 축성했다. 위궁(산상왕)은 부왕인 이이모의 왕위를 계승했다.[7] 그는 용맹스럽고 지혜로웠으며 위왕조와 결탁하여 322년부터 통치하기 시작했던 공손도의 후손인 명제에게 전쟁을 일으켰다. 그는 양평과 요동의 요수 지역을 침략했다. 그 곳을 다스리던 부구검은 그를 격퇴하여 쫓아버렸

7) 상산왕을 위궁으로 본 것은 역사상의 오류이다. 위궁은 상산왕이 아니라 동천왕이었다.

다. 무구검은 왕기에게 그를 추격하도록 명령을 내리니 위궁은 옥저를 가로질러 천리 이상을 달아났다.

마침내 왕기는 동타타르인들이 숙신이라고 부르는 곳으로 건너가 원정의 성공을 다짐하는 결의를 새긴 비석을 세우고 돌아왔다. 그는 그 지방에 머무르는 동안 주민들에게 육지가 있는지, 그리고 바다를 건너오는 사람들이 있는지를 물어 봤다. 주민들은 그에게 풍랑으로 말미암아 종종 섬에서 떠내려 오는 어부들이 있다고 대답했다. 그들은 다른 언어를 사용하고 있었다.

섬사람들은 해마다 일곱 번째 달에 처녀를 바다에 수장시키는 관습을 지키고 있었다. 나아가 그들은 여자들만 살고 있는 다른 왕국이 있다고 말했다. 그 왕국에서는 여자들이 스스로 임신하는데, 위의 앞부분에 태아를 임신한다. 또한 그들은 가슴이 없으며 뒷목의 머리칼 속에서 우유와 같은 액이 흘러나온다. 그들은 아이에게 백일 이상 젖을 먹이지 않으며, 그 때 즈음이면 그 액을 먹이지 않은 다른 아이들의 네 살에 이를 정도로 훨씬 성장이 빠르다고 한다.

해안에는 두 개의 얼굴을 가진 사람들이 살고 있었다. 그들은 어떤 말도 알아듣지 못하며 남들에게 잡히면 굶어 스스로 죽는다고 한다. 한 때 중국풍의 모직 옷을 입고 있는 남자의 소맷자락은 30피트에 이르렀다. 이곳은 옥저의 가장 동쪽 경계로 추정된다.

모용익[8]의 지배를 받던 위궁(고구려 11대 동천왕, 재위 227~248)의 고손자인 쇠(16대 고국원왕, 재위 331~371)가 조선의 왕이 되었다. 모용황은 그

8) (원저자 주) 다른 역사 기술에 따르면, 고구려의 왕 연(20대 장수왕, 재위 413~491)은 고려의 지배자가 되어 평양을 복속시키고 마찬가지로 모용외 치세 때에 그 곳에 궁궐을 세웠다. 그는 요동강으로 정복을 확장하여 요동의 일부를, 곧 요동강의 동쪽, 정확하게는 요동까지 복속시켰다. 담개청이 다시 그 영토를 되찾았으나 요서 또는 서요로 불린 요동의 일부에는 고구려의 침략이 횡행했다. 이러한 진술로 미루어 보아 쇠(고국원왕)와 고련(장수왕)은 동일한 인물이다.

를 환도성에서 쫓아내고 그 지방을 파괴했다. 쇠는 낙랑으로도 불리는 평양에 궁궐을 세웠다. 모용보는 고구려의 왕 안(19대 광개토왕, 재위 391~413)을 굴복시켜 그를 평주의 통치자로 삼았다. 진·송·제·양·후위·후주 왕조 동안에 조선의 왕은 항상 수 왕조의 황제에 의해 책봉되었다.

고구려의 원(26대 영양왕, 재위 590~618)은 요동 지방의 요서에 침입하여 말갈의 지배자가 되었다. 수양제는 원을 소환했으나 거절당하자 즉위 7년이 되던 서기 611년에 직접 군사를 이끌고 고구려에 전쟁을 일으켰다. 그러나 고구려가 그들의 마을을 버리면서까지 격렬하게 항전하자 군량이 바닥난 양제는 퇴각할 수밖에 없었다. 그는 세 차례에 걸쳐 조선을 침략했으나 번번이 성공을 거두지 못했다.

영양왕이 죽자 그의 아들 건무(27대 영류왕, 재위 618~642)가 왕위를 계승했다. 서기 620[9]년부터 통치하기 시작한 당나라 왕조의 창업자는 국가의 일등 기둥이라는 뜻의 당고조라는 칭호로 왕위에 등극하여 고려의 왕을 책봉했다.

그 무렵에 강의 신의 아들로 행세하는 천[10]씨 가문의 개소문이라는 사람이 있어 자신의 출생을 신비롭게 꾸며 고구려 사람들을 미혹했다. 그는 잔인하고 흉포했으며 동부를 다스리는 아버지의 뒤를 이었다. 그 무렵 고구려는 궁궐이 있는 중심 지역과 다른 네 지역 등, 다섯 개의 부로 나뉘어 있었다. 이 비열한 배반자는 왕위를 탐내어 건무를 암살했다. 그리고 세력을 확장해 가면서 막리지를 계승하는 궁궐의 주인이 되어 지배자로 군림했다.

---

9) 정확히는 618년이 맞음.

10) 천(泉) 씨는 본디 연(淵) 씨였다. 그러나 중국의 천자인 당 고조 이연의 이름을 피하느라 고 중국의 역사서가 같은 의미의 천으로 바꾸었다.

당나라와의 전쟁

그 동안에 고구려는 백제와 연합하여 신라에 전쟁을 선포하고 두 지방을 점령했다. 신라는 627년에 왕위에 오른 당태종에게 원군을 요청했다. 건무가 참혹하게 살해됐다는 소식을 들은 당태종은 강력한 군대를 파견했다. 그는 장량과 이세적을 정점으로 해서 휘하의 20명의 장수들로 하여금 군사들을 지휘하도록 하여 연개소문을 응징했다. 아울러 그는 글안·백제·신라의 왕에게 자신에 휘하에 군대를 파견하도록 명령했다. 당태종은 몸소 군사를 일으켜 정주에 도착하여 군대를 열병했다.

황제가 병사들을 치하하고 병들거나 부상 입은 병사들을 돌보라는 명령을 내리자 그의 군대는 용기백배했다. 이세적은 개주 지방을 공격하여 점령한 뒤 그 곳을 두 번째 순위의 지방 단위로 만들어 요주라고 명명했다. 이세적이 요동을 포위하여 공격하자 당태종은 궁궐을 눈앞에 두고 병사들이 도랑을 메우기 위해 흙을 나르는 것을 보고 손수 거들었다. 그는 관리들도 모두 함께 싸운다는 생각으로 병사들과 합심하여 흙을 날랐다. 황제는 매일 말 등 위에 올라 있었다.

어느 날 당태종은 자신이 구상했던 계획을 효율적으로 실행하는 방안을 고심하다 연소성 물체에 불을 지르도록 명령했다. 풍향이 요동으로 불길을 향하게 하자 소동이 일어나며 천명 이상이 화염에 휩싸여 죽었다. 요동은 요주로 명명되어 두 번째 순위의 지방 단위로 전락했다. 이후 태종은 군대를 안시성으로 진격시켰다. 고연수와 고혜진은 안시성을 구원하고자 15만 명의 말갈을 이끌고 왔다.

황제는 유성을 성공의 징조로 생각하고 있었기 때문에 밤에 유성이 떨어져 말갈의 진영을 비추는지를 관찰하도록 명령했다. 다음날 황제는 말갈 진영을 공격하여 그들을 격퇴시켰다. 고연수와 고혜진은 항복하여 황제에게 관용을 빌었다. 황제는 그들을 풀어주고 직위를 내려 배치했다. 그러나 평양의 3천 명의 정예한 말갈병을 생매장하도록 명령했다. 당태종은 그가 숙영했던 곳의 발치에 있는 산을 주필산이라고 명명했다. 마지막으로 황제는 허경종에게 돌비석을 세우고 비문을 새기도록 지시했다.

650년부터 통치하기 시작한 고종의 치세 동안에 신라의 사신이 고구려와 말갈에 대항하고자 원군을 요청하러 왔다. 고구려와 말갈은 연합해서 신라에 전쟁을 선포하고 이미 36개 마을을 점령했다. 황제는 신라의 요청을 받아들여 정명진으로 하여금 원군을 통솔하도록 했다.

이 동안에 연개소문이 죽고 그의 아들인 남생이 막리지의 직위를 계승했다. 남생은 그의 아우들인 남건과 남산과의 불화 때문에 직접 황제에게 원조를 요청하러 왔다. 다른 지역에서는 연개소문의 아우인 연정토가 고종을 받들면서 그에게 지배권의 일부를 양도했다. 고종은 이세적을 총사령관으로 임명하고 그의 휘하에 계필하력 · 설인귀 · 방동선 등을 장군으로 삼아 고구려와의 전쟁을 수행하도록 명령했다. 이와 같은 사태는 666년인 고종 즉위 17년에 일어났다.

고종은 어느 날, 이 야심찬 계획이 과연 성공할 수 있을 것인가라는 걱정이 들어 제국의 감찰관인 고언충에게 물었다. 고언충은 다음과 같이 말했다.

> "고구려는 틀림없이 패배할 것입니다. 비기에 따르면, 고구려 왕조가 조선을 점령해서 900년을 넘기지 못할 것이며 80세 된 장군의 손에 전복될 것이라고 단언하고 있습니다. 지금은 고구려 왕조가 조선을 통치해온 지 900년째입니다. 총사령관 이세적은 80세이며 그 나라에는 굶주림이 만연해 백성들은 폭동을 일으키고 서로 모반하며 여우와 늑대들이 마을에 출몰하고 있습니다. 이러한 불가사의로 그들은 혼비백산했기 때문에 이번 원정으로 고구려의 통치를 끝장내게 될 것입니다."

고구려의 멸망

이세적이 평양을 포위 공격하자 고구려의 보장왕은 남산에게 백기를 든 백 명의 관리들을 딸려 보내 이세적에게 항복했다. 이세적은 그를 정중하게 맞았다. 남건은 계속해서 포위 상태를 유지하면서 항전하며 매우 용맹스럽게 돌격했지만 늘 격퇴되었다. 그의 총사령관인 중 신성은 이세적과 내통하여 비밀리에 강화를 체결하고 그 곳을 내주기로 약속했다. 이세적은 신성과의 약속대로 성문 가운데 하나에 불을 질러 그 곳을 점령했다.

남건은 투옥되고 그의 왕국은 170개의 주요 마을들과 69만 가구로 이루어진 5개의 행정 구역으로 나누었다. 곧 조선왕국은 9개의 주와 42개의 현을 관할하는 하나의 도독부로 바뀌었다. 그 밖의 지방들은 전쟁터로 바뀌었다. 설인귀는 그 지방을 방어하는 군사들의 총사령관인 도독에 봉해졌다. 687년 무렵 측천무후의 통치 아래에서, 보장왕이라고 불렸던 고구려 왕의 손자인 보원이 조선의 두 번째 서열의 왕이라 할 수 있는 대군이 되었다.

고려의 건국

드디어 조선의 국호였던 고구려라는 국명이 고려로 바뀌었다. 927년경에 고려를 통치했던 왕건은 고구려가 누렸던 위엄을 갖추어 고려를 다스리기 시작했다. 그는 백제와 신라 왕국을 정복하고 평양을 단념했다. 평양은 조선 왕들의 소재지가 되었을 때 서경 또는 서궁으로 불렸던 곳이다. 왕건은 궁궐을 송악산 기슭인 동쪽으로 옮겼다. 오대 치세의 3년 동안 왕 씨의 왕들은 정기적으로 황제에게 조공을 바쳤다.

954년부터 통치하기 시작한 주 왕조의 세종 치세에 고려의 소왕(5대 광종, 재위 949~975)은 설화를 제외한 막대한 양의 고서들을 황제에게 선물했다. 그는 960년부터 통치하기 시작한 송나라 왕조의 개조인 태조에게 신하의 예를 올렸다. 소왕(광종)이 죽은 뒤, 그로부터 세 번째 왕인 성종(재위 981~997)은 글안에게 신하의 예를 올려야 했다.[11] 글안은 요라는 이름으로 중국의 북부를 지배했던 타타르인들이다.

성종이 죽자 그의 두 번째 계승자인 순(8대 현종, 재위 1009~1031)은 글안에게 6개 지방들에 대한 지배권을 빼앗기고 보다 멀리 떨어진 곳으로 궁궐을 옮겼다. 이후에 그는 종래에 사용했던 책략대로 여진과 동맹을 맺고 글안을 자신의 영토 안에서 쫓아내는 방법을 강구했다. 여진은 요를 무너뜨리고 금이라는 이름으로 중국의 북부를 지배했던 민족이다. 이후에 현종이 다시 중국 황제에게 조공을 바치고 글안이 그에게 가했던 적대 행위를 설명하자 황제는 사신을 특별히 대접했다.

운왕(13대 선종, 재위 1083~1094)으로부터 왕위를 계승한 네 번째 왕[12]은 왕해(15대 인종, 재위 1109~1146)였다. 그는 매번 중국에 사절을 보내면서 그 때마다 선물을 바칠 수가 없었다. 그렇게 되자 고려의 조공은 중국에게 별로 이득이 되지 않으면서 오히려 많은 불행의 원인이 되었다고 알려졌다. 이러한 점에서 요는 그들과 연합한 고려가 자신들의 봉신이 되었음에도 불구하고 중국의 황제들은 계속해서 고려의 사신들을 특별히 취급한다고 불평했다. 여진[13]은 과거에 조선의 봉신이었지만 강대해져 관계가 역전됨

---

11) 필자는 4대 광종과 3대 정종의 선후를 뒤바꿔 설명하고 있음.

12) 숙종은 선종으로부터 네 번째가 아니라 세 번째 왕임.

13) (원저자 주) 한무제 시대에 여진은 숙신으로 불렸고 한나라가 지배했던 오래 전에는 읍루로 불렸다. 물길은 위와 수의 치세 때에 말갈로 불리다가 뒷날 당나라의 통치기에는 여진이라는 이름을 갖기 시작했다. 전은 요나라 왕조의 타타르인 황제의 이름이었기 때문에, 송나라는 전이라는 이름을 없애고 철로 바꾸었다. 그러나 이 시기의 중국인들에게도 그러했듯이 고려와 동해의 혼(동)강과 흑룡강 사이의 방대한 지역에 거주하는 모든 이들에게 이러한 이름들이 통용되지는 않았다. 아마도 여진은 각각 다른 시기에 그 지역에서 최고의 권한을 행사했던 사람들을 지칭하는 이름이었을 것이다. 따라서 그 이름이 엄밀하게는 그 지방의 극소수의 민족들만을 지칭했을지라도, 이 시기에 그들은 만주인들로 불렸다. 마찬가지로 강력한 왕국을 창업했던 말갈은 스스로를 발해로 불렀다. 그들은 당나라 왕조의 예종 황제에 의해 왕이 되었고 요는 곧장 그들을 정복했다. 요컨대 중

으로써 이제는 조선이 그들에게 복종하게 되었다.

1127년부터 통치하기 시작한 송나라의 고종 황제는 요를 멸망시킨 금 또는 유주와 고려가 동맹하려는 것을 우려하여 호려를 고려에 사절로 보냈다. 이와 동시에 마찬가지로 금은 고려가 중국 측에 가담할지 모른다는 이해 관계 때문에, 인종을 고려의 왕으로 책봉한다는 승인장을 들려 그를 조선에 보냈다.

원나라와 고려

원나라 세조(쿠빌라이)[14]의 치세 때 고려의 왕 철(23대 고종, 재위 1213~1259)은 자신의 왕위를 계승하게 될 그의 아들 정(24대 원종, 재위 1259~1274)을 직접 원나라에 보내어 신하의 예를 올렸다. 고종이 죽자 원나라의 승인을 받은 정이 고려를 다스렸다. 그가 왕이 된 그 해로부터 중국인들이 직종(원종)으로 부르고 타타르인들이 쿠빌라이라 불렀던(그는 Mark Pol Coblai였다) 원나라 황제 즉위 31년째인 1291년까지 고려는 36차례에 걸쳐 조공을 바쳤다.

쿠빌라이가 일본 원정에 나선 것이 이 때였다. 조선이 일본에 인접해 있다는 것을 알았기 때문에, 그의 구상은 조선 사람들을 앞세워 일본을 침략

국과 동타타르의 지방, 마을, 왕국들의 이름은 그들의 군주들의 의지대로 바뀌었다. 따라서 같은 지방의 다른 주민들이 다른 이름들로 불린다고 해서 놀랄 필요는 없다. 만주족은 오히려 흑룡강 또는 오룡강을 사할린 울라라고 부르고, 러시아인들은 아무르 또는 야무르라고 부른다. 중국인들은 사할린에 he와 ou를 덧붙여 부른다. 현재 이곳의 토속어로 he와 학술 용어로 hou는 검다는 뜻을 가지고 있으며, long은 용을 의미한다. 그들은 물의 관리를 용에게 맡겼기 때문에 오룡강은 흑룡강을 뜻한다. 마지막 철자 m은 스페인어와 포루투갈어의 m과 같기도 하고 프랑스어의 pain, vin의 단어의 마지막 철자와 같이 발음되는 것을 볼 수 있다. n은 마치 쌍철자 nn처럼 발음되며, emute의 경우와 같이 e가 따라올 경우에는 프랑스어의 une이나 mine의 경우처럼 발음된다.

14) 필자는 이 대목을 설명하면서 쿠빌라이를 송나라의 이종과 혼동한 것으로 보인다.

하는 것이었다. 이러한 생각을 가지고 그는 백덕효선을 사신의 자격으로 일본에 보냈다. 그는 조선을 경유하여 거기에서부터 안내를 받도록 했다. 그러나 그가 아무런 소득이 없이 되돌아오자 이때로부터 원종은 원나라로부터 호감을 받지 못했다. 원종은 조공을 거르지 않고 바쳤지만 서경을 장악한 황제는 고려를 첫 번째 지방 단위로 전락시켜 동녕부로 호칭했다. (내가 아는 바로는 이곳은 평양보다 조금 위에 위치해 있다.)

원종이 죽자 뒷날 거로 개명한 그의 아들 심(충렬왕)이 왕위를 계승했다. 그는 원나라 황제의 딸과 결혼하여 고려의 왕이자 황제의 사위임을 인증하는 부마라는 옥새를 건네받았다. 충렬왕이 죽은 뒤 3대가 지나 왕위를 계승한 인물을 정왕(충혜왕)이라 불렀다. 왕건에서 정왕에 이르기까지 왕 씨 가문은 4백여 년 동안 지속되며 28명의 왕을 배출했다.[15)]

1368년에 명왕조를 창업한 홍무 황제의 즉위 첫 해에 고려(또는 조선)의 왕 전(공민왕)은 황제에게 신하의 예를 올리고 황제의 등극을 감축했다. 홍무는 전을 고려의 왕으로 승인하고 고려의 강과 산의 신들에게 신성한 제물을 바치는 특권과 함께 그에게 은으로 만든 옥쇄를 하사했다. 홍무 11년에 고려의 사신들은 상례적인 조공을 거부했다. 그들은 원나라의 혜종이 황제에게 대항하기 위해 꾸민 음모에 가담했다. 그 일이 발각되자 홍무는 요동의 통치자에게 고려를 적국으로 선포하라고 명령했다. 고려의 사신들이 곧장 요동으로 달려가 그 곳의 통치자에게 궁정에 대한 자문을 얻어 그대로 이행하니 황제는 사신들에게 만족감을 표하고 그들의 충성심을 치하했다.

공민왕 전이 죽자 우가 왕위를 계승했는데, 그는 공민왕의 친자가 아니었다.[16)] 홍무 22년에 고가노라는 군지휘관이 말을 사기 위해 조선에 들어갔

---

15) 고려의 왕세는 충혜왕까지 28대이며, 필자는 그 뒤의 6대를 계산하지 않았다. 그러므로 고려는 28대가 아니라 34대였다.

16) 우왕과 창왕이 고려의 적통이 아니라는 주장은 조선조의 창업을 합리화하려던 신흥사대부의 위증일 수 있다.

다. 고려의 왕은 말의 값을 받기를 한사코 거절했지만 황제는 그들에게 값을 치르도록 했다. 아울러 황제는 고려에 요양과 심양 지방을 돌려주도록 명령함으로써, 고려는 요동지방의 주인이 되었다.

조선의 건국

이인임이 죽은 지 얼마 지나지 않아 고려의 재상은 우왕을 폐위시키고 창왕을 왕위에 오르게 했다. 이자춘의 아들인 이성계는 창왕에게서 왕위를 빼앗아 공양왕이 계승하도록 했다. 그리고 창왕의 왕위를 빼앗아 공양왕을 등극시킨 지 오래 않아 그는 스스로 왕위에 오르고 궁궐을 한성으로 옮겼다. 이로서 왕건으로부터 조선왕국을 다스려온 왕씨 가문의 시대는 막을 내렸다.

이성계는 나라 이름을 단으로 바꾸었다. 그는 왕위의 찬탈을 승인 받기 위해 장중한 사절단을 중국에 보냈다.[17] 황제는 정식으로 조선이라는 국명을 조선에 지어 주었다. 이성계에 대한 승인은 조선의 다소 불손한 표현 때문에 지체되었다. 누가 승인 요청 문안을 작성했는지를 황제가 집요하게 추궁하자, 사신은 그가 정탁이라고 말했다. 황제는 선물을 거절하고 정탁을 황제 앞에 잡아오도록 했다. 이에 단은 굴복하여 정탁을 운남으로 유배했다.[18]

이단(이성계)은 퇴위하자 영락제(1360~1424)의 동의를 얻어 그의 아들 방원에게 왕위를 물려주었다.[19] 영락제는 1403년에 즉위하자 이방원이 홍

---

17) 이때 파견된 사신은 조림과 한상질이었다. 『태조실록』 원년(1392) 12월 병오조 및 동 2년(1393) 2월 경인조.

18) 이 부분은 사실과 다소 다르다. 정탁이 명나라 황제로부터 질책을 받은 것은 사실이지만 그에게 노모가 있는 것을 고려하여 죄를 용서하고 귀국시켰다. 그는 그 뒤 여러 차례 명나라에 사신으로 파견되었고 우의정에 올랐다.

19) 방원은 정종을 거쳐 왕위에 올랐다.

무에게 바라다가 이루지 못한 것을 하사했다. 이방원은 영락제가 요동의 군대를 다른 몇 지역에 분할하여 배치한다는 것을 알고, 1만 마리의 소를 마련하여 조공으로 바쳤다. 이와 같은 상호 관계가 이뤄진 뒤 그는 죽고 그의 아들 도(세종)가 왕위를 계승했다. 그는 송골매를 조공으로 바쳤으나 황제에게 거절당했다. 황제는 자신이 보석이나 진기한 물품들을 좋아하지 않으니 그런 것들을 선물하지 못하도록 명령했다.

가정[20] 치세 때에 오히려 공헌으로 잘 알려진 조선의 왕 명종은 명나라 왕실의 관습을 기록한 『대명회전』[21]이라는 표제의 책에 게재된 내용, 곧 이성계가 왕씨 가문의 적법한 지배권을 폐지하고 왕위를 찬탈했다는 내용을 삭제해 달라고 간청했다. 그는 단지 백성들이 간곡히 요청한다는 사유를 들었다가 다음에는 조선의 고관들이 계속해서 그를 종용하여 그의 요청은 받아들인 것이라고 설명했다.

임진왜란

1592년 만력[22] 20년(1592)에 일본의 통치자인 도요토미 히데요시[23]가 조선을 침략했다. 그는 처음에 사쓰마 지방에 사는 무사의 노예였으나 뒤에 어물의 소매상이 되었다. 어느 날 히데요시가 나무 아래에서 잠들어 있을 때, 간바쿠[24]였던 오다 장원[25]의 지도자 오다 노부나가가 사냥을 가다가

20) 가정(嘉靖) : 명나라 세종 연간의 연호(1522~1573).
21) (원저자 주) 이 책의 내용은 존엄한 명나라의 관습에 관한 것이다.
22) 만력(萬曆) : 명나라 신종 연간의 연호(1573~1620).
23) (원저자 주) 평은 그의 성이고 수길이 그의 이름이다.
24) (원저자 주) 간바쿠(關白)는 관직명이었다. 진정한 천왕이라는 뜻의 진천황이라 불렸던 일본의 왕에 관해서 언급한 다른 저자의 말에 따르면, 왕은 직접 통치하지는 않았고 관리들과 간바쿠에게 국사를 총괄적으로 맡겼다고 한다.
25) (원저자 주) 오다장(織田莊)은 아마도 장원일 것이다.

그를 우연히 발견했다. 노부나가는 그를 죽이려 했으나 히데요시가 자신을 심복으로 써 달라고 간청하자, 그를 종마사육장의 감독관으로 임명하고 일본어로 나무 밑에서 온 사람이라는 뜻의 기노시다라는 이름을 지어 주었다.

히데요시는 점차 상승 가도를 달렸다. 노부나가는 그를 고위직에 임명하고 그에게 모든 비밀 업무를 관장시켰다. 노부나가가 그의 조언을 따랐다면 아마도 그는 짧은 기간 안에 20개 이상의 작은 지방의 지배자가 되었을 것이다. 노부나가는 그의 고문인 아케치 미쓰히데에게 살해당했다. 히데요시는 그의 죽음을 복수하고자 노부나가의 군대를 지휘하여 아케치를 죽이고 오다 노부나가의 뒤를 이어 영예롭게 간바쿠가 되었다. 그는 지략과 무력을 겸비하여 66개의 작은 지방들을 정복했다. 조선의 금정산(동래)[26]에서는 일본의 대마도가 보이고 마찬가지로 대마도에서는 금정산이 보인다. 두 나라 사이에는 항상 교역이 이루어져 왔으며 혼인으로 동맹을 맺었다.

그때 조선의 왕은 이연(선조)이었다. 그는 향락과 방탕한 생활에 빠져 자신의 안위는 결코 생각조차 하지 않았다. 히데요시는 조선을 정벌할 계획을 세운 뒤에 두 명의 사령관 고니시 유키나와와 가토 기요마사에게 임무를 맡겨 대규모 함대를 내주었다.[27] 그들은 대도시인 부산에 상륙하여, 미지의 임진강을 거쳐 군대를 나누어 풍덕과 다른 여러 지방들을 기습했다.

오랫동안 달콤한 평화를 만끽하고 모두 전쟁을 겪어 보지 않아 전쟁의 고통에 단련되지 않은 조선 사람들은 일본군과 마주치자마자 마을을 버리고 도주했다. 왕은 평양에 은둔하고 있던 둘째 아들 이혼(광해군)에게 통수권을 넘긴 채 서둘러 의주로 피신한 뒤, 명나라 황제에게 자신의 백성들을 받아 줄 것과 조선을 중국의 지방으로 편입시켜 줄 것을 간곡히 요청했다.

---

26) (원저자 주) 다른 저자의 기록에 따르면, 이 섬과 고려 사이를 뱃길로 순항할 때 2~3일 정도 소요된다고 한다.

27) (원저자 주) 이 전쟁에 대한 특별한 기술은 매우 신빙성 있는 『명사』를 보라.

일본군은 대동강을 건너 평양을 봉쇄했다. 그들은 이미 궁궐을 점령하여 왕묘를 파헤치고 보물을 약탈하고 왕의 모후와 왕손들 그리고 관리들을 사로잡았다. 8도는 이미 거의 점령되었고 일본군은 압록강을 건너 요동으로 진격할 준비를 했다. 조선의 왕은 황제에게 잇달아 특사를 보내 원군을 서둘러 보내달라고 요청했다. 황제는 원군을 이끌고 전력을 다해 도착하라는 명령과 함께 설반을 파견했다. 그 동안에 일본군은 평양에 도착했다. 의주가 안전하지 못하다고 판단한 조선의 왕은 애주로 피신했다.

사유 장군은 평양으로 진격했으나 조선의 지세에 어두운 데다 폭우를 만나는 낭패를 겪으면서 일본군에 패배하고 전사했다. 조승훈 장군은 3천 명의 원군을 이끌고 압록강을 건너왔으나, 군대를 모두 잃고 조승훈은 간신히 도주했다. 지략을 겸비한 진취적인 장군인 송응창이 총사령관인 경략[28]의 자격으로 조선에 파견되었다. 명나라 군사들이 대거 집결했다. 고니시 유키나가는 시간을 벌려는 계획으로, 자신들이 공격할 의도가 없음을 군대에게 넌지시 알렸다.

명나라 병부상서인 석성은 일본의 동향이 파악될 때까지 공격을 연기해야 한다는 견해를 피력했다. 그러는 동안에 히데요시는 대마도까지 진출하여 원군을 보충하려고 자신이 몸소 왔다고 선언했다. 일본군은 조선의 궁궐을 요새화하고 서울과 그 외의 가장 중요한 경비대의 지휘관들에게 모든 공격을 방어하라는 임무가 고니시 유키나가에게 하달되었다. 히데요시가 오다 노부나가의 뒤를 이어 다이코왕 또는 다이코의 칭호를 얻은 것도 이때의 일이었다.

이 무렵에 일본의 정세를 관찰하는 책임을 맡은 심유경이 평양에 도착했다. 그에 대하여 특별한 존경심을 가지고 있던 고니시 유키나가는 심유경

28) (원저자 주) 경략은 주민들과 병사들의 생사를 관장하는 권한을 가지고 그 성격에 관계없이 모든 업무를 총괄하고 있는 특별한 방문객이다.

앞에 무릎을 꿇고 일본군은 진격을 중지하고 더 오래 머무를 것 없이 즉시 일본으로 돌아가리라고 말했다. 아울러 그는 대동강은 일본군이 정복해야 할 영토의 경계이며 평양의 동쪽 지역 전체는 조선에 양도할 것이라고 말했다.

그러나 12월에 이여송이 총사령관이 되었다. 그는 6만 명의 군사를 이끌고 험준한 봉황산을 넘어 원정길을 말들의 피로 물들이며 요동을 건너왔다. 압록강의 언덕에 다다랐을 때 조선의 산들이 그의 시야에 들어왔다. 병부무고청리사 원외랑 유황상은 "영구적인 지배권을 회복하느냐 마느냐의 여부가 우리들의 용맹에 달려 있는 곳이 바로 저 곳이다."라고 외쳤다.

만력 21년(1593) 1월에 심유경은 고니시 유키나가에게 "황제로부터 일본의 통치자에게 줄 승인장을 가져왔으며, 같은 달 7일에 이여송 도독이 건네주기로 합의했다"고 납득시킴으로써 그를 속이려고 시도했다. 4일에 군대가 숙녕관에 도착하자, 고니시 유키나가는 승인장을 전달받으려고 20명의 관리를 보냈다. 이여송은 이녕 장군에게 그들을 생포해 오라고 명령했으나, 그들이 격렬하게 저항했기 때문에 그들 가운데 단지 세 명만을 생포할 수 있었다. 고니시 유키나가는 심유경에게 이와 같은 사태는 폭력이 필요하다는 것을 의미한다고 따지자 심유경은 통역사들이 잘못 이해했기 때문에 일어난 일이었다고 변명했다.

고니시 유키나가는 고니시 히다노가미[29]와 담종인[30]을 전폭적으로 신뢰하여 심유경과 함께 그들을 보내어 이여송을 극찬했다. 이여송은 그들을 환대하여 돌려보냈다. 6월에 군대가 평양 인근에 도착했다. 고니시 유키나가는 성루에 앉아 용의 형상을 그려 넣고 테를 두른 깃발들을 나부끼며 총진

29) 고니시 히다노가미(小西飛彈守) : 한국이나 중국 측의 기록에는 이 사람의 이름이 소서비로 되어 있다. 히다는 지금의 기후이며 가미는 그곳의 수장이라는 뜻이다. 그의 본명은 나이토 타다도시이며 일본에서는 고니시 조안으로 알려져 있다.

30) 담종인(譚宗仁) : 그는 중국 사람으로서 경략인 송응창이 강화 담판을 위해 고니시 유키나가의 진중으로 보냈으나 거기에서 볼모로 잡혀 있었다.

군하는 군사들을 볼 수 있었다. 일본군은 이여송을 맞이하려고 좁은 길을 매우 정결하게 닦아 놓았다. 이여송은 그의 군대에 전투 명령을 내리고 그들을 정렬시켜 마을로 행진했다. 중국의 장군들이 일본군에 모욕감을 안겨주자 그들은 중국의 계략을 간파하고 곧 방어 태세를 갖추었다.

평양의 남동쪽과 서쪽은 각각 강과 가파른 산으로 둘러싸인 천연의 요새였다. 일본군은 북쪽의 언덕을 일본군이 가장 중요한 주둔지로 인식하여 지키고 있었다. 이여송은 일본군을 유인하고자 임무를 마친 뒤 퇴각하라는 명령과 함께 일단의 군사들을 보내 소규모 전투를 벌이도록 했다. 일본군은 야간에 이여백 진영을 공격하도록 했으나 반격을 당해 실패했다. 이여송은 휘하의 장군들에게 멈추지 말고 진격하라는 명령을 내렸다.

아침 8시에 대대적인 공격이 시작되었다. 처음에 일본군은 주로 남동쪽을 공격해 온 명나라 군사들을 물리쳤다. 이여송은 맨 먼저 물러서던 병사를 직접 죽이고 공성 사다리를 배치하였다. 이여백이 큰 성문을 오르는 동안 그는 양원과 몇몇 병사들을 보내어 사다리를 타고 작은 서문을 오르게 했다. 포탄이 이여송에게 떨어져 그의 말이 죽고, 조총이 오유충의 가슴을 관통했으나 그들은 계속해서 병사들을 독려했다.

이여송은 새 말로 갈아타고 기세등등하게 마을의 해자를 누비면서, 명나라 군사들이 마침내 성벽을 넘어 일본군을 몰아낼 때까지 계속해서 진두지휘했다. 한밤중에 고니시 유키나가는 많은 군사들을 이끌고 대동강을 건너 용산에 은신했다. 이 전투에서 명나라 군사들은 285명의 일본군을 죽였다. 대다수는 강으로 뛰어들어 익사했고 나머지는 불에 타죽었다. 이녕과 사대수는 3천 명의 정예군을 이끌고 퇴각하는 패잔병들을 처치하려고 매복했다. 그들은 362명을 죽이고 일부를 생포했다.

전투가 벌어진 지 19일째에 이여백은 태풍을 이용하여 파주 지방을 점령했다. 거기에서 그는 165명의 일본군을 죽였다. 이번 승리로 일본으로부터 황해 · 평안 · 경기 · 강원의 네 지역을 탈환했다. 가토 기요마사는 함경도의 지배자가 되었지만 개성이 명나라 군사의 수중에 함락되었다는 소식을 듣자, 주둔지를 포기하고 서울로 퇴각했다. 한강과 충청도는 그에게 보루와 같았다.

27일에 중국 군대는 서울에서 70리 떨어진 곳에 도착했다. 조선 사람들은 일본군이 그 곳을 포기하고 퇴각했다고 이여송에게 보고했다. 이여송은 그러한 보고를 믿고 가벼운 장비의 말을 타고 선두에서, 그 도시에서 30리가 채 되지 않은 벽제관의 주둔지로 향했다. 대조개가 다리 쪽으로 쏜살같이 달렸으나 말이 비틀거리며 쓰러져 그는 앞이마를 다쳤다. 그는 죽은 상태나 다름없었다. 그때 매복해 있던 일본군들이 뛰쳐나와 그를 둘러쌌다.

장수와 병사들 모두 정오가 될 때까지 열 시간 동안 절망 속에서 싸웠다. 그들의 화살은 거의 바닥이 났다. 금빛 갑옷을 입은 일본군 장수가 이여송에게 달려들었다. 그러자 이유성 장군이 몸으로 그를 덮쳐 구하고 많은 일본군들을 죽였으나, 자신은 갈고리에 걸려 살해되었다. 이여백과 이녕이 이여송을 둘러싸고 매우 오랫동안 용감하게 싸웠다. 마침내 이여매가 금빛 갑옷을 입은 일본군 장수를 화살로 맞춰 쓰러트렸다. 동시에 양원이 이여송을 구원하러 와 그를 붙잡아가던 일본군을 격파했다.

그러나 용맹스러운 중국 군대는 이 전투에서 지고, 살아서 다리를 건넌 병사가 단 한 명도 없었다. 폭우가 쏟아지고 마을은 방책으로 가득 찼으며, 빙판이 늘어나고 중국 기병대가 제 역할을 발휘하기 어려울 정도로 진흙들이 세상을 뒤덮었다. 그런가 하면 일본은 유리한 위치에 주둔하고 있었다. 그들은 전방으로는 강을 마주하고 후방으로는 산을 끼고 있었으며 각 진영은 서로 교신할 수 있었다. 그들은 내성에 총탄을 장전한 다양한 살상 무기들을 충분히 설치하여 그들 앞에 나타나는 적군들을 누구나 실수 없이 죽였다. 중국 군대는 개성으로 퇴각할 수밖에 없었다.

3월경에 20만의 일본군이 서울에 진주해 있다고 첩자가 보고했다. 아울러 그들의 지배자인 다이코가 직접 그들을 지휘하러 올 예정이며 군량미 또한 풍부하다는 보고도 날아들었다. 명나라 군사들로서는 그 곳에 불을 지를 절호의 기회였다. 일본군은 자신들의 군비가 부족하여 위태로운 지경에 빠져 있음을 알고 있었기 때문에 4월 18일에 심유경의 중재를 통해 다시 화친을 추진하기 시작했다.

이여송은 서울에 들어가 4만 부셸[31] 이상의 쌀과 적절한 마초가 비축되어 있음을 확인했다. 일본은 중국의 항복을 받아내고자 고니시 히다노가미를 사절로 삼아 심유경과 함께 중국에 보냈다. 그러나 명나라 군사들은 함안과 진주를 공격하고, 남원부 외에는 어떤 출로도 없는 전라 지방을 쉴 새 없이 공격했다.

7월에 일본군은 부산의 성문을 통해 서생포에 도착해서 조선의 왕손들과 주요 관리들을 넘겨주었다. 만력 22년(1594)에 조선의 왕은 황제에게 일본의 조공을 수락하고 히데요시가 바라던 대로 그를 일본의 왕으로 책봉해 달라고 겸손하게 간청했다. 중국은 다음의 세 가지 조건으로 그를 받아들였다.

> 첫째, 일본은 조선에서 그들이 점령했던 모든 지역을 반환한다.
> 둘째, 다이코는 왕이 된 후에 중국에 어떤 사절도 보내지 않는다.
> 셋째, 일본은 조선에 대해 어떠한 침략도 다시 시도하지 않을 것을 서약한다.

이종성은 다이코 왕을 책봉하고자 일본에 파견되었지만, 만력 24년(1596) 초가 되어서야 도착했다.

그에 앞서 심유경은 선물을 전달하고자 고니시 유키나가와 함께 바다를 건너온 뒤 아리마의 딸과 결혼하여 일본에 정착했다. 일본 측은 이종성에게 많은 여인들을 붙여 주었다. 그가 대마도에 도착하자마자 고니시 유키나가의 딸과 결혼했던 그 곳의 통치자 소 요시토시는 사신들의 약점을 잘 알고

---

31) 1부셸(bushel)은 8갤런임.

있었기 때문에 2~3명의 미녀들을 데려 오라고 명령했다. 이종성은 미녀들을 차례로 막사로 불러들였다. 그는 여인들에게 흠뻑 빠졌으나 뒤에 요시토시의 아내가 견줄 수 없는 미인이라는 이야기를 듣고 뻔뻔스럽게도 그의 아내를 요구했다. 요시토시는 분노를 참을 수 없었다.

이런 위기 상황에서 사주재의 누이의 아들인 융이라는 신사가 이종성의 행태를 비난하고 나섰다.[32] 이종성은 융을 죽이려 했으나 융이 일본 왕의 수행인에게 구원 신호를 보내자, 이종성은 죽음을 모면하고자 서둘러 도주했다. 그렇지 않았다면 그는 목숨을 부지할 수 없었을 것이다. 그는 심지어 사신의 인장까지 남겨 두고 떠났다. 그는 밤새도록 당황하고 자포자기하여 나무에 목을 매었으나 그 뒤를 쫓던 병사들이 그를 구조했다. 그는 경주로 달아나 그 곳에서 황제의 명령에 따라 심문을 받았다. 황제는 그의 비행을 듣고 그의 처소로 양방형을 보냈다.

히데요시는 사흘 동안 절식하고 목욕한 다음 내성에서 나와 황제의 특사를 만나러 갔다. 그는 열다섯 번 엎드려 절하고 의식을 통해 왕위에 올랐다. 조선의 왕은 왕자 광해군을 보내 경축하려 했으나, 그가 가장 신뢰하는 임해군 이진의 충고에 따라 비단 선물과 함께 두 번째 지방 단위의 부지사 급의 인물을 보냈다. 히데요시는 이와 같은 처사에 화가 치밀었다. 그는 사신에게 따져 물었다.

> "내가 조선왕국을 정복했건만 너의 왕은 황제에 대한 배려로 양도했던 것을 벌써 잊었단 말이냐? 누가 왕으로 하여금 그와 같은 선물과 너 따위의 사신을 보내게 했더냐? 이것이 나와 황제를 우롱하는 짓이 아니고 무엇인가? 너의 왕이 그런 짓을 했으므로 황제께서 너의 왕을 문책할 때까지 나는

---

32) 일부 기록에는 사주재가 사용재로 기록되어 있다. 그는 "일본의 신사"가 아니라 중국의 관리였다.

일단의 군대를 시마쓰 다다쓰네의 통솔 아래 두어 너의 나라에 주둔해 둘 것이다."

다음날 히데요시는 조공으로 많은 선물을 준비하고 아울러 황제에 감사하는 글과 조선 왕에 대한 공의로움을 요구하는 두 개의 의견서를 전달했다.

정유재란

만력 25년(1597), 가토 기요마사가 200척의 함선을 이끌고 조선을 침략함으로써 전쟁이 곧 재개되었다. 마귀가 중국군의 총사령관이 되었다. 6월에 조선에 총성이 울려 퍼지며 함선들이 도착했다. 일본의 첩자였던 심유경이 체포되었다. 8월에 가토 기요마사는 남원부를 포위 공격했다. 남원부사는 전투를 지휘했으나 바로 그 첫 접전에서 패하여 걸어서 도주했다. 남원에서 100리가 채 못 되는 전주는 이미 전라도 지방을 쉴 새 없이 공격하고 있었던 일본군에 의해 점령되었다. 조선의 궁궐은 왕국의 중심부에 있다. 궁궐의 동쪽[동남쪽]으로는 조령과 충주가 위치해 있으며 서쪽[남쪽]으로는 남원과 전주가 위치해 있다.

서쪽의 두 지방은 좁다란 길이 난 요충지였기 때문에, 어떤 점에서 궁궐은 일본군에 의해 봉쇄되었다고 할 수 있었다. 가토 기요마사와 고니시 유키나가는 퇴각했다. 고니시 유키나가는 조선의 수도에서 600리 떨어진 충청 지방으로 퇴각했으며, 가토 기요마사는 400리 떨어진 경상도로 퇴각했다.[33] 명나라 군사가 그 곳을 포위했으나 일본의 원군이 도착했다는 소식을 듣고 사령관 형개는 군사들을 남겨 놓고 달아났다. 중국군이 뿔뿔이 흩이지

33) 충청도의 거리가 400리이며, 경상도의 거리가 600리이다.

자 일본군은 1천여 명을 죽였다. 나중에 파악된 바로는 2만 명의 중국군이 죽었음이 밝혀졌다. 형개는 강등을 당한 후 재판에 회부되어 처벌을 받았다.

만력 26년(1598) 9월에 유정은 진격하여 고니시 유키나가의 진영을 포위했다. 그는 고니시 유키나가를 회담에 초대하기 위해 오종도를 대표로 임명했다. 그들은 평화로운 방식으로 회담을 준비했다. 고니시 유키나가는 지정된 장소에 오기로 약속하고 50명의 장수들을 대동하고 참석했다. 이에 매우 흡족한 유정은 명령을 내려 그를 포획할 군사들을 매복시켰다. 그는 자신의 장수들 가운데 한 사람에게 처소를 내주고 자신의 이름으로 가장케 했다. 그리고 그 자신은 평범한 병사인 척했다. 그는 참석자들 모두에게 칼을 주어 자신이 막사 밖으로 나왔을 때 폭탄을 터뜨리도록 한 다음 신속하게 고니시 유키나가와 그의 수행자들을 포획하도록 명령했다.

다음날 고니시 유키나가는 약속한 대로 50명의 기병들만을 대동하고 참석했다. 유정을 가장한 장수는 고니시 유키나가를 각별하게 환대했다. 그들이 탁자에 둘러앉았을 때, 고니시 유키나가는 병사로 가장한 유정을 쳐다보며 손에 술병과 잔을 쥐었다. 그는 "이 병사가 유정이 맞다면 나는 속고 있는 것이다."라고 말했다. 이 말을 듣고 놀란 유정은 막사를 떠나며 사전에 약속한 신호를 했다. 매복을 알아챈 고니시 유키나가는 곧 말 위에 오르고 그의 수행원들은 전광석화같이 삼각형의 기병대를 형성하여 달려드는 양편의 중국군을 죽이며 중국 진영을 무사히 헤쳐 나왔다.

다음날 고니시 유키나가는 환영장을 아수라장으로 만든 불미스러운 폭발을 사과하는 유정에게 감사의 뜻을 전했다. 고니시 유키나가는 그러한 사과에 만족한 체하여 다음날 유정에게 머리에 수건을 두른 여인들을 보냈다. 유정은 곧 공격을 감행했으나 실패하고 중국군은 완전히 참패했다.

히데요시의 죽음과 종전

1598년인 만력 26년 7월 9일, 히데요시의 사망 소식이 들려오자 드디어 일본군은 본국으로의 철수를 고려했다. 11월 17일에 진린이 첫 패배를 겪고 잔여 일본군이 철수함에 따라 이로써 7년 간 지속되었던 전쟁이 끝났다.

숙종(肅宗) 시대

이 무렵에 조선을 다스리던 왕은 같은 이 씨 가문의 이돈(李焞 : 숙종, 재위 1674~1720)이었다. 그가 1694년에 황제 강희제에게 작성하여 보낸 다음과 같은 요청안(placet)을 여기에 싣는 것도 나쁘지 않을 것이다.

> 조선의 왕은 그의 왕조를 굳건하게 하고 백성들의 요구를 아뢰고자 이 요청안을 올립니다. 폐하의 신하인 저는 매우 불행한 운명을 타고난 사람입니다. 저는 오랫동안 뒤를 이을 후손이 없었으나 마침내 후궁을 통해 왕손을 얻게 되어 더할 나위 없이 만족하고 있습니다. 저는 곧 세자의 친모를 왕비로 승격시키기로 결심했으나 이로 말미암아 많은 시기를 불러일으키는 어리석음을 저질렀습니다. 저는 민 씨(閔氏 : 仁顯王后)[34]를 별궁에 칩거시키고 그를 대신하여 총명한 후궁인 장 씨(張氏 : 張禧嬪)를 왕비로 앉혔습니다. 저는 그 무렵 폐하에게 그 일에 대해 특별히 설명 드린 바 있습니다.
>
> 현재 저는 민 씨가 폐하로부터 책봉의 승인을 받아들였던 것을 되돌아보고 있습니다. 그는 기꺼이 저의 가족들을 돌보았습니다. 그는 저를 돕기 위

34) (원저자 주) 씨라는 말은 여성들의 가족 이름(family name)에 첨가된 것이다. 예를 들어 민 씨는 민 씨 가문을 뜻한다. 장이라는 가문일 경우 장 씨이다. 어떤 경우에는 남자들에 대해서도 마찬가지로 사용된다.

해 희생했으며 저의 증조모와 모친을 봉양해 왔습니다. 그는 3년 동안 저와 불행을 나누어 졌습니다. 순리와 형평에 따라 저는 그를 예의로서 대하여야 했으나 그렇지 못했습니다. 그러한 일을 겪은 후로 저는 그간의 일에 대하여 심사숙고해 왔습니다. 현재 저는 저의 왕국의 백성들의 요구에 부응하여 민 씨를 다시 왕비로 앉히고, 장 씨를 후궁으로 되돌려 보내고자 합니다. 이러한 조치를 통하여 왕실의 통치가 굳건하게 되고 예법이 확립되며 전제 왕국의 법도가 다시금 바로잡히게 될 것입니다.

폐하의 신하인 저는 무지와 우매함으로 선왕들로부터 전래되어 온 왕의 존엄을 떨어뜨렸을지라도, 거의 20년 동안 천자(天子)이신 폐하의 봉신으로 배려하고 보호해 주신 은덕에 전적으로 힘입어 왔습니다. 어떤 일이든지 그것이 나라 안의 일이든 나라 밖의 일이든, 저에게는 감히 폐하에게 감출 어떤 일도 없었습니다. 그렇기 때문에 저는 이번 일로 말미암아 폐하를 서너 차례 곤혹스럽게 했으면서도 용기를 낼 수 있었습니다. 실로 금번 처사는 폐하에 대한 저의 존경심으로도 감당할 수 없는 수치스러운 일이었습니다. 그러나 이 왕조를 보존해야 하는 도리에 관련되어 있고 아울러 폐하께 저의 백성들의 요구를 알려 드려야 했기에, 이번 일에 대해 폐하께 소상히 전해 올리는 바입니다.

황제는 다음과 같은 명령으로 답했다.

이 문제와 관련된 조정의 부서는 사실을 심의한 뒤 짐에게 알리라. 이의 해당 부서는 예부(禮部)이다.

조선 왕의 요구를 받아들여야 한다는 것이 예부의 의견이었다. 천자는 이를 허락했다. 조선의 왕비에게 책봉서와 대례복과 왕비를 책봉하는 데 통상적으로 필요한 모든 물건을 전달하도록 폐하의 칙사가 파견되었다.

이듬해에 조선의 왕은 강희제에게 다시 글을 올렸고 이를 읽은 천자는 다음과 같은 조칙을 내렸다.

> 짐은 조선 왕의 사은소(謝恩疏)를 읽었다. 나는 그것을 관계 부서에 내려 보내고자 한다. 조선 왕의 글에 담긴 조건은 적절하지 않다. 거기에는 존경심이 결여되어 있다. 짐이 명하노니, 그것을 다시 조사하고 숙고한 다음 그에 대한 의견을 짐에게 제시하라.

이 명령에 따라 예부에서는 이돈(숙종)에게 은화 1만 냥의 벌책금을 물도록 했으며, 그가 해마다 바치는 조공품에 대한 댓가의 하사품 3년 치를 몰수했다.

조선의 왕은 만세력을 받고자 해마다 사신을 보낸다. 이듬해의 만세력은 해마다 10월 1일에 발행된다.

제 3 장 조선의 풍물[1)]

나는 지금 조선의 백성들에 대해 몇 가지 설명을 하고자 한다. 그들은 대체로 매우 합리적이며 쾌활하고 유순한 기질을 가지고 있다. 그들은 중국어를 잘 이해하며 즐겁게 배운다. 가무의 자질 또한 천부적이다. 남쪽 지방보다는 북쪽 지방에서 뛰어난 사람들이 많이 태어난다. 북쪽 지방의 사람들은 대체로 호전적이며 우수한 병사들이 된다. 가장 보편적인 의상은 모피로 만든 모자와 능직 의복이다. 여성들은 치맛단의 안팎에 테두리나 레이스를 단다. 상류층은 자줏빛 비단옷을 입는다.

기자의 8조의 금법

선비들은 모자에 두 개의 깃털을 달아 구별되는데, 그들은 특히 음악에 몰두한다. 기자가 8조로 이루어진 법전[2)]을 출간한 뒤로 조선 사람들의 풍

---

1) 본디 원서에는 이 부분이 제2부의 말미에 첨가되어 있으나, 그 성격상 별항을 잡아 이 책에서는 제3부로 분류했다.

2) 8조 금법을 의미하며 오늘날에는 다음의 3조가 전하고 있다. (1) 살인한 자는 죽인다 (2) 남을 다치게 한 자는 곡물로써 갚는다 (3) 도적질한 남녀는 노비가 되며 대속하고자 하는 자는 50만 냥을 물어야 한다.

습은 잘 규제되었다. 이 금들과 간통은 조선 사람들 사이에는 잘 저질러지지 않은 죄목들이어서 밤에 사립문을 닫는 경우가 없었다. 그리고 모든 상황에 중대한 변혁이 일어나 이러한 도덕적 순수성을 다소 변화시킨다 할지라도 그것은 여전히 다른 국가들에게 본보기가 되기에 충분하다.

공식 석상에서 그들은 금은으로 장식된 능직 예복을 입는다. 조선 사람들 가운데에는 부랑하는 젊은 여인들이 많다. 그들은 남녀 사이에 자주 어울리며 특별히 혼수를 장만하거나 예식을 치르지 않고 서로에게 이끌려 결혼한다. 연나라의 치세 때 관습이 조금 바뀌기는 했지만, 왕녀들은 왕자들과 혼인하고 귀족들은 그들 가문끼리 혼인하는 법규를 따른다.

장례의 풍습

조선 사람들은 사망한 지 3년이 지나기 전까지는 매장하지 않는다. 그들은 부모와 형제가 사망했을 때, 각각 3년과 3개월 동안의 거상 기간을 갖는다. 시신을 묻은 뒤에 무덤가에 의복, 전차, 말 등 대개 고인이 살아 있을 적에 애착했던 모든 것들을 놓아 두어 장례식에 참가한 사람들이 가져가도록 한다.

조선 사람들은 자연스럽게 미신을 숭상하고 살생을 두려워한다. 그들은 법을 준수한다. 그들은 음식과 술을 절제했고 식사를 할 때에는 접시를 사용했다. 중국의 관리들은 그들의 처신에 매우 중대한 영향을 미쳤다.

조선 사람들은 짚을 이어 가옥을 만들며 침대는 없다. 그들은 기장이라는 곡식으로 술을 담는다. 그들은 대개 대마로 만든 옷을 입으며 드물게 누에를 기른다. 그들은 결코 약을 먹지 않는다. 관리들의 급료는 쌀로 지급된다. 모든 이들은 가족 구성원의 숫자에 비례하여 할당된 토지를 소유한다. 왕은 자신의 토지를 소유하지 않는다. 군사 무기로는 장식을 달지 않은 평이한 양식의 격발식 활과 긴 기병도가 있다.

형제

조선 사람들은 심지어 가장 극악한 범죄도 관대하게 처벌한다. 부모를 학대하는 것은 최고의 죄목이며 그런 자들은 참수를 당한다. 경미한 죄를 저지른 사람들은 매질하여 방면한다. 그밖에 사형을 당할 만한 죄를 저지른 경우에는 인근의 섬으로 유형을 보낸다. 의사 시험은 3년마다 치러졌고 사절로 파견될 자는 대신들로 구성된 심사위원회에서 검증을 거친다.

물산

조선의 무역품으로는 백지, 여우 꼬리털로 만들어진 붓, 인삼, 금, 은, 철, 도금된 것처럼 보이는 매우 아름다운 황색 유약 등이 있다. 이 고무질의 유약이 추출되는 나무는 종려나무와 비슷하다. 3피트 길이의 꼬리가 달린 닭, 3피트 높이의 조랑말, 흙담비 껍질, 해리의 향료, 암염도 교역된다. 상인들이 책을 판매할 때는 가장 세련된 의상을 입고 가격을 흥정하기에 앞서 약간의 향수를 뿌린다.

산천

조선에는 산이 많지만 토지는 비옥하고 특히 충청, 경상, 전라 지방은 기름져서 풍작을 거둔다. 조선의 주요 산들을 살펴보면, 궁궐이 있는 지방의 북쪽으로는 북악산이 있다. 수도의 북서쪽에는 환도가 있다. 진나라 치세 때 모용황이 멸망시킬 때까지 이이모(고국천왕)라는 고려 왕은 여기에서 제국의 기반을 다졌다.

왕건은 송악이라고도 불리는 신숭산[3]에 그의 궁궐을 세웠다. 평양의 북동쪽으로는 루양산이 있고, 충청도에는 황산이 있다. 조선의 강들 가운데에는 궁궐이 있는 지방을 흐르는 리강이 있다. 평양에는 대동강이 흐른다. 압록강은 장백산에서 발원하는데, 강어귀로부터의 길이가 300리에 이른다.[4] 그리고 수도의 남쪽으로는 한강이 흐른다.

조선의 강역

나는 몇 가지 점에 주목하면서 이 기술을 마치려고 한다. 강유기라는 필자의 이름이 붙은 축도를 살펴보면, 기자가 그의 궁궐을 축성하기로 선택했던 조선은 북경 지방의 제1행정 수도인 영평부 지역에 위치하고 있음을 우리는 알게 된다. 그 무렵에 이 지역은 조선에 종속되어 있었고 조선국으로부터 고조선을 분리시킨 요동만은 오랜 시간이 지나서야 형성되었다는 결론이 자연스러워 보이기 때문에 이러한 진술은 사실로 입증된다.

왜냐 하면 특별히 바다를 통한 어떤 긴 물길에 따라 조선왕국이 분리되었다면, 통치자가 그의 영토 밖에 자신의 궁궐을 세웠다는 것은 전혀 있을 법한 일이 아니기 때문이다. 그것이 덜 중요해 보일지라도 언뜻 보기에도 가능성이 크지 않은 이러한 추측은 전혀 근거 없이 보이지는 않는다. 요와 순 황제 치세 때 우가 평지에 넘쳐흐르는 물의 진로를 만드는 일을 착수하자 중국의 후손들이 기자를 추모하면서 그러한 칭호를 붙여 주었다.

우는 범람으로 가장 큰 피해를 입혔던 황하에 대한 치수부터 하기 시작했다. 그 뒤에 그는 타타르의 가장 먼 지방을 찾아 그 곳을 분할하는 산서와 섬서의 남쪽 경계로 물길을 끌어 왔다. 그가 산을 통과하는 물길을 트자 거기에서부터 강은 급하게 흐르며 낙하하여 나일강에 견줄 수 있는 폭포를 만

---

3) (원저자 주) 강을 의미하는 江이 강들의 이름 뒤에 붙여진 것처럼, 산을 의미하는 山은 산들의 이름에 부가된 것이다. 산이니 강이니 하는 접미사를 떼고 불러도 무방하다. 중국의 학자들은 그 접미사를 쓰지 않는다.

4) 본문에는 "강 어귀의 너비가 300리이다."라고 되어 있으나 착오인 듯하다.

들었다.

거기에서부터 우는 하남지방을 흐르면서 완만해지는 지류를 가로질러 물길을 바꾸었다. 그리고 여전히 그 진로를 따라 물길을 북경 지방까지 끌고 온다. 그는 황하의 물을 방류하여 대륙호를 조성했다. 이 호수는 당시에 제나라의 제1행정 수도인 연주 지역과 청주 지역에 포함된 토지의 전 영역에 걸쳐 있었다. 마침내 급류를 약화시키면서 아홉 갈래로 나뉘어 대륙호는 많은 강어귀를 통해 물길을 바다로 나누어 보냈다.

어떤 사람들의 의견에 따르면, 이 아홉 개의 물길은 동쪽 바다로 방류되기에 앞서 한 지점에서 만나 갈석산의 좌측으로 흘러들어 그곳에서 융기를 만든다. 이 강의 모든 지류들이 이 산기슭에 있는 바다로 흘러들든 아니면 곧장 흐르든 간에, 요가 이 거대한 역사를 시작한 지 3921년이 지난 뒤 황하는 그것의 종전의 물길로부터 매우 멀리 떨어지게 되었음이 분명하다.

그리고 황하는 지난날처럼 북위 40° 부근에서 바다로 직접 흘러 들어가는 대신에, 그 무렵에는 북위 34° 부근에 위치한 강남 지방의 제1행정 수도인 회안부를 조금 지나 바다로 흘러들어 가는데, 그 이름은 회하에서 따온 것이지 황하에서 따온 것이 아니다. 또한 그 무렵에 영평부에 굳게 결합되어 있던 갈석산이 현재는 이 지방의 남쪽에 있는 바다에서 500리 떨어져 있다가 점차 그 경계를 넓혀 마침내 바다가 이 지역을 완전히 잠식했음이 관찰되었다.

이와는 달리 중국 역사는 이 특별한 변화에 대하여 한 마디 말도 하지 않는다. 그 바다는 갈석산과 영평부의 굳은 땅 사이에 요동만을 만들어 500리를 덮었다는 사실을 주목하지 않은 채 그저 그러려니 생각하고 있다. 또한 그러한 변화들이 새삼스럽고 놀랄 만한 것이 아니라면, 우리가 생활하고 있는 지구의 표면에서 일어나는 변화들을 관찰할 수 없다. 완만하고 알아차릴 수 없을 만큼 급박한 상태 없이 일어난 변화들은 쉽게 역사의 관찰로부터 비껴나간다.

인간의 생명이 너무 짧아 알 수 없지만 바다가 대지 위를 범람하는 이러한 종류의 변화들은 흔히 있었다. 아마도 모든 다도해들은 이 같은 방식으로 형성되었을 것이다. 그리고 그곳에 인접하여 거주했던 사람들이 그러한 변화에 대하여 어떤 기억도 보존하지 못하는 이유는 바로 앞서 언급했던 바와 같다. 이와 같은 추론은 중국을 벗어나지 않고서도 확인할 수 있는 사례가 될 것이다.

진충창(Chin Thung Tsang)은 황하의 북쪽에 위치한 나라에 사신으로 파견되었기 때문에 태항산의 연안을 여행하면서 깎아지른 듯이 가파른 암벽 아래를 관찰할 수 있었다. 그 곳은 굴 껍질과 다른 종류의 조개껍질, 그리고 자갈밭이 마치 띠(처럼 가득 둘러싸고 있었다. 이러한 광경은 현재 바다로부터 1,000리나 떨어져 있음에도 불구하고, 지금까지 바다가 이 산들의 기슭을 침식했었다는 것을 믿게 해준다.

그러나 주은공은 이러한 견해를 사실로 받아들이지 않는다. 그는 그 모습이 오래전에 이 산들의 기슭을 침식했던 황하의 흔적이지 바다의 흔적이 아니라고 추정한다. 그러나 그 견해를 뒤집는 것이 어려운 일이 아님에도 불구하고 바다가 다만 그 광대한 지역을 지금까지 덮지 않았다는 것이 의심스러울 뿐이라면, 늘 그래 왔듯이, 중국 역사의 침묵으로부터 어떠한 결론도 내려질 수 없다는 것으로 그것은 충분히 입증될 수 있다.

찾아보기

ㅇ

ㅈ

ㅊ

ㅋ

ㅌ

ㅎ

금단의 나라 조선

A Forbidden Land: Voyages to the Corea

E. J. 오페르트 지음/신복룡 · 장우영 역주

집문당

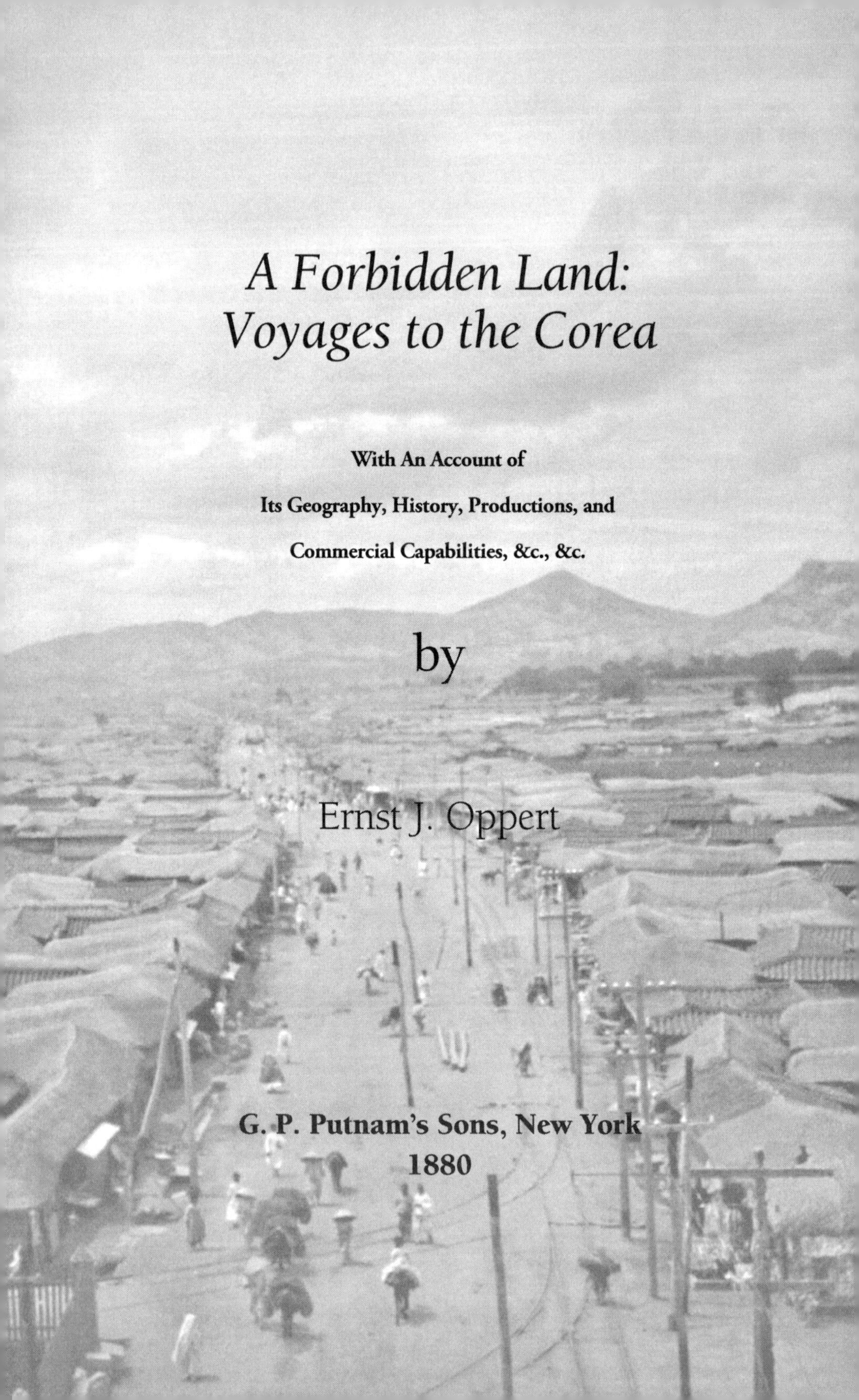

A Forbidden Land: Voyages to the Corea

With An Account of

Its Geography, History, Productions, and

Commercial Capabilities, &c., &c.

by

Ernst J. Oppert

G. P. Putnam's Sons, New York

1880

헌시

조선의 지리와 인종학 연구의 증진에

커다란 도움을 베푸신

브라질의 황제 폐하

돈 페드로 2세에게

삼가 이 책을 드립니다.

역주자 서문

나는 내가 젊은 날에 만났던 한 젊은이를 회상하며 이 서문을 쓴다. 1970년대 말엽에 나의 방에 한 학생이 찾아 왔다. 그의 이름은 이중국(李重局) 군이었는데 그 전에도 자주 만나기는 했지만 자세한 인적 사항은 잘 모르고 있던 터였다. 그는 나에게 자신의 학부 졸업 논문의 지도를 받고 싶다고 말했다. 특별히 관심을 가진 주제가 있느냐고 물었더니 그런 것은 없다면서 내가 지정해 주는 것을 쓰고 싶노라고 말했다.

학사 논문이라는 것이 대단한 학문적 소양을 요구하는 것도 아니고, 또 딱히 내가 그를 위해 논문 제목을 준비를 하고 있던 것도 아니어서 나는 오고 가는 말로 그의 고향을 물어보았더니 충남 덕산(德山)이라고 했다. 그래서 남연군(南延君)의 묘를 아느냐고 물어 보았더니 바로 그 마을에서 태어나 자랐다는 것이었다. 그때 나에게 스쳐가는 주제가 떠올랐다.

나는 "그렇다면 오페르트(Ernst J. Oppert)가 어느 길목으로 진입했는가를 써보라."고 권했고 그도 그러겠노라고 대답했다. 그 후 그는 방학이면 고향에 돌아가 향토 사료를 수집하고, 오페르트가 잠입한 동일한 날짜의 일출과 일몰을 계산하고, 간조와 만조를 계산하고, 그가 기록으로 남긴 장비를 자신이 메고 그의 행적을 따라 걸어보고, 기상대에 당일자의 평균 기온과 강우량 등을 알아보고, 관계된 문헌을 조사하여 한편의 학부 졸업 논문을 썼으며, 그 논문은 그해 우수 학사 논문으로 뽑혔다. 나는 지금도 학문을 하겠다고 나를 찾아오는 학생들에게 학문은 그렇게 하는 것이라고 들려주곤 한다.

그 뒤 이 군은 공부를 더 하겠노라고 미국의 롱 아일랜드 주립대학으로 유학을 떠났다. 1985년에 내가 미국으로 유학을 떠나 뉴욕에서 그를 만났을 때 그는 지극 정성으로 나를 보살펴 주었다. 그 뒤 세월이 흘러 1993년도에 다시 뉴욕을 방문했더니 그는 엉뚱하게도 한의사 박사 학위를 받고 훌러싱에서 개업을 하여 명의(名醫)로 성공해 있었다. 나는 인생이 이렇게 유전(流轉)할 수 있는가 하는 생각에 아연하기보다는 그가 그 끈기로 학문을 했더라도 일가를 이루었을 터인데…… 하는 아쉬움을 지울 수가 없었다.

그 뒤 내가 몇 번 뉴욕을 찾아갈 때마다 그는 어김없이 이 못난 사람을 스승이라고 맨하탄 5번가의 한국 고서점으로 데려가 내가 갖고 싶은 책들을 모두 사주었다. 내가 『한말 외국인 기록 전집』을 번역·출판한 원서들 가운데 많은 것이 그가 사준 책이다. 지난번 방문 때도 나는 그에게 400달러를 덤터기를 씌우고 왔다. 나는 그의 정성과 학문을 회상하며 이 책의 말미에 그의 학사 논문을 함께 수록했다.

◆ ◆ ◆ ◆ ◆

그의 명성에 견주어 오페르트(Ernst Jacob Oppert : 1832~1903)가 어떤 사람인지는 우리에게 잘 알려져 있지 않았다. 나는 『한말 외국인 기록』 가운데 『묄렌도르프 자전(自傳)』을 주석하면서 인연을 맺게 된 독일의 김운경(金雲卿) 선생에게 오페르트에 관한 자료를 부탁했다. 지금은 독일 마인츠(Meinz)대학에서 언어학 박사 학위를 준비하고 있으면서 프랑크푸르트 한국 학교의 교감으로 봉직하고 있는 그는 나의 부탁을 거절하지 않고 온 독일을 뒤져 오페르트의 이력을 찾아 보내 주었다.

김운경 씨가 마인츠대학 도서관에 마이크로 필름으로 소장되어 있는 『유대인자료집』("Jüdisches Bibliographisches Archiv," in Salomon Wininger ed., *Grosse Jüdische National-Bibliographie,* Vol. IV, 1929)의 494쪽과 프랑크푸르트 국립도서관(Deutsche Bibliothek Frankfurt am Main)에 소장되어 있는 『독일문헌총람 : 1700~1910』(*Hilmar Schmuck and Willi Gorzny ed., Gesamtverzeichnis des deutschsprachigen Schrifttums(GV), 1700~1910,*

Vol. 105, München & New York : K. G. Saur 1984)에 오페르트의 생애가 기록되어 있다.

그 기록에 따르면, 오페르트는 1832년 12월 5일에 독일의 함부르크(Hamburg)에서 유대인으로 태어났다. 그가 어느 학교에서 무엇을 공부했는지는 알 수 없으나 여행가이자 인종학자(Ethnologe)라고만 소개되어 있다. 그는 1851년, 그러니까 그의 나이 19세에 이미 상인의 신분으로 홍콩(香港)에 와 있었던 점으로 보아 정규 학문을 수학할 시간적인 여유는 없었던 것으로 보인다. 그는 중국에 입국한 직후에 상해(上海)에서 상점을 열고 무역업을 시작했다. 그는 이때 중국의 문물과 중국의 인종에 대해 나름대로 공부했던 것으로 보인다.

중국에서의 사업이 어느 정도 성공하고 동양에 대한 지식과 특히 한국에 대한 정보를 얻게 되자 그는 조선을 상업의 대상으로 생각하며 접근하였으나 철저한 쇄국 정책으로 접근이 어려울 뿐만 아니라 당시가 심각한 천주교 박해의 시기였던 데 깊은 충격을 받게 된다. 그는 이를 계기로 하여 1차로 1866년 2월에 흑산도(黑山島)를 거쳐 아산만(牙山灣) 일대를 탐사했다.

오페르트는 2차로 1866년 6월에 해미(海美)를 방문하여 현감을 만나고 덕적도(德積島)를 거쳐 강화도(江華島)를 탐사하면서 천주교 박해의 실상을 조사했으며, 1868년 4월에 3차 방한 당시에는 저 유명한 남연군(南延君)의 무덤을 발굴하다가 실패하고 돌아가서 이 책을 썼다.

그는 이 책의 독일어판인 『금단(禁斷)의 나라 조선』(*Ein Verschlossenens Land, Reisen nach Korea*, Leipzig, 1880) 이외에 『동아시아 견문기 : 인도 · 중국 · 일본 · 한국의 모습과 회상』(*Ostasiatische Wanderungen, Skizzen und Erinnerungen*, Stuttgart : Strecker and Moser, 1898), 그리고 『한 일본인의 추억』(*Erinnerungen eines Japaners*, Stuttgart, 1898)을 썼다. 그는 1903년 9월 19일에 함부르크에서 죽었다.

나는 이 책의 주석을 마치면서 몇 가지의 소회(所懷)를 느끼게 되었다. 첫째로, 나는 우리의 역사에서는 그를 단순히 하나의 도굴범 정도로 치부하고 말려는 경향이 잘못되었다는 느낌을 받았다. 물론 그가 한국의 개화사에 끼친 부도덕한 처사는 비난 받아 마땅하겠지만 그에 대한 평가가 단순히 도굴범이라는 오명을 쓰고 끝나야 하는가 하는 의문이 든다.

왜냐하면, 이 글에 실린 그의 해박한 동양학적 식견, 특히 인종학적 소견은 전문가의 경지에 이르고 있고, 또 그가 내세웠던 남연군 묘의 굴총 이유인 천주교 박해의 중지를 위한 그의 노력과 진심에도 귀를 기울여 볼 여지가 있으며, 마지막에 실린 외국과 조선 정부가 체결해야 할 조약의 초안 문건이 단순히 도굴범의 경지를 넘어서고 있기 때문이다.

둘째로, 위와 같은 긍정적인 평가와 아울러 이 글의 부정적인 부분도 간과할 수가 없는데, 그가 도굴을 시도했던 남연군 묘의 실상에 대한 그의 설명에 숨김이 있고 주민들의 반응을 호도(糊塗)한 부분이 바로 그런 점이다. 먼저 오페르트는 그의 글의 전편을 통하여 그가 "발굴"하려 했던 곳이 "왕실 보물의 보관소"라고 기술하고 있을 뿐, 그곳이 왕실의 무덤이었다는 점을 끝까지 말하지 않았다는 점에서 그는 정직하지 않았다는 비난을 면할 길이 없다.

그곳이 보관 창고가 아니라 무덤이었다는 것은 삼척동자도 알만한 사실이었음에도 불구하고 이를 사실대로 기록하지 못한 것은 서양의 지식인에게 발표하는 글에서 자신의 행위가 시체를 볼모로 하는 협박자(body snatcher)로 비춰지는 것을 부끄럽게 여겼기 때문이라는 점을 이해하지 못하는 바는 아니지만, 이는 그의 실수였다. 뿐만 아니라 주민들이 끝까지 "호의적"이었다는 그의 기록도 정직하지 않았다.

셋째로, 그는 아산만에 상륙하여 남연군 묘를 도굴할 당시 관리와 주민들에게 러시아인으로 자신을 소개했으며, 그 직후 강화도에 상륙했을 때는 자신을 영국인으로 소개했는데 이는 당시 그의 심중을 이해하는 데 좋은 자료가 된다. 그는 이 책 어디에도 자신이 무덤을 파헤쳤다는 말을 하고 있지 않지만 자신의 행위에 대한 일말의 가책을 느끼고 있었고 그래서 자신의 국적을 욕되게 하는 후문(後聞)이 두려워 국적을 속일 수밖에 없었으리라고 생각된다.

그러나 이상과 같은 비난이 이 책의 사료적 가치를 외면할 수 있는 근거가 되는 것은 아니다. 왜냐하면 그는 당시 조선의 내정과 문물의 목격자였으며, 한국의 개항을 위해 노력한 현장의 행위자였을 뿐만 아니라 그의 처사가 한국 개화사에 끼친 영향이 너무도 크기 때문이다. 그가 유대계 독일의 한 장사꾼임에는 틀림이 없지만 그를 빼놓고서는 한국 개화사를 완벽하게 설명할 수 없는 부분이 있다는 점이 이 책이 가지는 의미이리라고 생각된다.

◆◆◆◆◆

젊었을 적, 내 손으로 한말 선교사의 한국 관계 자료들을 주석하겠다고 다짐한 지 벌써 30년의 세월이 흘렀으니 세월의 무상함과 더불어 만감이 교차한다. 그 동안 활판에서 컴퓨터로 바뀌는 인쇄 혁명과 출판계의 불황 등으로 중도에서 포기했던 『한말 외국인 기록』을 이제 집문당(集文堂) 임경환(林京煥) 사장님의 호의로 번역과 주석 작업을 재개하게 된 것이 한없이 기쁘고 감사하며, 이제 전집의 역주 작업이 마무리 단계에 이르고 보니 감회도 깊고 많은 사연들이 머리를 스치며 지나간다.

전집 23권을 출판하겠다는 임경환 사장님의 제의를 들었을 때 기쁘기도 했지만 너무도 엄청난 일이라 엄두를 낼 수가 없었다. 이 책은 이미 25년 전에 학계의 어른이신 한우근(韓沽劤) 선생께서 번역·출판한 적이 있지만 오랜 세월이 흘러 이미 절판되었고, 나로서는 좀 더 충실한 주석을 달음으로써 학계에 이바지해보고 싶은 뜻이 있었을 뿐만 아니라 이 책을 빼놓고서는 한말 외국인 기록의 전집이 구색을 이룰 수 없기 때문에 이를 번역하게 되었다.

다른 점이 있다면 한우근 선생께서는 독일어 판본을 이용했고 나는 영어 판본을 이용했다는 점이다. 독일어 판을 영문판으로 번역하는 과정에서 원고가 보완되고 독일어판의 오류가 바로 잡힌 부분이 많이 눈에 띈다는 점에서 영어판을 대본으로 삼은 것이 한편으로는 다행스럽다는 생각도 든다. 이 책은 장우영(張又永) 군[지금은 대구가톨릭대학교 교수]이 초역(草譯)을 하고 내가 원문 대조와 윤문, 그리고 주석을 맡는 방법으로 이루어졌다.

내가 이 책을 번역한 것은 오래 전의 일이었다. 그러나 오페르트의 인적 사항을 잘 모르는 상황에서 책을 출판한다는 것이 마음에 걸려 독일의 김운경(金雲卿) 선생에게 더 자세한 자료를 부탁했더니 생각지도 않았던 새로운 오페르트 문서를 발견하여 나에게 보내 주었다. 그것은 앞서 소개한 『동아시아 견문기』였다. 그런데 이 글은 독일 문장도 까다로울 뿐만 아니라 옛글자(古字, Gothic)로 씌어 있어서 국내에서 번역자를 찾기가 어려웠다.

그리하여 다시 김운경 선생께 부탁하였더니 양한주(梁漢珠) 선생을 소개해 주었다. 그러는 과정에서 다시 많은 시간이 흘렀다. 양 선생은 독일의 프랑크푸르트대학에서 독어독문학 석사 학위를 받고 현재 프랑크푸르트 한국학교의 교사와 『교포신문』의 기자로 활약하면서 독일정보연구소의 창업 요원으로 일하고 있다. 새로이 발굴된 이 자료는 "조선의 과거와 미래"라는 이름으로 부록에 수록되어 있다.

영어로 쓰인 동양사를 번역하는 과정에서 가장 어려운 작업은 영문으로 표기된 인명이나 지명을 어떻게 한자로 복원하느냐의 문제이다. 한국인과 교류도 원만치 않던 상태에서 주민들로부터 들은 불명확한 지명을 독일인이 영어로 표기하는 과정에서 나타나는 발음을 어떻게 확인하느냐의 문제가 어려웠고, 불충실한 해도(海圖) 위에 그들이 임의대로 명명(命名)한 지명이 구체적으로 한국의 어디인지를 확인하는 작업이 쉽지 않았으며 이 부분에 대해서는 건국대학교 박사 과정에서 역사학을 전공하는 최영묵(崔永

默) 학제(學弟)에게 많은 수고로움을 끼쳤다.

더욱이 독일 인물의 행적에 대해서는 앞서 말한 김운경 선생의 도움이 컸으며, 사진 촬영은 건국대학교 홍보실의 이명호(李明浩) 선생에게 많은 빚을 졌다. 이번의 외국인 기록들을 번역하는 동안 마지막까지 해석할 수 없었던 은유(隱喩)의 번역을 도와주신 건국대학교 영문학과의 김종갑(金鍾甲) 교수께도 깊이 감사한다.

이 책이 나오기까지에는 나의 헌신적인 조교 박성진(朴城進) 군[지금은 한국학중앙연구원 책임연구원]의 고생이 많았다. 그가 학부 학생이 아니었더라면 나는 그의 이름을 공역자(共譯者)로 넣어 주었어야 옳았다. 남달리 수줍음이 많은 그는 마음이 넉넉지 못한 나의 방에서 마음 고생이 많았으리라고 생각되며, 주석을 찾기 위해 도서관과 각국의 대사관·문화원을 찾아다니면서 싫은 내색 한 번 하지 않았다.

끝으로 편집 교정과 출판 과정에서 고생하신 집문당의 우진주(禹軫柱) 상무님과 편집부 직원 여러분, 그리고 신세진 모든 분들에게 깊이 감사한다.

1999년 7월 25일

역주자를 대신하여 신복룡 씀

서 문

이 책을 출판하면서 나는 이 작품을 통해 주장하는 모든 것들이 내가 의도했던 진심이었음을 독자들이 이해해 주기를 바란다. 실수가 있다면 그것은 거대한 아시아 대륙의 가장 흥미로운 나라들 가운데 한 나라에 대한 조사가 아직까지는 불완전한 고리로 이어져 있기 때문이다.

이 책을 통해 나는 그 자체로 아주 오랫동안 너무나 훌륭하게 유지되어 온 이 이상한 나라에 대하여 대중의 관심을 충분히 불러일으킬 수 있고 결국에는 지금까지 외국인들이 이 나라의 관문에 들어오는 것을 방해했던 장애물들을 제거하는 데 이 책이 도움을 줄 수 있으리라는 희망을 가지고 있다.

반도(半島)에 위치한 조선(朝鮮 : Corea) 왕조에 대해 이따금 발행된 불충분하고 비현실적인 이야기들이 가끔 항해 일지나 정기 간행물에 실리는 것만으로는 조선에 대한 일반적인 지식을 확대시키는 데 크게 도움이 되지 않았다. 어떤 분야에서 충분히 지식을 쌓은 척하는 사람들이 아직도 주변에 많이 있지만 그 나라의 존재와 위치에 대한 그들의 생각은 히말라야 주변의 어느 곳이나 인도양과 태평양군도(群島)들 가운데 어느 한 곳을 조선과 똑같은 곳으로 찾을 정도로 너무나 막연하고 너무나 불분명하다.

내가 모든 면에서 가능한 한 완벽하게 조선에 대한 이야기를 출판하려고 각고의 노력을 했음에도 불구하고 이 책이 여전히 담고 있는 많은 실수와 결점들로 말미암아 이 책은 완벽하지 않다. 다른 한편으로 나는 기행문에서 흔히 만나게 되는 허구나 상상으로의 비약을 피하고 그곳을 직접 보고 경험한 것이나 확실한 신실을 알고 있는 틀림없는 권위자로부터 알게 된 것들을 저술하려고 세심하게 주의를 기울였다.

지리학적인 지식과 역사적인 지식 그리고 다른 부분들을 담고 있는 장(章)들을 여기에서 언급할 필요는 없다. 아직까지 조금의 정확성이라도 제시될 수 있는 조선의 지도는 존재하지 않는다. 왜냐하면 나는 그 일에 직접 관여하는 것이 금지되었기 때문이다. 정확성에 가장 근접할 수 있는 현존하는 최고의 유일한 방법은 최근에 독일의 고타(Gotha) 출신의 페테르만(A. Petermann)[1] 박사가 출간한 지도를 보는 것이다. 그러나 이 책은 그 국가 자체의 지형도에까지 외국인들의 연구가 확대되는 기회를 제공받을 때까지는 완전한 것이 될 것 같지 않다.

여러 장들에서 나는 내가 수행했던 항해에 대한 이야기를 다루었기 때문에 너무나 자주 자신이 의도했던 것 이상으로 자신을 1인칭으로 제시하지 않을 수 없었다. 특히 대화체의 부분들에서는 좀 더 생생한 서술을 하려면 1인칭을 피할 수 없었다. 따라서 나는 그 이유가 "나"(I)라는 단어의 빈번한 사용에 대한 충분한 변명으로서 받아들여 질 수 있다고 믿는다.

첫 번째와 두 번째 항해를 여기서 언급할 필요는 없다. 이 책에서 상당히 많이 언급되었던 세 번째 항해에 대해서 내가 의도했던 바를 성취하지 못한 후회가 따르기 때문에 새로워진 표현을 제시할 수밖에 없다. 내가 의도했던 성공의 결과로 당시 내가 취한 절차를 비난하고자 했던 사람들에게서 그들의 지독한 무지에 대한 익살스럽고도 재미있는 소문들이 사실이었다는 승인을 얻어냈다. 주위에서는 입에 풀칠도 못하는 사람이 수두룩한데 흑인(Niggers)과 호텐토트(Hottentot)[2]에게 모직 양발을 제공할 걱정이나 하는 젤리비(Jellyby) 부인[3]과 같은 계층의 사람들에 대해 나는 참을 수 없었다.

그런 부류의 사람들은 본국에 있는 자신들의 가난한 사람들을 위하는 마

---

1) 페테르만(August Petermann : 1822~1878) : 고타(Gotha) 출신의 지리학자 겸 지도제작자로서 아프리카와 극지를 탐험하고 아프리카와 트랜스바알(Transvaal)의 지도를 제작했다.

2) 호텐토트(Hottentot) : 남아프리카의 토인.

3) 젤리비(Jellyby) 부인 : 찰스 디킨스(Charles Dickens)의 소설 『음습한 집』(*Bleak House*, 1852~1853)에 등장하는 여인으로서 위선적인 박애주의자를 뜻함.

음이 전혀 없었다. 그들의 훌륭한 도덕 의식이 결과적으로 위대한 결과로 얻어진다 할지라도 잔인한 폭군의 감정을 해칠는지도 모른다는 생각에 상처받았고 그들은 폭군의 명령에 의해 살해당한 수많은 사람의 고초에 대한 생각은 불필요하다고 생각했다.

나는 다만 중국을 포함한 아시아 국가들과의 관계에서 주로 시행되는 정장 외교(kid-glove policy)가 대외적 이득에 가장 해가 되어 왔다는 이론을 지지하지 않을 뿐이다. 관리들에게 아첨하고 만주(滿洲)를 동경하는 체제는 항상 그리고 변하지 않는 오직 한 가지 결과만을 일으킬 것이다. 그 결과는 친절을 연약함으로 오해하는 사람들의 편에 서게 하며 뒤이은 분쟁과 결국에는 전쟁을 불러일으킬 것이다.

아마도 가까운 장래에 동아시아에 이해 관계를 가지고 있는 열강들은 그들이 의도했든 의도하지 않았든 조선 문제(Corea Question)라고 명명된 것들을 고려해야 할 것이다. 우리는 그것이 너무 늦지 않기를 바란다. 두만강(豆滿江)은 물론 동해안 전체가 이미 러시아의 수중에 들어갔다. 한반도를 영구적으로 점령하고 지배하는 데 요구되는 것은 단지 소규모의 군대와 몇 척의 전함들뿐이다.

만약 러시아가 원하기만 한다면 러시아는 언제든지 동해(Sea of Japan)까지 진출하여 아시아 동부 해안 전체의 지배자가 될 수 있다. 러시아는 진행되는 현 상태의 상황들을 지켜보기보다는 오히려 조선을 자신의 수중에 취하는 것이 더 나을 수 있다. 그 어느 경우이든 러시아는 그 다음에도 조선을 수중에 넣을 수 있으므로 러시아는 세계의 놀림감이 되는 일을 계속하지 말아야 한다.

1879년 10월

차 례

제 1 장 서장 : 인종과 지리

조선의 지리

압록강과 장백산 또는 백두산으로 불리는 준령에 따라 중국과 분리되어 있는 아시아 대륙의 극동 지역에, 오늘날의 조선이 들어서 있는 거대한 반도가 북위 42.19°에서 남쪽으로 조선 해협까지 뻗어 있다. 조선이라는 국명 외에 일반인들에게 거의 알려지지 않았지만 이 주목할 만한 나라에 관한 우리들의 지식은 중국과 일본을 통해 전해진 빈약하고 불충분한 내용으로 국한되어 있다.

그러나 조선은 아시아 대륙의 다른 어느 나라 못지않게 관심을 자아낼 정도로 유리한 지리적 여건, 온화한 날씨와 비옥한 풍토, 진귀하고 믿을 수 없을 정도로 풍부한 광물들을 보유하고 있다. 해마다 꾸준히 증가 추세를 보이고 있는 동아시아와의 교역 상황을 감안할 때, 중국과 일본이라는 두 제국 사이에 위치한 조선이 별로 부각되지 않고 국내의 어떤 현황도 명료하게 알려지지 않은 점은 이상하리만큼 믿어지지 않는다. 만약 문호를 개방한다면 조선은 국내의 풍부한 새 자원들이 개발되는 것은 물론 과학 문명을 구가하고 있는 나라들과 무역을 할 수 있는 충분한 가치가 있는 왕국이라는 점은 의심할 나위도 없다.

면적이나 인구의 면에서 조선은 중국에는 전혀 미치지 못하고 일본보다는 약간 적으며 여러 유럽 국가들과는 엇비슷하거나 큰 경우도 있다. 오랫동안 중국과 일본이 모든 유럽국들에 대해 쇄국 정책을 고수해 올 수 있었던 점이 기이하다면, 이와 비슷한 쇄국 체제로 과거 몇 세기 동안 인접한 양 강국의 틈새에서 조선이 성공적으로 생존해 왔다는 점은 더욱 주목할 만한 일일 것이다.

이 반도는 이미 몇 세기 동안 약탈욕에 불타는 인접국들의 흉계로 말미암아 정복 전쟁을 수없이 겪고 또한 동족들 사이의 피비린내 나는 싸움을 치른 뒤에야 단일한 지배자의 통치 아래 최종적으로 통합되었다. 조선은 방대했던 옛 영토를 상당 부분 손실한 뒤에야 결국 오늘날의 국경을 회복할 수 있게 되었고, 그 때부터 철저하게 쇄국 정책을 고수해 왔다.

쇄국 정책

완고하게 쇄국 정책을 고수하고 외국인들을 홀대한다는 평판 때문에 외국인들은 이 나라를 보다 자세하게 파악하려고 하지 않았다는 것은 놀라운 일이 아니다. 심지어는 중국과 일본에게조차도 자세히 알려지지 않은 현재의 조선의 국내 여건과 정치적 상황에 대해 외국인들이 믿을 만한 정보를 수집하는 것은 거의 불가능하다는 점에서, 그것은 우리에게 연구해야 할 과제로 남아 있다.

조선 정부는 확실히 천연의 지리적 조건이라고 하는 하나의 우군을 얻고 있다고 할 수 있다. 다시 말해서 해안 가까이 접근하기가 어렵다는 점 때문에 그들은 외부 세계와 동떨어질 수 있었다. 동해안은 높은 산맥과 가파른 절벽들로 방어되고 있으며 서남해안은 몇 천 개의 섬과 모래톱, 여울, 암초들이 몇 마일에 걸쳐 펼쳐져 있기 때문에 접근하기가 매우 위험하며 정확한 해도가 있다 치더라도 근접할 때는 매우 자세한 관찰과 주의를 필요로 한다.

앞에서 살펴본 것처럼 우리들이 조선에 관해 이미 알고 있는 정보는 거의 대부분이 중국이나 일본을 통해 17세기 이전에 얻어진 것으로서 대부분 역사적이거나 정치적인 내용을 기술한 것들이다. 우리 유럽인들이 깊은 관심을 가지고 있는 주제에 대한 간략한 보고서는 네덜란드인인 하멜[1]과 같이 조선의 달갑지 않은 해안에 난파되어 오랫동안 구금 생활을 한 선원에 의해서나[2] 브로튼[3]이나 홀[4]과 같이 장기간 먼 대양을 항해하며 조선 해안 인근까지 접근했던 항해사 등에 의해 작성된 것이다.[5]

중국의 문헌에 게재되어 있는 기록이나 보고에 대한 소개로는 우리는 우선 누구보다도 프랑스인 선교사 뒤 알드(Du Halde)[6]에게 큰 빚을 지고 있

---

1) 하멜(Hendrick Hamel : ?~1692) : 네덜란드 동인도회사 소속의 선원으로 1653년에 스파르웨르호를 타고 나가사키로 향하던 가운데 난파되어 제주도에 표착하여 16년간 억류되었다가 1668년에 탈출함. 『하멜표류기』(*An Account of the Shipwreck of a Dutch Vessel on the Coast of the Isle of Quelpart, Together with the Description of the Kingdom of Corea*, London : Luke Hasard & Son, 1818)를 남김. 본 『한말 외국인 기록』(18) : 『하멜표류기』 참조.

2) (원저자 주) Henrik Hamel, *Journal van de ongelukige voyage van't Jacht de Sperwer gedestinert na Tayawan in't Jaar 1653 Enr*, Rotterdam, 1668, p. 4.

3) 브로튼(William R. Broughton : 1761~1821) : 영국의 항해사이며 탐험가. 챠담호의 선장으로서 조선의 동해안을 항해했다. 동래의 용담포에 기항했다가 경상관찰사 이형원(1739~1798)의 명을 받고 퇴거했으며 영흥만에 이르러서는 스스로 Broughton's Bay라 명명한 뒤 연해주까지 항해했다.

4) 홀 선장(Captain Basil Hall : 1788~1844) : 영국의 해군 · 작가. 영국의 저명한 지리학자인 제임스 홀의 아들. 유구 · 일본 · 조선 등지를 여행했으며 귀국 길에는 1817년에 센트 헬레나를 들러 나폴레옹에게 조선의 문물을 소개했다는 일화로 유명하다. 저서로서 『조선 · 유구심사기』(*Account of a Voyage of Discovery to the West of Corea and the Great Loo-Choo Island*, London, 1818)가 있음. 이에 관한 자세한 논의는 본 『한말 외국인 기록』 제8권인 홀의 『조선 서해 탐사기』의 서문을 참조할 것.

5) (원저자 주) William R. Broughton, *A Voyage of Discovery to the North Pacific Ocean*; Basil Hall, *Account of a Voyage of discovery to the West Coast of Corea*.

6) 뒤 알드(Du Halde : 1674~1743) : 파리 출생. 예수회 신부. 예수회에서 각국의 문서를 수집하는 역할을 함. 『중국사』(*The General History of China*, London : J. Watts, 1741)를 썼는데 그 가운데 제4권에 『조선전』이 수록되어 있다. 이 책은 서양인이 쓴 최초의 한

다.[7] 그는 네 권으로 출간한 자신의 빛나는 역작을 통해 조선에 대해 간명하고 정확한 기술을 보여주고 있다.[8] 그의 저술에는 조선의 실상이 풍부하게 기록되어 있기 때문에 오늘날까지도 큰 도움이 되고 있다. 또한 덧붙여 리테르,[9] 빗센,[10] 맥스웰,[11] 맥레오드[12]의 중대한 공헌도 상기할 필요가 있다.[13]

클라프로드[14]의 일본서의 번역본으로부터 우리는 가치 있고 다양한 정보

국사로서, 한국을 이해하려는 독자들의 가장 중요한 자료가 되었다. 이에 관한 자세한 논의는 본 「한말외국인기록」 제19권인 「조선전」의 역주자 머리말을 참고할 것.

7) (원저자 주) Jean Baptiste Du Halde, *Description de la China et la grande Tartarie*, 4 Vols.

8) (원저자 주) 뒤 알드가 인용했던 문헌은 (1) 진교쿠 뤄주가 쓴 「세계의 현장」 (2) 강유기가 쓴 「지리 · 지지 개요」 (3) 탕유칭티오가 쓴 「세계 지리 조사」이다.

9) 리테르(Karl Ritter : 1779~1859) : 독일의 지리학자. 스위스 · 프랑스 · 이탈리아를 여행하였으며, 프랑크푸르트 암 마인대학의 교수로 재직하면서 「자연과 인간의 역사의 관계에 끼친 지리의 영향」과 「뉴질랜드식민사」(1842)를 남김으로써 현대 지리학의 아버지라는 칭호를 들었다.

10) 빗센(Nicholas Witsen : 1640~?) : 암스테르담 출신. 네덜란드의 애국자이자 진보주의자로서 「조선술」(1671)을 썼으며, 1689년에는 대영 교섭의 협상 대표로 활약했다.

11) 맥스웰(Murray Maxwell : 1766~1831) : 퍼스 출신의 스코틀랜드 해군. 1815년의 대프랑스 · 대스페인 전쟁에 참전했으며, 주중 특명 전권 대사인 앰허스트 경을 수행하여 중국에 부임하였다. 1818년에 기사의 작위를 받음. 이들의 행적에 관해서는 본 「한말 외국인 기록」의 제8권인 「조선서해탐사기」의 서문을 참조할 것.

12) 맥레오드(John MacLeod : 1782~1820) : 스코틀랜드의 번힐 출신의 외과 의사. 1816년에 알세스트호의 선의로 앰허스트 경을 수행하여 중국에 부임하였으며 이때 홀 및 맥스웰 선장과 함께 조선 서해를 탐사하여 「알세스트호의 조선 서해 탐사기」(1818)를 남김. 이들의 행적에 관해서는 본 「한말 외국인 기록」의 제8권인 「조선서해탐사기」의 서문을 참조할 것.

13) (원저자 주) K. Ritter, *Description of the Globe*; Nic Witsen, *Nord en Oost Tartarye*, 2 Vols; Maxwell, *Voyage in China, or Journal of the last Embassy to the Court of Pekin*, Paris, 1818; J. Macleod, *Voyage of the English Frigate "Alceste" along the Coast of Corea to the Island of Loo-choo*.

14) 클라프로드(H. J. Klaproth : 1783~1835) : 독일의 동방학자 겸 여행가. 베를린 출신. 젊어서 독학으로 중국어를 습득한 다음 1802년에 바이마르에서 「아시아학보」를 창간했으며 페테르부르크 과학원의 교수로 초빙되어 동양학을 강의함. 그 후 주청 러시아 공사관의 통역관으로 위촉되어 시베리아와 이르쿠츠크를 탐사했으며, 코카사스를 조사했다.

를 얻은 바 있는데,[15] 이 학자는 유럽에서 조선어를 배운 최초의 학자로 여겨지고 있다. 나가사키에 장기간 체류하면서 난파되어 동해안으로 떠내려온 수많은 조선 사람들을 만날 수 있었던 저명한 인사 지볼트 대령[16]은 조선에 대해 지대한 관심을 갖고 있었기 때문에 그들에 대한 정보를 수집하려고 애썼다.[17] 특히 호프만(J. Hoffmann)의 조선어와 문자에 대한 식견은 매우 탁월하여 이 분야에 크게 기여했다. 이에 대해서는 다른 장에서 보다 심도 있게 언급할 것이다.[18]

코리아의 유래

차이나로 알려진 중국처럼 오늘날 코리아라는 이름으로 알려져 있는 이 왕국은 예전에는 여러 왕국들 가운데 하나로서 지금은 명멸한 한 왕조로부터 기원하고 있다. 분열되어 오던 이 반도는 그 왕조의 개조가 중국어로 카오리(kao-li)라고 명명되는 고려라는 이름을 채택한 한 나라로 통합되었다. 코리아(Corea)라는 이름이 고려로부터 유래된 것은 분명하다.[19] 그러나 서

1812년에 러시아에서의 공직을 사임하고 독일로 돌아와 독일 국왕으로부터 베를린대학 교수로 임명되었으며 주로 파리에서 생활했다. 『아시아언어연구』(1829), 『중국 화폐의 역사』(1824) 등의 역저를 남기고 파리에서 죽었는데 사후에 그의 업적은 더욱 높은 평가를 받았다.

15) (원저자 주) H. J. Klaproth, *Apercu général des trois Royaumes, traduit de l'Original Japonais-Chinois*, Paris, 1832.

16) 지볼트(P. F. Van Siebolt : 1796~1866) : 독일의 의사이며 일본 연구가. 1820년에 비트부르크대학을 졸업하고 1823년에 나가사키에 도착하여 대민의료 활동을 하는 한편 에도 정부의 후원 아래 일본 연구에 몰두했다. 1829년에는 금제품 소지죄로 추방되어 고국에 돌아가서 그 동안 수집한 자료를 이용하여 『일본자료집』(1832~54), 『일본식물지』(1833), 『일본동물지』(1835~44)를 저술했으며, 1859년에 다시 일본에 건너가서 일본의 과학 발전에 기여했음.

17) Colonel von Siebolt, *Nippon*, Leyden, 1832.

18) (원저자 주) 제5장, "언어와 문자"를 참조할 것.

19) (원저자 주) 뒤 알드는 코리아라는 이름을 중국어로 Kaoli-ly 또는 Kaokiuli라고 불리던

기 14세기 말경에 고려 또는 카오리 왕조의 정권을 이 씨(중국어는 리[Li]) 가문이 장악했을 때, 새 왕조의 창업자는 응당 자기 나라를 승인할 권리가 있는 중국 황제의 동의를 얻어 왕국의 이름을 이미 12세기 전에 세워졌던 나라의 국명이었던 "가장 먼저 아침 해가 뜨는 나라"라는 뜻을 지닌 조선으로 개명했다.

조선의 인종

조선 사람들의 기원과 계통에 대해 명료하게 밝히기란 매우 어려우며 중국이나 조선의 어떤 문헌 또한 이 문제에 대해 적실한 설명을 하지 못하고 있다. 이에 대해 조선 사람들에게 질문을 한다 해도 그들은 자신들도 마찬가지로 전혀 아는 바가 없으며 그 유래를 망각한지 이미 오래 되었다고 대답할 것이다. 그들이 자신의 종족에 대해서 무지하다는 사실은 이에 관한 그들 자신의 문헌이 부족하다는 점에서도 잘 나타난다. 그들이 자신의 역사라고 믿고 있는 내용들은 매우 불충분하다.

조선 사람의 인상을 보면 중국인과는 다른 종족에서 기원하고 있다는 것을 알 수 있으며 각기 다른 두 민족의 혼혈족이 틀림없다는 것을 알 수 있다. 조선 사람은 중국인이나 일본인보다 더 크고 건장하며 대체로 활달한 인상을 보이고 있기 때문에, 두 민족에 비해 훨씬 더 몽골이나 북아시아의 야만적인 유목민을 연상시킨다.

옛 왕국에서 유래했다고 생각했다. 그 뒤에 이들은 한 군주의 통치를 받게 되었고 그 대제국은 Kaoli-ly라는 국명을 채택했는데, 이것이 와전되어 우리들이 Corea라고 쓰고 있는 것이다. 어쨌든 중국어로 쓰이는 이름 자체도 조선어의 와전이므로 본문에서 이야기한 가정은 분명히 적실한 것으로 생각된다. 누구나 알다시피 중국인들은 그들이 발음하지 못하는 r자를 l자로 대용한다. 그것을 조선어 표기로는 고구리(Kokore) 또는 고리(Korie 또는 Korio)이며 일본어로 Koorai는 여기에서 유래했다.

그렇지만 토착적이라기보다는 북방계로 보이는 이들은 오랜 세월 동안의 방랑과 투쟁 끝에 정착한 뒤 점차 호전적이고 수렵 중심의 거친 습성이 평화롭고 농업과 상업을 추구하는 온건한 습성으로 바뀌어졌다는 면에서 그들은 서로 어느 정도의 영향은 주고받았다고 할 수 있다. 나가사키에 표류한 많은 조선 사람들을 목격한 지볼트는 특히 종족 사이의 차이를 중심으로 자신의 견해를 매우 상세하게 설명한 바 있기 때문에 빈약한 나의 견해를 밝히는 것보다 그의 견해를 소개하는 편이 훨씬 나으리라 생각된다.

> "조선 사람은 일본인에 견주어 체격이 더 크다. 그러나 대부분 5.5피트[168cm]를 넘지는 못하고 건장한 체구와 균형 잡힌 몸매를 가지고 있으며 활기차고 민첩하다. 그들의 용모는 일반적으로 몽골족의 인상을 연상시킨다. 곧 넓고 거친 얼굴, 튀어나온 광대뼈, 튼튼한 턱, 넓적하고 찌그러진 듯한 콧부리와 코, 두터운 입술을 지닌 큰 입, 눈꼬리가 치켜 올라간 눈매, 검고 숱이 짙으며 때로는 적갈색을 띤 머리털, 짙은 눈썹, 가는 수염, 적황색의 안색 등이 첫 눈에 그들이 동북 아시아인임을 보여준다. 내가 목격한 대부분의 조선 사람들은 이러한 모습이었다."
>
> "그러나 조선 사람은 용모에서 분명히 두 종족의 특성을 보유하고 있다. 곧 조선 사람들의 콧부리가 치솟아 있는 반면에 코끝은 다소 처져 있어 그 용모가 코카사스족에 가깝다. 그러나 눈의 생김새는 유럽인에 가까운데, 이런 경우에는 광대뼈가 움푹 들어가고 몽골족에서는 볼 수 없는 얼굴 측면의 뚜렷한 선이 나타난다. 용모가 코카사스족에 가까워질수록 수염은 옅어지고 몽골족에게 수염이 훨씬 많은 것을 볼 수가 있다. 조선 사람은 정수리가 약간 솟아오르고 이마는 비교적 반듯하며 전반적인 풍모가 고결해서 몽골인의 소박한 인상과 크게 착각하게 만드는 경우가 있다."[20]

---

20) (원저자 주) 지볼트의 *Nippon*을 참조할 것.

코카사스계 상인의 얼굴

몽골리안계 하층민의 얼굴

지볼트가 접촉했던 많은 조선 사람들의 용모가 몽골족의 특징을 지녔다는 사실의 원인이 무엇이었던가에 대해서는 그 해답이 쉽게 나올 수 있다. 일본의 해안에 표류한 사람들의 대부분이 섬 또는 해안에 정착한 사공이나 어부였다.

한편 지볼트가 언급한 유형이 대체로 내륙형이긴 하지만 예외적인 외모를 가진 사람들도 드물지 않다. 그러나 상당한 수의 조선 사람들이 매우 준수하게 성장한 풍모를 보이고 있는 점으로 비추어 보아 역시 대다수가 지볼트가 말한 예외에 속하지는 않을 것이다. 나는 그가 내린 결론을 전적으로 신뢰한다.

실제로 그 나라를 여행하는 동안에 인상이 고매하고 차분하게 보이는 사람들을 꽤 많이 보았는데, 만일 그들이 유럽풍의 전통 복장을 입고 있었다면 그들을 유럽인으로 착각했을지도 모른다. 그리고 잘 생기고 준수한 용모와 장밋빛의 피부 그리고 적갈색의 머리털과 푸른 눈동자를 가진 많은 어린

이들은 유럽의 어린이들과 구별하기 어려웠다. 그러나 조선의 방방곡곡을 돌아다니면서 많은 사람들을 빈번하게 만난 뒤에야 나는 조선 사람들을 유럽인의 후예로 여겼던 생각을 바꾸게 되었다.

고대사

조선에 관해 기술한 최초의 중국 역사서는 기원전 2,400년까지 거슬러 올라가는데, 그 문헌에 따르면 서력기원이 시작되기 오래 전부터 한반도에는 이미 여러 종족들이 군집하고 있었다. 그들 가운데 가장 주목할 만한 종족은 옥저 · 예맥 · 진한 · 마한 · 변한 등이다. 이 가운데 뒤의 세 종족은 조선의 남부 지역을 차지하고 있었으며 언어와 풍습과 문화가 실질적으로 북부 지역의 이웃 나라와는 판이하게 달랐으나 동일한 종족의 다른 분파로 여겨졌다. 어느 한 종족에게만 보이는 많은 외부적인 징표들은 이와 같은 추측이 대체로 타당하다는 것을 입증해 준다.

뒤에 그 종족은 몽골에서 여러 종족으로 갈라져 나와 유목 생활을 하면서 중국을 거쳐 조선으로 이동한 뒤 정착하게 되었다. 한편 코카서스족의 징후를 뚜렷이 보이는 종족은 아마도 아리안족의 후예인 듯하다. 이들은 서남아시아에서 기원하여 그곳의 전쟁과 내부 혁명으로 말미암아 축출된 뒤 조선으로 이주했다.

그것이 부분적인 통합에 불과하고 각기 다른 후손이라는 외관상의 징표를 제거하지는 못했지만 다양한 종족들로 이루어진 여러 나라들을 통합으로 이끈 장기간의 전쟁의 결과로 말미암아 그들은 적어도 단일한 언어와 풍습과 문화를 가질 수 있었다. 그들의 풍속은 몽골족으로부터 기원한 풍속에 상당한 영향을 미쳤지만 조선 사람들 자신은 그에 대해 적절한 설명을 하지 못하고 있다.

이에 따라 조선 사람들이 중국인으로부터 갈라져 나왔다는 일반적인 견

몽골리안계 뱃사공의 얼굴

몽골리안계 청년의 얼굴

해는 잘못된 것임에 틀림없다고 할 수 있다. 양국 사이의 완전하고도 전반에 걸친 풍속의 차이가 이와 같은 단언을 입증해 주는 부수적인 증거가 된다. 대개 아시아인들은 자신들의 오래되고 전통적인 관습을 완고하게 고수하는 경향이 있는데, 이런 면에서 조선 사람들은 중국인에게 결코 뒤지지 않는다.

아마도 대다수 조선 사람들은 자신들의 유래에 관해서 명확하게 설명하지 못할 것이라고 위에서 언급한 바 있다. 일부에서는 그들의 시조가 동해에 위치한 어떤 나라의 검은 소로부터 탄생했다고 진지하게 주장하는 반면에 세도를 누리는 계층들은 다소 신비롭고 초자연적인 기원으로 돌린다. 그러나 이러한 전래 설화들이 광범하게 유포되고 어느 정도 적실하게 받아들여지고 있기는 하지만 실제로 대다수의 조선의 하층민들은 그것을 거의 믿고 있지 않으며 그것을 단조롭고 부적절한 것으로 평가한다.

뒤 알드는 그 설화 가운데에서 한 가지를 소개한 바 있는데, 여기에서 다

코카사스계 상류 계급의 얼굴

몽골리안계 중류 계급의 얼굴

시 인용해 보기로 한다.

고구려의 왕은 하백의 딸을 집에 가두고 그를 범했다. 햇볕이 따갑게 내리쬐던 어느 날, 그 여인은 아이를 임신하여 부셸[21] 만한 크기의 알을 낳았다. 알이 깨지자 그 속에 남자 아이가 보였다. 그는 고구려 말로 위대한 궁사라는 뜻의 주몽이라는 이름으로 성장했다. 고구려의 왕은 그를 종마사육장의 감독관으로 임명했다. 주몽은 자신이 사용할 말은 살찌우고 나머지 준마들은 여위게 했다. 어느 날 그들이 사냥을 나갔을 때, 왕은 주몽으로 하여금 그가 만나는 것들을 활로 쏘게 하는 시합을 시켰더니 주몽은 많은 사슴을 잡았다. 이를 본 왕은 그를 제거하리라고 결심했다.

왕의 생각을 알게 된 주몽은 어머니를 남겨 두고 오위의 시중을 받으며

---

21) 1부셸(bushel)=약 36리터. 한국 측의 기록에는 닷 되들이만 한 크기라고 되어 있다.

떠났다. 그는 맹렬한 추격을 받으며 매우 건너기 어려운 강에 이르렀다. 그는 말했다.

"아! 누가 태양의 자손이며 하백의 딸인 내 어머니가 낳은 자식이던가, 나는 이 강둑에 멈추어 서서 이 장애를 넘을 수 없단 말인가."

그가 이 말을 마치기도 전에 거북들이 나타나 강을 건널 수 있도록 서로의 몸을 연결하여 다리를 만들어 주었다. 주몽이 보술수라는 강을 건너자 세 사람이 나타났다. 첫 번째 사람은 삼베옷을 입고 있었고, 두 번째 사람은 장삼을 입고 있었으며, 마지막 사람은 해초를 뒤집어쓰고 있었다. 그들은 주몽과 함께 흘승골성 지방으로 갔다. 그 곳에서 그는 고(高)라는 성으로 가문을 일으키고 고구려를 세웠다.

여기에서 대다수의 조선 귀족들의 계통이 주몽 곧 고씨에서 유래된 것이라는 점이 주목될 것이다. 그러나 이것은 백성들을 설득시키려고 착안된 것이지만 오히려 백성들로 하여금 모호한 등장 인물의 기원을 조롱하도록 만들고 있다.

위치와 면적

현재 한반도와 대륙과의 경계는 중립 지역에 대한 경계선을 형성하는 압록강의 어귀로부터 북쪽으로 확장되어 북위 40°로부터 동북으로 북위 42° 19′에까지 이르고, 두만강이 그 사이를 흘러서 바다로 합류한다. 그리고 이 두 강 사이에 조선 사람들이 세계에서 가장 높다고 믿고 있는 백두산 또는 장백산의 거대한 산맥이 조선과 중국을 분할하고 있다.[22] 두만강은 전에는

22) (원저자 주) 토착인들의 설명에 따르면 이 산맥의 최고봉은 우리의 단위로 44마일밖에 지나지 않는다!

중국에 속했으나 최근 20년 이래로는 중국에서 러시아에 양도한 강으로 흑룡강 이남 동해안 영역의 남쪽 경계를 이루고 있으며 역시 압록강과 같이 백두산맥에서 발원하고 있다.

조선의 서쪽으로는 황해와 다도해가 있고 동쪽으로는 동해가 있으며 남쪽과 서남쪽으로는 조선 해협이 경계를 형성하고 있다. 반도의 남단은 북위 약 34°30′에 위치하고 있다.[23] 육지의 면적은 북부 국경 쪽이 가장 넓다. 그곳은 동경 127°00′에서 동경 133°00′(그리니치)에 이르고 있으며 남쪽으로 갈수록 폭이 좁아지기 때문에 거의 뾰족해져 동경 129°00′와 130°10′ 사이의 면적을 차지하고 있다. 반도를 종단한 길이는 남북으로 460마일이며, 최대 너비는 360마일, 남쪽에 있는 최소 너비는 약 60마일이다.

섬들

크고 작은 무수한 섬들이 조선에 부속되어 서 · 남 · 동해안을 이루고 있는데 이들은 모두 조선 정부의 지배를 받는다. 그 섬에는 거의 예외 없이 농경이나 어업에 종사하지 않을 수 없는 수많은 사람들이 거주하고 있다. 덕적군도나 아산만과 같이 조선의 서해안의 거의 모든 섬들은 매우 빼어나고 삼림 또한 울창해서 본토와 긴밀한 교역을 할 수 없는 주민들에게 충분한 생계 거리를 제공하고 있는 듯하다.

내가 돌아보았던 여러 섬의 주민들은 늘 친절하고 따뜻한 온정을 베풀었다. 비록 그들은 본토에서 멀리 떨어져 있었지만 육지의 주민들과 마찬가지로 본토에서 파견된 관리에 대한 두려움과 복종심으로 정부가 제시한 규율을 지키고 있다. 매우 큰 섬들을 제외하더라도 대부분의 섬들의 면적은 내

23) (원저자 주) 조선의 남해안은 아직까지 정교한 지도가 만들어져 있지 않으므로 최남단의 정확한 위치는 확실히 말할 수 없다.

단히 넓으며 몇 천 명의 주민들이 거주하고 있다. 서해안 북쪽의 군도는 그다지 비옥하지 못하며 주민들은 매우 무뚝뚝하고 외국인들에게 배타적인 것으로 소문이 나 있다.

이 많은 섬들 가운데에서 크기로 보나 주민의 수효로 보나 특별히 주의를 끌 만한 세 섬을 꼽자면, 서해안의 강화도, 남쪽의 제주도, 동해안의 울릉도를 들 수 있다. 강화도는 가장 크지는 않지만 세 섬들 가운데에서 인구가 제일 많고 한강과 그 조그마한 지류로써 육지와 상당히 가깝게 연결되어 있어 본래는 육지에 속했던 것으로 보인다.

강화도는 수도 서울이 위치해 있는 경기도에 부속되어 있으며 바닷길을 통해 수도에 들어가려면 이 길목을 거쳐야만 한다. 이 섬의 면적은 약 160평방 마일에 이르고 아름다운 삼림이 우거진 산언덕과 비옥한 경작지와 계곡이 청아한 비경을 이루고 있다. 강화도의 행정 관청은 이름이 같은 강화에 있다. 이 섬에 대해서는 다른 장에서 기술하고자 한다.[24)]

가장 큰 섬인 제주도는 육지에서 약 60마일 떨어진 북위 33°30′에 위치하고 있다. 이 섬의 길이는 서북서에서 동북동으로 40마일에 이르며 가장 넓은 지역의 너비는 17마일이다. 제주도는 대단히 아름답고 비옥하기 때문에 조선에서 그 명성이 자자하다. 산의 언덕마다 숲이 우거져 있으며 광활한 평원의 경작 상태 또한 매우 훌륭하다. 조선의 남단의 기후가 여름 몇 달 동안 몹시 더운 이유는 육지 남쪽에 닿을지도 모를 서늘한 바람을 제주도의 높은 산들이 막아 주기 때문이다.

그 가운데 토착민들이 한라라고 부르는 가장 높은 산은 높이가 6,600피트에 이르고 하얀 암괴로 덮여 있어 먼 곳에서 쳐다보면 마치 눈으로 덮인 것 같이 보인다. 이 산맥의 계곡과 낮은 구릉에는 전나무 및 마호가니와 매우

---

24) (원저자 주) 제8장, "제2차 방한 : 1866년 6월"을 참조할 것.

흡사한 아름다운 작은 나무의 우거진 숲이 펼쳐져 있으며 반 야생의 작은 말들이 사육되고 있다. 이 때문에 이 섬에 대한 평판은 매우 좋으며 본토에 말들을 공급하는 곳은 오로지 이곳뿐이다.

제주도에는 매우 많은 주민들이 거주하며 크게 동남해안의 정의(旌義)와 북쪽에 위치한 향도인 제주로 나누어져 수많은 촌락들이 형성되어 있다. 제주는 넓은 계곡으로 둘러싸여 있고 냇물과 인접하고 있다. 제주도는 7개의 능보를 갖춘 성벽으로 둘러싸여 있으나 포대가 설치되어 있지는 않다. 해안에는 마땅한 정박지가 없으며 다소 안전하다고 할 만한 한 곳은 맞은편에 있는 섬(우도)에 있다. 위의 두 지역만 하더라도 폭풍우가 일 때는 거의 고립되다시피 하여 큰 위험에 처하는 경우가 비일비재하다.

제주도의 산물로는 쌀·밀·보리·고구마·옥수수·무 그리고 일반적인 채소가 날 뿐이다. 제주도는 정교하게 짜서 만드는 모자 로 유명한데, 조선 전역에 보급되기 때문에 이 섬의 주요한 수공업 부문이 된다. 주민들은 대부분 농업과 어업에 종사하며 상류 계층 외에는 낯선 사람에 대한 불친절한 태도와 매우 천한 관습과 무례한 예절 때문에 좋지 못한 평판을 받고 있다. 이 섬은 지금까지 본토에서 죄를 범한 자들의 유배지였기 때문에 주민의 대부분이 매우 무례하고 미개한 이유가 이 때문이라 여긴다.

이들 가운데 마지막 세 번째 섬은 조선의 동해안에서 약 45마일 떨어진 북위 37°25′와 동경 133°16′에 위치한 곳으로서 토착민들이 울릉도라고 부른다. 이 섬은 영국의 해도에는 마쓰시마라고 표기되어 있으며 프랑스인은 다줄레[25]라고 표기하고 있고 러시아인은 다게테라고 표기한다. 이 섬의 모양은 둥글고 둘레가 약 25마일에 이르고 있으며 해안의 암벽 때문에 통행하

---

25) 다줄레(Lepaute Dagelet : ?~1788) : 프랑스의 과학원 회원이며 군사학교 교수로서 전공은 천문학이었음. 라페루즈 함대가 남태평양의 솔로몬군도 근해에서 폭풍을 만나 좌초하였을 때 일행과 함께 실종됨. 이진명, 『독도 : 지리상의 재발견』(서울 : 삼인, 1998), pp. 19, 28ff.

기가 어려워 그 내부는 유럽인들에게는 잘 알려져 있지 않다.

울릉도의 토양은 매우 기름지다는 평판을 받고 있으며 이곳에서 경작되는 작물 또한 대단히 품질이 우수하고 수확량도 대단히 많아 본토인들은 이런 특이한 곳에는 일반인들이 범접할 수 없기 때문에 분명히 거인족이 살고 있을 것으로 단정했다. 따라서 이러한 거인족을 가까이 하고 있다는 것은 본국에는 다만 위험만을 가져다 줄 뿐이므로 정부에서는 이러한 사태를 예방하고자 본토인들에게 접근 금지령을 공표했다.

실제로 정부는 가끔 병사를 이끈 관리를 그곳에 파견하여 잠시 머물게 하면서 이 금령의 준수 여부를 살펴보게 하는 동시에 섬의 작물들을 가져오게 했다. 그러나 이와 같은 금지 조치에도 불구하고 정부의 발표를 믿지 않는 조선 사람들을 몇 가지 이유를 들어 울릉도에 상당한 수의 거주자들이 있다고 믿고 있다. 그들이 조사단의 추적을 피해 숲속에 은신하면 조사단은 거인족이 산다는 소문이 두려워 굳이 숲속까지 그들을 추적하지 않는다고 한다.

8도

조선의 육지는 남북에 걸쳐 동해안을 따라서 함경 · 강원 · 경상과 서해안을 따라서 평안 · 황해 · 경기 · 충청 · 전라의 8도로 나누어져 있다. 위의 8도의 명칭들은 조선 내에서 통용되고 있는 것이다. 이와는 달리 뒤 알드가 소개한 것과 각주에 적시된 또 다른 것이 있는데, 이들은 중국어에서 변음된 것이다.[26]

---

26) (원저자 주) 뒤 알드는 8도를 다음과 같이 표기하고 있다. (1) 함경(Hien-king), (2) 강원(Kiang-yuen), (3) 경상(Kin-chang), (4) 평안(Ping-gan), (5) 황해(Hoang-hai), (6) 경기(King-ki), (7) 충청(Tcho-sui), (8) 전라(Tceun-lo). 다른 표기에 따르면 (1) 함경(Hsien-ching), (2) 강원(Chiang-yuen), (3) 충청(T'sing-chang), (4) 평안(Ping-an), (5) 황해(Hoang-wai), (6) 경기(Ching-chi), (7) 경상(Chung-ching), (8) 전라(Chiven-lo)로 되어 있다.

서해안을 따라 있는 5도 가운데 최북단에 위치해 있는 평안도는 압록강 어귀에서 평양강(중국어로 타퉁), 또는 대동강으로 불리는 강까지 내려온다. 이 강은 조선에서 가장 크고 운송이 편리한 강 가운데 하나이다. 이곳에서 동북쪽으로 약 80~90마일가량 떨어진 내륙에는 이 나라의 가장 중요한 도시이자 평안도의 향도인 평양이 있다. 조선에서 가장 빼어난 도시라 할 수 있는 평양은 여러 차례 국왕이 거주하는 도읍지로서 기능했다.

황해도 해안은 장산곶[27]에서 동남과 동쪽으로 움푹 들어가 황해도와 경기도를 분리시키면서 한강변에 이른다. 황해도의 송도부에서 재배되는 인삼은 아시아에서 가장 우수한 품질로 정평이 나 있다. 현재 조선의 수도인 서울은 대동강에서 약 75마일 떨어진 한강 연안에 위치하고 있다. 그리고 서해안을 따라 남쪽으로는 충청과 전라 두 개의 도가 있다.

동쪽의 함경 · 강원 · 경상의 3도는 상대적으로 별로 알려져 있지 않다. 암석이 많고 암초와 여울이 넓게 펼쳐져 있고 동시에 해안에는 무용한 사주가 짧게 이어져 있기 때문에, 동해안에 접근하려면 상당한 위험을 무릅써야 한다. 그 때문에 탐사선조차도 수없이 해안의 접근에 실패하고 나서 충분하게 안전 거리를 확보한 뒤에야 해안을 관찰할 수 있었다.

1854년에 러시아 전함 팔로스호는 조선항(Tsang-liang-kai 또는 Chosian Harbour)을 출발하여 해안에서 2마일에서 4마일가량의 거리를 유지하며 항해했다. 그들은 그 항해를 통해서 보다 정밀하게 해안선을 측량할 수 있었는데, 특히 돌기된 지역의 지형을 비교적 정확하게 파악했으며 영흥만과 원산만 등을 탐사했고 그밖에도 많은 지역에 러시아 지명을 붙였다. 또한 1855년에 프랑스 군함 버지니호가 해안 탐사를 계획했지만 안전 거리에서 해안선을 확인하는 데에 그쳤다.

---

27) (원저자 주) 이곳은 영국 및 다른 해도에 Chang-schan 혹은 Daniel's Island라고 기재되어 있는 지점이라는 것은 의심할 나위도 없다.

8도는 다시 360개가량의 촌락을 포괄하고 있는 80개 군으로 나누어지며 그 가운데 60군은 도시라는 이름을 붙일 만하다. 한편 그 밖의 비교적 큰 촌락에서는 돌로 축조하고 기와를 얹어 어른 키 정도의 낮은 담으로 둘러싸인 지방 관청만이 눈에 띈다. 일부 도시에만 성곽이 축성되어 있는데, 중국의 2·3류의 성벽과도 비교가 안 될 정도로 작다. 중국의 성은 2·3류급이라 할지라도 높고 견고하게 쌓아 참호 등으로 방비되어 있다.

조선의 성벽의 높이는 겨우 6피트에 지나지 않으며 불규칙하고 다듬어지지 않는 돌로 초라하게 쌓았기 때문에 어느 성벽이든지 대포 한방이면 허물어질 것이다. 최근에 프랑스인들에게 침공 당한 이래로 조선은 수많은 작은 도시에 이런 종류의 성을 쌓아 올렸다. 그 가운데 가장 먼저 외침을 당할 우려가 있는 경기도에서 특히 유별났다.

인구

최근 조선 정부가 산출한 통계에 따르면 조선의 인구는 750~800만을 헤아린다. 그러나 이 통계는 신빙성이 극히 낮은데, 그 이유는 납세자를 근거로 해서 주민의 수를 산출하기 때문에 어떻게 해서든지 주민들이 실제의 수를 감추어 조세 부담을 축소하려거나 지방 관리들이 세금을 가로채려고 중앙 정부에는 가능한 적게 징세액을 신고하기 때문이다. 이런 경우에 관리들은 상당한 액수의 뇌물을 바쳐 입막음을 하며 인구 조사 작성을 담당하는 관리와 결탁한다.

이러한 사례는 비일비재하기 때문에 온 나라에 공공연하게 알려져 있으며 제공되는 뇌물의 액수에 따라 다소 차이가 있다. 이를테면 양반들이 소유하고 있는 전체 가옥들은 조사 목록에서 누락되어 있거나 한 가옥만으로 명기되어 있다. 더욱이 본토에서 떨어져 있는 몇 백 개의 섬들을 다스리기는 대단히 어려워서 실사가 불가능하다.

정부의 이와 같은 인구 조사는 결함이 매우 많을 뿐더러 아무런 가치도 없다고 할 수 있다. 조선에서 취합된 신뢰할 만한 보고에 따르면 본토와 그에 부속되어 있는 섬의 실제 주민 수는 1,500~1,600만 명에 이르는데, 이러한 추계는 지나치게 많다기보다는 도리어 적게 추산된 것이다.

산

조선의 국토는 대부분 산맥으로 분할되어 있기 때문에 광활한 평원이 펼쳐질 공간이 거의 없다. 그 가운데 몇몇 산은 매우 높은데, 현풍산은 해발 8,150피트, 벨라렌츠산[28)]은 해발 6,100피트에 이른다. 경기도에는 상당히 높은 산이 몇 개 있다. 그 가운데 서울에서 동북쪽으로 위치한 계두산[29)]의 명칭은 산정이 계관과 흡사한 데에서 비롯된 것이다.

가장 높은 봉우리는 적어도 1만 피트에 이른다. 유도(Cone Mountain 또는 Funnel Mountain)라 불리는 산은 끝이 뾰족하며, 강화도에 있는 정족산(Table Mountain 또는 Tower Mountain) 또한 그러하다. 북쪽으로 중국과 경계를 이루는 백두산의 높이는 아직 외국인들이 정확하게 측정한 바 없다.

조선은 어디에나 산이 많은 지세 때문에 큰 수로나 하천이 형성되어 있지 않아 어느 하천에나 큰 기선이 포구에서부터 멀리 들어갈 수 없다. 잘 닦인 교통로와 지방 도로가 없어 운송이 대단히 힘들고 느린 것도 또한 지세 때문이다. 두만강을 제외하고는 동해안 쪽에는 중요한 강들이 거의 없으며 이미 살펴본 대로 서해 쪽으로 갈수록 항해가 어려워진다.

조선에서 항해가 어려운 또 다른 이유는 조수 간만의 차가 매우 크다는

---

28) 현풍산(Hienfung Mountain)과 벨라렌츠산(Belarenz Mountain)은 그들이 임의로 표기한 지명이어서 어디인지 확인이 되지 않는다.
29) (원저자 주) 레지(Jean-Baptiste Régis가 인용한 계두산(Qua-tou-shan)을 의미하는 것이 틀림없다.

점이다. 근해에서뿐만 아니라 멀리 나아간 곳에서도 조수가 24피트에서 30피트 사이를 오르내리기 때문에 보통 흘수의 선박이 포구에서 멀리 올라가는 것은 위험한 일이다. 그리고 수심이 급변하기 때문에 필연적으로 물살이 급해지는데, 그 속도가 7노트에까지 이른다. 그러나 남해안과 동해안에서는 조류가 10~12피트를 넘는 일이 드물다.

조선 사람들은 항해를 방해하는 이 심각한 장애를 잘 알고 있기 때문에, 적어도 최근까지는 외국인이 해안을 통해 침입하는 문제에 대해서는 안전하다고 생각했다. 물론 기선이 출현해서 안전하게 다가오는 것을 목격한 뒤에 조선 사람들이 놀라움과 함께 그때까지 가져왔던 안전에 대해 어느 정도의 자극을 받았던 것은 사실이다.

하천

주요한 하천은 다음과 같다.

1. 서해안 방면

(1) 압록강은 부분적으로 한중 사이의 경계선을 형성하고 있다. 압록강은 백두산에서 발원하는 장강이다. 그 강어귀의 폭은 약 30마일에 이르며 바다로 합류하는 부분에서 폭이 매우 좁아져 그곳에서부터는 흘수가 얕은 거룻배만이 항해가 가능하다. 서양의 선박이 이곳을 항해한 적은 아직 없기 때문에 이 강을 측량했다는 보고가 전혀 없다. 강구에서 멀지 않은 곳에 조그마한 상업 도시인 의주가 위치해 있는데 그 곳에서 거룻배들이 그 강을 거슬러 내지로 들어가 밀무역을 하는 일이 때때로 있다.

(2) 평양강, 곧 중국식 명칭으로 대동강은 동쪽에 있는 큰 강이라는 뜻으로서[30] 평안도 남쪽에 있다. 1868년 미국 전함 쉐난도아호가 그 강어귀

에 접근한 일이 있었으나 위험한 장애를 만나자 보트를 파견하여 강을 몇 마일 거슬러 올라가 조사했으나 새롭게 구축된 몇몇 요새로부터 사격을 받고 모선으로 되돌아왔다. 그러나 이러한 노력의 결과로 강의 어구를 조사할 수 있었다. 그 고장 주민들의 설명에 따르면 흘수가 깊지 않은 기선은 이 강의 상당한 거리를 항해할 수 있다고 한다.

그러나 이 역시 위험을 무릅써야 한다는 점에서 조선의 다른 어느 강에도 뒤지지 않는다는 것은 이미 미국의 스쿠너인 제너럴 셔먼호의 위험하고도 비극적인 항해가 입증한 바 있다. 그 배는 1866년에 그 강을 거슬러 올라갔으나 강구에서 멀지 않은 곳에서 꼼짝 못하고 모래톱에 좌초함으로써 승무원들은 모두 관헌의 명령에 따라 피살되었으며 배도 전소되었다.

(3) 한강은 지금까지 확인된 조선의 여러 강들 가운데에서 유럽의 기선이 장거리를 항해할 수 있는 유일한 강이다. 내가 선장 제임스의 기선 엠페러호를 타고 직접 조선 정부와 담판하고자 가능한 서울에 가까이 접근해야겠다는 생각에서 서울의 위치도 정확히 모르면서 부득이 그 큰 강을 항해해야 한다고 확신했기 때문에 수많은 장애와 위험을 무릅쓰고 결국 그 강어귀로 들어섰다.[31] 그 기선은 한강의 본류를 약 70마일가량 거슬러 올라가 서울에서 몇 마일 되는 곳에 이르러서야 수심이 얕기 때문에 대단한 위험을 각오하지 않고서는 더 깊이 들어갈 수가 없다는 것을 알았다.[32]

이 강의 어귀는 볼음제도 남쪽의 약 2~3마일 정도의 거리에 있으며 강화도 동북에 이르기까지 동동북 방향으로 흐르는데, 그곳에서 형성되는 좁은

---

30) 필지는 대동강(大同江)을 대동강(大東江)으로 오해하고 있다.

31) (원저자 주) 제8장 "제2차 방한 : 1866년 6월"을 참조할 것.

32) (원저자 주) 앰페러호의 최종 정박지의 수심은 최저 26피트, 최고 30피트이다. 따라서 증기선이 다닐 수 있도록 좁은 운하를 만들 수 있는 물이 넉넉하지 않아서 7피트가량 물길을 끌어올려야 한다. 한편 이 지점에서의 강의 폭은 약 반 마일가량인데, 바닥에 닿을 정도로 수심이 낮다.

지류가 이 섬과 대륙 사이를 북에서 남으로 흘러 덕적군도로 들어간다. 그리고 이 지류로부터 본류가 동으로 흐르다가 차차 좁아져 조선의 수도 서울에 이르기까지 약 15마일은 남쪽 방향으로 흐른다. 강화도를 지나면 강의 폭이 대단히 좁아 간조 때면 완전히 물이 빠지기 때문에 3~4피트 이상의 흘수를 가진 외국 기선은 더 이상 항해하기가 매우 위험하다.

강의 어구는 넓은 사주로 둘러싸여 있어 항해가 대단히 어려우며, 다행히 이 사주를 안전하게 지나면 딴납섬과 돌섬까지는 해로를 따라 본토의 목이 광활하게 펼쳐져 있다. 이 수로를 따라 수없이 좌우로 회전하면 강은 화도 앞바다의 개사층에 이르기까지의 길목에 몇 군데의 커다란 분지가 형성되어 있다.

이 개사층은 화도 포구의 바로 밑에 있는데, 강으로부터 높은 바위 벼랑이 강 쪽으로 튀어 나와 있다. 이곳은 큰 배가 다닐 만큼 물이 풍부하며 간조 때도 깊이가 13패덤[33]이 된다. 그러나 이곳으로부터 폭이 몹시 좁아지고 모래톱이 않아 강화도에 이르기까지 수로는 간조 때 겨우 2~3.5패덤에 지나지 않는다. 강화와 본토 사이의 강 가운데 의 암초들이 얕은 물에 잠겨 있는 부근은 매우 위험하다. 강기슭 또한 언덕져 있으며 훌륭한 경작지와 조밀한 인구를 가지고 있는 촌락들이 있다.

강의 황해도 방면으로는 지방 관청의 소재지인 교동이 있다. 그 곳은 성벽으로 둘러 있지는 않았다. 강기슭의 양쪽은 아름답고 매혹적인 풍광이 펼쳐져 있다. 장중한 산을 배후로 울창한 산림과 기암괴석들이 가파른 비탈을 따라 해안가까지 즐비해 있다. 강화도에 성채는 없으나 몇몇 높은 산기슭에 총포 없는 보루가 설치되어 있다. 보루는 전체적으로 폐허와 같은 인상을 풍기고 있으며 보루 한 곳마다 식솔을 거느리고 평화롭게 살고 있는 한 명

33) 1패덤(fathom)=183cm

의 감시인이 배치되어 있다.

(4) 남서쪽으로는 이강[34]이 주목할 만하다. 그러나 이 강은 넓기는 하지만 왕소의 성씨와 같은 이름을 가진 강으로서는 그리 잘 알려져 있지 않다

2. 동해안 방면

(5) 동강은 원산만으로 흐르는데 동해안 방면에서 가장 중요한 강이다. 그 강의 어귀는 몇 갈래의 물길로 이루어져 있으나 그 가운데 가장 넓은 곳이라 해도 3케이블 렝스[35] 이상을 넘지 못하고 수심이 얕다. 강어귀로부터 몇 마일가량 거슬러 올라가면 물길이 다시 몇 개의 지류로 나누어지는데 그 강물이 어느 정도인지는 아직 알려져 있지 않다. 그러나 강의 길이는 그리 길어 보이지 않으며 강어귀에서 보이는 높은 산맥이 발원지인 듯하다.

(6) 용흥강은 영흥만에 있으며 작고 물살이 빠르기 때문에 그다지 중요하지 않다.

(7) 두만강은 예전에는 중국에 귀속되었던 강으로 현재 러시아의 영지가 된 영역과 조선 사이의 경계를 이루며 압록강과 같이 백두산에서 발원하여 북위 42°19′ 지점에서 바다로 합류한다. 러시아전함 팔라스호가 두만강 상류로 약 10마일가량 근접했으나 더 이상 전진할 수가 없었다.

조선의 강들은 어느 강이나 천연 그대로의 상태이기 때문에 항해하기가 대단히 어렵고 위험하다. 두만강을 탐사하는 동안에 수많은 널찍한 모래톱과 여울을 볼 수 있었으나 물길의 폭이 너무 좁아 팔라스호가 항해한 거리 이상을 항해할 수 없었다.

---

34) 이강(Li-kiang) : 아마도 임진강을 이렇게 표기한 것으로 보인다.
35) 1케이블 렝스(cable-length)=185m

3. 남해안 방면

(8) 남해안 방면에서 주목할 만한 강은 낙동강(洛東江) 이외에는 없다. 이 강은 부산항(釜山港) 인근의 조선 해협으로 흘러 들어간다. 외국 선박이 이 강을 탐사한 적은 없으며 다만 그 길이와 넓이가 그곳의 다른 중요한 강에 미치지 못한다.

서울

몇 년 전만 하더라도 그 확실한 위치가 파악되지 못했던 조선 왕국의 수도는 북위 37°31′과 동경 124°30′(파리)에 위치해 있으며 한강 안쪽으로 약 3마일 가량 떨어져 있고 그 교외는 한강까지 뻗어 있다. 중국어로는 왕성 또는 한성이라고 부르며 지도에는 경기도라는 이름이 표기되어 있는 것을 발견할 수 있는데 그 위치는 전혀 다른 지점에 나타나 있다.

그러나 조선 사람들은 그러한 지명을 거의 사용하지 않으며 수도를 왕궁을 의미하는 서울(Saoul)로만 부른다. 그 곳에는 왕이 거처하며 중앙 정부가 있다. 서울은 현재 약 10~15만의 인구가 살고 있는, 조선에서 가장 중요한 도시이다. 대부분의 귀족들이 적어도 1년 가운데 한 때는 서울에서 산다. 그렇다고 해서 서울이 조선의 다른 도시들 보다 거리의 질서가 특별히 잘 잡혀 있다거나 건물이 크고 아름다운 것은 아니다.

서울의 거리는 중국의 일반 도시의 좁은 가로보다는 넓지만 관청이나 양반의 주택이나 심지어는 왕궁조차도 중국의 비교적 큰 도시에 있는 부유한 계층의 주택과는 비교가 되지 않는다. 중국의 도시에서 볼 수 있는 다양한 색상으로 화려하게 장식된 큰 사원은 서울에서 찾아볼 수 없다. 가옥들은 대개 진흙으로 지어진 단층집으로 초라하기 때문에 결코 서울이 조선과 같은 나라의 수도라고 할 만한 인상을 주지 않는다.

그리고 만일 상아, 칠기, 철제품 등의 화려하고 풍부한 산물들을 자랑하는 광동이나 영파 또는 일본의 여타 도시의 상점들을 서울에서 찾으려 한다면 크게 실망할 것이다. 조선의 다른 큰 도시들과 마찬가지로 서울의 성곽의 높이도 약 9~10피트에 불과하며 강직도나 그 밖의 상태를 견준다 해도 다른 소도시의 성과 별다른 차이가 없다.

최근 프랑스의 침입[병인양요]을 겪기 이전까지만 해도 이 성은 보수조차 하지 않아 무너질 듯이 내버려두었다가 그제야 겨우 흙댐 정도를 했으며, 옛 성채를 보강하거나 개선할 뜻이 없었다. 조선 정부는 외세의 침략에 대응할 수 있는 자신감을 확고하게 가지고 있는 듯했다. 그러나 그러한 확신은 잘못된 것이며 자신들의 뛰어난 용맹과 힘에 대한 자신이 어리석은 것이었음을 인정하게 될 날이 그리 멀지 않은 장래에 다가올 것이다.

서울은 항상 왕이 거처하는 수도는 아니었으며 16세기 말에 일본의 침략으로 말미암아 옛 수도인 송도가 거의 총체적으로 파괴된 뒤로 서울은 내내 수도의 지위를 유지하여 왔다. 그 전에는 송도가 왕의 거주지였다. 그곳은 오늘날에도 역시 가장 중요한 도시로 여겨지는 제1의 상업 도시이며 송도 상인은 조선에서 최고 상인으로 대우받는다. 송도는 황해도에 소속되어 있는 도시로서 한강에서 북쪽으로 약 20마일 떨어진 곳에 위치해 있다.[36)]

이 외에도 조선의 중요한 대도시로는 압록강 어귀의 의주, 대동강변의 평양, 경상도에 있는 상주 그리고 전라도의 초산[37)] 등이 있다. 특히 초산은 항구 도시로서 조선이 머지않아 외국과 무역을 추진하게 되면 아마도 중요한

---

36) (원저자 주) 레지(Jean Régis)에 따르면 송도(혹은 그는 Son-yo라고 부르기도 한다)는 대략 서기 930년경에 수도로 승격되었다. 그 이전까지는 평양이 조선의 수도였다.

37) 초산(Chosian) : 아마도 군산을 오기한 것으로 보인다.

거점이 될 것이다. 그 외에 영국 해도에 나타나 있는 해안 도시들은 대부분 조그마한 촌락이거나 어촌에 지나지 않기 때문에 도시라고 부르기에는 부적절하다.

제 2 장 정치 제도

한청 관계

1397년[1]에 상이한 종족과 다양한 계층 사이의 통합이 이루어진 뒤로 조선 정부는 절대적이고 강력한 통치권을 행사하는 군주의 지배 아래 놓이게 되었다. 조선과 중국의 관계에서 조선이 중국의 지배를 받아 왔다는 일반적인 견해는 매우 잘못된 것이다. 물론 몇 백 년 전에 조선의 왕은 중국의 황제에게 군신의 예를 갖추었다. 그러나 그 당시의 종속 관계에서도 종주국의 권한은 매우 제한되어 있었기 때문에, 조선은 독자적인 권리를 행사할 수 있었으며 그나마 이완된 예속 관계마저도 사라진 지 오래 되었다.

오래 전에 몇 세기 동안 칭기스칸, 오고타이 및 쿠빌라이 등의 통치 아래에서 초강대국으로 성장하여 대내외적으로 위세를 떨치며 인접한 약소국들에게 강한 압력을 행사해 왔던 중국의 세력은 매우 약화되었다. 자기 나라 안의 만성적인 폭동을 진압할 수 없게 됨에 따라 오늘날의 북경 정부는 자신에게 조공을 바치고 신하의 예를 갖추던 인접국에 대해 행사하던 영향력이 매우 위축되었다.

---

1) 필자는 이 책의 전편을 통하여 조선의 건국 연대를 1397년으로 오기하고 있다.

필요할 때마다 비록 중국이 한결같이 조선에 베풀었던 지대한 후원과 원조의 공에 대해 조선이 어떠한 감사의 뜻을 표시하지 않을 수 없게 되었다 해도, 타이나 버마 그리고 교지지나와 마찬가지로 중국은 조선에게 행사하던 통치권을 단념하지 않을 수 없었다.

조선 사람들은 용맹스러운 기세에도 불구하고 중국의 원조가 있어야만 전력이 압도적으로 우세한 일본군을 격퇴할 수 있었다.[2] 그리고 절박한 순간에는 강대하고 자비스러운 종주국에게 기대하지 않을 수 없었던 사실은 조선 사람들의 뇌리에 잊을 수 없도록 각인되었다. 조선 정부는 중국의 황제가 지난날의 계약을 이행할 것을 독촉하리라고는 생각하지 않았고 설령 독촉했을지라도 이행하지 않았을 것이다.

당시에 중국은 자신이 베푼 원조에 대해 단지 구두나 문서상의 약속에 만족하지 않고 현실적인 이익을 차지하는 데 급급해서 조선의 영토였던 요동 지방의 양도를 요구함으로써 이는 양국 사이의 불화를 일으킨 발단이 되었다. 결국 요동을 복속시킴으로써 중국은 실질적인 이득을 취했다.

그리고 조선은 한동안 해마다 조공을 바치는 의무를 충실하게 이행했으며 새로운 국왕이 왕위를 계승할 때마다 중국 황제의 승인을 얻어야 했다. 당시 양국 사이에는 전통에 따라 특별한 비밀 조약이 체결되어 있었는데, 그것은 중국 황제가 왕위를 찬탈 당할 시에 조선이 자국의 3도를 황제에게 양도한다는 것이다. 현재로서는 그 조약이 유효한지, 당시의 통치자에게만 적용되는지, 아니면 그 후계자들에게도 적용되는지는 애매하다.

결국 이러한 조약은 오늘날에는 아무런 실효를 갖지 못한다. 왜냐하면 이 조약을 체결한 것은 조선 정부가 만일의 큰 사태에 대비하기 위한 방책이었기 때문이며, 조약문 자체에 순종하려는 생각은 조금도 없었다는 점은 다음

2) (원저자 주) 이에 관해서는 제3장 "역사"를 참조할 것.

과 같은 사실이 증명한다. 곧 당시에 중국을 통치하고 있던 명조는 타타르족에게 일시적으로 지배권을 빼앗기게 되었을 경우에 그와 같은 조약의 효력이 발생하리라고 기대하지 않았던 것으로 보였으며 실제로 한 번도 그 조약이 유용하게 쓰인 일이 없었다.

통치 제도

조선에서 국왕의 지배권은 절대적이며 그의 의지가 곧 법이다. 형식적으로 왕의 행동을 감시하고 조절하는 특별한 임무를 수행하는 관직이 있긴 하지만 이것은 사실상 오늘날 거의 무의미해졌다. 조선에는 남성 귀족들이나 대신들이 그 지위를 차지하고 있는 "공인된 총신"이라는 매우 흥미로운 제도가 있는데, 좋든 나쁘든 그들의 영향력은 왕의 권한에 맞먹는다.

그러나 이 지위는 대부분 왕비의 인척들이나 남자 형제들이 차지하고 있다. 그들은 왕의 고매한 열정을 보좌함으로써 성공적으로 왕의 호의를 얻어왔다. 조선 사람들은 총신 제도에 익숙해 있고 또 그것을 자연스럽고 필요한 것으로 여기고 있기 때문에 공인된 총신의 존재 없이 왕이 존재하는 것은 불가능한 것처럼 보인다.

현재의 국왕[3]이 다른 친척이나 어떤 친자도 없는 미망인의 딸과 혼인함으로써 세간에는 총신들의 자리가 어떻게 채워질 것인가가 큰 흥밋거리로 회자되었다.[4] 이런 경우에 어찌해서 오랜 관습과는 달리 백성들의 신망을

---

3) (원저자 주) 조선의 현 국왕은 대를 이을 아들이 없었던 선왕이 붕어한 뒤 1864년 왕비가 양자로 들인 손으로서 당시에는 서너 살에 불과했던 어린아이였다.
(역자 주) 고종이 양자였다는 기록은 철종의 후사를 잇지 않은 방계였다는 사실을 오해한 것으로 보인다.

4) 여기에서 "현재의 국왕"이라 함은 고종을 의미하는 것이지만 그의 비인 민비는 미망인의 딸이 아니라 고아였다.

받지 못하는 여인을 왕의 배우자로 택하였는가를 설명하기는 어렵지 않다. 권력에 대한 열망으로 스스로 실질적인 지배권을 행사해 온 왕의 부친인 대원군이 그러한 총신을 택할 리는 없다. 만약 그렇게 된다면 그 결과는 뒷날 그에게 큰 위험이 될 것이고 자칫하면 왕의 영도권을 그 총신이 장악할는지도 모르기 때문이다.

의정부는 세 명의 정승으로 구성된 국가평의회로서 그 산하의 내각은 정이품 여섯 명으로 구성된다. 의정부를 구성하는 세 관직은 영의정(정부의 영수), 좌의정, 우의정으로서 그들의 책무는 대신들과 자신들에게 소속된 관리들 및 일반 국가 행정을 감독하는 것이다.

국사 전반의 직접적인 감독은 각 내무[이조] · 재무[호조] · 군무[병조] · 문교[예조] · 형사[형조], 토목[공조]의 전문 부서의 장을 맡고 있는 여섯 명의 대신이 맡는다. 외무를 담당하는 부서는 특별히 설치되어 있지 않으며 그에 관한 업무는 예조 판서가 관장한다.[5] 8도는 감사[6]라는 지방 관리들이 다스리며 그들의 관사는 해당 지방의 향도에 소재하고 있다.

각 도는 여러 군으로 나누어지는데, 그 군의 크기와 중요도 따라 임명되는 관리의 위계도 달라진다. 군은 다시 현으로 나뉘고 관리가 징세, 치안 유지, 국고 감시의 업무를 담당하며 도 관찰사 산하에 직속되는데 그들의 직무는 무엇보다도 먼저 모든 문제를 그에게 보고해야 하는 일이다. 지방 수령의 밑에는 각기 아전과 감시원 그리고 고을의 좌수들이 딸려 있었다.

---

5) (원저자 주) 일본에서 발행된 『조선이야기』에 정이품의 대신 다섯 명만으로 조각되어 있는 것은 잘못이다.
6) (원저자 주) 일본 문헌에 따르면 그것을 목사라고 부른다.

지방 제도

관찰사로부터 미관말식에 이르는 모든 관리들은 오직 2년 임기에 한해서 한 고장에 부임하여 업무를 집행한다. 흔한 일은 아니지만 예외적인 경우에 관리의 임기가 몇 해 더 연장되기도 하는데 이럴 경우에는 그가 그 고을을 부유하게 만들었거나 대단한 선정을 베풀었어야 한다. 이 기간이 지나면 임지를 옮기게 된다.

관직이 교체될 경우에 자리 때문에 상당한 액수의 금품이 오기도 한다. 이러한 관직의 부단한 교체 때문에 그 필연적인 결과로 관리들이 자신의 임지의 사정을 제대로 파악하고 업무를 관장할 틈이 없게 된다. 그들은 임기 동안에 주민의 안녕을 도모하는 데는 거의 관심을 갖지 않는 반면에 자신에게 불이익이 되지 않도록 오직 착취를 통해 신속하게 납세금을 징수하고 뒷돈을 챙기는 데에만 열중한다. 그들은 누구나 임기가 짧은 만큼 포괄적이고 신속하게 착취해야 불로소득을 챙길 수 있다고 생각한다. 백성들이 탐관오리들에게 이중적으로 수탈당하는 것은 조정으로서는 알 바가 아니다.

정부는 이러한 관직 순환을 통해 두 가지 목적을 성취한다. 먼저 빈번한 매관매직을 통해 국고를 채우는 것이며 다른 하나는 지방 관리와 백성들 사이의 밀착을 차단하는 것이다. 고위 관리는 1년에 두 차례 수하의 모든 관리들에 관한 보고를 왕에게 제출할 의무가 있으며 왕은 이 보고에 따라 관리들의 인사를 처리한다. 이 보고는 뇌물 공여에 따라서 왜곡될 소지가 농후하다.

이러한 보고 체계는 오래 전부터 유래하고 있으며 그 같은 보고 문서가 작성될 때는 이미 뇌물이 오고갈 가능성이 상존하고 있기 때문에 이에 대한 방지책도 실시되고 있다. 곧 암행의 의무를 맡은 특별한 관리가 파견되어 지위 고하를 막론하고 모든 관리를 감독한다. 이에 대해서는 일본인이 저술한 『조선 이야기』에 다음과 같은 기술이 있다.

"각 지역에는 감찰 업무를 수행하는 순찰사라는 관리가 있다. 그는 관찰사와 그 밖의 다른 관리들의 동태를 감시하고 그에 대해 왕에게 곧바로 보고한다. 다양한 직급의 검찰관들이 그를 보좌한다. 검찰관들은 수도에 있는 총감찰관 밑의 도순감사의 지휘를 받고 있다. 이 비밀 검찰관들은 백성들과 정부를 위해 훌륭한 봉사를 한다. 그들은 거칠 바 없이 자신의 의견을 개진할 수 있고 조정에 이견을 제출할 수 있는 권리가 있으므로 백성들과 군주 사이에서 가교 역할을 할 수가 있다. 또 그들이 이와 같은 역할을 수행함으로써 계층과 신분에 따라 차별을 받고 권문세가의 권력욕 때문에 군주와 백성들 사이의 언로가 막혀 있는 조선과 같은 나라에서는 대단히 유익하다고 할 수 있다."

그렇지만 이에 대한 실태를 보다 완전하게 이해하려면 다음의 사실들을 고려해야 한다. 먼저 위에 말한 내용은 이미 2백 년 전에 기술되었다는 점이며, 따라서 유감스럽게도 오늘날의 사정에는 그대로 적용될 수는 없기 때문에 먼 옛날의 기록으로 여겨야 한다는 점이다. 오늘날의 조선 사람들의 말을 빌리더라도 그들은 그 시대에 매우 유익한 소기의 목적을 달성할 수가 있었다는 것은 의심할 나위도 없다.

종종 왕은 암행 감찰관[암행어사]을 지방에 파견해서 지위 고하를 가리지 않고 모든 관리들의 전횡을 보고하고 책임을 묻게 하는 처벌권을 행사하도록 한다. 이런 식으로 모든 관리들에 대한 효율적인 감시가 이루어져 백성들의 평화와 안녕이 도모되었기 때문에, 조선에서 이 시절 이상으로 번영을 구가했던 시기는 없었다고 전해진다.

이와 같은 전언은 중요한 몇몇 내용이 생략되긴 했지만 바로 전국을 암행하는 감찰관들의 노고에서 비롯된 것이었다. 그들은 불평을 감추고 도보로 암행하는 등 매우 신중하게 왕명을 집행한다. 그들은 상당한 권한을 가지고 있기 때문에, 비상한 경우에 위법한 관리에 대한 판결권을 행사하고 파면시킬 수도 있다. 조선 사람들 누구나 이러한 암행 감찰관이 활동하고 있다는 사실을 알지만 누구도 그들의 신상에 대해 알지 못한다. 그들은 여러 가지 모습으로 변장을 하고 경향 각지로 부단히 이동하며 활동하기 때문에 효율적으로 자신의 직무를 수행할 수 있다.

암행어사

만약 오늘날에도 암행 감찰 업무가 지속되고 있다면 비록 전제적이라 할지라도 백성들은 탐관오리들의 수많은 폭압과 착취로부터 자신들을 보호해 준 정부에게 불평할 까닭이 없을 것이다. 그러나 불행하게도 세월이 지남에 따라 이 제도도 다른 여러 가지 제도와 마찬가지로 더 이상 지속되지 않았으며 전혀 다른 모습으로 바뀌었기 때문에 이 나라의 번영이 손상을 입었다.

그 동안 존속해 왔던 구제도들은 최근 들어 백성들의 원성을 사고 있는 섭정인 대원군에 의해서 폐지되었다. 그는 통치권을 장악하고 있으며 자신의 지위를 유지하기 위해 공공의 이익에는 아랑곳없이 자신의 명령과 칙령을 맹목적으로 수행할 수 있는 파렴치한 무리들의 충성이 절실히 필요했다.

특히 고위층에 만연된 이와 같은 행태는 행정부의 모든 부문의 도덕성을 총체적으로 무너뜨렸기 때문에 풍기 문란과 권력 남용이 거의 예외 없이 관행화되고 있다. 지난날에는 백성들의 행복을 위해서 관리들에게 행해지던 감시가 작금에 와서는 정부 자체를 보전하기 위해서 현재의 관행에 대해 불만을 표하고 있는 백성들에게 대해 행해지고 있다.

오늘날의 조선의 국사는 악화일로를 치닫고 있다. 대원군과 그의 충복들은 모든 관직과 서훈을 높은 값으로 매매하고 있다. 고관대작들은 정의를 내팽개치고 자신의 수하들을 착취하는 한편 이들 또한 다시 백성들을 착취한다. 물론 현재에도 감찰 제도가 있기는 하지만 그것은 단지 이름뿐이며 형식에 불과하다.

암행 감찰관은 옛 법률에 따라 직무를 수행하지 않으며 그들의 유일한 목적은 자신의 지위를 이용해서 가능한 많은 이익을 챙기는 것이다. 또한 그들은 도보로 감찰 업무를 수행하는 것은 매우 진부하고 비능률적인 방식이라고 생각한다. 따라서 오늘날 그들은 자신의 사명을 세간에 널리 알리고 위풍당당하게 각지를 돌아다니기를 좋아한다. 그들은 고관대작이 뒤를 봐주고 있는 탐관오리들에 대한 보고는 어떠한 경우라도 묵살하며 이에 대한 댓가로 막대한 뇌물을 챙긴다.

흔히 거의 모든 관직은 빈번하게 교체되지만 유일하게도 지방 관청의 아전의 경우에는 그렇지 않다. 그들은 비천하고 사회적 지위 또한 매우 낮지만 같은 자리에 오랫동안 눌러 있었기 때문에 지방의 사정을 속속들이 파악하고 있으며 경험적으로 어떻게 하면 많은 이득을 취할 수 있는가를 누구보다도 잘 알고 있다.[7] 따라서 그들은 예외 없이 자신의 직위를 보전하면서 기득권을 유지하고 신임 상관들의 뒷돈을 챙겨 주며 그들에게 영향력을 행사한다.

도덕성을 판단하는 자리를 뜻하는 간관은 대궐에서 가장 높은 관직이다. 태평성대를 누리던 시절에 신설되었던 이 관직은 다른 제도들과 거의 마찬가지로 이제 와서는 매우 비효율적이며 단지 명목상으로만 존재한다. 예전에는 덕망과 학식을 겸비한 노령의 관리가 이 직무를 수행했기 때문에 그 직책에 대한 특별한 권위가 서고 자연히 존경을 받았다.

그의 직무는 왕의 거동을 엄격히 감시하는 일로서 필요하다고 여겨지거나 왕의 처신이 군주로서의 태도에 어긋난다고 판단되는 경우에 왕에게 직언하고 대담하게 비판을 가하기도 한다.[8] 또 다른 궁내의 관직으로 도승지

---

7) (원저자 주) 제4장 "풍습"을 참조할 것.
8) (원저자 주) 이러한 지위는 일본의 궁궐에도 존재하고 있다. 단 미카도와 쇼군의 궁궐에는 없다.

가 있어 특별히 고서와 중국어에 정통한 학자가 그 직책을 수행한다. 그밖에 유럽 궁정의 의전관의 역할을 수행하는 선전관이 있어 왕에게 말을 전달하거나 그의 답변을 받아 전달하고 왕명을 공표 하는 등의 일을 수행한다.

군사 조직

『조선이야기』에 실려 있는 예전의 육해군관의 지휘관들의 명칭을 소개하는 것도 흥미로운 일일 것이다. 그러나 조선이 오랫동안 평화의 시간을 탐닉하는 동안에 그들의 대다수는 충원되지 않았다.

《육군》

총수(總帥) — 도원수(都元帥)

수도(首都) 수비 사령관[9]

위변복주관(圍邊伏紂官) — 토벌사령관

총병사(總兵使) — 중앙사령관

좌병사(左兵使) — 좌익사령관

우병사(右兵使) — 우익사령관

총방어사(總防禦使) — 중앙예비사령관

좌방어사(左防禦使) — 좌예비사령관

우방어사(右防禦使) — 우예비사령관

조방어사(助防禦使) — 예비원군사령관

병조판서 — 감사(監査)

---

9) 본문에는 Sjing rak ho-kaun라고 되어 있으나 무엇을 의미하는지 알 수 없다.

《해군》

총수군사(總水軍使) — 중앙해군대장

좌수군사(左水軍使) — 좌수군대장

우수군사(右水軍使) — 우수군대장

제 3 장 조선의 역사

독특하고 높은 수준의 문화를 자랑하며 문명화된 삶을 영위하고 있다고 공언할 수 있는 나라들 가운데에서 조선만큼 민족의 기원이나 역사에 관한 문헌이 불완전하고 부족한 곳도 드물다. 학자인 체하는 조선 사람들 가운데 누구도 자기 나라의 역사를 기술하려 하거나 그렇게 할 수 있는 사람은 없는 듯하다. 그들은 중국이나 일본의 사가들이 남겨 놓은 기록들이 더할 나위 없이 완전하다고 믿고 있는 것 같기도 하다.

우리는 과거에 조선에서 무슨 일이 일어났는지 전혀 알지 못하기 때문에, 지금이라도 새로운 저술 작업이 이루어지지 않는 이상 지금 전해져 내려오고 있는 어떤 기록에라도 감사를 표시할 수밖에 없다. 특히 중세와 근세에 대해서는 일본의 문헌들이 가장 풍부하고 비교적 정확하게 기술되어 있긴 하지만 지리적으로 인접했으면서도 가장 적대적이었던 양국 사이의 관계를 감정적으로 묘사하고 있는 것이 대부분이다.

17세기 초에 이르기까지 조선은 국내 세력 사이의 반목과 쟁투가 빈번하게 일어나는 무대가 되었으며 가장 인접한 나라들의 야심에 찬 침략욕이 펼쳐지는 무대가 되었다. 그들은 조선의 영토 안에서 서로 패권을 다투거나 이 왕국을 지배하기 위해 일전을 벌였다. 일본과의 마지막 전쟁이 종결되고 중국이 조선을 굴복시키려는 시도를 아무런 소득 없이 최종적으로 단념하자, 끊임없는 전쟁과 대혼란으로 말미암아 대규모의 복구가 불가피한 이 고난에 찬 나라와 그 백성들은 오랜 휴식 시간에 빠져들 수 있었다.

역사 자료

간간이 조선의 역사를 기록한 일본의 역사서들을 보면 그들이 인접국에서 일어난 사건들에 지대하게 관심을 가지고 있었음을 알 수 있다. 그들은 조선만을 다룬 역사서를 편찬하기도 했다. 그 역사서들 가운데에서 조선의 고대 시기의 역사적 사건을 비중 있게 다루어 흥미진진하고 가치 있는 정보를 제공해 주고 있는 특별한 세 권의 저술이 있다.

『일본기』: 기원전 660년부터 서기 696년까지의 일본 연대기(720년 발행, 30권)

『일본황대일람』: 기원전 661년부터 서기 1611년까지의 일본 통치 시대의 개관(大阪, 1795, 7권)

『조선이야기』: 조선의 역사(江戸, 1750, 5권)

이후에 중국이나 일본에서 간행된 조선의 역사에 관한 저술은 없는 듯하다. 어쨌든 한 권의 책도 출간되지 않았다면 그것은 매우 의아스러운 일이지만 그것은 조선 정부가 쇄국 정책을 실시한 탓에 이 정책이 철회될 때까지 다른 국가들과의 교류가 점차적으로 제약되었다는 사실로써 그 이유를 설명할 수 있다. 더구나 외부 세계가 조선에 대해 어떤 호기심을 가질 만한 특정한 계기나 정치적 사건이 일어나지 않았기 때문에, 어떤 외국인 역사가도 조선의 역사를 기술할 만한 가치가 있다고 여기지 않았다.

고대사

고대 중국의 연대기는 이미 기원전 2350년경에 조선의 주민을 언급하고 있다. 당시에 몇몇 북방 종족은 싸움에서 패한 뒤 중국에 조공을 바치는 관계를 맺지 않을 수 없었다. 그러나 이와 같은 주종 관계가 오랜 기간 동안 변함없이 지속된 것 같지는 않다. 그리고 그 뒤로 1,000여 년이 경과하면서 조선은 중국에 완전히 굴복하기도 했다.

그러나 조선은 한때 독립국으로서 중국 영토에 침입하여 기원전 16세기에는 요동과 강남을 차지했다. 신뢰할 만한 가치가 있는 역사서에 최초로 조선이 언급되어 있는 시점은 기원전 12세기이다. 그 시기에 한반도의 서북부는 가장 먼저 암흑으로부터 벗어나고 있었다. 이 저술은 여러 장으로 구성되어 있어 각 장에서 조선의 각 지역을 별도로 취급하고 있으며 기원전 60년에서부터 거슬러 내려오면서 중국에 인접한 북부 지역과 고구려, 백제, 신라의 세 왕국의 역사를 기록하고 있다.

기원전 12세기 초 상왕조의 주왕이 중국을 통치하던 시기에 궁궐에 살았던 황족인 기자는 솔직하게 정부의 폭정을 비판하고 온건한 통치 방식을 유도하고자 노력한 탓으로 황제의 미움을 샀다. 기자는 무왕이 모반을 꾀해 상왕조를 전복하고 주왕을 참살할 때까지 투옥되어 있었다. 새 황제는 기자를 풀어 주고 환대하며 그가 가까이에서 자신의 조언자로 남아 있기를 바랐다.

그러나 기자는 자신의 왕조로부터 왕위를 찬탈한 자를 위해 일할 수 없었다. 그는 중국을 떠나기로 결심하고 압록강을 건너 패수(현재의 대동강) 연안에 정착하여 그곳에서 새로운 왕국을 세우고 평양을 도읍으로 정했다. 그는 기원전 1119년에 새 왕국의 국명을 조선이라 정하고 무왕에게 충성을 맹약했다. 그는 스스로를 군주라고 칭하며 중국을 모방하여 새로운 체제를 세웠다.

기자는 오랫동안 새 왕국을 평화롭게 다스린 뒤 후손에게 왕위를 물려주었다. 상당히 오랫동안 그들의 통치 아래서 조선은 내내 번창했으나 중국에서 전쟁이 일어나 왕국이 분열되자 그 여파가 이웃인 조선에까지 미쳤다. 중국은 초(楚)·조(趙)·진(秦)·연(燕)·제(齊)·한(韓)·위(魏)의 7개의 왕국으로 분열되었다. 그 가운데에서 연나라는 조선에서 가장 인접한 곳에 위치하고 있었다.

연왕국은 본래 북경 지방으로만 구성되었으나 곧 요동의 지배권을 빼앗은 뒤에 기자의 후손이 연나라의 봉신으로서 그들의 지배권을 인정했음에도 불구하고 조선으로 정복을 확장했다.(기원전 403~222년) 그러나 연나라는 머지않아 패망했다. 진나라의 왕은 전쟁을 일으켜 연나라와 다른 다섯 왕국을 점차로 멸하고 진시황이라는 이름으로 전 중국을 제패한 황제의 자리에 등극했다.(기원전 264년)

진시황의 치세 기간에 중국과 조선간의 경계로서 나무로 쌓은 성이 축조되어 오늘날까지 남아 있다.[1] 진이 창업한 왕조는 오래 가지 않았다. 진시황의 후손들의 치세 때에 흉노족이 진나라를 전복시키자 중국은 다시 여러 작은 왕국으로 분열되었다. 연나라가 다시 창업되었다.

왕위가 끊어지지 않고 41대에까지 이르러 온 기자조선을 기준이 전복한 뒤에 조선은 독립 왕국으로 변모되었다.(기원전 221~203년)[2] 이와 같은 반전과 혼란이 계속되는 동안 조선과 중국 사이의 경계 지방에 거주하고 있던 수많은 주민들은 중국에서 조선으로 피신했다. 기준은 그들을 반갑게 맞아들여 그들의 생계를 위해 대규모의 토지를 내주었다.

창업자의 이름을 따서 국명으로 채택했던 연왕조는 단명했던 다른 왕조들의 운명처럼 명멸해 갔다. 한왕조의 창업자인 고조는 지리한 쟁투 끝에

1) (원저자 주) 이 목책 너머에 있는 약간의 땅은 두 나라 사이의 중립 지대로 설정되었기 때문에 특별한 허가 없이 그곳에 들어가는 것은 금지되었다.
2) 이 부분에서 필자는 오해하고 있다. 기준이 기자조선을 멸망시킨 것이 아니라 그는 기자조선의 마지막 왕이었다. 필자는 기자의 창업을 오해한 것이다.

연왕조를 내쫓고 정복 전쟁을 벌여 중국을 재통합한 뒤 스스로 전 중국의 황제의 자리에 올랐다. 이와 같은 전쟁이 계속되는 동안 연 왕실의 후손이었던 위만은 수많은 무리들을 모은 뒤에 자신의 가문의 우두머리가 흉노족에게로 투항하자 지지자들을 이끌고 조선으로 건너갔다. 그는 그곳에서 전에 기준이 우호적으로 받아들였던 난민들과 합세하여 기준을 몰아내고 스스로 조선의 왕이 되었다.

위만은 자신의 지위를 강화한 뒤에 독립을 유지하고 있던 조선의 옥저와 예맥 부족에게로 눈길을 돌려 몇 차례의 치열한 전투를 벌인 끝에 그들을 굴복시키고 당시에 중국을 지배하고 있던 한나라와 화친을 맺었다. 중국의 황제는 조선을 속국으로 삼고 위만을 목책 경계선 이남 전역을 다스리는 봉신으로 책봉했다.

이에 앞서 위만은 평양을 수도로 삼았다. 그러나 그의 왕조도 단명했다. 그의 아들이 통치하던 기원전 128년에 이미 18만 명에 이르는 예맥족 난민이 요동으로 이주하여 중국 황제의 보호 아래로 들어갔다. 기원전 110년에 그의 후손 우거는 중국의 지배에서 벗어나기로 결심하고 궁궐에서 중국 황제의 사신을 죽인 뒤 더 이상의 복종을 거부했다.

이에 격분한 무제는 자신이 보호하고 있던 예맥족과 함께 그를 공격했으나 참혹하게 패배한 뒤 퇴각해야 했다. 중국 영토를 침공할지도 모르는 우거를 징벌하는 것이 불가능하다고 판단한 무제는 기원전 108년에 일단의 부하들을 시켜 그를 살해하여 위만 가문의 지배는 끝나고 말았다. 용맹스럽고 호전적인 군주를 잃은 조선은 중국 황제의 보호 아래로 들어갔다.

조선은 비록 봉신국가라 할지라도 독립적이지 않은 일개 지방으로 취급되며 중국의 지배를 받았다. 기원전 30년경까지 조선이 처한 상황은 변함이 없었으나 중국에서 내분이 일어나 한 왕조의 세력과 영향력이 매우 약화되자 조선의 일부 지역은 그러한 상황을 이용해서 독립적인 국가를 세웠다. 그러나 그들 또한 여전히 조공을 바쳤으며 조선이 재통합될 때까지 그 외의 지역은 오랫동안 중국의 지배를 받았다.

그 당시의 조선은 오늘날의 조선의 북서부에 해당하는 지역으로 중국과 밀접하게 교류하는 유일한 나라였고 북동 지역과 남서 지역 그리고 남부 지역은 각각 다른 부족들이 차지하고 있었으며 그들에 대해서는 기원전 100년경까지 부족장들이 다스렸다는 점 이외에는 거의 알려진 사실이 없다.

시간이 지나면서 조선 이외의 다양한 부족들이 불화한 끝에 고구려·백제·신라의 세 왕국을 형성하여 뒷날 중국에 대적했다. 8세기 중반에 신라가 지배권을 장악할 때까지 그들은 끊임없이 쟁투를 벌였으며 16세기[3]까지 그러한 상황이 반복되었다. 뒤이어 고려가 지배적인 위치를 탈환하여 그 동안 분열되어 있던 조선의 전 지역을 통합해서 단일한 국가를 세웠다. 이 왕국들의 기원에 관해서는 다음과 같은 기록이 있다.

고구려의 건국

오늘날 함경도의 산지와 강원도 지역을 이루는 한반도의 북동 지역에는 북부·서부·동부로 나누어진 옥저가 차지하고 있었다. 그 부족에는 단일한 지배자가 없으며 각각의 종족들과 가계의 수장들이 통치권을 나눠 가졌다. 그들의 북쪽 인근에는 만주족의 원조이자 부여 왕국의 주민들인 읍루족이 살았으며 오늘날 강원도의 일부인 남쪽에는 예맥족이 살고 있었다. 뒤에 위만에게 복속된 예맥은 다시 위만가가 전복되자 기원전 108년에 중국의 지배하에 들어갔다.

중국 황실 가문 출신이었던 왕자 주몽[4]은 부여에서 옥저로 달아났다. 그

3) 삼국이 16세기까지 쟁투를 벌였다는 것은 9세기를 잘못 기록한 것으로 보임.

4) (원저자 주) 제1장 "서장 : 인종과 지리"에 고구려의 건국 설화에 이 왕자에 대한 언급이

는 옥저의 부족들을 통합하고 자신의 성을 본떠 고구려 또는 고려라고 이름 지은 나라의 창업자가 되었다. 그는 "동방의 빛나는 왕"이라는 뜻의 동명왕이라는 이름으로 왕위에 올랐다. 그 당시에 이 국가는 12개 부족으로 총 4~5만 호가량의 인구로 이루어졌다.

백제의 건국

백제는 현재의 경기도와 충청도에 해당하는 마한이 거주했던 한강 이남 지역의 서해안에 위치하고 있었다. 위만에게 왕위를 빼앗긴 조선의 왕 기준은 이곳으로 도주해서 그 일부 지역에 대한 지배권을 확립하고 왕조를 일으켜서 기원전 18년에 이르기까지 통치했으나 그 뒤로 마한의 한 부족장인 온조에 의해 멸망했다.

새로운 왕은 그때까지 남아 있던 부분을 정복한 뒤에 위례를 도읍으로 정한 다음 나라 이름을 십제라고 정했다. 그 뒤에 마한은 변한이라는 일족에 병합되어 그 지배권을 오늘날 조선의 남서부 전역으로 확장했다. 이때 그들은 "물을 백 번이나 건너서 세웠다"는 뜻의 백제로 국명을 바꾸었는데, 그 당시의 주민의 수는 대략 10만 호에 육박했다.

신라의 건국

오늘날의 경상도에 해당하는 한반도의 남서 지역은 주 왕조로부터 유래한 진한이 차지하고 있었다. 진한은 인접한 북부 지역의 나라들보다 매우 앞서 문명이 발전했다. 그들은 앞선 예법을 누리고 있었으며 보다 개명되어 도

있다.

시와 성벽을 갖추고 있었으며 세습 귀족들이 다른 여러 부족들을 지배했다.

이들 가운데에서 혁거세는 기원전 57년에 다른 부족장들을 복속시켜 왕조를 일으켜 서라벌을 개국했다. 왕조는 몇 백 년 동안 유지되었으며 22대 지증왕은 나라이름을 신라로 바꾸었다. 이 왕조에 이르러 석씨와 김씨 가문이 왕족으로 부상했다.

삼국 시대

이 세 국가들이 형성된 시기에 한반도의 주민들은 조선 사람들 외에 다른 다양한 종족들로 구성되었기 때문에 언어와 문화상의 차이가 매우 두드러졌다. 그들은 한 종족이 주민의 대다수를 차지했지만 산세가 강한 지형적 특성 때문에 내부적으로 다양성과 차이점이 점차 커져 갔다. 그것은 그들을 정치적으로 분리시키고 서로 사이의 교류를 어렵게 만들었다. 수많은 내란이 일어나 종래의 관계가 전복되고 종족들 사이의 다양한 병합이 이루어진 뒤에야 여전히 오늘날까지 모든 종족들 사이에서 그것을 완전히 근절시키기는 충분하지 않지만 이러한 차이점들이 점차 사라져 갔다.

서기 12년 무렵에 중국의 황제는 고구려를 정복하고 왕을 폐위시켰다. 그러나 25년에 일어난 혁명으로 말미암아 황제 자신이 제거 당하고 고구려는 부활했다. 이때부터 고구려의 위세는 번창 일로에 들어섰다. 몇 년 동안 지속된 몇 차례의 전쟁을 벌이면서 중국을 공격하여 혁혁한 전과를 거두었다. 고구려군은 요동 지방의 북쪽 접경과 부여 인근까지 점령해서 자기 나라의 지배하에 두었다. 각국은 서로 물고 물리는 접전을 거듭했다. 200년경에 처음으로 일본은 신라를 침공한 뒤 백제와 동맹을 맺고 신라를 복속시켰다.[5)]

---

5) 이 부분은 일본의 식민지사학자들이 말하는 소위 삼한정벌설로서 필자가 일본의 사료를 무비판적으로 인용한 데에서 온 오류이다.

272년에 고구려의 서천왕은 중국과의 접경 지역을 재차 침략하여 그곳을 초토화시켰으나 결국 퇴각하지 않을 수 없었다. 그 결과 고구려는 312년에 이르러 그 이전에 정복했던 대부분의 지역을 잃었을 뿐만 아니라 수도인 환도도 파괴되었다. 그 뒤 고구려는 70년 전에 상실했던 모든 지역과 평양을 되찾았다.

중국의 명제 치세 때에 고구려의 고국원왕은 요동을 다시 침입하여 그 대부분의 영토를 빼앗았다. 그러나 또 다시 중국의 공격을 받은 고국원왕은 폐위되고 소수림왕이 그의 뒤를 이어 즉위하여 중국에 대한 조공의 의무를 졌다.

소수림왕의 재위 기간이었던 372년에 조선에 최초로 불교가 수입되었다. 고구려의 왕은 평양을 다시 수도로 삼고 백제에 대항하여 신라와 동맹을 맺은 뒤 백제의 영토 일부를 점령하고 수도를 파괴했다. 백제의 왕은 그로부터 150년이 지나서야 잃어버린 영토를 되찾을 수 있었다. 562년에 신라는 백제를 침공하여 그 곳에서 지반을 닦고 있었던 일본을 내쫓고 그들의 지배에 종지부를 찍었다. 589년에 고구려는 만주족의 지원을 얻어 중국을 침략하고 다시 요동 지방을 몇 년 동안 복속시켰다.

수나라 왕조 치세 때에 고구려의 영양왕은 다시 요동을 침략하여 복속시켰다. 수양제는 거듭해서 요동의 반환과 영양왕의 항복을 요구했으나 아무런 성과를 거두지 못했다. 모욕적으로 요구를 거절당하자 그는 611년에 대군을 파견하여 고구려의 영토를 점령했다. 그는 고구려 군의 완강한 저항을 물리치며 평양까지 진격했다. 그러나 막대한 인명을 잃고 식량이 떨어짐에 따라 그의 군대는 더 이상 진격할 수 없었다. 그는 영양왕을 굴복시키려고 세 차례에 걸쳐 군사를 일으켰으나 첫 번째 이상의 전과를 거두지 못했다. 그는 결국 조용히 퇴각하는 것에 만족하고 요동을 고구려에 양도했다.

영양왕의 아들 영류왕은 운이 없게도 그의 부왕으로부터 물려받은 광대한 영토를 지키지 못했다. 즉위한 지 오래지 않아 그가 암살당하자 중국의 황제 당태종은 선왕들이 겪었던 패배와 치욕을 복수할 기회를 얻었다. 국내의 혼란과 지루한 전쟁으로 국운이 매우 쇠약해진 고구려는 더 이상 중국의 강력한 대군을 막아내지 못하고 굴복하여 모든 점령지를 빼앗겼다.

그러나 624년 무렵에 고구려는 국력을 상당히 회복하였으며 보장왕(寶藏王)은 강한 자신감을 회복하고 중국의 속박에서 벗어나 더 이상의 복종을 거부했다. 중국이 신라와 연합하여 침략해 오자 고구려는 이를 격퇴하여 독립을 보전했을 뿐 아니라 백제와 연합하여 신라 영토의 상당 부분을 점령했다. 위기에 몰린 신라는 중국의 당고종 황제에게 원군을 요청하여 우선 백제를 정복하고 격렬한 전투 끝에 고구려를 정복했다.

일본은 백제와 고구려의 두 나라를 도왔으나 그들도 마찬가지로 조선에서 쫓겨났다. 중국의 측천무후는 687년에 보장왕의 손자를 고구려의 왕으로 세우고 몇 년 동안 중국의 속국이었던 조선을 새로운 왕국에 병합하여 조선이라고 칭했으나 그 국명이 널리 쓰이지는 않았다.

고구려가 재무장을 하고 세력을 확장하자 새로운 조선 안의 다른 국가들은 경각심을 가지게 되었으며 마침내 이후 70년 동안 전쟁이 끊이지 않고 일어났다. 마침내 신라가 결정적으로 패권을 잡아 백제와 고구려를 복속시키고 압록강에 이르기까지의 한반도 전역을 지배함으로써 치열한 전쟁은 일단락되었다.

고구려가 항복하고 해체된 뒤에 요동 지방의 요하에 이르는 영토와 태백산의 서쪽 지역을 포함하는 발해라는 새로운 국가가 형성되긴 했으나 오래가지 않아 922년에 몽골족의 침략을 받고 패망했다.[6]

6) 발해는 699년에 건국하여 926년에 거란족에 의해 멸망했다.

고려의 건국

755년부터 10세기 초까지 신라는 별 탈 없이 속국들을 지배했다. 그러나 904년에 고구려를 부흥시키는 지도자로 선출된 왕건은 신라의 지배를 뒤엎고 고려를 독립시켰다. 고구려의 부흥에 고무되고 그들의 지원을 얻은 백제도 그 뒤를 이어 신라의 속박에서 벗어났다. 그러나 왕건은 단지 고구려를 부흥시키는 것에만 만족하지 않고 그 동안 신라가 누려 왔던 지배권을 탈취하고자 했다. 그는 옛날의 경쟁 세력이었던 백제와 동맹하여 신라를 침공하여 왕조를 전복하고 자신의 단일한 지배 밑에 복속시켰다.

927년에 왕건은 수도를 평양에서 자신이 거처하고 있던 송도로 옮겼다. 송도는 1397(sic)년까지 고려의 궁전이 있었던 도시이다. 신라를 굴복시킨 뒤에 그는 935년에 옛 동맹국이었던 백제로 발길을 돌려 그들을 정복하고 세 왕국을 통합하여 고려라는 국명을 채용했다. 고려는 14세기 말까지 유지되었다. 고려가 신라와 백제에 대해서 최종적인 승리를 거둠으로써 3국의 역사는 막을 내렸다.

완전하게 정복당한 이 나라들은 이 시기 이래로 다시는 옛 영예와 독립적인 지위를 회복하지 못하고 오늘날과 같이 통일된 고려왕국을 이루었다. 그리고 960년에 고려의 왕은 중국의 황제 태조에게 봉신으로서 충성을 바칠 것을 맹세했다. 한반도의 세력을 약화시키고 거의 파멸로 이끌었던 장구한 전란이 종결됨으로써 그토록 갈구되던 평화가 한동안 회복되었다.

내란을 겪으면서 쇠퇴와 분열을 거듭해 온 중국은 더 이상 고려를 적대시하는 어떤 조치를 추진할 수 있는 힘이 없었기 때문에 그들의 이름에 걸맞게 지배권을 유지할 수 있는 위치에 있어 보이지 않았다. 중국에서 또 다른 혼란과 내전이 일어나 평화로운 상황을 종결은 13세기 초까지 이러한 상태로 이어졌다.

몽골의 침입

칭기즈 칸이 이끄는 몽골은 송왕조를 무너뜨리고 동아시아의 패자로 부상했다. 칭기즈 칸은 황제의 칭호인 태조가 되었다(1209~1215). 고려의 세력 확장을 우려한 그는 고려를 복속하여 위험을 제거하고자 했다. 중국군은 압록강을 건너 북부와 서해안의 주요한 지역들을 점령하며 고려를 유린했다. 그러나 칭기즈 칸은 보다 중요한 인도의 정벌 계획에 군사력을 총동원해야 했기 때문에 조선으로부터 주의를 돌리지 않으면 안 되었다.

고려의 왕 고종이 조공을 바치기로 맹세하자 칭기즈 칸은 그에 만족하고 군대를 철수시켰다. 그의 아들이자 후계자인 오고타이는 선왕의 유업을 강력하게 추진해서 고려인들이 몽골에 저항하거나 고려에 파견되어 있는 몽골의 관리들을 살육하는 것을 차단하도록 했다. 자국의 관리들이 고려인들에게 살해되는 사례가 늘어나면서 자신의 권위가 실추되자 오고타이는 타타르족의 추장인 살례탑이 지휘하는 대군을 급파하여 고려 영토의 대부분을 점령했다.

고려의 왕은 동생을 보내어 항복을 표시하고 신하의 예를 갖출 것을 약속하면서 몽골군을 철수시켜 줄 것을 요청했으나 거부당했다. 그러자 더 이상의 대항이 불가능했던 그는 동해안[7]의 산 속으로 도주했다. 오고타이는 고려를 여러 구역으로 분획하여 몽골 관리들이 관리하도록 했다. 그러나 즉각 고려인들은 각지에서 몽골에 대항하는 반란을 일으켜 이방인들을 예외 없이 학살했다.

한편 고려 국왕은 산중에 피신해 있으면서 군대를 징집하여 몽골인들을 공격하도록 했다. 초반의 승세를 잃은 몽골군은 첫 전투에서 많은 병사와

---

7) 서해안의 강화도를 오기한 것임.

지도자를 잃었다. 막대한 손실을 우려한 오고타이는 앞서 고려가 제안한 화친안을 수락하고 자신의 군대를 철수시키기로 결정했다.

화친 조약이 체결된 뒤에 이루어진 오고타이와 고려의 왕 사이의 회합에서 그는 고려의 왕을 각별하게 환대했다. 고려의 왕은 왕자를 황궁에 남겨두고 떠났는데, 오고타이는 그를 왕자의 신분에 걸맞게 교육시키기로 약속했다. 양국 왕실 가문 사이에 확립된 우호적인 관계는 오고타이의 아들 귀유의 치세에서도 지속되었다. 그러나 그의 재위 기간은 짧았다.

그의 뒤를 이어 황제에 즉위한 몽가는 호전적이고 야심만만해서 고려와 친선 관계를 유지해 온 선왕들의 태도를 못마땅하게 여겼다. 그는 사전의 예고도 없이 군사들을 이끌고 고려에 깊숙이 침공함으로써 느닷없이 평화를 깨뜨렸다. 그러나 처음에는 성공하는 듯 했으나 자국의 왕을 믿고 따르는 고려의 백성들에게 지배자로 인정받지는 못했다.

고려를 완전히 굴복시키는 것 외에 다른 어떤 조건들도 받아들이지 않으려는 몽골의 완고한 거부 때문에 옛 조약을 토대로 해서 우호적이고 평화로운 관계를 구축하려는 모든 시도는 좌절되었다. 만약 몽가가 급사하지 않고 그의 야심에 찬 계획들이 실행에 옮겨졌다면 새로운 전쟁이 발발되었을 것이다.

몽골 왕조에서 가장 영명했던 그의 아들 쿠빌라이가 왕위를 계승했다. 그의 치세 동안의 몽골의 위세는 절정에 이르렀다. 아시아 대륙의 거의 대부분을 정복한 그의 야심에 찬 정복 계획은 유럽에까지 이르러 보헤미아처럼 먼 나라에도 테러와 공포의 물결이 거세게 밀어닥쳤다. 그는 선왕보다도 더 현명하고 예지가 뛰어나 일본으로 원정을 확대하기 위해 고려에게 원조를 보장해 주고 그들과 우호 관계를 맺는 것이 유리하다고 생각했다.

쿠빌라이는 기회를 놓치지 않고 고려와 지난날의 우호 관계를 회복했다. 그는 그때까지 황궁에 억류해 있던 고려의 왕자를 수행원과 함께 성대하게 돌려보냈으며 포로들도 풀어 주어 고국으로 돌려보냈다. 쿠빌라이가 보여

준 우의와 친선에 대한 감사의 뜻으로 1281년에 조선은 그의 일본 원정 계획에 참여하여 모든 불행과 재난을 함께 나누었다.

일본 원정

일본 원정을 위한 여몽연합군을 실은 강력한 대규모 함대가 조선의 항구에 정박했다. 그러나 무사히 히라도를 건넌 이 무적함대는 이키시마 근처에 이르러 폭풍우를 만나 대부분의 함선이 전복되었다. 거의 모든 승무원과 병사들이 수장되었으며 일본의 해안까지 휩쓸려 내려온 무리들은 격분한 일본인들에게 가차 없이 살해되었다.

기록에 따르면 일본의 해안에서 구조된 무리들 가운데에서 단 세 명의 몽골인만이 살아서 귀환할 수 있었다고 한다. 그것은 일본이 그들로 하여금 일본 원정 함대가 완전히 섬멸되었다는 소식을 전하게 하기 위해서였다. 이런 가혹한 실패를 겪은 쿠빌라이는 오랫동안 좌절감에 빠져 일본을 정복하려는 일체의 계획을 단념했다. 그러나 그는 죽기 전까지 고려와 선린 관계를 유지하며 변함없는 우의와 친선을 보여주었다.

그러나 그의 유약한 후계자가 통치하는 동안에 쿠빌라이 시대에 하늘을 찌를 듯했던 몽골의 위세가 급속하게 무너져 왕조가 몰락함으로써 이 위대하고 현명한 왕의 명성은 무대의 뒤로 사라지고 말았다. 몽골의 왕조를 내쫓은 명나라는 지배권을 견고하게 다진 뒤에 고려와의 조공 관계를 부활시켰다.

14세기 말 무렵에 이르기까지는 고려는 대내외적으로 모든 면에서 태평성대를 누렸다. 그러나 그 무렵에 오랫동안 잠복되어 있던 권문세가들 사이의 왕위 쟁탈전이 공공연하게 일어나 1397년에 왕씨 왕조 시대가 막을 내리고 이씨 왕조가 들어서게 되었다. 이씨 왕조는 오랫동안 왕권을 보전하고자 노력했으며 다행스럽게도 지금(1864년)의 마지막 왕이 서거할 때까지 단절되지 않고 통치권을 행사해 왔다.

조선의 건국

새 왕국의 창업자이자 이씨 왕조의 개조인 이성계는 조선을 다스렸던 어느 통치자들보다 위대하고 현명한 군주였다. 그는 옛 이름인 조선을 새 왕국의 국명으로 택하고 위치상 한반도의 중심지인 왕성(오늘날의 서울)을 도읍으로 정한 뒤에 우선 전국을 오늘날까지 존속하는 8도 지방 체계로 구획했다.

이성계는 확고하게 통치권을 장악하여 유익한 수많은 법과 제도를 확립했으며 일본과는 평화·친선 관계를 형성하고 중국과는 조공 조약을 체결함으로써 자신의 기반을 공고하게 다졌다. 그 뒤로 조선은 새 왕조의 통치하에서 200년 동안 더할 나위 없이 평화의 축복과 번영의 결실을 향유했다. 서로를 약화·파멸시켜 왔던 구원과 지리한 투쟁으로 말미암은 고난이 통합의 기운 속에서 사라지면서 각 종족들은 서서히 융합되기 시작했다.

이씨 왕조가 세워진 이래 임진왜란을 치를 때까지의 시기는 의심할 바 없이 이 나라의 파란만장한 역사에서 가장 행복한 세월로 불릴 만하다. 인접국들이 세력의 확장을 꾀하거나 적대적인 태도를 보이지 않았기 때문에 조선은 그들과 친선을 유지하며 태평한 세월을 누릴 수 있었다. 조선의 왕들은 단절 없이 왕위를 계승하고 현명하게 통치하여 국력을 신장시켰다. 그들은 유익한 법들을 제정하고 귀족과 관리들의 수탈로부터 백성들을 보호하고 그들의 안녕과 복지를 도모했다.

16세기 말까지 조선은 이러한 평화 상태를 누렸다. 이 시기에 일본은 호전적이고 야심에 찬 성격의 소유자인 도요토미 히데요시가 쇼군이 되어 통치하고 있었다. 왕위에 오른 그는 천황이 중국의 황제에게 조공을 바치기로 양국이 1368년에 체결한 조약이 늘 비위에 거슬렸다. 한편 그는 휘하의 봉건 귀족들의 영향력이 나날이 증대하여 자신이 통치권을 행사하는 데 위협을 느끼자 이를 타개할 방편을 찾았다.

도요토미는 분노의 대상이 되고 있는 중국의 속박에서 벗어나는 것을 명분으로 삼아 일본인들의 호전적인 기질을 활용해서 그들의 주의를 국내에서 나라 밖으로 돌렸다. 그는 중국의 지배에서 벗어날 뿐만 아니라 더 나아가서 중국을 정복하기로 결심했다.(1591) 이를 위해 그는 먼저 조선의 왕에게 자신의 원정 계획에 조선이 참여해 줄 것을 요청했다. 그러나 중국 황제에게 화친을 청하고 그와 오랫동안 선린 관계를 유지해 온 조선 정부가 도요토미 히데요시의 요청을 단호하게 거절하자 그는 먼저 조선을 침략했다.

임진왜란

히데요시는 1592년에 빈틈없이 무장을 갖춘 15만 명의 군사들을 조선의 남부에 상륙시켜 신속하게 밀고 올라갔다. 일본군은 거의 아무런 저항을 받지 않고 순식간에 압록강과 두만강에 이르는 조선의 전 영토를 점령했다. 도요토미 히데요시의 군대는 승전을 거듭하며 서울을 점령하고 유린했으며 조선은 아무런 원조도 받지 못한 채 그들에게 짓밟혔다. 조선이 단독으로 가까스로 전쟁을 치르느라 곤경에 빠진 상황에서 긴급하고 절박하게 원군의 파병을 거듭 요청하자 중국은 공동의 적에 대항하는 강력한 군대를 파견했다.

이 명나라 군대는 조선과의 국경을 넘어 분산되어 있던 소수의 일본군들을 섬멸하고 옛 수도인 평양에 이르러 적군의 대부대와 격돌했으나 피비린내 나는 전투 끝에 일사분란한 일본군에게 완패했다. 일본은 모든 대도시들을 보다 굳건하게 요새화한 뒤에 조선을 마치 자기 나라에 부속된 지방이자 소유물처럼 취급했다. 그들은 수많은 조선 사람들을 참살하거나 포로로 잡아갔다.

새롭게 구성된 대규모의 원군이 1593년에 다시 조선으로 들어왔으나 조선은 일본군을 점령지에서 내쫓는 어떠한 전과도 거두지 못했다. 일본군은 중국을 결정적으로 패퇴시킨 뒤에 오만무도한 중국을 정벌하려는 본래의 계획을 전혀 실행에 옮기지 않았다는 것은 참으로 이상한 일인데 아마도 그것은 전쟁으로 말미암아 도요토미 히데요시가 막대한 손실을 입었고 병력을 추가로 파병하는 것도 어려웠기 때문이었을 것이다. 이러한 추측은 다음과 같은 사실에 의해서도 뒷받침된다.

도요토미는 종전의 뜻을 비치다가 1593년에 최종적으로 화친을 맺기로 결정했다. 이에 따라 그는 조선 북부 지역에 일부 군대를 남겨둔 채 남부 지역에는 요새만을 보전하고 철수했다. 그러나 몇 년이 지나 일어난 사건들은 그가 진심으로 평화를 바라지 않았으며 일찍이 조선이 중국 원정에 참여해 달라는 자신의 요구를 거절했을 뿐만 아니라 오히려 중국과 동맹했던 사실을 잊고 있지 않다는 것을 입증했다. 단지 그는 쇠약하고 분열된 자신의 세력이 충분하게 강화되고 새로운 활기를 띤 뒤에 적절한 기회가 올 때까지 복수를 지연시킨 것이다.

1596년에 중국의 황제가 일본에 사신을 보냈을 때 조선의 사절도 함께 참여했다. 다이코는 황제가 그에게 보낸 서신을 받아들였지만 조선의 사신을 면담하지 않았기 때문에 그들은 자신의 임무를 마치지 못하고 귀국해야 했다. 황제는 서신을 통해 도요토미 히데요시에게 조선에 대한 분노를 풀고 새로운 우호 관계를 모색하도록 권유했다. 그러나 야심찬 골칫거리인 일본의 지배자는 장황하고 그럴 듯하게 우호와 경의의 언사를 늘어놓은 황제의 서신에 더욱 분심이 일었다.

더구나 서신에는 장차 봉신으로서 도요토미 히데요시의 토지 소유를 최후까지 보증해 주겠다는 모욕적인 표현이 들어있었다. 그는 1597년에 13만 명의 병사를 모집하여 제2차로 조선을 침략했다. 일본군은 아무런 저항을 받지 않고 거칠 것 없이 진격했다.

중국군은 요새로부터 일본군을 내쫓고자 여러 차례 시도했으나 실패했으며 결국 조선은 전승자에게 굴복했다. 도요토미 히데요시는 지금이야말로 중국을 정복하려던 그의 오랜 계획을 실행에 옮길 때라고 생각했다. 그러나 자신의 목적을 수행하려고 세력을 조직하는 데 착수할 무렵 예기치 않게 급사하는 바람에 그의 호전적인 생애는 막을 내렸다.

도요토미 히데요시가 사망하자 전세가 판이하게 바뀌었다. 호기를 잡은 중국은 원군을 급파했으며 이때부터 승기를 잡기 시작했다. 용맹스러운 우두머리를 잃은 일본군은 본국으로부터 원조마저 중단되자 전의를 상실했다. 물자가 부족한 상황에서 군기가 무너진 그들은 섬멸되었으며 대병력 가운데 극히 일부만이 일본 땅을 다시 밟을 수 있었다.

조선 사람들이 전하는 바에 따르면 당시에 적지 않은 수의 일본인들이 한반도의 남단으로 탈주하여 정착한 뒤에 시간이 흐르면서 점차 본래의 문화와 관습을 버리고 조선의 백성으로 적응해 갔다고 한다. 그들이 조선말을 습득하는 과정에서 자연스럽게 일본에서 유래한 표현들이 그 속에 동화되었는데, 이것은 오늘날에 특히 조선 남부 지방의 방언에서 두드러지게 나타난다. 비록 지난날에는 적국의 침략자들이었을지라도 조선 사람들은 이들을 우호적으로 받아들였기 때문에 그들은 곧 안정을 찾은 것처럼 보였다. 두 민족 사이의 빠른 동화가 이를 입증한다.

일본과 전쟁을 벌이던 시기에 축조된 성과 요새들은 오늘날에도 조선 각지에서 찾아볼 수 있다. 조선 사람들은 오늘날에도 패잔병들로부터 포획했거나 전쟁터에서 수거했던 무기를 그들이 보유하고 있는 가장 우수한 화학무기로 인정한다. 전쟁이 종결되자 중국과 일본은 강화를 맺었으며 이로써 양국 관계에는 별다른 변화가 일어나지 않았다.

일본이 중국과의 전쟁을 벌이던 초기에 조선의 원조에 대한 기대가 컸기 때문에 이를 충분하게 보상 받지 못한 일본의 좌절감은 더욱 컸다. 설상가상으로 조선이 적진에 가담해서 일본이 전쟁에서 패배하는 원인을 제공함으로써 조선에 대한 적의는 필연적으로 그만큼 더 커졌다.

두 나라가 노골적인 적대감을 드러내는 어떤 행위는 하지 않았을지라도 강화 조약을 맺기까지는 거듭되는 협상이 필요했고 결과적으로 몇 년이 시간이 걸렸다. 양국이 강화조약을 체결하기로 결정한 것은 1615년에 이르러서였다. 마찬가지로 종전이라는 결과에 대한 기대에 비추어 그 조약은 조선에게도 거의 이득이 되지 않았다.

일본은 이전에 조선의 영토였던 대마도를 점유했으며 한반도의 동남부에 위치한 현재 조선의 항구인 동래에 300명의 군사를 주둔시킬 권리를 차지했다.[8] 무슨 이유 때문인지는 몰라도 이 지방은 오늘날에도 대마도의 번주가 관리하고 있다. 아마도 정치적 · 전략적 중요도가 떨어지기 때문인 것 같다. 그곳의 병사들은 도시 한 켠에 성벽으로 둘러싸인 지역에 분리되어 있고 조선 관리의 엄격한 감독과 통제 하에 놓여 있었기 때문에 자유 없이 감금되어 있는 무리들 같았다.

이 군대가 오늘날까지 주둔하게 된 유래와 기원에 대한 조선 사람들의 설명은 매우 흥미진진하다. 이와 같은 특권은 조선이 일본에게 부여한 것이며 조선 정부는 본국으로부터 식량을 공급받지 못하는 그들에게 기꺼이 식량을 제공했다. 조선에 부과된 강화 조약의 또 다른 항목은 매년 쌀 30만석을 공물로 바친다는 것이었으나 얼마 지나지 않아서부터 지켜지지 않았다.

이 시기 이후로 양국 관계는 결코 우호적이지 않았으며 언제나 냉랭하고 긴장을 유지했다. 양국이 서로 우호적으로 접근할 수 있는 기회 또한 극히 드물었고 불가피하게 협상을 해야 할 때에는 그 회담을 전처럼 다이쿤의 궁이 있는 일본이 아니라 대마도에서 열었다.

---

8) 이 부분은 삼포의 개항을 일본 측의 자료로 해석함으로써 빚어진 오류로 보임.

병자호란

17세기 초에 300년간 중국을 지배했던 명왕조를 멸망시킨 청나라 왕조가 수립되어 오늘날에 이르고 있다. 청나라는 여러 차례 조선을 정복하여 지배할 계획을 세워 실행에 옮겼다. 그들은 1627년과 1637년에 조선 영토를 침공했으나 조선 사람들의 용맹스럽고 완강한 저항을 받고 완전히 실패했다.

결국 그들은 아무런 소득이 없는 원정을 포기하고 명왕조 시절에 시행되었던 조선과의 동맹 조약을 부활시키는 것에 만족했다. 아울러 그들은 조선 왕조의 자치적인 지배를 인정하여 앞으로 조선 영토를 침공하지 않을 것을 다시 천명했다. 이 세 이웃 나라들 사이의 장구한 전쟁으로 말미암아 그들 상호 사이의 정보 교류는 차단되었으며 우리가 오늘날 알고 있는 지식 또한 위에 언급된 역사적 내용들에 편중되어 있다.

몇 년이 흐르는 동안 조선과 다른 두 나라와의 교류는 점차 줄어들었으며 정례화된 공식적인 사절 방문 외에 실질적인 교류는 모두 중단되었다. 오늘날 중국과 일본이 조선의 실정을 거의 알지 못하고 다른 서양 나라들처럼 조선으로부터 배척받고 있는 것은 조선 정부가 인접한 나라들에 대해 엄격하게 쇄국 정책을 고수했기 때문이다.

어쨌든 이 시기 이후의 조선의 역사적 실상을 알려주는 조선의 문헌을 찾아볼 수 없다. 역사적 기술에 충실한 극소수의 조선 문헌들은 그것이 조망하고 있는 주제의 내용들을 살펴보면 전혀 객관적이지 않다. 그 문헌들은 당시에 발발한 중요한 사건들에 대한 언급 없이 다만 왕과 왕비들에 대한 기술에 제한되어 있다. 이에 대해서는 아마도 역사적으로 기록에 남길 만한 두드러진 사건이 없었다는 것이 가장 그럴 듯한 추측일 것이다.

일반의 호기심을 유발할 만한 어떤 일들이 실제로 일어났다면 후세들에게 전달되어 왔겠지만 보다 부유하고 교육의 수혜를 입은 계층조차도 자기 나라의 최근 역사에 대해서는 거의 알고 있는 바가 없다. 해당 지방에서 일어난 매우 하찮은 일들조차도 세세하게 언급하고 있는 기록이 모든 관청마다 보관되고 있는 것이 사실이지만 이러한 종류의 문헌은 역사적으로 중요했던 사건들을 담고 있기 보다는 중앙 정부가 각 지방들을 효율적으로 감독하기 위한 의도로 작성된 것이다.[9)]

조선의 왕들이 외부 세계에 대하여 줄곧 쇄국 정책을 고수해 온 가장 중요한 이유는 그 동안 인명과 재산의 막대한 손상을 불러일으킨 인접 국가들과의 수많은 장구하고도 피비린내 나는 전쟁에 대한 기억 때문이었다. 앞으로 과거와 같은 상황의 재발을 방지하고 어찌될지 모르는 복잡한 결과에서 벗어나는 유일한 수단이 바로 외부 세계와 단절하는 것이었기 때문에 그 당시 그러한 환경 아래에서 어쨌든 이와 같은 조치는 적절한 것으로 여겨졌다.

그밖에 시간이 지나면서 드러난 또 다른 이유는 조선 왕조가 쇄국 정책을 고수함으로써 정부를 강화시킬 수 있다고 믿었다는 점이다. 조선 왕조는 더 이상 외세에 굴복할 필요가 없었으며 위세나 술책을 두려워하지 않았다. 왕조의 권위가 점차 강화되자 그들은 전제적으로 통치하는 다른 아시아 국가들이 엄두도 못 낼 정도로 왕권을 절대적이고 무제한적으로 확장하고자 했다.

일본에서는 거의 독립적이라 할 수 있는 영주인 다이묘들의 권한이 증대되면서 신인인 천황과 견줄 정도로 강화된 것과 달리 조선에서는 어떠한 계층도 내부적인 알력과 혼란으로 말미암아 영향력을 엄격하게 견제 당하고 있는 귀족 가문들을 두려워하지 않았다. 그리고 정부 또한 상류 계층의 억압으로부터 하층 계급을 보호함으로써 그들의 지지를 얻은 귀족 세력의 부

9) (원저자 수) 로스(Adm. P. G. Roze) 제독의 프랑스 원정대가 강화를 점령했을 때 그 고을 관청에서 약 400권에 가까운 그와 같은 지방 기록을 발견했다. 그 당시에 프랑스인들은 그 속에서 매우 중요한 역사적 내용들이 기록되어 있을 것으로 믿었다. 그 책들은 파리로 보내 현재까지 국립도서관에 소장되어 있다. 그러나 그것은 이상에 언급된 사실 이외에 조선의 통사를 연구하는 사가들에게 조금이라도 도움이 될 만한 내용이 거의 없다는 것은 두 말할 나위가 없다.

활을 막으려고 했다.

시간이 지나면서 일본의 침략이 뜸해진 것으로 보아 세력이 감퇴되고 나랏일에 바쁜 그들이 더 이상 조선의 국사에 간섭하려는 것 같지는 않았다. 조선의 지배 세력은 어떠한 외세의 영향력도 배제하고 자국민과 외국인들 사이의 자유로운 교류를 차단하는 데 신경을 곤두세웠다. 두말할 나위도 없이 중국과 일본은 이러한 목적을 달성하려고 줄곧 모든 수단들을 동원했다. 서울의 정부는 북경 정부의 지위가 약화되고 일본의 에도 천황 또한 유력한 귀족들을 완전하게 장악하고 있지 못하다는 것을 익히 알고 있었다.

소통의 장벽이 허물어짐으로써 다른 나라들에서 일어난 사건들이 보다 널리 알려져 조선 사람들의 마음에 파급을 미친다면 전제적인 지배 체제를 유지하는 것은 불가능하다. 그러나 시대가 발전함에 따라 개선된 통신 수단을 통해 수많은 외부 세계의 소식들이 다른 나라로 전파되고 있기 때문에 이러한 추측은 잘못된 것이었음이 입증되었다. 그럼에도 불구하고 조선 정부는 외부 세계의 소식들이 유입되는 것을 적극적으로 막고 나섰기 때문에 오히려 수많은 백성들의 원성을 부채질했다.

한청 관계

중국을 제패한 청조가 결국은 구조약들의 부활을 만족하게 여기면서 그것을 통해 중국의 황제는 군주의 권한으로 연례적으로 조선이 조공을 바치도록 했다는 사실은 이미 언급한 바 있다. 당초 보다 강대한 나라에게 조금이라도 두려움을 느끼는 한 조선은 영예로운 마음으로 조약의 의무를 이행했다. 그러다가 청조가 쇠퇴하고 자신의 국력이 신장되자 조선은 이를 성실하게 받아들이지 않았다.

그들은 점차 조약의 이행을 단지 형식적으로만 받아들여 습관적으로 지속해 나갔다. 초기에 매우 정기적으로 이루어지던 북경과 서울 사이의 사신교류는 근래에 들어 장기간 조선에서 파견되는 사신에 국한되었다. 조선이 종이와 인삼 등의 몇몇 토산물을 황제에게 바치면 중국 또한 그에 상응하는 답례품을 보냈다

예전에 이따금 조선에 파견되었던 중국의 사신은 다소 교만한 태도를 보였다. 그러나 점차 조선의 위상이 강화되자 중국의 사신들은 의례적으로만 대접받기 시작했다. 조선 정부는 첩자들을 가까이에 붙여 그들을 감시했기 때문에 그들은 황제의 사절이라기보다는 오히려 죄수에 가까웠다. 아마도 장차 더 이상 이와 같은 취급을 받아서는 안 되겠다고 생각해서였든지 중국은 몇 년 전부터 조선에 사신을 보내지 않았다.

그러므로 여전히 양국이 군신 관계라고 알고 있는 것은 완전히 그릇된 생각이며 이를 입증할 수 있는 실례 또한 전혀 찾아볼 수 없다. 조선은 타이(Siam)와 마찬가지로 자주적인 독립 국가이며 과거에 체결했거나 동의했던 어떠한 조약이라도 오늘날에는 휴지 조각에 불과하고 그 또한 잊힌 지 오래이다. 누구보다도 조선 사람들 자신이 그렇게 생각하고 있다.

병인양요

1866년에 로즈[10] 제독의 프랑스 원정대가 실패를 겪은 뒤로 마치 대단한 승리라도 거둔 것처럼 흠뻑 도취된 조선의 대원군은 북경에 전문을 띄워 중국이 조선처럼 자력으로 이와 같은 대사를 해결할 수 없다는 것은 자명하므로 중국에서 모든 외세를 몰아내는 데 자신의 도움이 필요하지 않겠냐는 식으로 조롱하듯이 물었다. 그러나 다른 장에서 살펴보겠지만 조선의 왕은 자신의 목적에 부합될 때에는 중국 황제라는 이름을 자신 앞에 내세웠다.[11]

---

10) 로즈(Pierr G. Roze) : 프랑스 극동함대 사령관. 병인박해(1866)의 보복으로 병인양요를 일으킨 장본인임.

선교사의 살해 사건에 대해 프랑스의 공사가 북경의 총리아문에 만족스러운 조치를 취해 줄 것을 요구했을 때에도 실제로 중국은 조선의 국사에 아무런 영향력도 행사하지 않았다. 중국은 뾰족한 방책도 없었을 뿐만 아니라 조선에서 일어난 사태에 대해 어떠한 책임도 질 의지가 없었기 때문에 프랑스가 조선 정부에게 직접 불만과 요구를 표시하도록 충고했다.

17세기 초에서부터 18세기 말에 이르는 평온한 시간을 지나 우리는 이제 조선 역사에서 아직까지 널리 알려지지 않았고 뒷날의 국사에도 어느 정도 영향을 미쳤으며 비상한 관심을 가져 볼 만한 몇몇 사건들을 살펴볼 것이다. 18세기 말에 북경에 파견되었던 조선의 사신들은 천주교에 입교했다. 그들에 의해서 천주교가 처음으로 조선에 유입되어 비교적 짧은 기간에 급속하게 전파되었다.

조선의 신자들의 끔찍한 희생, 일상 생활 속에서 겪는 경멸과 온갖 박해가 도처에서 발견되었다.[12] 이것은 아마도 그 새로운 신앙의 전파를 도리어 촉진시킨 하나의 유인이 되었을 것이다. 또 다른 유인은 조선 사람들의 민족성에서 찾아볼 수 있다. 이 장에서는 이에 관한 자세한 논의를 할 필요는 없다. 모든 아시아의 나라들 가운데에서 아마도 조선보다 더 많은 국민들이 기독교로 개종한 나라는 없을 것이다.

천주교의 전래

중국인들은 세속적이거나 물질적인 어떤 이익을 얻을 수 있다고 믿게 될 경우에 세례를 받는다. 조선 사람들은 이런 식의 댓가를 바라지 않을 뿐더러 박해와 고문 그리고 때때로 죽음까지도 마다하지 않는다. 그들은 금전적

---

11) (원저자 주) 제8장 "제2차 방한 : 1866년 6월"을 참조할 것.
12) (원저자 주) 제4장 "풍속"을 참조할 것.

인 동기가 아닌 신념에 따라 기독교인이 된다. 여기에서 나는 천주교 또는 개신교 선교사들의 노고의 상대적인 장점을 비교할 의도는 없다. 그러나 천주교 선교사들의 노고 덕에 큰 성공이 이루어지고 있다는 점은 부인할 수 없는 사실이다.

더욱이 중국을 예로 살펴볼 때 이 부분에 관심이 있는 사람들은 이러한 사실에 동의하지 않을 수 없을 것이다. 곧 천주교 선교사들이 의복과 관습 및 전반적인 생활 양식에서 보다 깊이 조선 사람들에게 동화되려고 노력한다는 점을 차치하더라도 외형적으로 천주교의 화려한 의식이 개신교의 무미건조한 의식에 견주어 더욱 아시아인들의 마음을 사로잡는다는 사실은 간과해서는 안 된다.

이러한 설명에 동조한다면 매우 활달하고 민감한 기질을 가지고 있는 조선 사람들이 왜 열성적으로 새로운 교리를 수용했는지 쉽게 이해할 수 있을 것이다. 천주교는 호감을 주고 받아들일 수 있는 방식을 통해서 곧 몇 천 명이 신자들을 확보했다.[13)]

13) (원저자 주) 사실 나는 이에 대해 전혀 언급하지 않거나 가능한 적게 언급하고자 했다. 그러나 당시의 선교사들은 동아시아의 여러 민족들의 역사에서 하나의 탁월한 역할을 했으며 그들의 활동은 그 민족들의 발전에 지대한 영향을 미쳤다는 점을 간과할 수 없기 때문에 그들을 언급하지 않을 수 없다. 아울러 공정하게 말해서 개신교에 견주어 자찬할 수밖에 없는 천주교 선교사들의 위대한 업적에 고조되지 않을 수 없다. 그러나 나는 다만 동양의 사정을 꿰뚫고 있는 사람을 잘 알고 있다는 근거를 들어 선교 사업의 가치에 대해 배타적이고 부정적인 판단을 내리려 한다면 이와 같은 견해에 반대하며 엄중하게 거부할 것이다. 나는 만일 아시아 대륙의 모든 민족들이 천주교나 개신교의 선교사들을 통해서 기독교를 받아들인다면 그것은 자신들에게 가장 큰 축복이 될 것이라고 생각한다.

그러나 나는 유감스럽게도 개신교를 통해 얻은 결과는 막대하게 소요된 돈과 노력에 비례하지 않았다는 점을 확인했다. 중국을 다룬 스미스(Albert Smith)의 저작에 쓰여 있는 다음의 진술을 상기해 보자. 스미스 박사가 홍콩에 있는 성바오로대학을 방문했던 말미에 그는 그 학원이 거둔 성과에 대해 경의를 표하지 않을 수 없다고 말했다. 그러자 주교는 이렇게 말했다.

"박사, 유감스럽지만 당신이 잘못 알고 있소. 우리의 수많은 제자들 가운데 단 한 명만 당시 선교사들이 천주교를 조선에 전파하려는 노력이 실패한 뒤에 그 새로운 종교는 처음에 조선 사람 개종자들에 의해서만 보급되었다. 18세기 말에 조선의 천주교 신자는 거의 1만여 명에 이르렀다. 조선 정부가 사태의 추이를 완전하게 파악하고 있었다고 해도 아마도 국왕이 도리어 그들에게 우호적이었기 때문에 철저하게 수동적으로 대처할 수밖에 없었던 것 같다. 그러나 국왕이 서거한 뒤인 19세기 초에 기독교인들에 대한 박해가 일어났다. 그들의 대부분은 목숨을 잃었으나 새로운 교리의 전파는 중단되지 않았다.

1835년에 비로소 처음으로 두 명의 유럽인 천주교 신부가 비밀리에 조선에 들어갔다.[14] 그리고 1837년에 세 번째 신부[15]가 조선에 들어가 그들과

이 성공했소. 그나마 그 사람은 당구 경기의 정산원이 되었소."

영국인 주교의 이와 같은 표현은 나중에 후회할 소지는 있었지만 그렇다고 그가 자신의 제자를 실제와는 달리 악의적으로 생각한 것은 아니었다. 개신교가 선교에 실패한 이유는 주로 목표로 삼았던 인물의 면면 때문이었다. 그리고 만일 선교사들이 오랫동안 자신의 사명에 일종의 의문을 품었더라면 토착인과 같이 진실로 외국인을 원망할 수는 없다. 광동에 있는 고 모리슨(Morrison) 박사, 상해의 메드허스트(Medhurst) 박사 및 그 밖의 몇 사람들과 같이 다행히도 이들을 알고 있었거나 대화를 나눌 수 있었던 모든 사람에게 오늘날까지도 명예스럽게 추억되고 있다.

이들은 자신의 과업이 그 학원의 대다수의 사람들에게 매우 결정적으로 들려진 것은 유감스럽게도 소수에 지나지 않았다. 그러나 다음의 말을 하는 것을 의무로 알고 기쁘게 여긴다. 곧 최근에 이와 같은 점을 고려하여 하나의 본질적인 개선이 이루어져 이 힘들고 책임 있는 선교 사업을 맡길 수 있는 인격 도야에 보다 더 신중하고 많은 주의를 기울이게 되었다는 점이다.

(역주자 주) : 스미스(Albert Smith : 1816~1860) : 영국의 문학자임.

14) 이 부분에 대하여 필자는 다소 오기하고 있다. 조선 교구의 초대 교구장으로 임명된 신부는 브뤼기에르(B. Bruguiere : 1793~1835)였다. 파리외방전교회 소속인 그는 방콕에서 신부로 있다가 캅세의 주교로 승진했으며, 조선에 교구가 설립되자 1832년에 초대 조선교구장이 되었다. 그러나 그는 만주까지 왔다가 팔렬구에서 돌연 병사했으며 입국하지는 못했다. 그 뒤 두 번째로 임명된 신부는 모방(Pierre-Philibert Maubant : 1803~1839)이었다. 파리외방전교회 소속인 그는 1836년 겨울 압록강을 건너 입국하여 교세 확장에 힘쓰는 한편 김대건 · 최양업 · 최방제 등을 마카오 신학교로 유학시켰다. 1839년 충청도 홍주(홍성)에서 체포되어 한강에서 처형되었다.

15) 샤스땅(Jacques H. Chastan : 1803~1839) : 프랑스 파리외방전교회 소속의 신부. 1837년 앙베르를 따라 조선에 입국하여 포교에 힘쓰다가 기해사옥 때 순교했다.

합류했다. 이들은 서울까지 입성하여 1839년까지 숨죽이며 활동했다. 사유는 명확하지 않았지만 그들은 급작스럽게 체포되어 짧은 심문을 받은 뒤에 처형되었다. 또 다시 모든 개종자들에 대한 무자비한 박해가 일어났다.

세 신부가 처형되었다는 소식이 알려지자 이에 상응한 댓가를 치르고자 프랑스 군함이 여러 차례 조선의 해안에 접근했다. 그러나 그들은 멀리 떨어져 있는 서울 정부와 교신하지 못하고 아무런 성과도 거두지 못한 채 곧 돌아갔다. 처음 조선에 입국했던 선교사들의 운명이 결코 선교 그 자체를 가로막지는 못했다. 다른 신부들이 상복을 입고 위장하여 조선에 들어가 의심받지 않고 활동했다.[16]

이러한 방식으로 12명의 선교사들이 조선에 잠입하여 경기도의 여러 곳에 근거지를 마련하고 점차 교세를 확장했다. 조선 왕조의 마지막 왕은 매우 온화하게 나라를 통치했기 때문에 그들은 선교에 별 어려움을 겪지 않았다. 그리고 왕비 자신이 직접 세례를 받지는 않았지만 새로운 교리에 심취하여 힘닿는 데까지 간접적으로 후원했기 때문에 실제로 그들은 일부 고위 관리들의 개종을 겨냥하여 궁내에 발판을 마련할 수 있었다.

편협하기는 하지만 신앙심이 대단히 열렬했던 천주교의 교구장 베르뇌 주교[17]는 서구 열강이 이 기간에 조선을 개방시킬 수 있는 여러 차례의 호기를 놓쳐 버린 것을 거세게 비난했다. 만약 서구 열강이 이 당시에 일어난 일들의 진상을 파악하고 있었다면 충분히 우호적이고 용이하게 사태가 처리될 수도 있었을 것이다. 이미 일본이 문호를 개방하여 외국과 무역을 했던 점은 조선에 파문을 일으켰다. 그리고 1861년에 중국이 서구 열강에게 패배하여 황실의 별궁이 파괴되고 북경이 함락 당하자 조선 정부는 낭패감

---

16) (원저자 주) 조선의 특별한 장례 관습에 대한 자세한 내용은 제4장 "풍습"을 참조할 것.

17) 베르뇌(François Berneux : 1814~1866) : 파리외방전교회 소속의 신부. 일본과 만주에서 포교하다가 1855년 제4대 조선 교구장으로 취임 · 입국했으며 1866년의 병인사옥 때 순교함.

에 사로잡혔다.

조선의 대신들은 회의를 통해 임박한 것으로 판단되는 서구 열강의 침입이 현실화될 경우에 그들의 요구를 모두 수용하고 문호를 개방하기로 결정했으며 아울러 세 명의 선교사들을 처형한 데 대한 속죄의 의미로 왕궁 가운데 하나를 허물어 교회를 짓기로 했다.

대신 회의의 결정 사항은 전국에 알려졌으며 그것은 곧장 취해진 조사 및 생존한 신부들과 필자와의 교신을 통해서 확인되었다. 모든 정보를 신속하게 듣고 있는 베르뇌 신부 또한 바로 그 소식을 들었을 것이라는 점에 대해서는 의심할 나위가 없다. 그러나 왜 그가 그들이 활동했던 지역에 지체 없이 알려주지 않고 그렇게 중요한 결정 사항을 혼자만 알고 있으려 했는지에 대해서는 설명할 수가 없다.

베르뇌는 아마도 자신이 누려 왔던 큰 영향력을 잃을지도 모를 것을 두려워했거나 조선이 개국하면 다른 교파들이 들어가는 것을 보고 싶지 않았던 것 같았다. 그들은 이 좋은 기회를 이용하지 못했다. 그리고 그 후로 외부의 간섭을 받을 만한 사건이 조선에서 일어나지 않았기 때문에 위기감이 해소된 속도만큼 빠르게 공포심도 사라졌다. 조선 정부는 서구 열강이 조선 사람들의 용맹심에 굴복해서 퇴각해 버린 것으로 믿었다.

그러나 베르뇌는 오래지 않아 이해할 수 없는 행동의 댓가로 자신과 동료들의 목숨을 빼앗겼다. 모든 사건 가운데에서도 이해하기 곤란한 것은 어쨌든 그 몇 년 뒤에 과거의 과오를 거의 타개할 유리한 기회가 왔을 때, 베르뇌 자신이 그 기회를 다시 이용하지 못했을 뿐만 아니라 당사자인 조선 정부가 서구 열강과의 교섭을 완강히 거절하는 것을 질책하기까지 했던 점이다.

1853년에 중국은 조약[18]에 따라 조선과의 북쪽 경계인 두만강으로부터

---

18) 1853년에 러시아와 청국 사이에 조약이 체결된 바는 없으며 1858년의 아이군조약을 오해한 것으로 보인다. 아편전쟁으로 청국이 혼란에 빠진 틈을 타서 동부 시베리아 총독

흑룡강(黑龍江)의 남동해안의 유역의 모든 영토를 러시아에게 양도했다. 강대국인 러시아가 조선 영토를 침해할지도 모른다는 우려 때문에 조선은 그 조치를 매우 탐탁하지 않게 여겼다. 탐사를 목적으로 군인들을 실은 러시아의 전함이 해안에 끊임없이 출몰했기 때문에 이와 같은 두려움은 더욱 가시지 않았다.

그러던 중에 1865년에 러시아 전함이 어느 때보다도 가까이 조선 해안에 접근해 와서 통상 조약의 체결을 요구했다. 이 새로운 시도에 위협을 느낀 조선 정부는 베르뇌에게 러시아가 그들의 요구를 철회하고 조선을 떠나도록 해준다면 그와 모든 기독교인들의 종교 활동의 자유를 보장하겠다고 제안했다. 주교는 자신이 러시아인이 아닐 뿐더러 러시아 정교를 신봉하지도 않는다는 이유를 들어 그 제안을 거부했다.

아울러 그는 러시아인들이 조만간 조선을 복속하려 할 것이라는 두려움에 찬 확신을 피력했다. 만약 그가 제안을 수용했더라면 그는 분명히 영예로운 권위를 얻었을 것이며 뒷날 자신의 명예를 실추시키는 불행을 모면했을 것이다. 어쨌든 그가 자신이 도움을 주겠다는 호의를 보였다면 러시아 전함도 지체 없이 조선을 떠났을 것이다.

대원군의 등장

1864년에 조선 왕조의 마지막 직계 왕손[철종]이 죽었다. 그는 온화하게 나라를 다스리고 백성들의 신망이 두터웠기 때문에 그가 죽자 온 나라가 이루 말할 수 없는 슬픔에 빠졌다. 직계 후손이 끊어지자 조 대비는 그 때까지

무라비에프는 청국의 흑룡강 수비사령관 혁산과 협의하여 아이군조약을 체결하였으며, 이에 따라서 러시아는 흑룡강 좌안의 땅을 차지하고 우수리강으로부터 해안까지의 따을 공유하는 데 합의했다.

거의 알려지지 않은 왕족의 네 살배기 아들을 왕의 후계자로 삼았다.[19] 그리하여 나이 어린 왕이 성년이 되기 전까지 국사를 관장하는 섭정 체제가 확립되었으며 그의 아버지가 섭정이 되었다.

대원군은 처음에는 배후를 지켰으나 점차 본성을 드러냈다. 그는 줏대 없고 이기적인 몇몇 파렴치한 귀족들과도 스스럼없이 어울릴 정도로 야심만만하고 치밀했다. 권한이 제한된 섭정의 일원이었던 그는 자신의 아들의 한시적인 대리인에 만족하지 않고 왕조의 절대적인 권력을 손아귀에 넣으려고 했다.

대원군의 야심은 너무나도 완벽하게 이루어져 그가 대원군이란 칭호로서 철권통치를 하기 시작하자 누구도 그에게 굽실거리지 않을 수 없었다. 모든 왕위찬탈자들이 그러하듯이 그는 의심과 억측이 많았으며 백성의 원성을 샀다. 그는 무엇보다도 노골적으로 자신을 반대하고 통치를 약화시키려는 외세의 영향력을 우려했다. 그 시기에는 전제적인 정치에 익숙한 조선 사람들이 일찍이 경험하지 못한 압제와 테러가 다반사로 자행되었다.

천주교의 박해

머지않아 유감스럽게도 근시안에 분별력이 떨어진 베르뇌가 러시아 선박이 조선의 해안에 근접해 왔을 당시에 자신에게 다가왔던 두 번의 좋은 기회를 놓쳐 버리자 대원군은 대로하여 외국인 신부와 조선 사람 기독교인들에게 첫 박해를 시작했다. 베르뇌는 다른 8명의 신부와 함께 체포당한 뒤 투옥되었다. 주교는 출국을 통보 받았으나 거부했다. 그런데 사태를 전반적으로 고찰해 볼 때 이와 같은 행동은 도저히 이해할 수가 없다.

---

19) 당시 고종은 4세가 아니라 12세였다.

1866년 봄에 사형이 결정된 지 며칠 지나지 않아 9명의 불행한 신부들이 처형되었다.[20] 조선에서 활동하고 있던 외국인 신부 12명 가운데 페롱,[21] 리델,[22] 칼레[23]는 당시에 서울에서 다소 떨어진 곳에 거처하다가 동료들의 참수 소식을 듣고 조선 사람들의 도움을 얻어 은신했기 때문에 대원군이 그들의 소재를 찾아내라고 엄명을 내렸지만 그들을 찾아낼 수가 없었다. 대원군은 신부들을 참살한 것으로는 성에 차지 않았다. 그는 모든 천주교교도들을 본격적으로 색출하여 전례 없이 잔혹한 박해를 가하기 시작했다. 그 때문에 몇 천 명이 참살되었고 거의 모든 마을에서 주민들이 목숨을 빼앗기기도 했다.[24]

그러나 그 박해는 천주교인에게만 제한되지 않고 대원군의 통치에 반감을 품고 있다고 의심되는 모든 사람들에게까지 확대되었다. 이에 따라 해마다 북부 지방에서 열리는 시장이 폐쇄되었고 모든 외국 산물의 수입도 금지

---

20) 이 해(1866)의 순교를 병인박해라 하며 이때 순교한 신부는 베르뇌 주교, 브레트니에르(J. M. Breteniere, 白) 신부, 도리(P. H. Dorie, 金) 신부, 볼리외(B. L. Beaulieu, 徐) 신부, 푸르티에(J. A. Pourtie, 申) 신부, 프티니콜라(M. A. Petitnicolas, 朴) 신부, 다블뤼 주교, 위앵(M. L. Huin, 閔) 신부, 오메트르(P. Aumaitre, 吳) 신부 등이다.

21) 페롱(Stanislas Féron : 1827~1903) : 파리 외방전교회 소속 신부. 23세인 1850년에 사제 서품을 받고 1856년에 조선에 입국하여 14년 동안 포교하다가 인도로 전보되어 그곳에서 죽었다. 그는 선교 활동에도 불구하고 오페르트의 남연군 묘 도굴 당시 길을 안내했다는 오명을 썼다.

22) 리델(Félix C. Ridel : 1830~1884) : 파리외방전교회 소속의 프랑스 신부로서 1861년에 조선에 입국하여 베르뇌(Siméon F. Berneux) 주교 이하 11명의 프랑스 신부와 함께 전교에 힘썼다. 병인사옥(1866) 때는 천진으로 도피하여 사태를 보고함으로써 병인양요를 일으켰으며 1870년에 조선 5대 교구장으로 임명되었다. 1877년에 입국했다가 체포, 일본으로 추방되어 조선어를 연구했다.

23) 칼레(Alphonse Calais : 1833~1884) : 파리외방전교회 신부. 1860년에 사제 서품을 받고 1860년에 조선에 입국하여 포교하다가 병인박해를 피하여 숨어 있다가 이듬해 중국으로 피신한 뒤 재입국하지 못하고 귀국하여 모벡수도원에서 조선의 교회를 위해 기도하며 일생을 마쳤다.

24) (원저자 주) 몇 년 뒤에 나는 어느 조선 사람으로부터 대학살이 일어난 장소와 사망자 명단이 기재되어 있는 명부를 건네받았다. 그 명부에 따르면 그때까지 참살당한 수는 1만 명을 상회했다.

되었다. 이를 위반하는 사람은 처형될 것이라고 위협하고 생활 필수품을 생산하는 외의 산업 부문을 조직적으로 억압했다. 어느 조선의 청년은 다만 대단한 학구열을 보이고 뛰어난 필체를 가졌다는 이유만으로 대원군의 특명으로 사형을 당했다. 그를 위협할 소지가 있는 특출한 재능의 소유자는 미연에 싹이 잘렸다.

유감스럽게도 이러한 일은 철저하게 사실이기 때문에 도리어 과장되어 보일 것이다. 그러나 이것은 당시에 일어난 여러 가지의 유사한 사례 가운데 하나에 지나지 않으며 많은 조선 사람들 사이에서는 공공연하게 회자되고 있다. 그 청년은 위조 화폐를 찍어 유통시킨 혐의로 만백성들의 증오와 경멸을 받았는데, 그는 혐의를 인정하지 않고 죽음으로써 맞섰다.

이렇듯 명목상으로는 섭정이기는 하나 실제로는 절대적 지배자로서 당시의 조선을 통치하며 철권을 휘둘러 백성들을 짓밟았기 때문에 온갖 증오와 멸시를 한 몸에 샀던 인물이 바로 대원군이었다. 그는 백성들에게 잔혹했을 뿐만 아니라 자신의 수하들조차도 늘 경계심을 가지고 의심의 눈초리를 풀지 않았다. 그의 탐심은 끝이 없어 수단과 방법을 가리지 않고 사욕을 채웠다.

대원군을 따르며 온갖 악행도 서슴없이 행하는 그의 충복들은 세상이 다 아는 타락하고 비굴한 파렴치한 무리들이었기 때문에 대원군보다도 더 큰 증오와 경멸의 대상이었다. 대원군은 자신의 지위와 권력을 과신해서 세상에 자기에게 필적할 만한 지배자는 없다고 생각했다. 최근에 프랑스의 침입이 실패한 이유 또한 자신의 탁월한 영도 때문이라고 자부한 그는 세상의 어떤 권력도 자신에게는 미치지 못한다고 생각했다.

선교사의 학살 등, 조선에서 일어난 여러 사건에 대한 보고를 받은 북경 주재 프랑스 대리 공사[25]는 중국 정부가 조선에 대해 일정한 정치적 영향을

25) 벨로네(Claude M. H. de Bellonet : ?~1881)를 의미함. 그는 북경 주차 프랑스 공사(1865~1866)를 역임했다.

가지고 있다는 오도된 전제 아래 중국 외무아문에게 서신을 보내어 그 사건에 대한 배상과 대원군의 처벌을 요구했다. 그는 당시의 조선의 실정을 전혀 몰랐기 때문에 그의 서신에는 언제나 미성년자에 불과한 조선의 왕이 그곳에서 일어난 사건의 책임자로 지목되어 있었다.

예상한 바대로 정부의 정책 결정에 영향을 미칠 수 있는 어떠한 수단이나 권한도 없었던 조선의 왕은 답신을 통해 자신은 조선에서 일어난 사건에 대해 어떠한 보고도 받은 바가 전혀 없으며 따라서 자신의 정부는 어떠한 책임도 질 필요가 없다고 밝혔다.

그 급보에 대한 첫 번째 서신에서 벨로네는 이미 조선의 왕이 폐위되었기 때문에 그는 조선 정부가 선교사 살해 사건을 변명하려는 의도를 전혀 알지 못하며 왕의 견해를 들어볼 시기가 지나갔다고 말했다. 아울러 그는 조선과의 전투 태세를 갖춘 뒤에 공격을 감행할는지의 여부는 조선 정부가 전임 국왕을 어떻게 처리하느냐에 달려 있다고 덧붙였다. 곧 살해자들을 응징하는 목적을 달성하기 전에 원정대가 귀환해서는 안 된다는 것이었다.

이 과장된 설명에 대한 공친왕[26]의 대답은 확고하고도 명쾌했다. 그는 급보의 다른 내용에 대해서는 어떠한 언급도 하지 않고 다만 프랑스 대리 공사로 하여금 그에게 원정 계획을 통지해 주도록 촉구한 친절에 더 없는 감사를 표시했다. 장광설의 위협을 늘어놓은 그들의 서신이 본국 정부와의 사전 협의 또는 통보를 거치지 않고 프랑스 대리 공사 개인이 감정적으로 작성되었다 할지라도 본국 정부가 원정 계획 자체를 직접 명령했던 것은 불문의 사실이다.

그 원정대가 조선으로 출발하려는 무렵에 돌연 교지지나에서 일어난 반

---

26) 공친왕(恭親王 : 1832~1898) : 청조 함풍제의 아우. 애로우호 사건과 태평천국의 난의 사후 수습을 맡아 북경조약을 체결했으며, 서태후와 공모하여 의정왕대신에 올랐으나 그 뒤 실각하여 실의 속에 죽었다.

란 때문에 사이공으로 향하도록 명령받았다. 그 함대가 중국으로 귀환하기까지 몇 달이 경과하는 동안 프랑스 정부는 사태를 충분하게 파악하여 다음 조치를 취할 수 있었다.

병인양요

프랑스 함대의 사령관인 로즈 제독은 대담하고 정력적이었기 때문에 그의 원정 계획은 쉽게 성공할 것으로 기대되었다. 조선 정부가 어떤 식으로든 그에게 대적할 생각을 포기하게 만들만큼 그의 통솔력은 탁월했다. 그리고 그 문제에 대해서 그들은 단호한 외교적 압박, 곧 북경 주재 프랑스 대리공사가 장광설의 위협을 늘어놓은 서신에도 불구하고 만족할 만한 사죄와 조선의 문호 개방이라는 당연시했던 최소한의 성과도 얻지 못했다.

마침내 1866년 9월 말에 특수 함대를 조직하기 위해 프랑스 전투원들이 지부에 집결했다. 함대는 로즈 제독의 기함인 프리기트함인 라 게리에즈호, 코르벳기함인 프리모게호와 라 프라스호, 증기포함인 데룰레드호와 타르디프호 및 그 밖에 한 두 척의 작은 기선으로 구성되었다.[27)]

로즈 제독이 지부에 도착하기 2~3일 전에 탈출한 세 신부 가운데 한 사람인 리델(F. C. Ridel)은 조선의 기독교인들의 도움을 얻어서 배편으로 이곳

---

27) (원저자 주) 나는 며칠 전에 로즈 제독으로부터 다음과 같은 영문 편지를 받았다.

폐하의 전함 프리기트함 라 게리에르호에서, 9월 15일, 지부

귀하의 서신은 감사하게 받았습니다. 고맙게도 귀하가 보내 주시기로 한, 귀하의 명령에 따라 제작된 그 지도는 제가 통솔하는 함대의 안전을 위하여 대단히 긴요하게 쓰일 것입니다. 지도와 함께 귀하가 생각하기에 저에게 유익하다고 판단되는 다른 정보들을 가능한 속히 보내 주신다면 감사하겠습니다. 귀하의 자상한 배려에 감사해 마지않으며, 그토록 험난하고 어려운 작업을 지혜롭게 완수하신 귀하에게 찬사를 보냅니다. 이만 줄이겠습니다.

중국 및 일본 주둔 프랑스 함대 사령관 로즈 제독

에른스트 오페르트 귀하

에 도착했다. 그들 가운데 일부는 해안 부근의 지리를 잘 알고 있었기 때문에 안내자로 라 게리에르호에 승선했다. 함대는 한강의 본류에서 멀리 떨어져 강화의 남쪽 아래 방면에서 적당한 거리를 유지하며 전진했다. 그러나 프리모게호는 모래톱에 걸렸기 때문에 작전에 참가하지 못하고 수리를 받기 위해 되돌아왔다.

정찰을 위해 파견된 소형 전투함이 강화의 북단으로 가능한 먼 곳까지 좁은 해협을 거슬러 올라갔다. 한편 데룰레드호와 로즈 제독이 승선한 다른 소형선은 줄곧 강의 하류로 항해하여 서울에서 1~2마일가량 떨어진 곳까지 이르렀다. 그곳에서 그들은 정부에 전문을 보내고 채 몇 시간이 지나지 않아 답신을 받았다. 항해하는 동안 그들은 조금도 방해받지 않았다. 이상의 일은 모두 9월 27일에 일어났다.

그러는 동안에 대원군과 그의 정부는 커다란 공포 상태에 빠졌으며 조선 사람들은 자기 나라가 완전하게 개방되어 압제자가 종말을 고하기를 바라며 대단히 근심스럽게 그 결말을 기다렸다. 조선 정부는 무력으로 대항할 수도 없으면서도 앞에 닥친 위기를 조만간에 극복할 수 있다는 과신에 차 있었다. 그들이 일단의 포수들을 서둘러 소집하긴 했지만 그것은 프랑스 군사에 대항하기 위해서라기보다 일종의 과시에 불과한 조치였다.

이러한 일을 경험한 아시아 국가들이 대부분 그러하듯이 대원군은 시간을 벌기 위해 구실을 찾았다. 그는 사태의 평화적 해결을 위해 프랑스 제독을 서울에 초대했다. 무슨 이유 때문에 로즈 제독이 이 제의에 불만을 표시하고 거부했는지는 명확하지 않다. 그러나 분명한 것은 로즈 제독이 신변의 위협을 느낀다는 이유로 몇 백 명에 달하는 수병의 호위를 받으며 서울로 갈 수는 없는 일이었으며 그가 수도에서의 회합을 거부한 것이 공포심 때문이라는 추측을 불러일으킴으로써 자신의 체면을 손상시켰다는 점이다.

도리어 대원군이 회합을 제안한 다음날 몇 백 명이 강화에 상륙하여 평화스럽고 무방비 상태에 있던 마을들을 점령하고 파괴했다. 강화는 마치 폭풍우를 만난 듯이 침략 당했지만 조선 사람들은 아무런 저항도 하지 않았다. 그들은 어떤 가보나 값어치 있는 물건들도 없는 가난한 사람들의 가구 등의 세간까지도 파괴했다. 그들은 기껏해야 관청에서 찾아낸 약 10만 프랑쯤 되는 여러 뭉치의 은을 약탈할 수 있었다.

자초지종을 모르는 불행한 주민들의 입장에서 볼 때 프랑스 제독이 무방비 도시를 파괴하여 어떤 만족감을 얻을 수 있을 것인지 도무지 이해할 수가 없다. 만약 그것이 조선 정부에 대한 응징 조치였다고 해도 어찌되었든 대원군 자신이 그 피해를 입지는 않았기 때문에 그것은 대단한 잘못이라고 할 수 있다. 아무리 좋게 보려 해도 그것은 대단히 분별없고 어리석은 행동이라고 밖에 말할 수 없다. 그들은 외국인들에 대해 전혀 적대적이지 않은 사람들조차도 무차별로 살상하여 적대감을 불러 일으켰다.

강화를 점령한 지 채 이틀이 지나지 않아 소규모의 수병들이 파견되어 문이 달린 낮은 성벽이 있는 언덕을 정찰했다. 그러나 성벽 뒤에는 많은 수의 포수들의 매복하고 있었고 전혀 예견하지 못한 매복에 걸린 프랑스 군은 포격을 받아 순식간에 35명이 전사 또는 부상을 당하고 배로 퇴각했다. 로즈 제독은 즉시 임무를 포기하고 함대에 귀항을 명령하여 라 게르에르호는 10월 3일에 지부로 되돌아왔다.[28] 그 함대가 출항하여 바로 그 항구로 다

---

28) 『고종실록』 3년(1866) 9월 7일자의 기록에 따르면 당시의 상황이 다음과 같이 기록되어 있다.

강화 유수 이인기가 다음과 같이 보고했다.

"본 고을의 초지첨사 조기준이 올린 보고를 받은 바에 따르면 이달 6일 사시(巳時) 쯤에 외국 배 7척 가운데 그 가운데 큰 배 3척은 뒤에 떨어지고 작은 배 2척은 먼저 고을의 갑곶진 앞바다에 올라와 머물렀는데 그들은 종선 9척에 나누어 올라타 일제히 육지에 올랐으며 그 인원은 500~ 600명이나 되는데 총과 칼들을 많이 휴대하고 산에 올라가 바라보았습니다. 관리가 내막을 물어보려고 하니 그들은 손을 내저으며 저지시켰다고 합니다. 그리고 또 2척의 배가 그 뒤를 쫓아왔다고 합니다. 그들의 숫자는 얼마나 되는지 알 수 없으니 장차 성을 침범해 들어올 우려가 있기 때문에 신은 남문에 나가 앉아 성을 방비할 대책을 세우고 있습니다."

또 보고하기를 "본 고을 선두보 별장 김성표가 올린 보고를 연이어 받은데 따르면 그

들의 배가 척수를 더 불려 침범해 들어왔는데 6척이나 되게 많았으니 특히 놀라운 일입니다."라고 했다.

이에 대하여 의정부에서 제의하기를, "서양 배가 이미 갑곶진에 정박하고 있는 만큼 밀물을 타고 곧바로 들어오겠는가 하는 문제도 역시 예측하기 어렵습니다. 지금 단단히 경계하는 문제를 소홀히 할 수 없으므로 훈련대장 이경하와 총융사 신관호로 하여금 강가에 나가서 무기와 방어 대책을 잘 토의해서 준비하게 하며 휴대하고 다니는 명소패와 비밀 증표는 그대로 휴대하고 왕래하도록 할 것입니다."라고 승인했다.

이에 지시하기를, "행호군 이원희를 총융청 중군으로 임명하여 해당 군영의 장수와 함께 나가도록 할 것입니다."라고 했다.

『고종실록』 3년(1866) 9월 8일자에는 다음과 같이 이어지고 있다.

강화 유수 이인기가 보고하기를, "이달 7일 미시에 그들이 동성에 돌입하여 총을 마구 쏘아대는 바람에 우리 사람으로서 부상당했거나 죽은 사람이 2명입니다. 파수 보는 군교들이 저지하지 못하여 추악한 무리들은 성을 파괴하고 넘어 들어와 온 성안을 두루 다니며 본 다음 다시 나갔습니다. 일이 이미 이 정도에 이르렀으니 더없이 급하게 되었습니다. 장영전에 모셔둔 두 임금의 화상을 임시로 본 고을 서문 앞에 있는 백련사에 옮겨갔습니다. 신은 요새지에 있으면서 방어를 잘 못하여 저 추악한 무리들로 하여금 이와 같이 멋대로 날뛰게 만들었으니 두렵고 황송하여 처분을 기다립니다."라고 했다.

이에 지시하기를 "처분을 기다리지 말 것이다"라고 했다.

또 다른 보고에 따르면, "외국배의 사람들이 육지에 올라 산에 오른 경로는 이미 급보를 올렸습니다. 저들의 배가 정박하여 있으면서 밤을 새울 것 같기 때문에 본 고을 경력 김재헌으로 하여금 내막을 물어 보도록 하기 위해 떠나보냈습니다. 그의 회답 보고는 이러합니다. 우리가 내막을 물어보기 위해 나가는 길인데 저들 몇 십 명이 송도에서 길을 막아서며 당현의 길옆에 있는 촌마을 집으로 끌어갔습니다. 그리하여 내막을 물어보려고 우리가 오게 된 사유를 글로 써서 보이니 그들은 손을 내저으며 모르겠다고 말하면서 갑곶진 해문에 있는 농가로 끌고 갔는데 그들 몇 백 명이 창과 총을 각각 휴대하고 모여들어서는 쭉 늘어섰습니다. 그리하여 글로 써서 묻기를 "당신들이 몇 만 리 풍파를 헤치고 왔는데 앓은 사람은 없습니까?" 하니 그들은 없다고 대답했습니다. 계속하여 글로 써서 묻기를 "당신들은 어느 나라 사람인지 알 수 없는데 무슨 일 때문에 여기까지 왔습니까?"라고 하였으나 저것들은 또 대답이 없었습니다. 그들 자체로 쓴 글을 우리의 내막을 물어보는 글과 함께 저것들의 배에 보내주었는데 저들의 글은 우리 나라의 글과는 같지 않았습니다.

얼마 안 지나 저들이 우리에게 배에 올라가자고 하기 때문에 그들을 따라 그들의 배에 올라갔는데 수를 헤아릴 수 없는 서양 사람들이 좌우에 늘어섰으며 2층에 있는 배칸으로 끌고 들어갔습니다. 그 방안에는 등불과 촛불이 환히 밝게 켜져 있었는데 서양 사람 하나가 한 가운데에 앉아 있고 그 곁에 우리 나라 사람의 옷차림을 차려 입은 한 사람이 앉아 우리 나라 말을 하면서 묻기를 "강화 유수입니까?"라고 하였습니다. 대답하기를 "아닙니다. 지방관입니다."라고 하자 그는 묻기를 "누가 당신을 보냈습니까?"라고 하므로 대답하기를 "나는 지방관으로서 내막을 물어보고자 여기까지 왔습니다."라고 하였습

시 돌아오기까지 거의 8일이 소요되었다.[29)]

이상이 출발에 앞서 프랑스 대리 공사가 조선 국왕의 폐위를 공언하며 성공을 호언장담했던 원정대의 처참한 종말이었다. 그러나 이번 사태에 관련된 나라들 가운데에서 누구보다도 조선이 가장 놀랐을 것이다. 조선은 그 당시 매우 난감한 사태에 봉착했기 때문에 그처럼 손쉬운 승리를 거둘 수 있으리라고는 생각하지도 못했다.

적군에게 항복하는 대신에 승리감에 흠뻑 취한 대원군은 세상의 어떤 세력도 자신에게 도전하거나 자신을 패배시킬 수 없으리라고 확신했다. 성공

니다. 그는 묻기를 "금년 봄에 당신에 나라에서는 무엇 때문에 서양 사람 9명을 죽였습니까?"라고 하므로 대답하기를 "실로 봄에 이런 일이 있었습니다. 당신에 나라 사람이 수도에 잠복해 있으면서 여인들을 강간하고 나라의 법에 비추어 사형에서 벗어날 수 없었기 때문에 처형하였습니다. 대체로 우리 나라 사람이 만역 당신네 나라에 들어가 이와 같이 법에 어긋나는 행동을 하였다고 하면 당신네 나라에서도 역시 응당 사형에 처하였을 것입니다."라고 하였습니다. 저들이 말하기를 "지금 당신을 죽이겠습니다."라고 하므로 대답하기를 "죽어도 두렵지 않습니다. 그러나 역관으로서 내막을 물어 보러 온 사람에 대해서 죽이는 문제는 예로부터 있어 본 적이 없습니다. 당신들은 빨리 배를 돌려 가야 할 것입니다."라고 하자 그들이 칼을 빼들고 가라고 독촉하기 때문에 부득이 다시로 육지에 올라와 진영의 해문 안에 이르렀습니다. 그런데 한 무리의 추악한 자들이 칼과 창을 뽑아들고 길 가운데에 막아섰으며 또한 음식물을 요구하였습니다. 때문에 소 3마리를 주도록 하겠다는 내용으로 글로 써서 보였는데 그들은 흡족하게 여기지 않고 끝끝내 길을 막아서서 열어주지 않았습니다. 그리하여 멀리 떨어져 있는 나라 사람들을 너그럽게 대해주어야 하는 뜻으로부터 어쩔 수 없이 소 5마리, 돼지 5마리, 닭 10마리를 주도록 하겠다는 내용으로 글을 써서 보였더니 그들은 그제야 비로소 길을 열어주었습니다.

그들의 배 3척은 갑곶진 앞바다에 정박해 있고 10여척의 종선을 타고 다니며 멋대로 육지에 올라서는 백성들의 집과 재물을 빼앗으며 온 산과 들을 마구 싸다녔습니다. 배 모양이며 연통이며 기계들은 지난해에 올라왔던 배 모양과 같았으며 배안에 있는 서양 사람은 몇 명이나 되는지 알 수 없습니다. 계속하여 광성보 별장 김준모가 보내온 보고를 받은 바에 따르면 외국배 4척 가운데 3척은 이미 지나가고 뒤에 떨어졌던 1척의 배가 또 들어와서 본 진영의 건너편에 있는 통진 지방의 사오섬(沙五嶼)에 정박하고 있다고 하였습니다.

29) (원저자 주) 라 게르에르호의 사령관이자 함대의 참모장인 선장 주옹(Joüon)은 바로 로즈 제독의 명령에 따라 10월 4일 이전에 함대가 이미 지부에 돌아간 사실을 내게 알려주었다.

을 장담했던 프랑스의 계획이 유감스럽게도 실패로 끝나자 조선 사람과 중국인들은 그들을 조롱했다. 이 실패로 말미암아 동아시아에 대한 서양의 호감이 크게 손상되었다.

북경 정부는 프랑스의 이 불운과 실패에 대해 내심 쾌재를 불렀으나 현명하게 그것을 드러내지 않았고 후일을 기약하며 이번 일을 상기했다. 그리고 이러한 기회가 아직껏 중국에 오지 않았다면 그 이유는 중국에 대한 서양의 호의 때문이라기보다는 국력이 부족한 때문일 것이며 그로 말미암아 조선의 성공이 중국에서 다시 벌어지지 않고 있을 뿐이다.[30)]

제너럴 셔먼호 사건

1868년 봄에 미국의 기선 쉐난도아호가 조선의 서해안 방면에 있는 대동강에 파견되어 자국의 선박인 제너럴 셔먼호 승무원들의 운명을 조사했다. 제너럴 셔먼호는 앞서 말한 바와 같이 1866년 봄에 대동강에 들어설 무렵에 난파되어 조선 정부의 명령으로 전 선원이 피살되었다. 배의 규모에 견주어 수심이 너무 얕았기 때문에 그 전함은 강어귀에서 약간 상류로 나아갈 수 있었을 뿐이었다.

제너럴 셔먼호는 강의 상류로 보트를 파견했으나 곧 명백한 적대적인 징후를 발견하고 신속하게 퇴각했다. "만약 그대들이 일격에 쫓겨난 프랑스인과 같은 운명을 겪고 싶지 않다면 즉각 되돌아가라"는 무례한 전갈이 함장에게 전달되었다. 조선의 영토를 침범한 모든 서구 열강들은 한결같이 같은

---

30) (원저자 주) 그런 일이 있은 지 얼마 뒤에 로즈 제독과 개인적으로 인사를 나눌 기회가 있었을 때 나는 솔직하게 그 원정대가 실패한 사실에 놀랐다고 말한 바 있다. 내가 조선의 사정을 알았더라면 그런 말을 하지 않았을 것이다. 그는 나에게 다음과 같이 대답했다. "내가 얻을 수 있는 것은 다 얻었습니다." 나뿐만이 아니라 내가 알기로는 다른 사람들 역시 당시에는 그 의미를 몰랐다.

운명을 겪었다. 조선은 현재 어떤 외적과의 대결도 두려워하지 않고 있다는 진술로 그 서신은 끝맺고 있다. 함장은 서신의 내용을 이해하지 못했기 때문에 지부의 도대에게 번역을 요청했다. 들리는 바에 따르면 그 관리는 서신을 번역하고 나서 거의 정색을 했다고 한다.

근래의 조선 내부의 상황에 대해서는 거의 알려지지 않고 있다. 그 근거는 알 수 없지만 조선과 일본 사이에 여러 차례 심각한 분쟁이 일어났다는 풍문이 돌았다. 아마도 대원군이 난파되어 떠내려 온 일본들을 가혹하게 대했거나 조선에 주둔하고 있는 일본군을 내쫓으려고 횡포를 부렸기 때문이었던 것 같다. 일본이 조선을 침공하고자 군사를 징집하고 있기 때문에 양국 사이에 전쟁이 재발할 것이라는 풍문이 돌긴 했으나 아직까지 이렇다 할 사태는 일어나고 있지 않다.

일본 공사가 전함을 타고 서해안으로 들어온다는 전갈이 들어오자 대원군은 처음에는 그의 입국을 거부했다가 결국 서울의 입성을 수락했다. 그러나 그 뒤로 무슨 일이 일었는지, 곧 양국 사이의 마찰이 조정되었는지 아니면 적대적인 관계가 완전히 고착되었는지는 알 수가 없다. 다만 일본 측에 강력하게 개전으로 기우는 경향이 있었던 것만큼은 확실하다.

한편 이 나라는 최근에 내부적으로 천황 정치에 맞서는 일련의 정치적 격변과 전복 운동을 겪고 있었기 때문에 외국과의 전쟁을 수행하려고 대규모의 군사력을 동원할 입장에 놓여 있지는 않았다. 조선에서도 어린 왕이 죽었다는 소식이 한 때 나라 밖으로 들렸다. 그러나 그 소식의 전말은 긍정도 부정도 되지 않았기 때문에 사태의 진상을 확인할 수는 없었다.

4,000년 이상의 먼 암흑기로부터 최근에 이르기까지 우리는 이 주목할 만한 나라의 역사를 개관해 보았다. 그러나 우리에게 그 나라는 여전히 과감하게 생명의 포기를 무릅쓰지 않고서는 외국인들이 감히 범접할 수 없는 "금단의 땅"으로 남아 있다. 북극을 탐험하려고 원정대들이 연이어 나섰다. 이 불굴의 탐험가들은 문명을 전파하고 교역 관계를 열어 그 대륙을 개방시

키고자 베일에 가려 있는 중앙아프리카의 미지의 땅을 탐사하고 있다.

그러나 이곳에서는 우리가 증기선을 이용해 가장 인접한 중국 해안을 향해더여 단 하루만에 4,000년의 역사를 가지고 있는 나라의 문턱에 다가서 있다. 그러나 백성들의 열망 따위에는 아랑곳없는 반야만적인 통치 때문에 발을 들여놓을 엄두를 내지 못하고 있다. 조선 정부는 출입 거부라고 쓴 금단의 문을 세우고 전체 문명 세계를 조소하고 있는 것이다.

제 4 장 풍 습

계급

조선 민족의 특징이자 조선 민족과 주변의 다른 민족들 사이의 차이점은 무엇보다도 엄격한 계급의 구분에서 찾을 수 있다. 조선의 계급 구분은 인도의 힌두족에 지배적인 카스트 제도와 매우 흡사하게 주민들을 다양한 등급으로 분할해서 차별한다. 그러나 양자 사이에는 현격한 차이점이 존재한다. 곧 힌두족의 경우에는 이러한 계급 차별이 종교적인 규율과 관습에 의거하고 있는 것과는 달리 조선 민족의 경우에는 종교적인 이유는 전혀 찾아볼 수 없으며 오직 정치적인 이유에만 의거하고 있다. 따라서 이러한 계급 제도가 오늘날까지 존속할 수 있었던 것은 통치자들의 필요 때문이라고 할 수 있다.

왕이나 왕족 다음으로 가장 높은 계급은 이른바 귀족으로서, 그들은 계급 제도를 절대적으로 유지하고 있는 지난날의 족장 가계의 후손들이다. 귀족은 다시 문반과 무반의 양반으로 나누어진다. 이 둘 사이에는 예로부터 매우 격심한 경쟁이 상존해 왔는데, 문반이 무반을 2인자 자리로 몰아내고 성공적으로 보다 많고 강력한 특권들을 차지했다. 다만 전시만큼은 군대의 원수가 절대적인 권한을 장악하고 그러한 기류가 하급 장교에까지 미쳤기 때문에 둘의 관계가 역전되었다. 그러나 평시에 무반은 문반 밑에 위치했으며 심지어 학식은 높으나 관직에 있지 않은 양반들에게까지 굽실거려야 했다.

이 두 귀족 계급은 궁궐을 출입하고 왕의 측근이 될 수 있는 특권을 향유하고 있다. 그리고 그들은 관직에 나아갈 수 있는 권리를 배타적으로 독점하여 문반은 최고위직에서 미관말직에 이르기까지 관직을 차지했던 것과는 달리 무반은 군사 부문의 각 계급을 차지함으로써 그 특권을 유지해 왔다. 국왕은 중대한 공헌을 한 보답이나 총애의 표현으로 자유롭게 관직을 하사했으나 이런 경우는 극히 드물다.

만약 누군가가 어느 지방의 관리로 임명된다면 그것은 동시에 그가 부유해질 수 있는 기회를 함께 부여받았다는 것을 뜻한다. 아울러 누군가 이렇게 관직에 등용되어 승진한다면 그것은 곧 그의 식솔들이 벼슬을 누리는 것이나 마찬가지이다. 그러나 이와 같은 신진 귀족은 세습 귀족과 같은 존대를 받지는 못하며 조선 사람들은 농담 삼아 이런 사람들은 "근본 없는 귀족"이라고 부른다.

이 두 상류 계급의 뒤를 이어 중인 계급이 있는데, 이들은 숫적으로 매우 적으며 귀족과 평민 사이에 위치한다. 이 계급 또한 관청의 서리나 통역 등 자신의 신분에 해당하는 관직에 충원될 수 있는 권리를 지니고 있다. 중인 아래에는 비교적 풍족한 도시 주민들로 이루어진 평민 계급이 있다. 이들은 조선 사람들이 흔히 말하는 "백성"에 해당하며 비교적 예절이 바르며 교육 수준이 높다. 여기에서 교육은 한자의 숙달과 이해를 의미한다. 상인, 수공업자 그리고 대부분의 장인들이 이 계급에 속한다. 그리고 그 아래의 계급은 인구의 대다수를 차지하는 농민, 목축업자, 사냥꾼, 어부 등의 지방민들이다.

이들과 가장 낮은 계급인 노비 사이에는 천민이라고 하는 가장 흥미롭고 특별한 계급이 있다. 이들은 다시 여러 계층으로 나누어진다. 이 계급의 유래와 경계를 설명하는 것은 어려운 문제이다. 이들은 비록 사회적으로 비천하지만 수입에서마저 가장 열악한 위치에 있지는 않다. 또한 왕은 천출을 보다 높은 신분으로 승급시킬 수 있는 권한을 가지고 있다. 예외적인 경우로 천출이 귀족의 지위에 오르고 관직을 하사 받은 사례가 이미 있었다.

모든 지방 관청의 관리는 이 계급 가운데에서 가장 높은 두 계층에 의해 충원되고 있다. 그들은 서기 및 회계 업무를 전담한다. 그리고 그들은 자신의 재능을 활용할 줄 알기 때문에 비록 사회적 지위는 낮지만 상관에게 막대한 영향력을 행사하고 막대한 부와 권한을 누린다.

백정과 피혁장 그리고 끝으로 사회적 지위가 가장 낮고 노비와 별로 다를 바 없는 승려가 이 계급에 속한다. 승려에 대해서는 뒤에서 별도로 언급하겠지만 여기에서 굳이 한마디만 하자면 그들은 성격이나 품행으로 볼 때 노비 수준 이상의 사람들은 되지 못한다.

노비

노비 제도는 중국이나 일본에서 볼 수 없고, 이 나라에만 특수하게 존재하는 제도이다. 노비 제도는 예전처럼 엄격하게 지켜지고 있지는 않지만 여전히 오늘날까지 존속하고 있다. 여러 가지 면에서 조선의 노비들은 러시아의 농노들과 처지가 비슷하다. 그러나 조선의 노비 제도는 러시아에 견주어 상대적으로 엄격하게 운용되지는 않고 다소 온건한 양태를 보인다.

다른 계급과 마찬가지로 노비도 여러 계층으로 나누어 있다. 이들 가운데에서 신분이 가장 높은 무리는 왕의 노비들이다. 그들은 촌락을 형성하여 거주하고 있으며 마을에서 특별한 임무로 여기는 역참 업무를 담당하기 때문에 다른 신분의 사람들과 쉽게 구별할 수 있다. 궁노들은 모든 직접세를 탕감 받고 있으며 납세액 또한 국가 전체의 세입에 견주면 경미하다. 그들이 바치는 공납은 왕의 재산이 된다.

그 외에도 그들은 여러 가지의 이점을 누리고 있으며 이로 말미암아 그들은 자신의 예속적인 지위를 쉽게 견딜 수 있다. 그들은 왕의 직접적인 보호를 받고 있다. 왕은 관리들의 주구와 양반의 착취로부터 그들을 보호·구제해 주고 있다. 사실 백성들이야말로 이러한 위협에 너무 많이 노출되어 있다. 따라서 왕의 노비가 자유를 얻기 위하여 거주하고 있는 마을을 떠나는 경우는 극히 드물다. 그들에 대한 감독은 불완전하기 때문에 쉽게 도주를 감행할 수 있으며 일단 성공하기만 한다면 그들을 다시 잡아들이려고 특별히 애쓰는 경우도 드물어 조금도 힘들이지 않고 외진 곳에서 사람들 속에 파묻혀 살 수 있다.

귀족이나 양반에 귀속되어 있는 노비는 대체로 관대하고 풍족한 대우를 받고 있으며 가혹하게 취급당하는 경우는 전혀 없다. 그들은 주인의 집안일과 농토를 경작해야 한다. 그들은 드물게 별채에서 살고 있지만 할당받은 토지를 경작하는 경우에는 여전히 소출을 주인에게 바쳐야 한다. 그러나 그들이 주인보다 더 윤택한 생활을 누리는 일이 전혀 있을 수 없는 일도 아니며 또한 이런 경우에는 돈을 바치고 자유를 얻기도 한다.

이에 대해서 나는 일정한 금액이 법으로 정해져 있는지, 그 돈의 액수가 주인의 의사에 달려 있는지 또는 노비의 노동력을 감안한 양자 사이의 합의에 의해 책정되는지를 확실하게 알지는 못한다. 그러나 대체로 마지막 방식을 따르고 있는 것 같다. 주인의 아내는 노비의 어린 딸들 가운데에서 집안일에 종사할 계집아이를 골라 자신의 딸들과 함께 교육시킨다.

사내아이들에게는 그다지 신경을 쓰지 않으며 그들의 교육은 대개 부모들이 직접 맡고 있다. 종종 노비 일가가 자유를 얻기도 하며 이에 대해 특별히 규제 받지도 않는다. 노비의 자식들이 평민인 여자와 결혼하는 일도 종종 있는데, 이로써 이들 사이의 자식들은 법적으로 자유민이 되는 것이다.

조선 사람들은 자기 나라의 역사에 관한 지식이 거의 없기 때문에 이와 같은 노비 제도의 기원에 대해 정확한 내용을 알기는 거의 불가능하다. 이 제도는 상당히 완화된 상태이기는 하지만 성격상 여전히 법적으로 강제되고 있는 것은 변함이 없다. 그러나 이 제도의 기원은 조선의 서로 다른 부족들이 통합되기 이전의 시점으로 거슬러 올라가야 한다는 점은 틀림없다. 아마도 오랜 내전을 겪는 동안에 승리자의 포로가 된 무리들이 노비로 전락했다고 보는 것이 가장 유력한 추론일 것이다. 이외에 조선 사람 자신들도 다른 설명을 하지 못하고 있다.

그러나 주목할 만한 사실은 내전이 끝난 뒤에, 더구나 서로 다른 종족들이 단일한 지배자 밑에 통합되어 동등한 지위를 차지하게 된 뒤에도 역시 이 노비 제도가 오늘날까지 유지되어 왔다는 점이다. 이는 노비들이 정신적인 면이나 생김새에서 일반인들과 조금도 다르지 않다는 것을 상기할 때 더욱 이해할 수 없는 제도이다. 중국과 일본의 문헌은 조선의 노비 제도나 계급 제도에 대하여 전혀 언급하고 있지 않다.

종교

만일 이 나라의 종교에 대해서 언급해도 된다면 조선의 공식적인 종교는 불교이다. 불교는 서기 372년경에 중국에서 이 나라로 들어와 점차 일반인들에게 보급되었다. 그러나 모든 종교적인 의식과 관행을 완전히 무시했다는 점에서 그들은 야만이라고 할 수밖에 없다. 그들은 이런 점에서 중국이나 일본보다 훨씬 뒤쳐지는 문명과 문화 수준에 머물러 있다.

우리의 생각으로는 물론 중국이나 일본도 조선과 크게 다르지 않다고 본다. 더욱이 일본인들의 경우에 마음속에서 진심으로 우러나와 종교 의례를 진행하는 예를 거의 찾아볼 수가 없다. 반면에 중국인들은 조선 사람들과는 달리 오랫동안 전해져 내려온 종교 의례와 관행을 유지하려는 나름대로의 경건한 감정을 가지고 있는 점은 부인할 수 없는 사실이다.

중국의 승려들은 고매한 소양을 갖추고 있지 못하며 자신의 신분에 합당하는 존경과 대우를 받지 못하고 있다. 쉽게 말해서 그들은 자신의 지위를 이용하여 안락하고 나태한 생활을 하고 있으며 세간의 속인들의 교화에는 무관심하기 때문에 그들에게 아무런 영향을 미치지 못하고 있다. 그러나 그들이 일반인들에게 멸시 당하고는 있지만 조선의 승려들에 견주어 단연코 그 처지가 좋다고 할 수 있다. 인도의 승려 계급은 가장 높고 신성시되는 신분인 것과는 달리 조선의 승려들은 정반대로 평민층에도 못 미치는 천민 계급인 노비들의 바로 위의 신분이다.

이와 같은 상황에 대해 설명을 요구한다면 다음과 같이 대답할 수 있다. 곧 자신들의 종교와 종교 의례가 경멸당하는 것은 스스로의 도덕적 타락으로 말미암아 자초한 일이 아닌가? 그것이 아니라면 승려들이 타락한 원인은 백성들의 유리 의식이 전적으로 결여되었기 때문이 아닌가? 뒤에서 더욱 자세하게 말할 기회가 있겠지만, 내가 경험한 바에 따르면, 조선 사람들이 보다 높은 수준의 문화를 향유하게 하기 위해서는 오로지 훌륭한 견인차만이 필요하다는 점에서 나는 첫 번째의 견해에 전적으로 찬동한다.

조선의 승려들은 도덕적으로 타락하고 야비해서 인격적인 지탄을 받고 있기 때문에 조선 사람들이 종교에 대한 어떠한 외경심을 가진다는 것은 전혀 부당한 일이다. 더욱이 그 종교에 봉사하고 있다는 무리들이 속인들에게 귀감을 보이며 봉사하기보다는 오히려 다른 잡사에 골몰하고 있기 때문에 그렇게 되기는 턱없이 어렵다. 그들의 방탕한 행동과 비도덕적인 품행은 때로는 매우 역겨워서 정부의 간섭을 자초했다.

승려들은 고매한 삶으로 인도하고 도덕 수준을 높이려는 모든 노력은 허사로 돌아갔기 때문에 그들이 오늘날까지 사회에서 가장 천한 신분으로 남아 있다는 것은 이상한 일이 아니다. 모든 승려들이 이렇듯 멸시받는 상태로 전락한 것은 근래의 일이 아니라 몇 백 년 전부터 유래한 것이다. 레지[1)]

---

1) 레지(Jean-Baptiste Régis : 1665?~1737) : 제수이트교파의 프랑스 신부. 일찍이 중국에 파송되어 천자의 명령으로 중국의 지도를 그렸으며, 조선에도 관심이 많아 자료를 수

신부의 짤막한 보고[2]에 따르면 조선의 승려들은 대개 천대받고 있으며 절이나 살림집은 성문 밖이나 마을의 변두리에만 지을 수 있도록 강제 당하고 있다.

서열이 가장 높은 승려들은 서울에 거주하고 있으며 그들에게는 아래의 승려들을 통제해야 할 권리와 의무가 있다. 그러나 그들도 역시 근본에서는 다른 승려들보다 더 낫다고 할 수 있는 점은 하나도 없으며 좋지 않은 행실 때문에 그들의 도덕심에 긍정적인 감화를 줄 수가 없다. 때때로 그들은 정부의 마음에 들어 예언자로서 덕을 보기도 한다.

1868년에 현재의 섭정이 정권을 잡은 뒤로 몇몇의 당대의 고승들이 대원군(大院君)에게 영향을 미쳤던 점은 무시할 수 없다. 조선의 승려 복장은 중국의 승려의 복장과 비슷하다. 그들은 대개 발밑까지 길게 내려온 장삼을 입고 있으며 머리는 파르스름하게 깎았기 때문에 머리카락의 흔적은 전혀 찾아볼 수 없다. 그들의 외모 역시 그들의 특성에 잘 부합되는데 한결같이 단정하지 못하며 누추한 몰골을 하고 있다.

사정이 이러하므로 중국이나 일본에서 흔히 볼 수 있는 바와 같이 매우 웅장하고 화려하게 장식된 사원이나 사당을 조선에서 보려고 한다면 참으로 오산이다. 일본이나 중국에서는 아무리 작은 마을일지라도 많든 적든 예배를 할 수 있는 공간이나 기도를 할 수 있는 사당이 있다. 그리고 아무리 가난한 집이라도 한 구석에는 작은 신당이 있지만 조선에서는 그런 것을 전혀 찾아볼 수가 없다.

규모가 크고 인구가 번잡한 마을에서도 기껏해야 다 쓰러져가는 사당밖에 볼 수 없으며 이를 통해서 조선 사람들이 종교를 얼마나 무시하고 있는

집하여 이를 파리에 보내어 뒤 알드(Du Halde)로 하여금 『조선전』(1741)을 쓰는 데 도움을 주었다. 그의 자세한 행적에 관해서는, 본 『한말 외국인 기록』 제11권인 뒤 알드의 『조선전』(집문당, 서울, 1999)의 역자 서문을 참조할 것.

2) (원저자 주) Du Halde, Vol. IV.

가를 뚜렷이 알 수 있다. 몇 백 명씩 살고 있는 꽤 큰 마을들에서 나는 팔 둘레 두께의 볼품없는 여러 종류의 나무들이 아무런 주목을 받지 못한 채 서 있는 것을 본 일이 있다. 나는 이 나무들을 자세히 관찰하는 동안 그것들이 마을의 수호신이며 사당이나 예배처를 대신하고 있다는 사실을 알고 매우 놀랐다.

무속

수호신은 어떤 풍상도 능히 견딜 수 있다고 여겼기 때문에 조선 사람들은 그 나무들을 전혀 돌보지 않은 채로 길가에 방치했다. 높이가 2피트에서 4피트가량 되는 목상[장승]의 조각은 고작해야 사람들이 그 껍질을 벗기고 위쪽 끝에 가장 초보적인 기술로 새긴 혐오스러운 형상이 전부였다. 그것들은 대체로 단단하게 땅에 박혀 삐딱하게 기울어져 서 있는데, 세월이 오래되어 그 토대가 약해진 것들은 피곤한 듯 머리를 땅에 눕힌 채로 쓰러져 있다.

장승의 몰골은 마치 비바람 하나 가리지 못하고 한 평생 풍상을 겪을 대로 다 겪고 나서 끝내 그 자리에서 쉬고 있는 듯했다. 이들을 관찰했을 당시에 일어난 감정은 그 몰골이 우습다기 보다는 오히려 마음이 몹시 아팠다는 것을 고백하지 않을 수 없다. 조선 사람들은 그 주위에 모여들어 불행하고 낡아빠진 목상을 발로 차서 이리저리 굴리면서 낄낄거리며 웃기까지 한다.

내가 그렇게 표현하고 있지만 조선 사람들이 지금보다 정신과 의식의 수준을 높일 수 없다고 믿는 것은 큰 잘못이다. 앞에서 나의 의견을 밝힌 바 있듯이 조선 사람들이 모든 종교 및 종교 의례를 경시하는 습성을 갖게 된 것은 오로지 승려 계급의 타락에 그 원인이 있다. 나는 이에 대한 설명을 덧붙이고자 한다.

내가 보기에 아시아의 모든 민족들 가운데에서 조선 사람들만큼 순수하고 진실한 신앙심을 가질 수 있는 민족은 없으며 또 일단 기독교로 개종한

장승

조선 사람들은 중국인들보다도 훨씬 더 마음속 깊은 곳에서부터 교리를 받아들이고 더욱 성실하고 완고하게 고수한다는 점을 나는 주장하고 싶다.

중국인들은 교활하고 타산적이어서 신앙을 통해 물질적인 이익을 구하는 데에만 정신이 팔려 있기 때문에 기독교에 귀의하는 것도 거의 일종의 영업상의 거래라고 나는 생각한다. 그리고 중국의 신자들은 자신에게 이익을 베푸는 원천이 고갈되어 버릴 경우에 아무런 거리낌 없이 지난날에 믿고 있던 신앙이나 불신자로 되돌아가 버리는데, 그 이유는 바로 그들이 물질적인 이익을 좇아 개종했기 때문이다.

조선 사람들에게서는 그런 종류의 동기를 찾아볼 수 없다. 그들은 품행이 어린 아이 같고 소박해서 그들 대부분이 그런 것처럼 종교에 대해 무관심한 상태에서부터 그들을 인도하려면 다만 몇 가지의 동기만으로도 충분하다. 그들은 생활상의 요구가 없기 때문에 결코 물질적으로 풍요로운 삶을 누리려고 기독교로 개종하지는 않으며 오히려 그 반대이다. 현재 관헌의 감시와 탄압이 그치지 않는 이 나라의 정치적 상황에서 기독교에 귀의했다는 단순한 혐의만 받아도 모진 고문과 가장 참혹한 죽음을 당하게 된다.

1839년에 한 명의 프랑스인 주교와 두 명의 신부가 처형당했다.[3] 1864년 초에 붕어한 조선 왕조의 마지막 왕[철종]은 성품이 온화해서 만인의 공경을 받았기 때문에 이 왕이 통치하는 동안에는 선교사와 그의 교인들이 탄압받긴 했지만 가혹함과 잔인함은 다소 완화되었다. 그리고 이 때 비록 우호적이지는 않았지만 선교 활동이 그다지 박해 당하지는 않았기 때문에 그들의 영향력은 대궐에까지 미쳤던 것으로 보고되어 있다.[4]

믿을 만한 보고에 근거한 내 소견으로는 당시 개종자의 수는 약 10만 명에 이르렀으며 그 가운데 대다수는 이른바 궁도인 경기도에 거주했다. 아산만의 남쪽에 위치한 해미현의 전체 주민들은 모두 천주교를 신봉했다. 그런데 이 국왕이 붕어하자 그때까지의 온화한 정책은 사라지고 가혹한 박해가 시작되었다. 한편 1866년에 9명의 프랑스 선교사들의 참살에 대한 응징 조치로 로즈(P. G. Roze) 제독이 프랑스 함대를 이끌고 조선의 원정[병인양요]에 나섰으나 이것이 실패로 돌아가자 조선의 기독교인들에 대한 무자비한 박해가 재개되었다.

나는 이미 앞에서 조선의 개종자들이 상상할 수 없는 희생을 치르면서 어떻게 정부의 무자비한 박해와 추적을 피하려는 선교사들을 은신시켰는지를 설명한 바 있다. 조선에 체류하는 동안 나는 그들이 자신의 믿음에 얼마나 충실했는가의 사례를 여러 차례 들었다. 이러한 사례는 대부분의 조선 사람들에게 팽배해 있는 무관심으로부터 그들을 벗어나게 하는 것은 오로지 그들에게 적용된 방법이 어떠냐에 달려 있다는 점을 충분하게 설명해 준다.

의도적으로 이러한 상태를 조장한 데 대해서 조선 정부는 비난받아야 한

3) 1839년의 신해박해를 의미함. 이때 앵베르(Laurent M. Imbert) 주교, 모방(Pierre P. Maubant) 신부, 샤스탕(Jacques H. Chastan) 신부가 순교함.

4) (원저자 주) 내가 들은 어느 조선 사람의 신빙성 있는 정보에 따르면 조선왕조의 마지막 국왕의 왕비가 현재의 국왕의 유모와 왕 주위의 관리들 그리고 다른 몇몇 사람들과 함께 비밀리에 개종했다고 한다.

다. 조선 정부는 승려 계급에 대한 비난과 멸시를 빌미로 자국민들에게 미칠 다른 종교의 영향력도 사전에 효과적으로 차단해 왔다. 그들의 이러한 목적은 자신들의 전제적인 통치에 맞서는 대항 세력이 대두하는 것을 방지하는 데 있었다.

그렇기 때문에 보다 우수하고 고도화된 문화와 문명의 전파를 꾀하는 어떤 활동에 대해서도 모든 수단을 동원해서 강압적으로 탄압하는 것도 별로 무리는 아니었다. 그러나 아무리 그러하다 할지라도 장기적으로 사태의 진전을 억압하고 그들의 전제적인 체제가 붕괴되는 것을 막을 수는 없다는 점에 우리는 희망을 걸고 있다.[5)]

레지 신부의 기록

오늘날의 조선 사람들의 풍습과 관습에 대한 나의 관찰을 기술하기보다는 우선 나는 이미 몇 차례 언급한 바 있는 레지 신부의 흥미롭고 짤막한 기록을 소개하는 것이 보다 적실하고 흥미 있다고 생각된다. 레지 신부는 17세기에 생존했던 인물로서 그 자신은 단 한 번도 조선에 발을 들여놓은 적은 없었으며 다만 이 나라의 북쪽 국경까지 와 보았을 뿐이다.

따라서 독자들은 레지 신부가 직접 조선을 방문하여 그 나라의 실상을 전하는 것보다 전혀 나올 수 없는 중국의 자료에 의존하여 그가 글을 썼다는 점을 알아둘 필요가 있다. 그의 저술은 부분적으로는 적실하기는 하지만 전체적으로는 오늘날의 조선의 실상의 원형이 된다고 보기에는 곤란하다. 그의 기술을 인용하면 다음과 같다.

---

5) (원저자 주) 1868년 초에 1만~2만 명가량의 조선 사람 기독교인들이 이미 잔인 무도한 섭정의 박해에 의해서 희생되었다. 최근에 조선으로 항해하는 중에 나는 한 조선 사람으로부터 학살이 일어난 장소의 지명들과 근사치에 가까운 희생자 명단을 제공받았다.

"나는 지금 조선의 백성들에 대해 몇 가지 설명을 하려고 한다. 그들은 대체로 매우 합리적이며 쾌활하고 유순한 기질을 가지고 있다. 그들은 중국어를 잘 이해하며 즐겁게 배운다. 가무의 자질 또한 천부적이다. 남쪽 지방보다는 북쪽 지방에서 뛰어난 사람들이 많이 태어난다. 북쪽 지방 사람들은 대체로 호전적이며 우수한 병사들이 된다."

"가장 보편적인 의상은 모피로 만든 모자와 능직 의복이다. 여성들은 치맛단의 안팎에 테두리나 레이스를 단다. 상류층은 자줏빛 비단옷을 입는다. 모자에 두 개의 깃털을 달아 구별되는 선비들은 특히 음악에 몰두한다. 기자가 8조로 이루어진 법전[6]을 출간한 뒤로 조선인들의 풍습은 잘 규제되었다. 이 금법들과 간통은 조선인들 사이에는 잘 알려지지 않은 죄목들이어서 밤에 사립문을 닫는 경우가 없었다. 그리고 모든 상황에 중대한 변혁이 일어나 이러한 도덕적 순수성을 다소 변화시킨다 할지라도 그것은 여전히 다른 국가들에게 본보기가 되기에 충분하다."

공식 석상에서 그들은 금과 은으로 장식된 능직 예복을 입는다. 조선 사람들 가운데에는 부랑하는 젊은 여인들이 많다. 그들은 남녀 사이에 자주 어울리며 특별히 혼례 선물을 하거나 예식을 치르지 않고 서로에게 이끌려 결혼한다. 연(燕)의 치세 때에 관습이 다소 바뀌기는 했지만, 왕녀들은 왕자들과 혼인하고 귀족들은 그들 가문끼리 혼인하는 법규를 따른다.

그들은 사망한 지 3년이 지나기 전까지는 매장하지 않는다. 그들은 부모와 형제가 사망했을 때, 각각 3년과 3개월간의 거상 기간을 갖는다. 시신을 묻은 뒤에 그들은 무덤가에 의복, 전차, 말 등 대개 생전에 애착했던 모든 것들을 놓아두어 장례식에 참가한 사람들이 가져가도록 한다. 그들은 자연스럽게 미신을 숭상하고 살생을 두려워한다. 그들은 불법을 준수한다. 그들은

---

6) 팔조 금법을 의미하며 오늘날에는 다음의 3조가 전하고 있다. (1) 살인자 자는 죽인다. (2) 남을 다치게 한 자는 곡물로써 갚는다. (3) 도적질한 남녀는 노비가 되며 대속하고자 하는 자는 50만 냥을 물어야 한다.

음식과 술을 절제했고 식사를 할 때에는 접시를 사용했다. 중국인들은 그들의 운송 수단에 매우 중대한 영향을 미쳤다.

그들은 짚을 이어 가옥을 만들며 침대는 없다. 그들은 기장이라는 곡식으로 술을 담는다. 그들은 대개 대마로 만든 옷을 입기 때문에 누에를 치는 규모는 적다. 그들은 결코 약을 먹지 않는다. 관리들의 급료는 쌀로 지급된다. 모든 이들은 가족 구성원의 수에 비례하여 할당된 토지를 소유한다. 왕은 자신의 토지를 소유하지 않는다.

군사 무기로는 장식을 달지 않은 평이한 양식의 격발식 활과 긴 기병도가 있다. 그들은 심지어 가장 극악한 범죄도 관대하게 처벌한다. 부모를 학대하는 것은 최고의 죄목이며 그런 자들은 참수한다. 경미한 죄를 저지른 무리들은 매질하여 방면한다. 그밖에 사형을 당할 만한 죄를 저지를 경우에는 인근의 섬으로 유형을 보낸다."[7]

레지 신부는 이상과 같이 기술하고 있다. 선교사들의 보고는 대개 사소하고 별반 중요하지 않은 면들까지도 광범하고 상세하게 언급하고 있다. 그러나 그들이 취합한 압축적이고 간결한 사료들은 조선의 관습에 대해 보다 광대하고 정확한 정보를 제공해 주고 있지는 못하다.

복식

조선 사람들의 복장은 매우 간소하다. 남자들은 짧은 저고리와 통이 넓은 바지를 입는데, 이 바지는 보통 다리를 넓고 헐렁하게 둘러싸고 있기 때문에 대개 발목 근처인 버선 위에서 댓님으로 붙잡아 맨다. 중국인들처럼 저고리 위에 큰 두루마기를 입는 일은 매우 드물지만 상류 계급에서는 이를

7) (원저자 주) Du Halde, Vol. IV, pp. 171~172.

볼 수 있는 일이다. 두루마기를 입을 때에는 무명이나 명주를 꼬아 만든 띠로 허리둘레를 잡아맨다. 하층민들은 허리띠를 저고리 밑에서 바지 위에 매는데, 여기에 담배쌈지, 담뱃대, 부채 따위를 달아맨다. 남성복이든 여성복이든 옷감은 대개 흰 천이다. 드물게 밝고 푸른 색상의 저고리를 볼 수도 있지만 바지 색상이 그런 경우는 없다.

반면에 어린이들은 가지각색의 옷을 입고 있는데, 그 가운데에서 가장 즐겨 입은 색상은 밝은 푸른색이나 진홍색이며 번드레하거나 검정 색상을 입는 경우는 거의 없다. 대다수의 조선 사람들이 입는 의복의 소재는 손으로 짜서 다소 곱게 표백한 무명천이다. 조선 사람들이 옷감을 만들어 낼 줄 모르는 것은 아니지만 가장 흔한 소재는 성글게 잔 능직 무명이다. 그들은 중국인이나 서양인들이 무명으로 짠 옷감을 거의 보지 못했기 때문에 그것을 매우 귀하게 여긴다. 그러나 조선에 밀수입되거나 북쪽 국경의 장에서 들여오는 어지간한 옷감의 양은 말할 필요도 없을 만큼 매우 적어서 어떻다고 말할 수가 없다.[8)]

조선에서는 모직 제품은 제조되지 않으며 거의 알려지지도 않았다. 저고리와 두루마기의 소매는 통이 넓어 귀족들은 2피트가량이나 늘어뜨리고 있으며 주머니는 달려 있지 않다. 농민들이 버선을 신는 경우는 매우 드물며 대개는 짚을 두툼하게 엮어서 만든 일종의 샌들처럼 생긴 짚신으로 발을 싸서 덮는다. 이 짚신은 발가락 사이와 발꿈치에서 삼으로 만든 끈으로 동여매도록 되어 있으며 걷기에 매우 편리하다. 도시에서도 이 짚신은 흔하게 볼 수 있으며 아울러 흰 무명으로 만든 보통의 신도 많이 신는다.

상류층은 중국식 모양의 신을 신으며 특히 중대한 행사에 참석할 때에는 중국인들과 마찬가지로 천으로 만든 장화를 신는다. 귀족과 고관대작들만

---

8) (원저자 주) 1866년에 회색 셔츠감은 400야드에 16냥(약 4파운드 16펜스)으로 올랐다. 그 옷감의 평상 가격은 보통 8냥이다.

모자

(1) 밀짚 갓 (2) 밀짚 모자 (3) 고관의 갓 (4) 무관의 모자
(5) 여름용 방갓 (6) 방수 갓 (7) 밀짚 모자 (8) 짚신

이 비단옷을 입으며 그들은 그 위에 보라색, 진황색, 청색, 갈색 등 다양한 색상의 저고리를 걸쳐 입는다. 이 비단은 특별히 조선 시장에 내놓으려고 중국에서 제조되었다. 그러나 그 소비는 극히 제한되어 연간 몇 백 필을 넘지 않으며 북쪽 국경에서 열리는 물물교환 시장에서만 거래된다.

동복은 하복과 별로 다를 바 없이 흰 색상이며 보다 질기고 빳빳한 양피를 누벼 저고리를 만든다. 동절기에는 보통 의복을 두세 겹씩 껴입었다가 날씨가 풀리면 하나씩 벗는다. 야생 동물이 자주 출몰하는 북부 지방에서는 겨울에 주로 모피로 제조한 의복을 입는다. 흑담비의 모피는 목을 감싸서 보호하는 긴 원뿔형의 모자의 소재이다. 먼발치에서 보면 그들이 입고 있는 흰 의복은 매우 정갈한 인상을 준다. 그러나 조선 사람들은 그다지 청결하지 않기 때문에 하얀 의복이 점차 더러워져 회색으로 바뀌면 곁에서 볼 때 좋은 느낌을 주지는 못한다.

병졸이나 포졸들이 입고 있는 감청색 의복 또한 위에서 말한 평민 복장과 비슷하다. 그들은 상의 위에 검정색의 넓은 무명천 끈으로 동여매는데, 가슴과 등에는 소속을 나타내는 둥글고 하얀 천을 부착했다. 평이한 모자와는 달리 그들은 챙이 넓고 끝이 뾰족하게 솟아오른 검은 털로 짠 모자를 쓰며 그 위에는 여우 꼬리를 장식한다. 모자처럼 머리의 장식은 신분의 고하를 나타내 주는 특별한 의미를 갖는다.

두관은 대나무를 정교하게 쪼개서 만드는데, 특히 두관 제작은 제주도의 제조업 부문의 근간을 이루고 있다. 두관의 색상은 간혹 황색도 있지만 거의 예외 없이 검정색이며 두건을 둥글게 둘러싼 줄로 귓가에 단단하게 고정하여 머리 위에 덧씌운다. 모자의 테는 매우 둥글며 6인치 이상의 넓이에 윗부분은 높고 평평하다.

관리의 모자는 둥글며 은을 이용하여 학을 장식해 놓았는데, 내구성이 있으며 그 솜씨가 매우 정교하다. 이 모자는 햇볕과 비를 충분하게 막아 주며 철사 줄을 엮어 놓은 듯이 주름이 매우 곧다. 조선 사람들은 때때로 거친 밀

짚을 엮어 만든 항아리 모양의 매우 넓은 또 다른 종류의 모자를 쓰기도 한다. 이것은 인도와 중국에 거주하는 유럽인들이 쓰고 있는 그로테스크 풍의 모자와는 전혀 다르다.

여성복도 남성복처럼 단순하며 흰 색상이다. 여성복은 통이 넓은 바지와 짧은 저고리로 구성되며 그 위에 길고 품이 큰 겉옷을 입고 허리 둘레를 동여맨다. 귀부인들은 갖가지 색상의 비단옷을 입지만 대개는 흰 무명옷을 입는다. 레지 신부의 보고에 따르면 조선의 부인들 또한 이브의 후예이기 때문에 장신구에 대한 소유욕과 애착이 없지는 않지만 근래에 들어서는 거의 치장한 모습을 보기 어렵다.

두발

남자들의 두발 모양은 일본인들과 거의 비슷하나 다만 일본인들은 상투의 둘레를 밀어 버리는 것과 달리 조선 사람들은 머리를 깎지 않고 기른다. 결과적으로 그들의 두발 모양새는 일본인들처럼 깔끔하지 않고 매우 지저분해 보인다. 기혼자들은 독특한 모양의 상투를 튼다. 미혼자나 소년들은 가운데에서 머리를 두 갈래로 땋아 허리 부근까지 길게 늘어뜨린다. 이러한 모양새는 매우 여성적인 인상을 주기 때문에 언뜻 보아서는 그가 남자인지 여자인지 분간하기가 어렵다.

정숙한 여자들은 때때로 땋은 머리를 목 위로 말아 올려 긴 비녀를 꽂는다. 조선 사람들의 머리카락은 중국인이나 일본인들처럼 완전히 검다고는 할 수 없다. 그들은 중국과 일본의 두 민족에서는 전혀 찾아볼 수 없는 갈색이나 밤색 그리고 심지어 아마 빛의 머리색도 가지고 있다.

모든 기혼 남자들은 턱수염과 구레나룻을 길렀으나 콧수염은 거의 기르지 않는다. 그들은 한가할 때 가만히 앉아 수염을 조심스럽게 어루만진다. 노인들 외에는 거의 수염을 기르지 않는 중국인들과는 달리 조선의 젊은이들은 유럽의 멋쟁이들이 질투할 만큼 매우 독특한 짙고 긴 수염을 날리며 거리를 활보한다.

성품

이제 겉으로 드러나는 그들의 일반적인 성격을 살펴보면, 조선 사람들의 품행은 이웃 나라 사람들보다 훨씬 좋다. 그들은 대체로 개방적이며 정직하다. 하층민이라 하더라도 성실하고 낙천적이기 때문에 우호적이고 쾌활한 대인 관계를 유지한다. 그들은 매우 정직하고 신뢰가 깊기 때문에 일단 상대방이 자신에게 호의를 베풀기만 하면 설령 외국인이라 할지라도 어린아이처럼 그의 말을 단번에 믿어 버린다.

나는 곳곳에서 받은 우정 어린 대접을 진심으로 찬탄하고 있다. 그러나 내가 접촉했던 고관들의 태도에는 분명히 겸양과 친근함이 서려 있었으나 솔직하지 않았다. 그것은 그들이 공적인 입장에 있는 미묘함에서 비롯된 것이다. 그러다가 시간이 흘러 며 모든 일반인들이 좀처럼 접촉한 적이 없는 우리들의 이국적인 모습에 대한 선입견이 사라지자 호의적이고 신의 있는 태도를 보였다.

절도 있고 민활한 걸음걸이를 보면 조선 사람들은 중국인들처럼 동작이 유연하고 활달해 보이며 일본인들에 견주어 체구가 크고 건장하다. 그들은 또한 일본인들에 견주어 더욱 활기가 넘치며 도전적인 태도를 보인다. 그들은 신체적 · 정신적으로 일본인보다 우월하지만 예법이 결여되어 있기 때문에 문화적인 관습 면에서는 중국과 일본의 하층 계급에 견주어 품행이 떨어진다.

늘 엄숙한 행동과 품위를 보여야 할 상류층과 관리들 또한 공무에서 벗어나 자유롭게 행동할 때에는 체면을 차리지 않고 야만적인 기질을 그대로 드러내는 결례를 저지른다. 이들 가운데에서 사절[9]을 수행하여 잠시 동안 북경에 체류하면서 북경의 고관들로부터 고매한 기풍을 체득할 수 있었던 사람들은 이러한 행태에서 예외적이라고 할 수 있다. 나는 그 야만스러운 조선 사람들이 해미현의 현감이자 존경스러운 친구였던 감태화[10]와 같은 관리였다면 자신의 천성을 그대로 드러내 놓기보다는 차라리 목숨을 내놓았으리라고 확신한다.[11]

우리가 기선 엠퍼러호를 타고 가서 그를 예방했을 때, 그는 치질로 고생하는 악조건 속에서도 일체의 내색 없이 우리를 맞았다. 그러나 이와 같은 결함에도 불구하고 조선 사람들의 우수한 자질과 온화한 인성을 감안한다면 내 소견으로는 만약 양국의 국민성을 비교할 경우에 결국 조선 사람들의 손을 들어줘야 마땅하다.

여성의 지위

일부다처제는 조선에서는 보편화된 제도이며 여자의 운명은 중국의 아녀자들과 다를 바가 없다. 남자가 거느리는 여자들의 수는 그의 신분과 지위에 따라 다르다. 따라서 중·하류계층은 대부분이 부유하지 못하므로 한 가구에 한 사람 이상의 아내를 갖기는 어렵다. 조선의 특별한 혼례 의식은 알려진 바가 없다. 남자와 여자의 아버지나 친척 사이에 돈이 오고 가면 남자는 여자를 자신의 집으로 데려올 수 있으며 그를 상품이나 물건처럼 마음대로 취급할 수 있다.

---

9) (원저자 주) 나는 북경과 인접한 지방에서 사신으로 파견되어 온 두 명의 조선 사람 고관들과 교류할 기회가 있었다. 그 가운데 한 명은 특히 연로했는데, 그들의 행동으로 미루어 보아 중국에 체류하는 동안 예의범절을 기민하게 습득한 듯했다.

10) 감태화(Kam Ta Wha) : 여러 가지의 정황으로 볼 때 당시의 해미 현감이었던 김재헌을 의미하는 것으로 보임.

11) (원저자 주) 중국의 도대의 서열에 대해서는 제8장 "제2차 방한 : 1866년 6월"을 참조할 것.

여자는 자신에게 배정된 처소에 머물러야 하는데, 상류 계층의 경우 중국에 견주어 훨씬 철저하게 격리된다. 그러나 여자들도 일하지 않으면 안 되는 농촌에서는 어느 정도 자유롭지만 역시 중국에 비교해서는 행동의 제약을 크게 받는다. 도시와 비교적 큰 지방에서는 여자가 대낮에 나다니는 것이 미풍양속에 크게 위반하는 것으로 여기기 때문에 그들은 거의 하루 종일 처소를 떠날 수 없다.

이러한 격리를 엄격하게 시행하고자 하절기에는 오후 9시에 그리고 동절기에는 이른 초저녁에 약속된 신호를 통해서 서울과 다른 도시들의 성문이 닫힌다. 성문이 닫히면 모든 남자들의 발이 묶이고 여인들의 재충전과 산책을 위해 그들에게 거리를 양보한다. 예기치 않게 지정된 시간을 넘긴 남자들은 눈에 띄지 않도록 되도록이면 귀가를 서둘러야 한다. 그리고 엄격한 금지 조치에도 불구하고 여자에게 치근덕거리는 남자는 엄벌에 처해진다. 야심한 시간에 거리에 나다니며, 여자들과 마주치는 남자들은 그들을 방해하거나 놀라게 하지 않으려고 예의상 부채로 얼굴을 가리거나 길옆으로 비켜선다.

나는 조선 여자들의 외모가 남자들에 못지않게 또한 매력적이라 짐작하고 있었는데, 실제로 이런 추측을 충족시킬 기회를 가진 적이 있다. 그럴 기회가 우연히 찾아왔다. 시골에 머물던 어느 날 내가 집에 들어갈 때 어느 한 여자가 이방인의 눈길을 피할 수 있는 시간이 없었던 탓에 그 기회는 왔다. 이 일은 우리가 어느 부농을 방문했을 때 우리를 정성껏 안내해 주던 소작인을 따라 실내로 들어가던 중에 일어났다. 매우 아리따운 소작인의 딸은 평상시처럼 피할 겨를도 없이 우리와 마주쳤다. 그를 다시 보고자 하는 마음을 드러내는 것은 교양 없는 짓이기 때문에 아쉽지만 우리는 그를 언뜻 스쳐본 정도의 행운에 만족해야 했다.

조선 사람들에게는 보편적으로 도덕성이 결여되어 있다고 평가한 레지 신부 판단은 지나친 듯하다. 여자들에 대한 이러한 엄격한 격리 제도가 있

귀족의 무덤

음에도 불구하고 세계의 다른 나라들처럼 조선에서도 사회악이 존속되고 있는 점은 그리 놀랄 만한 일이 못된다. 아시아의 사회에 유럽과 같은 도덕의 기준이 적용될 수 없는 것이다.

어느 모로 보나 공창이 국가적 보호와 지도를 받는 일본과 같이 악화된 사태를 발견할 수 없다. 그러므로 조선 사람들이 그들의 이웃보다는 낫다고는 할 수 없듯이 그 반대라고도 할 수 없다. 조선 사람들에게만 특별하게 도덕적 우월성을 기대하는 것은 불공평하다.

장례

장례는 혼례와 마찬가지로 별다른 제식이 없이 치러진다. 시신은 평범한 목관에 넣으며 대개는 그런 관도 없이 삼베로 포장하여 매장한다. 그렇다고 해서 양자 간에 신분의 고하를 나타내는 차이가 있는 것은 아니다. 시신과 어떤 종류의 장신구도 함께 매장하지는 않기 때문에 무덤 속에 귀중품이 묻혀 있으리라는 추측은 전혀 사실이 아니다. 산기슭이나 언덕 같은 곳이 묘지로서 가장 적당하다. 때때로 뼈들을 추려 새로 묻기도 한다. 화장은 거의 보기 드물며 상류 계급에서만 행해진다. 일반적으로 망자의 친족들은 상복을 입지 않으며 부모에 대해서만 엄격하게 지킨다. 상주는 상복을 입고 얼굴의 전면을 덮어서 가리는 포선을 쓰고 일정한 기간 동안 일종의 은둔자로 행동하며 다른 어떤 사람들에 의해 방해받지 않도록 외부와의 연락을 단절한다.

질병

질병에 대한 조선 사람들의 지식과 치료법은 예상대로 원시적인 단계를 벗어나지 못한다. 따라서 주로 약초를 이용한 치료에 국한된 의술은 흡족할 만한 수준이 못되며 오히려 병을 악화시킨다. 그러므로 환자에게는 가장 합리적인 처방이 요구된다. 조선의 의술은 중국에 미치지 못하기 때문에 한의들은 그다지 존경을 받지 못한다. 중국에서 흔히 시술되는 흡각법이 조선에서는 거의 알려져 있지 않은 듯하다.

무더위 동안에 창궐하는 주요 질병으로는 전염성이 높은 이질과 콜레라 등이 있다. 발병의 원인은 대개 기후 탓이라기보다는 냉랭한 습지에서 잠을 자거나 설익은 과일들을 폭식하는 조선 사람들의 습관 때문이다. 오히려 조선의 기후는 건강을 북돋운다. 많은 사람들의 얼굴에 발열 흔적이 있는 것으로 보아 조선에는 마마가 수시로 창궐하는 것 같다.

중국이나 일본에 견주어 정정한 노인들이 많다는 것은 조선의 좋은 기후를 뒷받침하는 증거이며 중국이나 일본에서 보이는 험오스러운 질병을 앓고 있는 사람들을 조선에서 거의 찾아볼 수 없다. 나병, 상피병, 폐결핵 등이 조선에서는 흔치 않은 질병이다. 나는 조선을 항해면서 긴급할 때 나름대로의 처방으로 약을 조제하여 조선 사람들의 고통을 완화시키는 데 도움

관리의 주택

을 주었다. 그러한 경우에 만족스러운 효과를 본 대부분의 사람들은 큰 고마움을 표시했기 때문에 우리와의 우호를 촉진시키는 데 훌륭한 매개가 되었다.

가옥

도시의 가옥이나 큰 건물들은 시골과 마찬가지로 거의 대부분 단층에 진흙으로 지었으며 지붕은 연토나 짚을 이어서 만들었다. 대도시에서는 기와지붕을 올리고 목재나 돌로 훌륭하게 만든 많은 건물들을 볼 수 있다. 소도시와 촌락에서는 다만 지방 관리의 사택 정도가 이러한 재료로 지었으며 그 외의 가옥들은 엉성한 돌담으로 울타리를 쳤기 때문에 쉽게 구별할 수 있다.

기와지붕을 올린 가옥은 시골에서는 보기 드물며 대단한 부자들만이 소

관리의 집안 내부

유할 수 있다. 중부와 남부 지방의 가옥의 실내 구조는 다소 일본의 그것과 비슷하지만 단정하고 깨끗한 정취는 느낄 수 없다. 시골에는 거의 대청마루가 없으나 재산이 넉넉한 집에는 일본에서와 같이 지면 위로 한 층가량 되는 위치에 대청이 놓여 있다.

그런 집에서는 일본풍의 창틀을 단 여닫이문이 있는데, 이는 일본이 조선을 침략하여 정복했던 시기에 유래된 것이 분명하다. 이런 집들은 때때로 베란다와 돌출된 지붕을 가지고 있다. 대체로 조선의 가옥들은 이웃 나라들에 견주어 매우 초라한 인상을 주며 조선의 건축 양식이 중국이나 일본에 이르기 위해서는 대단한 노력을 기울여야 할 것이다.[12)]

---

12) (원저자 주) 천주교 신부를 따라 상해로 망명한 조선 사람들이 중국의 큰 건물들을 보고 놀라움을 금치 못하며 찬탄했던 것은 흥미로운 일이다. 그들은 장중하고 수려한 외국인 거주지의 저택을 보고 대단히 놀라워했으며 이에 견주면 조선의 왕궁은 오두막집에 불과하다.

농촌의 주택

서울이나 다른 지방의 궁궐 그리고 나무와 돌로 지은 각종 공공건물과 고관이나 귀족의 저택은 전혀 장중하다거나 화려하다는 인상을 주지 못했다. 그러나 굽은 기와지붕과 돌출된 장식을 갖춘 중국풍의 일부 목조 건축물들은 대단히 빼어나 보였다. 기존보다 더 나은 건축술이 도입될 기회만 있다면 조선의 건축 양식과 장인들의 기량은 분명히 향상될 것이다. 시골의 가옥들은 거의 문이 없이 두세 개 정도의 방을 가지고 있으며 밖으로 통하는 창은 기름종이를 발랐다. 유리는 아직 조선에서 전혀 알려지지 않았다. 가옥의 내부 또한 볼품이 없고 초라하다.

겉보기에도 그렇듯이 세간이라고 해 봤자 식기 외에 별 다른 가재도구가 없다. 의자와 책상 그리고 그 외의 가구들은 오직 상류층만이 구비하고 있으며 그나마 장식용에 불과하다. 조선 사람들은 일본인들처럼 항상 다리를 꼬아 바닥에 앉기 때문에 의자가 필요하지 않으며 마루에 짚을 엮은 자리를 깔아 놓았다. 한가할 때 그들은 이런 자세로 몇 시간이라도 앉아 있으며 일본인들보다 더 오랜 시간을 견디어낸다.

탁자도 사용하지 않으며 주로 식사할 때 높이가 낮은 상을 쓴다. 침대도 없으며 조선 사람들은 대개 간단한 깔개를 깔고 자든지 그나마 없을 경우에는 마룻바닥으로 만족한다. 깔개용 나무틀은 호사품으로 여겨진다. 이불 속에는 거친 솜이 들어 있다. 대체로 조선의 가옥의 내부는 이렇다 할 풍미가 없으며 외부 장식도 거의 없다. 이 점에서는 대궐이라고 해서 예외가 아니며 더구나 편의 시설은 중국이나 일본의 상류 계급의 주택과도 비교가 안 된다.

음식

조선 사람들의 생활양식은 매우 단출하고 소박하다. 그들은 훌륭한 식사를 먹을 기회를 만나면 어느 모로나 절제를 하지 않지만 그들의 식사는 간단하다. 그들의 주된 영양원은 쌀이며 아시아의 다른 나라들과 마찬가지로 그것을 말린 뒤에 끓여 밥으로 만들어 야채 · 생선 · 조류 · 돼지고기 등의 반찬을 곁들여 먹는다.

일본처럼 종교적인 이유는 아니지만 소가 귀하기 때문에 조선 사람들은 거의 소고기를 먹지 않는다. 조선에서는 양을 기르지 않으며 염소는 가끔 기른다. 조선의 요리 종류는 중국처럼 풍부하지만 조리법이 그다지 우수하지는 않다. 메밀 · 수수 · 옥수수 등의 곡물이 조리의 주원료이며 특히 옥수수는 갈아서 가루로 만들어 먹는다. 중국의 빈촌에서 흔히 볼 수 있는 떡이나 과자 등을 파는 노점을 여기에서는 전혀 볼 수 없다.

식사를 담은 용기로는 보통 자기 그릇과 질그릇을 사용한다. 쟁반을 사용한다는 레지 신부의 보고는 잘못된 것이다. 조선 사람들은 중국인들처럼 젓가락을 쓰지 않고, 나무나 토기로 만들어 손잡이가 긴 숟가락을 쓰며 두 갈래의 포크나 칼을 쓰는데 그 손놀림이 아름답다. 그들은 중국인들처럼 식기를 직접 입에 대고 음식물을 되도록 빨리 젓가락으로 끌어넣는 식으로 먹는 것이 아니라 숟가락으로 음식물을 떠서 입으로 가져가기 때문에 식사하는 모습이 중국보다는 훨씬 우아하고 아름답다.

조선의 술은 수수 등의 곡식을 빚어 만들며 중국의 사케와 비슷하며 맛이 없고 탄 냄새를 풍긴다. 일본인들처럼 그들은 독주를 즐기며 식사 때에도 폭음을 한다. 내가 관찰한 바에 따르면 조선 사람들은 틈만 나면 술자리를 만들며 매우 무절제하다. 그들은 특히 양주나 독주가 수중에 들어오면 폭음을 한다.

그들은 샴페인과 체리 브랜디를 특히 선호하며 그 외에 백포도주와 브랜디 그리고 여러 종류의 독주들도 좋아한다. 그와는 달리 적포도주는 떫은 맛 때문에 좋아하지 않는다. 만일 우리 배를 찾아오는 사람들이 요구하는 대로 우리가 양주를 다 내놓을 수만 있었다면 매일 몇 백 명의 술주정꾼들을 만들어 놓았을 것이다.

그들 가운데 어떤 이들은 지난날에 양주를 마셔 보지도 않았지만 놀랄 만한 주량을 보였다. 한 예로 우리를 방문한 어느 관리와 세 명의 수하들은 불과 반시간 만에 샴페인 네 병과 체리 브랜디 네 병을 비웠다. 점차 술이 오르고 기분이 고조되자 그들은 맨 정신으로는 엄두를 못 내겠지만 대원군과 정부의 전제적인 강권 정치를 비판했다.

상류층은 때때로 차를 마시지만 대체로 조선 사람들은 차를 마시지 않으며 그다지 좋아하지도 않는다. 이는 조선 사람들이 차의 재배에는 관심이 없기 때문이다. 그러나 조선은 좋은 기후와 비옥한 토양을 가지고 있고 많은 지역에서 야생 차나무들이 자라고 있기 때문에 쉽게 질이 좋은 차를 수확할 수 있다. 더없이 청정한 샘이 곳곳에 퍼져 있기 때문에 조선 사람들은 차의 필요성을 거의 느끼지 못할 것이다.

음악

음악에 대한 조선 사람들의 애호심은 아시아의 어떤 민족보다도 강렬하다. 음악에 대한 그들의 지식은 이웃 나라 사람들과 비슷해서 극히 초보적이며 악기 또한 원시적이다. 그 가운데 눈여겨볼 만한 악기들은 귀가 먹을 정도로 시끄러운 소리를 내는 징과, 마찬가지로 찍찍거리는 음색을 내는 피리와 두개의 줄을 가진 현금인데, 이것들이 서로 어우러져 화음을 이룬다.

조선 사람들은 중국인들처럼 단조롭고 우울한 가성으로 노래를 부르며 거의 높은 음을 내지 않는다. 중국인들이 유럽의 음악을 멸시하고 예술 전반에 대해서도 자신들에게 견줄 바가 못 되는 듯이 동정을 보이는 것과는 달리 조선 사람들은 유럽의 음악을 이해하는 법을 알고 매우 즐겁게 듣는다. 그것은 결정적으로 조선 사람들이 음악적 소양을 가지고 있기 때문이다. 노소를 막론하고 그들은 우리가 가져온 음악을 매우 좋아했다.

특히 바이올린 연주곡은 그들을 더없이 매료시켜서 혼신의 힘을 다한 연주자의 음악이 끝나자 큰 박수갈채를 보냈다. 어느 군사 고관은 평범한 손풍금 음색에 매료되어 주저 없이 즉시 자리에서 일어나 매우 흥겹고 놀라운 표정을 지으며 음악에 맞추어 춤추고 노래했다. 의식 행렬이나 대관 행렬 등의 제식에서도 그들은 스위스의 호른과 같이 고음을 내는 금관악기인 나팔이나 각적을 연주한다.

춤

조선 사람들은 또한 춤추기를 매우 좋아하는데, 그들이 추는 춤은 유럽의 그것과는 전혀 다르다. 남녀가 함께 춤을 추는 것은 조선의 풍속에 위반되는 것으로 있을 수도 없는 일이다. 흔히 누구 한 사람이 무대로 나와서 춤을 추면 다른 사람들은 그것을 구경한다. 춤동작은 몸을 앞뒤로 움직이는 느긋한 발놀림에 불과하다. 그들은 늘 노래를 부르면서 춤을 춘다. 다양한 동작을 선보일수록 그는 능숙한 춤꾼으로 인정받는다. 중국이나 일본에서는 매우 대중화되어 있는 극이나 다른 공연과 같은 연예가 조선에서는 전혀 낯선 영역에 속한다. 이것은 아마도 부분적으로는 조선 고유의 문학이 결여된 데에서 비롯되었을 것이다.

다른 한편으로는 조선 사람들의 문화적 수준이 낮아 이런 종류의 연예에는 감흥을 느끼지 못하기 때문이다. 나는 이 나라에 마술사들이 있다는 이야기조차 들어보지 못했으며 만약 있다손 치더라도 다른 나라에서 볼 수 있는 놀랄 만한 기술을 가지고 있을지는 의심스럽다.

운송 수단

운송이나 통신 수단으로서 역할을 할 수 있는 강이 없는 곳에서는 말을 이용하여 여행한다. 말은 특히 좁은 길이나 산이 많은 지방에서 가장 우수하고 안전한 교통 수단이다. 조선에도 역시 사방을 둘러막은 가마가 있어 귀족이나 고관들이 이용한다. 조선의 가마는 앉을 수 있는 높이가 되지 않아 누워야 하기 때문에 일본의 것보다 불편하다. 시골에서는 인도나 중국에서 외국인들이 타고 다니는 의자처럼 가볍고 다루기 쉬운 가마를 볼 수 있다. 중류층이나 하류층이 가마를 이용하는 예는 거의 드물다.

도적이 없는 나라

이미 언급한 대로 조선 사람들은 대체로 정직하고 착하며, 살인이나 강도와 같은 중죄를 저지르는 경우는 드물다. 강도는 특히 엄한 처벌을 받는다. 실례로 우리가 증기선을 타고 항해하는 동안에 고용했던 조선 사람 선원들 가운데 한 명은 갑판 위의 선실 창을 넘어 들어가 절도를 했다는 혐의로 체포되었는데,[13] 다른 조선 사람들이 너무나 분격했기 때문에 우리는 그 자리에서 뭇매를 맞고 있는 그를 구출해 내느라 애를 먹었으며 그의 상관이 직접 처벌하도록 인도할 때까지 어느 조선 사람도 화를 누그러뜨리지 않았다.

시골은 물론 도시에서도 집들은 늘 열려 있고 문에는 자물쇠조차 채워져 있지 않으며 절도는 신뢰를 파괴하는 중대한 범죄 행위로 여기기 때문에 이웃나라들보다도 훨씬 엄한 처벌을 받는다. 옛날에는 사형이 매우 드물었으며 정치범이나 국사범은 대개 제주도나 멀리 떨어져 있는 섬으로 유배되었다.

그러나 오늘날에는 그러한 추방은 볼 수 없으며 특히 지난번의 국왕[철종]이 붕어한 뒤로 정치적인 이유로 참수형이 빈번해졌다. 경미한 범죄는 금고나 태형에 처하는데, 태형은 중국에서처럼 발바닥이 아니라 등을 때린다. 여기에는 작은 노처럼 생긴 4~5피트 길이의 평평한 곤장이 사용된다. 형리는 이 곤봉을 마치 칼처럼 허리에 차고 다닌다.

화폐

가운데에 네모난 구멍이 뚫려 있는 구리 화폐가 조선의 유일한 통화이다. 그것은 중국의 화폐보다 크고 두꺼우며 질도 우수하고 동의 성분도 더 많다. 거래에는 이 화폐가 사용되는데, 그 화폐의 1,100냥은 멕시코 1달러(약 4실링)에 해당한다. 그런데 최근 몇 년 동안 통화량이 부족했던 때문인지, 아니면 누구나 그렇다고 생각하는 것처럼 자신의 사욕을 채우기 위해서인지는 몰라도 대원군은 무가치한 화폐를 만들어 유통시켰다.

대원군은 자신의 명령을 거부하는 무리들을 참수함으로써 자신의 백성들

13) (원저자 주) 제8장 "제2차 방한 : 1866년 6월"을 참조할 것.

이 이 화폐를 사용하도록 강제했기 때문에 그것은 무난하게 유통되었다. 내가 최근에 그 곳에 머무르는 동안에도 이러한 무자비한 폭압에 대한 백성들의 원성과 분노는 끝없이 치솟아서 멈출 줄을 몰랐다. 심지어 관료들까지도 날로 더해 가는 대원군의 전제적인 통치에 격하게 불만을 표출했다.

광물

조선에는 금과 은이 풍부하지만 유통되는 경우는 흔하지 않다. 드물지만 큰 거래에는 때때로 은이 사용되기도 한다. 금은 대개 길고 얇은 막대로 제조되어 있고 그 중량은 10냥이다. 사금은 거의 유통되지 않는다. 은은 불규칙한 덩어리로 되어 있으며 그 가치는 무게에 따라 결정된다. 조선의 은은 질량이 충실한 반면에 금은 중국산의 절반 정도밖에 되지 않기 때문에 10냥의 금봉은 중국의 광동이나 북경산이 50파운드인 데 견주어 조선의 금은 25파운드에 불과하다.[14)]

정부는 여러 곳에 있는 국고를 통해 금과 은을 보유하고 공급한다. 금과 은을 캐는 것은 엄격하게 금지되어 있으며 이를 위반할 경우 사형에 처한다. 정부는 매장량이 풍부한 광산을 개발하지 않고 있기 때문에 그곳으로부터 어떤 수익도 거둘 수 없다. 귀금속을 소유하고 있는 개인들은 탐관오리들의 눈에 띄지 않도록 대개는 그것을 묻어 둔다. 그러나 철저한 엄금 조치에도 불구하고 강바닥이나 그 기슭에서 채취되는 사금이 외국으로 유출된다.

14) (원저자 주) 중국의 금은 순도가 98인데 반해 조선의 금은 50에 지나지 않는다.

도량형

일반적으로 조선에서도 중국식의 도량제가 채택되어 사용되지만 일부 지방에서는 계산법이 다르다. 그런데 나는 그들의 독특한 도량법을 이해하려고 무척 애를 썼지만 유감스럽게도 믿을 만한 정보를 얻는 데 실패했기 때문에 나는 어쩔 수 없이 이 주제에 대한 복잡하고 모순되는 면들을 설명하는 것을 포기하게 되었다.

일시의 계산과 연월의 구분은 중국력에 기초하고 있다. 중국력의 수용은 조선의 왕이 중국 황제의 봉신이라는 점을 공인하는 행위로 여겼다. 이에 따라 조선의 사신은 해마다 조공을 바치러 중국으로 건너갔다. 그러나 현재는 중국력이 아닌 조선의 연호를 사용하고 있다. 내가 가지고 있는 모든 조선의 공문서의 연월은 그 당시 중국의 연호와 정확하게 일치한다.

군사 조직

육·해군 지휘관들의 계급과 칭호에 대해서는 이미 다른 장[15]에서 언급한 바 있다. 그들의 수와 화려한 칭호들은 조선에 강대한 군사력이 실존하고 있다는 것을 연상시키지만 실상은 그렇지 않다. 평시에도 도시와 수도를 방위하는 몇 천 명의 상비군이 유지되고 있다. 그러나 평화 시기가 오래 지속되는 동안 징집되는 실제의 병력 수는 극소수로 축소되어 조선의 군대는 문서상으로만 존재하게 되었다.

조선 정부는 자신들이 난공불락의 지형과 불패의 무력을 보유하고 있기 때문에 어떠한 외세도 감히 침략을 감행하지 못할 것으로 굳게 믿고 있다.

---

15) (원저자 주) 제2장 "정치 제도"를 참조할 것.

프랑스 함대의 불행한 실패[병인양요]는 조선 정부의 이러한 신념을 북돋워 주었다. 그러나 외침의 가능성을 확인한 조선 정부는 해안과 인접한 도시에 성을 쌓고 그곳에 몇 백 명의 수비병을 배치한다면 적절한 대비책이 될 것이라고 생각했다.

중북부 지방에 야생 수렵으로 생계를 이어가는 이른바 "호랑이 사냥꾼"이 몇 천 명에 이르렀으므로 수비병을 모병하고 훈련시키는 것은 쉬운 일이었다. 전혀 방비를 하고 있지 않던 조선 정부는 프랑스에 항전하고자 약 1천명의 포수들을 모집했다. 그 당시 조선에는 프랑스와 교전할 수 있는 무장력이 전혀 없었다.

쇄국 정책

로즈(P. G. Roze) 제독의 원정이 실패로 돌아가자 조선 사람들의 과신은 절정에 올라 서구의 군사력을 깔보고 누구와도 대적할 수 있으리라고 생각했다. 그러나 정확하게 말해서 그들은 해군력이 현실적으로 강하지 못하기 때문에 해상에서 적의 함선을 공격할 수 없다는 점을 인정하고 있는 점을 덧붙일 필요가 있다. 조선의 해군력은 실제로 매우 열악해서 그들이 방어해야 할 서울 근처에 낡아빠진 몇 척의 배만이 정박하고 있을 뿐이다.

몇 차례 정조준된 포격을 가한다면 아마 한 시간 이내에 조선의 모든 함대는 격침될 것이다. 조선 병사들의 무기는 매우 구식이어서 낡아빠진 화승총, 활 그리고 단순한 삼지창이 고작이다. 활은 대마를 꼬아 팽팽하게 만든 시위와 팽팽한 대나무로 만들었으며 그 시위에 2인치 가량의 날카로운 쇠촉을 단 화살을 쏘아 보낸다. 삼지창은 작살 모양으로서 대나무 손잡이를 달아 엉성하게 만들었다. 외국의 무기는 조선에 전혀 소개되어 있지 않다.

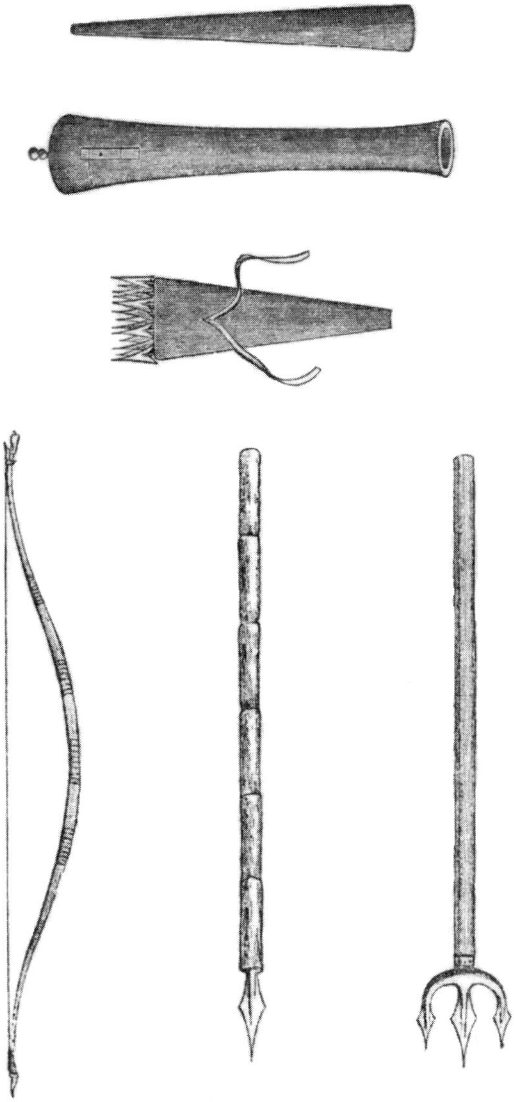

무기

위로부터 곤봉 · 후장포 · 화살통
좌로부터 활 · 작살 · 삼지창

군사력

주요 하천과 강둑을 따라 설치되어 있는 많은 요새와 포대의 무장은 완전히 붕괴된 상태이며 총통은 병기창에서 녹슬어 가고 있다. 강화에 상륙한 프랑스군은 마을 근처에서 매우 오래전에 매장된 것으로 보이는 많은 총포들을 발견했다. 그 가운데에서 가장 흥미로운 것은 후장총이었는데, 그것은 단순하지만 매우 효율적인 원리에 따라 제조되었다.

후장총은 개머리 상단의 길고 네모난 구멍을 통해 장전하고, 적절한 뚜껑으로 개폐하며 도화선을 점화하여 격발시킨다. 이 총포들은 임진왜란 당시에 사용되었던 것이 분명하기 때문에 적어도 몇 세기 전에 매장된 것이다. 병사들은 거의 칼을 차고 있지 않으며 장교와 고위 지휘관들만이 일본도를 차고 다니는데, 낡고 녹슨 상태로 봐서 역시 임진왜란 때 일본이 퇴각하면서 남겨 놓은 것들인 듯하다.

10명 또는 12명으로 구성되어 있는 분대마다 흰색이나 검정색으로 분대의 이름과 군호를 써넣은 진한 청색의 군기를 가지고 있다. 군기는 사각형인데 이와는 달리 장교의 군기는 삼각형이며 주름 잡힌 붉은 깃이 달려 있다.

위험한 암초와 모래톱이 많기 때문에 서해안이나 동해안으로 외적이 접근하기는 대단히 어려울 것이라고 판단한 조선 정부는 해안의 돌기 지역을 요새화할 필요가 없다고 생각했다. 그러나 의심스러운 선박의 출몰을 알리는 특별한 신호 체계가 각 해안에서 서울에 이르기까지 구축되어 있다.

주요 육지에서 가장 멀리 떨어져 있는 섬들의 가장 높은 산의 꼭대기에 신호소가 설치되어 있는데, 매일 밤 봉화를 올려 산과 산을 이어 서울까지 신호를 전달한다. 하나의 봉화가 올려 지면 그 신호는 "평화"나 별다른 이상 징후가 관찰되지 않았다는 것을 뜻하고, 두 개의 봉화가 올려 지면 "전쟁"이나 해안 근처에 선박이 출현했다는 것을 뜻한다. 이런 식으로 정부는 해안에서 일어나는 모든 일을 정례적으로 파악하게 되며 동시에 위험이 닥칠 방향도 보고 받는다.

봉화는 매일 밤 산꼭대기에서 몇 시간에 걸쳐 타오르기 때문에 매우 오랫동안 산에서 산으로 이어지는 장면은 대단히 흥미롭고 기막힌 장관을 연출한다. 나는 조선을 여행하는 동안 그 신호의 의미를 전해 들었다. 이 신호법은 몇 세기 전부터 유래된 것으로 알려지고 있으며 특히 조선이 일본의 침략을 받은 후로 시행되었다는 학설이 가장 유력하다.

제 5 장 언어와 문자

중국어나 일본어와는 매우 다르게 조선어는 그 자체로 독특한 관용어이며 동아시아의 모든 언어들 가운데에서도 지금까지 거의 알려지지 않은 채로 남아 있다. 조선어에 대한 유럽 지식인들의 연구는 몇 나라를 거친 불완전하고 결함이 있는 정보에 제한적으로 의존했기 때문에, 그들은 이 주제에 관해 빈약하고 피상적인 지식만을 얻을 수 있을 뿐이었다. 이런 면에서 호프만(J. Hoffman)은 가장 가치 있는 자료를 우리에게 제공했다.

호프만은 나가사키에서 육군 대령인 지볼트(Colonel Siebold)의 보좌관으로 복무하던 몇 년 동안 재량을 최대한 발휘하여 매우 유익한 저술을 출간했다. 그는 『중한단어사전』과 일본에서 출간된 『일본어 주해』를 토대로 하여 사전을 편찬했다. 그 사전은 개정판이 출간되었으며 매우 희귀하기 때문에 현재 일반인들에게는 보급되어 있지 않을 것이다.

조선 사람들의 일본어 습득을 위해서 조선 사람들에게 보급하고자 조선에서 저술된 일본인의 저작이 발행 일자와 필자의 서문도 없이 일본에서 출간된 적이 있다. 아마도 십중팔구 이 책은 그러한 목적을 위해 출간된 유일한 책일 것이다. 그의 출판 시기는 몇 세기 앞서 일본이 조선을 침략했던 무렵으로 추정된다.

대다수의 프랑스 선교사들을 죽음으로 내몬 조선 정부의 가공할 만한 박해는 언어학의 멸실이라는 심각하고 돌이킬 수 없는 결과를 초래했다. 천주교교인들을 처형한 것으로도 만족하지 않은 조선 정부는 그들의 재산과 가옥을 파괴했다. 이러한 야만적인 파괴 때문에 몇 년 동안의 힘든 준비와 연구를 통해 곧 출간을 앞두고 있던 조선어 문법서와 사전 그리고 그 외의 의미심장한 저술들이 멸실되었다.

신부들의 역할

출간을 목전에 두고 있던 저술들이 멸실된 데 대해서는 천주교를 적대시했던 사람들조차도 매우 심각할 정도로 후회했다. 나는 세계의 각지에서 용기 있는 활동을 통해 가장 신뢰할 만한 최신의 정보를 전달해 주고 있는 천주교 선교사들에게 빚을 졌다. 그들은 불굴의 용맹심과 높은 수준의 학식과 교육열을 가지고 있었기 때문에 가장 훌륭하며 선구적인 과학과 지식의 전파자가 되었다.

세 명의 탈주자 가운데 한 사람인, 최근까지 조선 선교사들의 수장으로 봉직했던 페롱(Stanislas Férron)은 여러 가지 기록들이 멸실된 난제를 극복하고자 백방으로 애썼다. 그는 남다른 근면성을 발휘해서 『불한사전』을 편찬했는데, 그것은 그 동안 수집했던 어휘들을 모두 수록하지 못했지만 어쨌든 현존하는 유일한 사전이다. 저술자가 아무리 박학하더라도 아직 그만한 사전은 출간하지 못했다.

방언

표준어 이외에도 조선에는 각 지방마다 통용되는 독특한 방언들이 있다. 이 방언들이 널리 퍼지지는 않았지만 중국어를 차용하는 과정에서 조선에 유래되었거나 임진왜란이 끝나고 일부 일본인들의 조선 체류를 허용한 한 일 양국 사이의 조약이 체결된 뒤 양국민이 점차 융합되면서 한반도의 남부 지방에 독특한 방언이 만들어져 통용되었다. 일본어가 혼용되고 와전된 이 방언들은 남부 지방의 각지에 퍼졌으며 현재에는 그 지역에서 가장 일반화된 언어가 되었다.

조선어를 익히고 적절하게 구사하는 어려움은 결코 중국어를 습득하는 일에 못지않다. 조선어는 배우면 배울수록 더 어려워지기 때문에 외국인들이 비교적 단기간에 일본어를 습득하는 방식으로는 쉽게 친숙해질 수 없다. 이런 어려움은 매우 불규칙한 한글의 자모 구조 및 어미 변화와 동사의 복잡한 구성 때문이다.

뿐만 아니라 불명확하고 느릿느릿한 발음 방식으로 말미암아 어려움은 보다 가중되었다. 조선어는 마치 내뱉은 발음을 삼키는 것처럼 특이한 연구개음조로 매 음절이 끝나기 때문에 성실하게 그 언어를 배운 어떤 사람도 따라 하기가 거의 불가능하다. 대부분의 낱말은 여름, 가을, 겨울, 하늘 등이 음절 이상으로 이루어져 있다.

문법

조선어의 모든 명사에는 성(性)이 없다. 그리고 대부분은 단수이며 복수는 거의 없다. 복수를 특별히 강조하는 경우에는 낱말을 그만큼 반복하거나 "마다"라는 낱말을 붙여서 표현한다. 가령 어린이라는 뜻의 아해의 복수는 "아해 아해" 또는 "아해마다"로 표현한다.

조선어의 어형 변화의 불규칙성은 특이한 어미 변화에서 비롯된다. 그것은 각 음절의 접사에 의해서 일어나는데, 접사는 아래의 예처럼 명사에 덧붙여진다.

대명사 앞에 접두사를 붙여 점층법이나 비교를 표현한다. 비교의 경우 "보다"를, 최상급의 경우에는 "가장"을 붙인다. 예를 들면 "아들은 딸보다 아

표준격	눈	the eye
소유격	눈의	of the eye
여격	눈에	to the eye
목적격	눈을	the eye
탈격	눈으로	of, with the eye

름답다", "꿀은 가장 좋다" 등의 경우가 있다. 인칭대명사는 소유 대명사와 일치한다. 인칭대명사가 소유대명사의 의미로 쓰일 때에는 "나의 꽃", "너의 안장"처럼 인칭대명사가 명사 앞에 놓인다.

3인칭인 그 남자, 그 여자, 그것이라는 인칭대명사는 존재하지 않으며 "저것"이란 낱말로써 포괄된다. 능동사나 수동사의 시제는 어미, 곧 낱말 뒤에 붙어 보조동사처럼 역할 하는 접미사로써 표현된다. 완료 시제는 "아"나 "다"로, 미래 시제는 "오"로 끝나며 부정사는 직설법의 현재 시제와 동일하다. 부정어를 동사에 붙이면 일탈의 의미를 낳는다. 다음의 동사들이 그 예이다.

어근		치다
능동 현재		치다
완료		쳤다
미래		치려
명령	(단수)	쳐라
	(복수)	치게 하다
수동 현재		치인다
완료		치었다
비래		칠 것이다
부정 현재		치지 않는다
미래		치지 않을까봐
수동 현재		치이지 않는다

기본적인 숫자는 1에서 10까지이다. 그 이상의 수로는 100, 1,000, 10,000 등이 있는데, 이 수들은 중국의 수와 같은 방법으로 구성된다. 일반적인 숫자처럼 같은 단위의 다른 수의 명칭을 명사 앞에 붙여서 수를 표현한다.[1)]

발음되는 대로 쓰지 않는다는 것이 조선어를 익히는 데 어려운 점이다. 그것은 매우 쉽게 이해할 수 있을 것이다. 조선어 발음 표기는 서기 370년경 신라의 어느 왕이 처음 도입하여 옴눔[2)]이라는 이름으로 알려져 내려오고 있다고 한다. 한글은 이중으로 발음되는 철자를 포함해서 13개의 단모음과 이중모음 그리고 15개의 자음으로 구성되어 있으며 각각의 철자로 표기된다.

문자

인쇄체와 필기체 다소 다르다. 인쇄체는 대체로 직선형이며 곡선형인 "ㅎ" 정도가 예외이다. 그와는 달리 필기체는 덜 직선적이며, 보다 분방하다는 점에서 한자와 비슷하다. "o"와 "io"는 "e"에 근접하면서 항상 "o"와 "io"처럼 발음된다. 그러나 이 모음은 발음만 되었지 존재하지는 않는다.

"ㅣ" 와 받침으로서의 "ㅇ"은 특히 협화음의 특성을 가지고 있다. "ㅎ"은 모음 앞에서 격하게 "h"로 발음되거나 어미에서 "ng"로 발음된다. "ㅣ"는 다른 자음이나 모음 뒤에서 "i"처럼 발음된다. 이 두 문자의 모호한 특성은 그 이름에서 명확하게 정의된다. "ㄱ", "ㄴ", "ㅍ"과 같은 자음들은 초성에서나 종성에서 발음이 변화되지 않은 채로 남아 있음을 보여준다.

알파벳의 "l"과 "r"의 발음에 해당하는, 곧 "l"과 "r"의 사이의 중간음인 "ㄹ"

---

1) 이 부분은 필자가 오해한 듯하다. 본디 한국에서 수사는 뒤에 붙는다. 이를 테면 "열 사과 주세요."나 "한 근 소고기 주세요."나 "만 명의 학생"이 아니라, "사과 열 개 주세요.", "소고기 한 근 주세요." "학생 만 명이"라고 말한다.

2) 옴눔(Omnum) : 전후의 문맥으로 볼 때 언문과 이두를 혼동하고 있는 것으로 보임.

은 "l"음으로서는 아니지만 "r"음으로서는 변함없이 발음된다. 중국어는 반대로 "l"음으로서는 변함없이 발음된다. 22개의 기본 자모와 182개의 단음을 이루는 28자의 한글로서 낱말을 만든다.

이 장에서 조선어에 관해 약간 언급한 것은 언어의 대체적인 특성을 개관하고자 하는 의도였을 뿐이었다. 사실 일본이나 중국에서 발견되는 문헌들에 의존하여 조선어가 제대로 연구될 수는 없다. 마찬가지로 접근이 불가능한 사람들과 전면적이고 직접적으로 교류하는데 가로막혀 있는 장벽이 제거되기 전까지는 우리의 부족한 지식이 메우어질 리 만무하다. 그 시간이 여전히 멀다는 것을 느낄 때마다 우리는 아시아 대륙의 수많은 주민들이 사용하는 관용어를 열심히 연구함으로써 이러한 결점이 채워지고 치유될 것이라고 희망한다.

제 6 장 산 업

가난의 원인

오늘날까지 정치적으로 조선을 외부 세계로부터 고립시킨 체제는 이 나라의 상업과 경제에 해로운 영향을 미쳤다. 큰 하천이나 계곡과 평야의 확장을 가로막는 산세, 특히 동해안에서 두드러진 험준한 산에도 불구하고 그 나라의 국토는 천연적으로 황폐한 불모지가 아니다. 온화한 기후와 비옥한 토양을 가지고 있기 때문에 산악 지대에서도 경작이 가능하다.

조선 사람들이 아직까지 과학적인 방법으로 국토의 자원을 개발하지 못한 것은 그들의 무관심과 냉담함이 낳은 결과에 지나지 않는다. 더욱 놀라운 것은 인구의 대부분이 농민으로 이루어져 있기 때문에 그들이 조그마한 관심과 노력을 기울인다면 쉽게 부유해질 수 있다는 점이다. 국민을 고무시켜 자원을 개발하려는 추진력이 결핍된 조선 정부의 무관심 탓에 조선의 가장 우수하고 풍부한 자원들은 무용지물이 되고 있다.

기후

조선의 기후는 온화하고 화창하며 하늘 또한 청명하다. 양면이 바다로 둘러싸여 있기 때문에 이글거리는 한여름의 태양열은 서늘한 미풍에 의해 사그라지고 겨울의 추위가 특히 북부 지방에서는 매우 심하지만 중부와 남부 지방에서는 심하지 않다. 대체로 조선의 기후는 아시아보다는 남부 유럽 쪽에 가깝다. 인도와 중국 그리고 일본에서조차 느끼는 혹독한 더위는 이따금 만날 수 있을 정도이다.

조선에서는 햇볕이 지나치게 따갑지 않기 때문에 다른 나라에서처럼 뜨거운 태양열에 노출되어 급사하는 일은 일어나지 않는다. 더위가 기승을 부릴 때에는 콜레라와 이질이 창궐하기도 하지만 그 이유는 날씨 탓이라기보다는 주민들의 부주의 때문이다. 가을의 날씨는 더없이 화창하며 거의 비가 내리지 않는다. 곳곳에서 볼 수 있는 수많은 고령의 노인들은 조선의 기후가 얼마나 좋은지를 가장 적절하게 입증해 준다.

식물상

이런 화창한 날씨를 선사 받은 나라가 갖가지 희귀한 식물을 풍부하게 가지고 있는 것은 당연한 일이다. 온갖 토종 꽃 이외에도 유럽에서 볼 수 있는 여러 야생화가 자라고 있지만 조선 사람들은 화초를 거의 돌보지 않는다. 그들은 화초를 재배할 마음이 전혀 없으며 따라서 화초를 가꾸면서 만족이나 기쁨을 느끼지 않기 때문에 조선에서는 거의 화단을 찾아볼 수 없다.

조선의 언덕과 산비탈 그리고 계곡은 갖가지 목초들로 덮여 있다. 약의 성분을 가진 가치 있는 약초들이 풍부하기 때문에 조선 사람들은 그것들을 캐려고 찾아다닌다. 조선의 나무들 가운데에서 참나무, 밤나무, 전나무, 소나무, 사작나무, 보리수 등은 우리에게도 매우 낯익은 것들이다. 곳곳에 좋은 나무와 울창한 삼림이 우거져 있지만 삼림보호법이 없기 때문에 누구나 원하는 만큼 그것들을 벨 수 있다. 감자밭이나 기장 밭을 만들고자 울창한 삼림을 갈아엎는 일도 자주 일어난다. 그러면 쓰러진 나무들을 옮길 수 있는 운송 수단이 없기 때문에 나무들은 목재로 사용되지 못하고 말라죽기 일쑤이다.

어떤 종류의 소나무들은 뿌리에 영양소를 다량으로 함유한 하얗거나 때때로 붉은 색의 합성 분비물을 가지고 있다. 중부 지방에는 참나무, 뽕나무, 옻나무가 많이 자란다. 옻나무는 화려하며 금빛의 광택을 내는, 조선에서 가장 유명하고 우수한 나무이다. 그러나 조선 사람들은 이 귀한 나무들을 유익하게 이용하는 법을 잘 모르고 있다. 이 점에서는 어디에서나 잘 자라는 뽕나무도 마찬가지이다.

중국과 일본에서 옻나무는 칠기 업자들에게 훌륭한 유약을 제공한다. 조선 사람들은 최소한의 노력으로 누에를 길러 양질의 비단을 얻을 수 있는 가치 있는 나무를 거들떠보지도 않는다. 중부와 남부 지방에서 야생하고 있는 차나무에서는 마음만 먹으면 적은 노력을 기울이고도 상당한 양의 차를 수확할 수 있을 것이다. 조선 사람들은 중국인이나 일본인들처럼 차를 좋아하지 않기 때문에 힘들여 그것을 재배하려고 하지 않는다.

대나무는 어디에서나 흔하게 볼 수 있으며 넝쿨나무는 번식력이 강하기 때문에 특별히 노력하지 않아도 맛있고 향기로운 포도를 제공한다. 조선은 딸기, 서양 자두, 복숭아, 살구 등을 제외하고는 중국처럼 거의 모든 과일을 생산하고 있다. 사과나무와 배나무는 접목 기술이 알려지지 않은 채 야생하고 있다.

곡식

비옥한 토양을 가지고 있는 드넓은 평야는 앞에서 열거한 작물들의 생산을 증대시켰으며 이것만으로도 타국과의 교역을 통해 조선을 번영시키는 항구적인 자원이 되기에 충분하다. 밀, 호밀, 귀리, 보리, 옥수수, 메밀, 기장 등의 갖가지 종류의 곡물들 외에도 우수한 품종의 쌀이 중부 지방에서 대량으로 생산되고 있다. 배추, 완두콩, 콩 등 다른 어떤 종류의 채소들보다도 쌀은 조선 사람들의 주식이다.

목화는 경사진 곳에서도 야생하며 잘 자라고 있다. 삼, 아마, 담배, 염료, 쪽 등도 품질이 우수하며 특히 조선에서 가장 유명한 인삼은 중국에서 그 무게만큼 금으로 거래된다.[1] 이 모든 작물들은 유감스럽게도 최소한의 보살핌도 받지 못한 채 스스로 토양에 적응하여 훌륭한 결실을 맺는다. 상업과 산업이 의도적으로 억제되었기 때문에 이 모든 귀중한 천혜의 산물들은 버려져 있으나 자연의 섭리대로 그것들은 나름대로의 최선의 방식으로 훌륭하게 번성했다.

맹수

광활한 삼림으로 뒤덮인 거대한 산맥들은 수많은 맹수와 그 밖의 짐승에게 안식처를 제공한다. 이들 가운데에서 무엇보다도 먼저 여러 종류의 조선 호랑이를 손꼽을 수 있다. 수많은 조선 사람들이 해마다 이들의 습격을 받아 무참하게 희생되었다. 가장 흉포한 맹호들은 북부 지방에서 야생하고 있다. 이들의 가죽은 가장 크고 우수하다. 그 이외에도 표범, 범, 곰, 산돼지, 사슴, 노루 등도 야생하고 있다.

가장 수려한 종의 사슴은 뿔이 없으며 낮은 턱의 양쪽에 어금니를 가지고 있는데, 그것은 일종의 방어용 무기라고 할 수 있으며 먹을 것을 얻기 어려운 겨울에는 나무껍질을 벗기는 역할을 한다. 여우, 족제비, 담비, 수달, 오소리도 야생하고 있다. 북부 지방에서 흔하게 볼 수 있는 회색 다람쥐는 사람들이 그 가죽을 얻으려고 많이 수렵한다. 산토끼, 유럽산 다람쥐, 줄무늬

1) (원저자 주) 최상품의 인삼은 파운드 당 350~400에 달한다.

다람쥐, 하늘다람쥐, 흑다람쥐 등도 야생하고 있다.

이들과 다른 알 만한 짐승들 이외에도 승냥이와 담비처럼 아직까지 전혀 알려지지 않은 짐승들도 야생하고 있다. 조선 사람들은 거의 볼 수 없거나 전설에나 등장하는 동물에 대해서도 늘 말하고 있다. 그것은 머리에 하나의 뿔을 가진 말과 숫사슴의 혼종으로서 깊은 숲속에서만 발견된다고 전해지는데, 지나치게 잘 놀라 잡기가 어렵기 때문에 과거 오랫동안 한 마리도 잡힌 적이 없다.

중국의 요동이나 몽골 지방에서 흔한 늑대가 조선에는 없을 뿐더러 전혀 알려지지 않았다. 국경 지대의 주민들이 흔히 이리라고 부르는 짐승은 북부 접경의 원시림에서 볼 수도 있다. 그러나 저지대의 내륙에서는 그 짐승의 실존은 물론 이름조차도 생소하다.

조류

육식조로는 여러 종류의 독수리와 매가 있으며 이외에도 이와 비슷한 종류의 조류들이 있다. 그들의 사냥감으로는 야생 거위, 오리, 꿩, 메추라기 등이 있는데, 특히 스코틀랜드산 뇌조와 도요새를 닮은 빨간 색의 다리를 가진 메추라기는 중국의 북부 지방에서 서식한다. 이 모든 종류의 조류들은 언덕이나 산비탈의 곳곳에 둥지를 틀고 있다.

가축은 종류나 수량 면에서 그다지 많지 않다. 조선 사람들은 평지에 거주하기 때문에 목축에는 거의 관심이 없다. 크기는 작으나 힘이 세고 품종이 우수한 황소가 있다고 알려져 있지만 그 수는 많지 않기 때문에 조선의 적지 않은 지역을 돌아다닌다 해도 그것을 만나기는 쉽지 않다. 누군가 두 마리의 황소를 소유하고 있다면 그것은 그의 안락한 삶을 입증해 주는 징표가 된다.

가축

그러나 한편으로는 많은 가축을 기르고 있는 것이 밖으로 드러나는 것은 위험을 불러일으키는 불씨가 되기 때문에 공개적으로 가축의 수를 밝히는 사람은 거의 없다. 작고 귀여우며 힘이 센 조랑말들은 대부분 제주도에서 들여온다. 사람들이 사육하고 다루는 법을 잘 모르는 지역의 조랑말들은 빈약하고 천대받고 있는 듯이 보인다.

돼지와 염소는 귀하며 양은 전혀 알려지지 않았다. 조선 사람들은 왕이 모든 종류의 가축들에 대한 소유권을 가지고 있다고 말한다. 고양이와 개도 있으며 특히 개는 대부분 중국산이다. 외국인에 대하여 개는 고양이만큼 친근감을 보이지 않는다. 거위, 오리, 닭 등도 곳곳에서 사육되기 때문에 흔하게 볼 수 있다.

어류

근해안뿐만 아니라 강에도 어종이 풍부하다. 실제로 서해안의 많은 섬 주민들의 생계의 원천은 거의가 어업이다. 이미 알려진 어종 이외에도 분류하기가 어려울 정도로 대단히 많은 양의 어류들이 잡힌다. 서해안과 남동 해안에서 잡히는 풍족한 청어와 정어리는 내륙의 각 시장에 공급되며 나머지는 기름으로 사용된다. 남해의 섬 연안과 제주도에서는 진주가 풍부하게 채취된다. 굴은 매우 맛이 좋으며 비싸지만 그 아름답고 큰 껍질은 다른 용도로 전혀 사용되지 못한다.

광물

이러한 모든 산물들이 매우 유익하고 풍족하다고 할지라도 그것은 나라를 부강하게 할 만큼 충분해야 한다. 땅이나 산 속에 매장되어 있는 귀한 자원들은 그 자체로서는 전혀 쓸모가 없다. 극소수의 예를 제외하고 몇 세기 전에 개발되었던 조선의 모든 광산들은 점차 매몰되거나 폐광되었기 때문에 현재 광산 개발이 한창일지라도 정부가 벌어들이는 소득은 매우 적다.

귀금속을 찾아내고 발굴하는 것은 엄격하게 금지되고 있으며 이를 어기는 자는 사형에 처한다. 그럼에도 불구하고 중부와 남부 지방의 거의 모든 강가처럼 사금이 발견되는 곳에서는 이 조치가 전혀 지켜지지 않았다. 채취된 사금은 감쪽같이 숨겨 연례적으로 열리는 장에서 국경 너머로 밀매된다. 금은 조선 전역에서 발견되며 주로 석영 속이나 강바닥에서 채취된다.

중국에 가장 인접한 평안도 지방은 가장 큰 금광을 보유하고 있는 것으로 알려져 있다. 조선산 금의 순도는 중국산의 절반 정도에 불과해서 그 가치가 매우 낮은 반면 여러 지역에서 채취되는 은은 매우 품질이 우수하다. 서울 인근의 경기도 지방의 산맥에는 은이 매우 풍부하게 매장되어 있다고 알려져 있다.[2)]

러시아와 가장 인접한 함경도 지방에는 구리와 석탄이 풍부하게 매장되어 있다. 함경도와 강원도 지방에는 유황과 비소가, 황해도 지방에는 수은·납·주석이 풍부하게 매장되어 있다. 철은 어느 지방이든 풍부하며 질 또한 매우 우수하다. 아름다운 대리석과 화강암이 풍부하다는 것도 빼놓을 수 없다. "광물의 매장량에서 아시아 대륙의 어느 나라도 조선에 견줄 수 없으리라고 나는 확신한다."

---

2) (원저자 주) 조선의 구전에 따르면 경기도 지방의 가장 높은 지대에는 풍부한 은광으로 이루어진 산이 있다고 한다.

중국인들을 비롯한 대부분의 사람들은 조선의 토지가 매우 황폐하기 때문에 조선 사람들이 작물을 생산하여 생계를 이어나가는 것은 전혀 불가능하다고 생각한다. 따라서 조선이 외국과의 교역을 개방해도 고통스러운 댓가를 치르지는 않을 것이라고 여기고 있다. 이러한 인식이 조선의 주변국들 및 서구인들에게는 지배적인데 이보다 더 사실적으로 그들의 생각을 표현할 수는 없으리라고 나는 판단한다.

그러나 그러한 인식은 순전히 무지에서 비롯된 것이며 한편으로는 조선 사람들, 특히 조선 정부 스스로 개방의 욕구를 억누르려는 목적으로 자신의 나라를 가난한 나라로 내보이고자 했기 때문이다. 조선 사람들 자체가 사교적이지 못하고 국토의 풍부한 자원들이 얼마나 가치가 높은지 모르고 있다는 주장도 잘못된 인식에 따른 것이다. 조선 사람들은 풍부한 작물을 수확할 수 있는 옥토에 지나치게 무관심하고 그것을 가꾸지 않았기 때문에 가장 귀중한 자연의 선물이 가장 부적절하게 천시되었다.

상거래

수출의 부족에 따른 수입의 결여에도 불구하고 조선 사람들은 현재의 공급 상태 이상으로 수요를 표출하지도 않는다. 북부 국경 지대에서 부정기적으로 열리는 장은 거의 중시되지 않았다. 대부분 그 지방민들만이 제한적으로 참여하는 장에서 호피, 종이, 인삼, 사금 등 몇 종류의 제한적인 품목을 유럽산 모직이나 중국산 비단과 물물교환하고 있다.

외국 상품의 수입량은 매우 적으며 조선 정부는 이 제한적인 교역조차 위험천만하게 여겼기 때문에 프랑스 함내의 원정을 계기로 교역을 금지했다. 이를 어긴 사람은 사형에 처했기 때문에 결과적으로 제품의 가격은 폭등했다. 유럽산 모직은 조선에 전혀 수입된 일이 없었으나 이제는 점차 다른 수공업 제품처럼 대량으로 수입되어 판매되기 시작했다. 여러 곳에 전시된 여러 품목의 견본은 대단한 관심을 유발하여 조선 사람들은 앞 다투어 그것을 보려고 몰려들었다.

조선의 무역은 매우 제한적이기 때문에 중국이나 일본과 같은 비중을 차지하지는 못한다. 주요한 상업 도시로는 황해도의 송도(松都)가 있다. 송도는 왕궁이 서울로 옮겨지기 전까지 조선의 수도였다. 바로 이곳에서 조선의 주요한 상인들이 왕성한 활동을 벌이고 있으며, 따라서 송도는 조선 사람들이 필요로 하는 의류와 생활 필수품 등 갖가지 상품들을 거래하는 교역 기지가 되었다.

그 다음으로는 비록 수도는 아닐지라도 조선에서 가장 유명한 도시인 평양(平壤)이 제2의 상업 도시로 역할하고 있다. 이곳에서 주로 교역되는 상품들은 거의 모든 종류의 식료품과 조잡하게 염색된 국산 면직품들이다. 이러한 상업 도시를 혼자서 돌아다니는 것은 불가능했으므로 나는 상점이나 가게의 모습을 자의적으로 판단하거나 그 규모와 품목의 종류 면에서 다른 소도시들보다 낫다고 말할 수 없다.

그 어느 곳에서도 중국의 2~3류 도시에라도 미치는 생활의 정취나 도시의 부산함을 찾아볼 수가 없었다. 평양은 외국과의 교류와 무역을 개방할 때에야 비로소 눈뜨게 될 조선 사람의 상업 정신이 깊이 잠들어 있는 것처럼 보이는 도시였다.

조선 사람들의 산업 기술과 기량은 아시아의 다른 민족들에 견주어 훨씬 못 미친다. 이렇게 된 결정적인 이유는 억압적인 정치 체제 탓이다. 정부는 정치적인 목적과 동기로 말미암아 산업 발전에 무관심했으며 심지어 직접적으로 그것을 억누르기까지 했다. 이러한 정황은 조선의 산업 발전을 이룰 수 있는 토대부터 이미 취약하며 따라서 현재의 정치 체제가 바뀌지 않고서는 어떠한 발전도 이룰 수 없다는 것을 입증한다.

조선 사람들은 결코 창의성이나 기량이 부족하지 않으며 능숙한 중국과 일본의 기술자들처럼 되기 위해서는 단지 약간의 교육과 격려가 필요할 뿐이다.[3] 그러나 억압적 정치 체제의 통치를 겪고 인접 국가들과의 교역이 전면적으로 단절되면서 조선에서 산업 정신이 무너진 것은 그리 놀랄 일이 아니다.

수공업

조잡한 면과 대마 제품을 제조하는 수공업은 이 나라 산업의 주된 항목을 구성한다. 그 옷감들은 가장 흔하게 볼 수 있는 아동복과 군복의 소재로서 짙은 청색으로 염색된 영국산 무표백 면제품보다도 질이 떨어진다. 비단옷은 이 나라에서 만들지 않으며 내가 보았던 유일한 비단 수제품은 상류 계층들이 몸에 휘감아 착용하는 배띠 정도이다. 귀족과 관리들이 입는 모든 비단옷은 중국제이다. 버선은 질이 떨어지는 천을 한 조각씩 짜서 만든다.

제지와 모자에 부착하는 끈과 밀짚의 제조는 조선에서 가장 발달된 수공업이다. 조선 종이는 중국산은 물론 가장 질이 좋다고 평판 받는 일본산보다도 우수하며 매우 질기기 때문에 잘 찢어지지 않는다. 종이는 주로 대마로 만들며 유지로는 우산, 우의, 모자 등을 만든다. 조선과 접경한 중국의 변방 지대에서 거래되는 극소량의 종이는 매우 비싸다. 유리 제품은 전혀 소개되지 않았기 때문에 창과 문에는 유지가 대용된다.

앞에서 말한 대로 목양이 거의 드물고 대부분의 지방에서는 그 자체를 전혀 모르고 있기 때문에 조선에서 모직물은 생산되지 않는다. 풍부한 모피류가 모직물을 대신하고 있는데, 그것들이 이미 큰 장에서 매매되고 있다는

3) (원저자 주) 천주교인 박해에서 생존한 리델(F. C. Ridel) 신부는 조선의 어느 단순 기능공의 예를 통해 조선 사람들의 창의성을 설명한 바 있다. 리델 신부는 자신의 고장 난 손목시계를 수리하려고 그에게 맡겼더니 전에 그 시계를 본 적도 없는 그가 부품을 정확하게 다시 조립해서 잠시 뒤에 돌려주는 것을 보고 적지 않게 놀란 일이 있었다고 나에게 말했다.

것은 두말할 나위가 없다.

조선의 철기나 목기 제품은 물론 중국이나 일본에서도 제조되는 상아와 철기 등의 우수한 기호품과 사치품에 견주어 매우 질이 떨어진다. 따라서 조선 사람들이 특별하게 잘 만드는 어떤 품목을 예시하기란 거의 불가능하다. 구리 등의 금속을 이용해서 만드는 그릇의 제조 수준은 평이하며 금과 은의 세공 기술은 약간 높은 수준이다. 어찌되었든 귀금속 장신구는 다소 은은하고 단아한 정취를 자아낸다. 조선의 토기는 가장 일상적으로 사용되는 제품인데, 중국제는 거의 알려지지 않았다.

제 7 장 제1차 방한 : 1866년 2월

아시아의 영국이라고 할 수 있는 일본은 몇 세기 동안 쇄국 정책을 엄격하게 고수해 왔으나, 1859년부터 외국과의 교류와 교역을 재개했다. 겨우 몇 년 전만 하더라도 중국에서조차 그 가능성이 매우 희박하리라고 여겨질 정도로 매우 일어나기 어려울 것으로 예상되었던 사건은 비교적 쉽게 이루어졌다. 결과적으로 볼 때 정치적 · 상업적 · 학문적인 면에서 이 아름다운 나라의 개방이 실현될 것이라는 일반적인 기대는 전혀 지나친 것이 아니었다.

개항 직후의 일본을 방문하고 중국으로 돌아오자마자 나는 여러 친구들 덕분에 거의 중시되지 않던 다른 한 나라에 대하여 관심을 갖기 시작했다. 중국과 일본과의 친교에도 불구하고 여전히 외부 세계와 완벽하게 단절되어 있었으며 접근조차 불가능했던 그 나라는 바로 조선 왕국이었다. 영리하고 상술에 능한 중국의 상인들은 지난 몇 년 동안 이 나라로 눈길을 돌려 조선의 상업 규모에 대한 정보를 수집해 왔으며 그것은 만족스러운 결과를 기약하는 것처럼 보였다.

그러나 당시에 다른 문제가 나의 조선 방문 계획의 실행을 가로막았다. 왜냐하면 나는 중국의 북부를 횡단하는 길고 지루한 경로를 따라 여행할 수밖에 없었는데, 그것은 거의 실현 불가능한 일로 판단되었기 때문이었다. 몇 년이 지난 뒤에도 똑같은 경로만을 가야 했던 나로서는 더욱 심각해질

우리가 최초로 상륙한 가로림만의 마을

수밖에 없었다. 육로를 통한 여행은 재고의 여지가 없었기 때문에 단지 해로를 택하는 방안만이 남아 있었다. 기선은 쉽게 구할 수 있었으나 정밀한 해도가 없었기 때문에 어설프게 만들어진 해도에 의존해야 했다. 그러나 수많은 모래톱과 암초들이 즐비한 조선의 해안으로 접근하는 것은 위험천만하다고 알려져 있었기 때문에 항해 계획 역시 폐기되었다.

로나호의 용선

나는 중국에서 가장 큰 영국 회사의 경영자인 위탈(James Wittall)이 계획하고 있던 탐험 항해에 합류하기를 제안하면서 나의 계획을 밝혔다. 나는 그가 열의를 가지고 관대한 마음으로 나의 계획에 동조하도록 해 준 데 대해 감사하지 않을 수 없다. 그는 나에게 기선을 마련해 주었고 나의 목적을 이루는 데 장애가 되는 문제들을 해결할 수 있도록 해 주었다.

모리슨(James Morrison) 선장이 운행하는 이 장엄한 기선 로나호에는 뉴칭으로 항해할 수 있는 해도가 비치되어 있었다. 로나호는 목적지까지 직항하지 않고 우회하여 조선의 서해안에 도착할 예정이었다. 이러한 상황에서 여행에 배정된 시간은 매우 짧은 닷새에 불과했으므로 그나마 뒷날의 원정을 준비하기 위한 정찰을 할 수 있을 정도였다.

나의 일차적인 목표는 서울에 이르는 큰 강을 찾아내 그 물길을 거슬러 올라가 조선 정부와 조선의 교역 개방 및 친선 관계를 이룰 수 있도록 예비 접촉을 갖는 것이었다. 해도에는 강이나 그 어귀의 위치에 대한 최소한의 표기도 되어 있지 않았다. 더욱이 그러하리라고는 전혀 의심하지 않았던 서울의 위치도 매우 모호하게 오기되어 있었다.

이렇듯 다소 어려운 조건에서 가장 용이하게 조사 활동을 할 수 있는 지점에 가능한 가까이 접근할 수 있도록 로나호의 항로를 설정하기로 결정했다. 이에 따라 여러 만들 가운데 한 곳에 대한 정보를 수집한 결과 출발지로서 아산만을 선택했다. 배는 점차 조선의 해안 쪽으로 접근하여 상해를 출발한 지 이틀 뒤의 이른 아침에 조선의 최남단의 섬들인 소흑산도, 상태도, 흑산도에 이르렀다. 그 섬들의 주위에서는 생물들이 사는 흔적을 발견할 수 없었으며 매우 황폐해 보였다.

이 섬들을 지나면서 보았던 북동 방면의 해안은 수많은 만들 가운데 하나인 듯했다. 덕적군도의 남단으로 돌출해 있는 해안선은 원북만, 가로림만, 대호지만만이 서로 인접하여 있었다. 프랑스의 쾌속정 버지니호에 따르면 원북만에 4,000명의 주민들이 거주하는 촌락이 형성되어 있다고 했다.

다음 날 우리는 그 곳으로 조심스럽게 나아갔다. 우리는 가능한 먼 곳까지 이 만을 거슬러 올라갔지만 해안에는 촌락은커녕 그런 흔적조차 보이지 않았다. 결국 그러한 보고는 프랑스 정찰자들의 상상의 산물에 불과한 것이었다. 바다의 풍랑은 거셌고 북동풍이 만의 우측으로 맹렬하게 불었기 때문에 배를 정박시키기가 어려웠다.

아산만의 진입

시간이 지체되자 우리는 가로림만의 북쪽으로 몇 마일을 거슬러 올라갔다. 그 곳은 보다 안전하게 정박할 수 있는 조건을 갖추고 있었으며 경관이 매우 수려했다. 그 만은 원형을 이루고 있었는데, 단아한 언덕의 능선이 주위를 둘러싸며 봉긋하게 솟아올라 있었다. 아침 햇살이 금은빛으로 넘실거렸다. 작은 어촌과 그 주위에 정박해 있는 네댓 척의 배외에는 해안에는 아무 것도 보이지 않았다.

모리슨 선장과 중국인 통역관과 함께 나는 처음으로 조선의 모래사장을 밟았다. 작은 보트를 타고 해안으로 다가가면서 우리는 하얀 옷을 입은 수많은 사람들이 빠른 걸음으로 언덕을 내달리고 있는 광경을 보았다. 그들은 기선이 만으로 진입하자 매우 놀라는 것 같았다. 그들을 따라가지 못한 몇몇 노쇠한 노인들은 뒤에 처져 대단히 두려워하는 표정으로 우리가 마을에 상륙하기를 기다리고 있었다.

주민의 만남

인자한 모습의 가장 연령이 높은 노인이 대단한 경의를 표시하며 우리를 맞이했다. 그는 숯불이 이글거리는 화로를 들고 있었는데, 그것은 아마도 악령으로 보이는 우리를 내쫓고자 하는 것으로 보였다. 그 순박한 사람들은 우리를 양귀로 여겼을 법했다. 그러나 그 노인과 그의 동료들은 우리가 온화하고 친절하게 상대하자 안도했다. 그러자 우리들의 동태를 조심스럽게 지켜보던 언덕 위의 사람들도 두려움에서 벗어나는 듯했다.

잠시 뒤에 한두 사람씩 되돌아온 그들은 어느새 운집하여 우리를 둘러쌌

어부의 모습

다. 그들은 우리의 모습이 신기한 듯 놀라움을 감추지 못하고 탄성을 연발했다. 우리는 안내를 받아 어느 오두막집으로 들어갔는데, 그 실내는 매우 낯설었다. 우리는 서로 대화를 시도했지만 그들 가운데 누구도 한자를 몰랐기 때문에 허사였다. 우리는 초라한 오두막집의 거북한 분위기에서 벗어나고자 근처의 언덕들을 올랐다. 언덕에는 노랗고 하얀 운모가 어우러져 잔잔하게 비쳤지만 그 주위의 훌륭한 경관을 충분하게 내려다 볼 수 있을 만큼 높지는 않았다.

배로 귀환할 때 우리의 연로한 친구가 스무 마리의 싱싱한 청어를 나에게 선물했다. 나는 그것을 고맙게 받고 답례로 빈 병과 그밖에 다른 물품들을 주었다. 빈 병은 조선 사람들 사이에 대단한 흥미를 불러일으켰으며 그들은 병을 어디에 사용해야 할지도 모르면서도 서로 그것을 얻으려고 애썼다. 경작 상태가 좋은 일부 경사지에는 배추 등 다양한 종류의 채소들이 재배되고 있었다.

보트를 타고 로나호로 돌아가고 있는데, 조선 사람들이 우리를 다급하게 부르는 바람에 우리는 무슨 정보를 얻을 수 있지 않을까 하는 생각으로 뱃머리를 돌렸다. 그들 가운데 한 사람은 한자를 알고 있었다. 그러나 그는 우리의 질문에 답하기보다는 우리에게 질문하기를 더 바라는 듯했으며 구경꾼들 때문에 입장이 난처한 듯한 눈치를 보였다.

어쨌든 우리는 그들이 의아할 정도로 지나치게 따뜻하게 대했기 때문에 그 어정쩡한 상황에 불평을 일으킬 이유를 제공하지는 않았다. 그가 조선 사람들 몇 명과 함께 로나호에 승선하려고 노력을 기울였으나 헛수고였다. 많은 사람들이 배 주위로 몰려들었으나 우리는 그들이 물러나기를 바랐다.

어선

조선의 어선은 중국의 것보다는 일본의 어선을 닮았다. 그러나 조선의 어선은 구조가 조잡하여 널빤지들을 이어 나무못을 박아 외장을 만들었다. 배는 돛을 달고 있었지만 수심이 깊은데도 불구하고 갑판이 없었다. 단지 뱃전을 가로질러 연결하는 횡재를 만들어 놓았으며 선창은 열려 있어 잡아 올린 물고기들을 그 안에 던져 넣는다.

이러한 배들은 30~40명가량을 태울 수 있는 듯이 보였는데, 나중에 60여 명이 타고 있는 것을 본 적이 있다. 멀리서는 조선 사람들이 입고 있는 흰 옷[1]이 그렇게 밝고 정갈하게 보였지만 가까이에서 볼 때에는 전혀 그렇지 않았다. 3월인데도 날씨는 여전히 쌀쌀해서 많은 조선 사람들은 뒷목까지 덮어서 감싸는 담비 등의 털로 만든 모자를 쓰고 있었다.

어선

그 사이에 시간이 지체되어서 밤이 되기 전에 정박지를 떠나기에는 너무 늦어졌기 때문에 우리는 다음 날 아침의 만조 때까지 그 곳에 머물렀다. 그 대난지도의 사주는 앞서 말한 세 만을 따라 죽 뻗어 있어 수심이 깊긴 하지만 항해하기에는 해협의 폭이 너무 좁았다. 이 밖에도 해안의 다른 모든 모래톱들이 얕은 수심에 완전히 노출되어 있었으며 거대한 모래 언덕의 흔적 외에는 주위에 아무것도 보이지 않았다.

이곳의 가장 높은 파고는 26피트에 이르렀다. 우리는 예전에 영국의 함선 앰허스트호[2]가 보트를 파견하여 탐사한 적이 있는 안면도만만을 통과했

1) (원저자 주) 제4장 "풍습"을 참조할 것.
2) 앰허스트호(Amherst)는 본시 영국의 정치가인 앰허스트 경(William P. Amherst : 1773~

다.[3] 그 곳에서는 수도로 향하는 어떠한 징후도 찾을 수 없었다. 우리는 버지니호가 덕적군도의 섬들 사이를 순항한 적이 있던 북쪽으로 나아갔다.

아산만에 수많은 조선의 배들이 모여 있는 광경을 관찰하면서 문제의 강이 멀지 않았다는 믿음을 가지게 되었다는 버지니호의 보고가 사실이었음이 뒤에 밝혀졌다. 아산만은 몇 백 개의 섬들이 운집한 이 다도해의 거대한 최남단에 위치하여 강화도의 길이만큼 멀리 뻗어 있다. 그리고 그것은 아홉 개의 지류를 갖고 있는데, 그 가운데 일부는 내륙을 향해 내달리고 있다.[4]

그러나 이 지류들은 어떤 해도에도 표기되어 있지 않았다. 단지 우리가 가지고 있는 해도상에만 표기되어 있던 한 지류를 따라 10마일 이상 나아갔으나 수심이 얕아 멈추어야 했으며 전속력으로 달려 나가면 수도까지 이를 수 있다는 모리슨 선장의 희망은 실현되지 않았다. 몇 마일을 전진한 뒤에도 그 큰 강의 어귀를 찾아낼 수 없었기 때문에 우리는 결국 모든 희망을 포기해야만 했다.

아산만의 이 해협은 폭이 약 반마일 정도에 지나지 않았고 양 측면의 경계를 이루는 매우 높은 언덕에 둘러싸여 좁은 테라스형을 이루고 있었다. 그 주위는 경작되고 있었으며 군데군데 촌락이 형성되어 있었다. 그러나 해안의 양 측면에는 사람들이 살고 있는 흔적이 보이지 않았다.

만이 내륙 멀리 뻗어 있어 우리가 정박한 위치에서는 그 종착지를 식별할 수가 없었기 때문에 우리는 그 곳을 탐사한 다음 그 결과에 따라 항해하기로 결정했다. 기관사가 통솔하는 한 척의 보트를 한 방면으로 파견하는 한

1857)을 기념하여 만든 배였다. 그는 1816년에 주청 특명 전권 대사로 임명되었으나 청나라의 왕실이 요구하는 굴욕적인 알현 의식을 거부함으로써 임직하지 못하고 귀국한 뒤에는 인도 총독(1823)을 지냈으며, 백작의 작위를 받았다.

3) (원저자 주) "Voyage of the Ship Amherst to the Northern Ports of China," in Guetzlaff's, *Voyage*, 1832.

4) (원저자 주) 이들 가운데 뒷날 둘러보았던 한 지류는 30마일 이상을 내달려 내륙으로 흘러 들어갔다.

편 모리슨 선장과 나는 큰 탐사선을 타고 만을 따라 내려갔다. 우리는 적당하게 강한 바람을 등지고 두 시간 만에 종착지에 도착했다.

상륙

높은 언덕의 기슭에 도착하자 우리는 많은 조선 사람들을 볼 수 있었다. 우리는 곧장 내려가 통역관을 통해 그들에게 가장 큰 마을의 촌장을 만나게 해 달라고 요청했다. 이들의 생김새는 가로림만에서 만났던 조선 사람들과는 사뭇 달라 보였다. 그들은 더 말쑥하고 생활에 여유가 있어 보였으며 대다수가 한자를 이해하고 있었다.

머지않아 그들에게 보냈던 사람이 되돌아오는데 긴 지팡이를 쥐고 스페인 귀족처럼 위엄을 갖춘 한 사람이 근엄하게 그 뒤를 따라왔다. 땅 위에 자리를 깔자 그가 조선식의 자세로 앉고 통역관이 그 옆에 앉았다. 몇 백 명의 조선 사람들이 우리의 주위를 둘러싼 가운데 필담으로 대화가 시작되었다. 나는 우리가 해미라는 지방에 도착했다는 사실을 알게 되었다. 해미를 다스리는 관리는 30리[5]나 떨어진 곳에 살고 있었다. 그러나 그가 병을 앓고 있었기 때문에 그 날은 그를 만날 수 없었다.

그래서 다음날 그의 방문을 요청하는 전갈을 즉시 전하기로 약속이 이루어졌다. 우리는 외국의 해도상에 경기도 또는 한성으로 표기되어 있는 지명에 대해 물었지만 조선 사람들 누구도 그런 지명을 들어보지 못한 듯했다. 수도가 왕이 살고 있는 곳을 의미한다는 것을 이해하게 되자 조선 사람들은 한 목소리로 "서울"이라고 외쳤다. 나중에 나는 조선어에 수도(서울)를 뜻하는 다른 명칭이 없다는 사실을 알게 되었다.[6]

---

5) (원저자 주) 1리=3마일
6) (원저자 주) 헨드릭 하멜(Hendrick Hamel) 또한 수도명을 Sior로 들었으며, 현재는 더 이

나는 그밖에도 다음과 같은 사실들을 알게 되었다. 조선 사람들은 수도가 2,000리나 떨어진 내륙에 존재하고 있다고 주장했다. 물론 이것은 이른 시간 내에 수도에 도착하기 어렵다는 의미일 뿐이지 실제로는 거리가 매우 과장된 표현이었다. 그들은 다른 질문들에 대해서는 애매모호하고 걱정스러운 태도로 답변했다. 그들은 보다 솔직하게 표현하기를 두려워하는 것이 분명했다.

대화가 끝나 갈 무렵에 노인 관리는 대화 내용을 기술한 종이를 자신이 보관하기를 간청해서 나는 그의 뜻에 동의했다. 그러는 동안에 주민들의 숫자가 늘어났는데, 이방인들을 보려고 이웃 마을의 주민들도 모두 모여든 것 같았다. 우리가 비축하고 있는 물품들 가운데에서 여분의 담배와 성냥을 가능한대로 많이 나누어주자, 그들은 어떠한 적의도 보이지 않았으며 선의와 우호의 표현을 내비치기도 했다.

주민들 가운데 누구도 무장을 하고 있지 않았다. 우리가 소지하고 있던 연발 권총의 구조를 설명하고 몇 발을 격발하자, 그들의 얼굴에는 이 가공할 무기에 대한 놀라움과 겁에 질린 기색이 역력했다. 그들은 모두 평범한 질의 무명옷을 입고 있었으며 몇몇의 부유한 듯한 이들은 허리띠에 조잡한 조선제 비단으로 담뱃대 등을 묶고 있었다. 조선 사람들은 머리를 짧게 묶어 곧추세웠다. 그렇지만 일본인들처럼 그 주위를 밀어내지는 않았다.

주민의 모습

대부분의 아이들과 청년들은 머리 가운데에 가르마를 타서 한두 갈래로 땋아 내렸다. 그들의 모습은 너무나 여성스러웠기 때문에 우리는 자연히 그

상 그 명칭이 사용되지 않고 있음에도 불구하고 자신은 그것을 경기도고 부른다고 말했다. 서울의 문자적 의미는 왕궁을 뜻한다.

들을 여자로 착각할 수밖에 없었다. 그러나 그들을 상대하면서 나는 우리가 착각을 했다는 것을 알았는데, 혼례를 치르지 않은 모든 미혼의 남자들의 머리 모양은 그러했다. 실제로 모든 무리들 속에는 단 한 명의 여자도 보이지 않았는데, 그러한 이유는 내가 조선의 관습에 보다 익숙해지고 나서야 충분히 납득할 수 있었다.[7] 여자들이 대낮에 나다니는 것이 조선의 관습에 위배되는 것인 줄 알면서도 너무도 여성스러운 모습 때문에 전혀 의심하지 않고 남자들을 여자로 착각했던 것이다.

우리는 이 마을 사람들과 극진한 인사를 나누며 헤어진 뒤에, 만의 해안을 따라 언덕을 가로질러 기선으로 돌아가기로 결정했다. 곳곳에 마을 주민들은 무리를 지어 우리를 따라다니며 적극적으로 한결같이 호의를 표현했다. 우리가 통과했던 모든 언덕의 경사지는 매우 비옥한 토양이었음에도 불구하고 전혀 경작되지 않았다.

언덕의 곳곳에는 소나무와 전나무 등이 빽빽하게 들어서 있었고 야생하는 잎양버들 등 관목 덤불이 울창했으며 키가 작은 참나무는 어디에서나 조밀하게 자라고 있었다. 몇 시간을 걸어 우리는 정박지에 도착했다. 해안으로 내려가자 사람들이 떼를 지어 모여 있었다. 처음에는 그들 가운데 누구도 엄두를 내지 못하다가 막 보트가 출발하려는 순간 한 조선 사람이 용기를 내서 뛰어 올랐다. 나로서는 그들 모두를 태우고 싶은 마음이 간절했지만 보트의 공간이 부족했기 때문에 자발적으로 뛰어 오른 그만을 선택했다.

이런 사람들은 서로 정보를 주고받는 것을 대단히 두려워했기 때문에 이

---

7) (원저자 주) 제4장 "풍습"을 볼 것. 브로튼(W. R. Broughton)이 『탐헌 항해』 2권의 pp. 228~246과 베를린에서 출간된 리터(C. Ritter)의 『지구 묘사』(1834), 4권의 p. 617에 기술되어 있는 브로튼의 회고에 따르면 브로튼 선장의 배는 조선의 어느 항구 근처에서 남녀들을 실은 배에 둘러싸였는데, 여자들은 머리를 묶어 땋아 내리고 있었다고 한다. 이는 남자들이 머리를 딴 모습을 그가 여자로 잘못 본 것임에 틀림없다. 왜냐하면 이 나라의 풍속에는 여자들이 밖으로 나올 수 없기 때문이다.

들로부터 얻을 수 있는 내용은 많지 않았다. 그러나 갑판 위에서 술과 과자 등을 대접받아 실컷 맛들이고 나면 그들은 매우 흡족한 기분으로 해안으로 되돌아갔다. 그들이 배를 방문하고 돌아가고 나면 매우 호의적인 인상을 깊이 각인하고 그러한 감정이 조선에 널리 퍼지리라는 확신이 들었다.

다음날 이른 아침 우리가 정박하고 있는 곳의 맞은편의 해안과 언덕에는 조선 사람들의 일상이 확연하게 드러났다. 그 곳은 이미 오전 6시경부터 흰옷을 입은 수많은 사람들로 덮여 있었다. 마치 이웃하고 있는 마을의 모든 주민들이 모여든 듯했는데, 갖가지 범상하지 않거나 특이한 광경들이 관찰되었다.

기선과 마주 보이는 가장 높은 언덕의 꼭대기에서는 고용된 일꾼들이 짚을 이어 오두막집을 짓고 있었고 세모꼴의 수많은 푸른 깃발들이 그 주위에 서 있었다. 나팔 소리가 산 너머까지 울려 퍼지자 7시경에 긴 행렬이 언덕 꼭대기에까지 이어졌다. 나팔수가 행렬을 인도하고 마부들이 수레를 호위했는데, 오두막집 근처에 이르자 그들은 주민들을 배치했다. 아마도 그들은 우리가 해안에 상륙하리라고 예상한 듯했는지 몰라도 우리는 전혀 그럴 의도가 없었다.

나는 그 곳의 관리들을 선상으로 초청한다는 서신과 함께 1등 사무관과 통역관을 해안에 급파했다. 그들은 회합을 가진 뒤에 이 제안을 수락하여 시종들을 대동한 수령이 기선의 보트를 타고 우리를 방문했으며 뒤이어 다른 관리들이 수행원들과 함께 조선의 배를 타고 왔다. 시종들이 기선의 사다리를 통해 수령을 배 위로 올려 보내고 그를 양편에서 보좌하여 걸어오고 있는 것을 보아 수령이 아프다는 촌장의 말을 거짓이 아니었다.

현감의 풍모

나는 중국 관리들의 모습과는 달리 전혀 대조적인 수령의 위엄 있는 풍모와 인상적인 모습에 깊은 감명을 받았다. 긴 회색빛의 수염을 가슴까지 늘어뜨린 그의 외모는 유럽인과 흡사했으며 나는 그에게서 당당하고 고매한 성품을 엿볼 수 있었다. 그는 흰 속옷 위에 비단음 수놓은 푸른색의 중국제 저고리를 몇 벌 겹쳐 입고 있었는데, 소매의 폭은 손목 부분에서 거의 1야드 가량이나 되어 보였다.

그는 목을 덮어 내려온 담비 털모자 위에 다시 챙이 넓고 주름이 정교하게 잡힌 모자를 눌러 쓰고 있었다. 그의 수행원들 가운데 한 사람은 위엄의 표상과도 같은 갖은 색의 띠를 묶은 약 3피트 길이의 둥근 깃대를 들고 있었다. 그는 오래된 일본 단검을 차고 있었는데, 그것은 여러 해 동안 사용되지 않은 듯 녹슬어 있었다. 그 밖의 다른 시종들은 담뱃대와 담배쌈지 그리고 다른 물품들을 들고 있었다.

그들 가운데 유난히 눈에 띄는 독특한 복장을 입고 있는 관리가 있었다. 그는 포졸의 대장으로 확인되었는데, 사람들은 쉴 새 없이 그의 명령을 수행하느라 고역스러운 기색이 역력했다. 그는 본래 붉은 색이었지만 지금은 노랗게 바랜 저고리를 입고 있었다. 그 옷은 군데군데 찢어져 넝마처럼 보였다. 그가 조금도 자랑할 수 없었던 그 옷차림의 상태는 축제 때에나 입어야 할 것 같다는 생각이 들게 했다.

검은 색의 군모는 챙이 넓고 꼭대기에 여우 꼬리나 붉은 닭의 깃털을 장식하여 구색을 갖추었는데, 그 모습은 무섭다기보다는 차라리 우스워 보였다. 등 뒤에 활과 화살을 차고 있던 그는 내게 몇 촉의 화살을 주었다. 그는 온종일 배에 모인 조선 사람들을 관리하고 감독하느라고 눈코 뜰 새가 없었다. 그는 그들을 매우 관대하게 대했으며 그들의 호기심과 갈증에 대한 배려도 술을 제공했다.

일이 점차 마무리되면서 일부 조선 사람들이 때때로 평소보다 과격한 기질을 내보이자 그가 손짓 발짓으로 제지하는 모습은 매우 흥미로워 보였다. 두 말할 필요가 없을 정도로 자신의 직무를 열정적으로 수행한 탓에 그는 다른 사람들이 흐뭇해하며 수중에 챙겨 두었던 술까지 몽땅 빼앗아 마셔 버렸다. 근면한 일과를 마칠 무렵에 그의 얼굴은 홍분과 취기로 붉게 달아올라 있었다.

관리와 서기들을 대동한 수령이 로나호의 대접견실에 자리를 잡고 앉자 곧 대화가 시작되었다. 조선 사람들 가운데 누구도 중국어를 하지 못했기 때문에 대화는 필담으로 진행되었다. 수령은 바다 건너 머나먼 이역의 이름 모를 지방까지 여행한 데 대해 더 할 나위 없는 경의를 표하며 아무쪼록 항해가 성공하기를 기원한다며 대화의 말문을 열었다.

그러고 나서 그는 정확하게 이름과 연령을 적어 가며 모든 배석자들을 소개했다. 수령이 한 명씩 거명할 때마다 그들은 자리에서 일어나 팔을 머리 위로 높이 들어 올려 손을 모은 다음 엄숙하게 고개를 숙였다. 그들의 인사법은 중국식과는 다소 달랐다.

필담

이 예비 의식은 거의 한 시간이나 걸렸다. 이어서 여러 가지 음식과 포도주 그리고 브랜디가 나오자 그들은 특히 브랜디의 맛을 극찬하며 점차 편안하고 허심탄회한 모습을 보였다. 외모로 보아 약 65세가량 되어 보이는 이 수령의 관직과 이름은 감태화[8]였다. 곧 나는 그들에게 우리가 방문한 목적을 설명하고 처음으로 조선과 교역을 개방하고 친선 관계를 맺기를 제안했다. 그리고 그 제안을 궁극적으로 이루기 위해 기선이 파견되었다는 점과 귀항할 때까지 해안에 머물고 싶다는 뜻을 밝혔다.

예측했던 대로 이 문제에 대해서 그는, 그렇게 중대한 일에 관한 결정권

8) (원저자 주) 감사(kam–sa)의 축어인 감(kam) 또는 금(kum)이라는 첫 마디는 지방 수령의 서열과 직함을 의미한다.

은 자신의 권한을 넘어서며 서울의 정부에게 있다고 대답했다. 그러나 그는 지체 없이 특사를 파견하여 정부에 나의 요구를 기록한 서신을 전하겠으며 자신은 물론 주민들도 힘닿는 데까지 조선 정부가 외국과의 교역을 수락하도록 촉구하겠다는 의지를 밝혔다.

그의 답변이 진실했기 때문에 그것은 조선 사람들도 간절히 그렇게 바라고 있다고 믿을 수 있는 근거가 되었다. 그는 4~6일 정도면 정부로부터 가부간의 답이 있거나 이 문제에 대한 칙령을 가진 특사가 도착하리라고 덧붙였다. 나는 그 기간이 너무 길고 기선을 오래 동안 머물게 할 수 없기 때문에 서울로부터 답신이 올 때까지 해안에 머물러 있을 수 있도록 거처를 마련해 달라고 요청했다.

그러나 그는 이를 단호하게 거절했다. 그가 우렁찬 목소리로 전달한 내용을 서기가 적었다. 그는 매우 오랜 여행 동안 선상에서만 생활해야만 했던 우리가 거처를 육지로 옮기기를 원한다는 점을 충분히 이해할 수는 있지만 만일 나의 요청을 독단적으로 받아들여 우리를 도우려 한다면 목숨의 부지를 장담할 수 없다고 말했다.

우리는 긴 시간 이 문제에 대해 논의했지만 어떤 결론에 도달하지 못했다. 다만 그는 나의 제안을 받아들여 성실하게 힘닿는 데까지 원조하겠다고 약속했을 뿐이다. 그 많은 질의와 응답과 다양한 의견들을 기록하는 데만 반나절이 걸렸다. 그 날은 더 이상 얻을 수 있는 것이 없었기 때문에 나는 현감과 그 지방의 관리들의 우의와 환대에 만족하고 담판을 포기했다.

이러한 정치적인 대화가 끝날 무렵에 현감은 우리와 꽤 친숙해져 많은 말을 늘어놓았으며 자신의 건강을 탄식했다. 그는 특히 목이 뻣뻣해지는 통증을 호소하기에 우리는 그에게 배 안의 약국에서 제조한 내복약과 고약을 주었더니 그는 그것을 고맙게 받았다. 우리가 저녁을 먹자고 제안하고 각종 맛있는 요리를 내오자 수령과 그의 일행은 기쁨을 감추지 않고 매우 맛있게 식사를 했다. 마치 오래 동안 사용해 온 것처럼 그들이 능숙하게 나이프와

포크를 다루자 우리들은 놀라움을 감추지 못했다.9)

우리들이 막 테이블에 앉으려고 할 때 사람을 보내 수비대장이라고 자신의 직함을 밝힌 장교가 동석해도 좋겠냐고 물어 왔다. 접견실로 들어온 그는 먼저 현감 앞에 무릎을 꿇어 의례적인 찬사를 늘어놓은 뒤에 일어나 자리에 합류했다. 그들은 독한 양주를 즐겨 들이켰기 때문에 식사를 마친 뒤에는 꽤 들뜨고 수다스러워졌다.

내가 큰 축음기를 틀자 그들은 더욱 흥이 돋기 시작했다. 수비대장은 체면을 가리지 않고 박자에 맞추어 춤을 추기 시작했다. 그는 전혀 음조가 맞지 않는 어색하고 단조로운 노래를 곁들이는 것도 잊지 않았다. 현감은 매우 차분하고 조용하게 앉아 있었으나 대단히 유쾌하고 흥미 어린 눈길로 구경하고 있었다. 어두워지기 전에 특사를 파견하고자 그는 저녁때가 되자 지체 없이 돌아가려 했다. 그는 우리의 친절한 접대에 진심으로 감사를 표시하고 또한 우호와 친선을 거듭 강조하면서 자리에서 일어났다.10)

---

9) (원저자 주) 제4장 "풍습"의 141쪽 참조.

10) 고종실록 병인(1866) 2월 18일자에는 당시의 정황이 다음과 같이 기록되어 있다.

"충청감사 신억이 다음과 같이 보고하였다.

이달 11일 외국배가 평신진 까마귀섬 앞에 와서 떠 다녔으며 12일에는 해미현 조금진에 와서 정박했습니다. 평신 첨사 김영준, 해미 현감 김응집, 서산 군수 정재기 등이 보내온 공문은 글로 그 내막을 물어본 사실에 대하여 다 기록하였으며 그 배는 영국 배였습니다. 배의 이름은 로나였으며 선주는 영국 런던에 있는 상인으로서 이름은 대발이었습니다. 배 안에 있는 인원수는 30여 명이었고 또한 예물을 적은 명세서도 있었습니다. 큰 몸거울 1개, 자명종 2개, 양금 3개, 5가지 색깔로 무늬 놓은 담요 3장, 5가지 색깔로 무늬 놓은 큰 담요 1장, 시신록 1개, 천리경 1개를 바쳐 올리겠다고 청하였는데, 내막을 물어보러 간 우리 관리가 마음대로 할 수 없다고 대답했습니다.

또한 청나라 사람들이 한 통의 편지를 주었는데 거기에는 쓰기를 '우리 상인들은 전적으로 외국을 위하여 귀국과 통상 무역을 할 것을 제의하는 것인데 만약 승인해 준다면 다시 더 무슨 말을 하겠습니까? 그러나 귀국에서 저지할까 두렵습니다. 우리 상인들은 청나라 사람들입니다. 이 세상에 함께 살고 있는 사람들에 대하여 공자는 모두가 한 형제라고 말했습니다. 청나라에서 몇 백 년 동안 통상해 온 것으로 말하면 멀리 떨어져 있는 나라 사람들을 너그럽게 대하고 깊은 우의를 맺음으로써 서로 이익을 보게 되어 나라는 부강해지고 백성들도 더욱 잘 살게 되었으니 통상하는 것이 유익한 바가 없다고 할 수

상륙

다음날 아침 내륙을 살펴볼 목적으로 나는 일찌부터 서둘러 중국인 통역관 이청과 로나호의 일등 기관사 그리고 몇 명의 수행원을 데리고 출발했다. 이틀 전에 비교적 유복하게 보이는 나이가 지긋한 한 부농이 우리를 초청하여 나에게 정보를 알려주겠다고 약속했기 때문에 우리는 먼저 그를 찾아갔다. 우리는 산을 넘어 몇 시간을 걸어서 매우 큰 마을에 인접한 그가 살고 있는 골짜기에 도착했다. 마을의 집은 모두 흙으로 만들었으며 지붕은 짚을 엮어 올렸다.

그가 살고 있는 집은 단번에 그의 지위가 대단한 부농이라는 것을 짐작하게 했다. 그 집은 돌로 지어졌으며 기와지붕을 올렸다. 대체로 일본풍의 정취가 배어 있는 그 집은 돌을 깔아 놓은 베란다를 갖추고 있었다. 그 집은 언덕의 경사진 곳에 아름답게 서 있었으며 광활한 평야를 한 눈에 내려다볼 수 있었다. 그 곳에 이르러 우리는 두 명의 젊고 어여쁜 여인들과 마주쳤는데, 그들은 곧장 방으로 들어가 자취를 감추어 버렸다. 그들은 그 부농의 딸

없습니다.'라고 하였습니다. 배가 머물러 있을 기간을 물으니 대답하기를 '동양에 있는 일본으로 빨리 가려고 하므로 오랫동안 머물러 있을 수 없습니다.'라고 하였습니다.

대체로 이 청나라 사람이 영국 상인들을 소개하면서 통상하려고 하는 의도는 벌써 나라 법에 어긋나는 것이었으므로 법을 가지고 잘 타일러 주어 속히 물러가도록 해야 할 것입니다. 그리고 이는 표류하여 온 배와는 다르므로 음식물을 주는 문제도 의논에 붙일 문제가 아닙니다. 내막을 물어보는 역관을 내려다보는 문제를 묘당으로 하여금 재의하여 처리하도록 할 것 입니다."

이상의 기록에서 오페르트의 배를 영국 배라 하고 선주를 영국인이라고 말한 것은 통역 과정의 오해라기보다는 오페르트가 그렇게 거짓으로 말했다고 보아야 할 것이다. 왜냐하면 당시로서는 독일이라는 생소한 나라를 대는 것보다는 조선 사람들에게 다소 알려진 영국의 이름을 빌리는 것이 유리했으리라고 생각되기 때문이다. 또 달리 생각하면, 뒤의 남연군 묘의 굴총 사건에서 보이는 바와 같이 그는 자신을 러시아인이라고 소개한 것으로 보아 조선 사람으로부터 나쁜 감정을 살 수 있는 사건에서는 자신을 숨기는 거짓이 있었다.

로서 우리가 머무르는 동안 일체 모습을 드러내지 않았다.

조선 사람들은 대개 이방인들에 대한 적개심으로 악명이 높으며 그들을 집에 들이기를 매우 꺼린다. 그러나 그는 우리를 별채로 데려가 더없이 극진하게 대접했다. 적극적이지는 않았지만 그는 우리에게 술을 권하기도 하는 한편 우리들이 가지고 간 음식을 매우 기쁘게 받았다. 우리가 온 사실을 전해들은 마을 주민들이 모여들었다. 아마 이 소식이 널리 퍼지면 방방곡곡의 조선 사람들이 모두 모여들었을 것이다.

언짢지 않은 방식으로 그들을 떼어내고 그만을 의심 없이 홀로 남겨 둔다는 것은 불가능한 일이었다. 그는 많은 구경꾼들 앞에서 우리에게 약속한 정보를 제공하여 비난받게 될 것을 두려워했기 때문에 우리는 그로부터 아무것도 얻어낼 수 없었다. 그 곳에 더 머물러 있어 봤자 별 소득이 있을 리 만무하고 그들 또한 우리에게 조선을 안내해 줄 사람을 소개시켜 주는 일조차 꺼려했기 때문에 나는 안내원도 없이 더 앞으로 떠나가기로 결심했다.

눈앞에 광활하게 펼쳐진 평야로 내려가자 서로 떨어져서 웅크리고 앉아 있는 조선 사람들이 보였다. 그들은 시비를 걸며 우리의 발걸음을 가로막았다. 우리는 그 길을 지나지 않으면 안 되었기 때문에 나는 시간을 끌지 않고 바로 이 상황을 종결짓기로 마음먹었다. 내가 권총 위에 손을 얹고 가장 가까이 앉아 있는 사람에게 다가가서 우리는 당신들 따위는 겁내지도 않고 관심도 없다고 쉽게 이해시키자 그들은 겁을 집어먹고 즉시 공손하게 태도를 바꾸었다.

길가에 자리를 잡고 앉아 있는 그들을 의도적으로 전혀 무관심하게 지나치려는데, 그들이 무모하게 시비를 걸지 않았더라면 우리는 아무런 방해를 받지 않고 지나쳤을 것이다. 이것은 우리의 진로를 방해한 처음이자 마지막 사례였다. 나는 단호하게 결정을 내렸으며 일을 처리한 방식 또한 잘못되지 않았기 때문에 뒤탈을 막을 수 있었다. 한편 그 이후로 만난 모든 사람들은 가능한 우리를 친절하게 대하려고 애썼다.

드넓은 평야를 지나자 몇 마일의 오르막길과 내리막길이 펼쳐져 있었다. 사이사이의 좁은 골짜기 때문에 매우 높은 언덕에 올라서도 먼 거리를 내다 볼 수 없었다. 그 지역에는 주로 쌀과 야채들이 경작되고 있었다. 언덕을 따라 나 있는 길의 폭은 3~4피트에 지나지 않았지만 매우 정연하고 걷기에 편했다. 다만 가로림만에서 볼 수 있었던 순도가 높은 석영암들을 이 언덕에서는 거의 볼 수 없었다.

그와는 달리 그 언덕길은 정상에 이르기까지 쉽게 작물을 얻을 수 있는 우수한 토질을 갖고 있었다. 특히 도처에 목화가 야생하고 있었고 전나무, 느티나무, 물푸레나무 그리고 작은 떡갈나무 등이 곳곳에 숲을 이루고 있었다. 수없이 많은 샘은 이 나라의 천혜의 보고이다. 샘들은 모든 평야에 맑고 깨끗한 물을 공급한다. 산으로부터 발원하는 샘들은 특히 맛이 뛰어나며 붉은 빛깔을 띠는데, 이는 언덕에 철분이 풍부하게 매장되어 있다는 사실을 보여주고 있다.

공주 평야

오후 4시경이 되어서 우리는 높은 산꼭대기에 도착했다. 그 곳에서는 사방이 시원하게 내려다 보였다. 약 15마일쯤 떨어진 이 일대에서 가장 큰 지방인 공주의 광활한 평야가 펼쳐 있었다. 그러나 우리는 이미 출발지에서 너무 멀리 벗어나 있었기 때문에 어둠 속에서 길을 잃어버리지 않으려고 더 이상 나아가지 않고 돌아와야 했다.

인구가 많은 평야로 내려가자 몇 백 명의 주민들이 우리를 둘러쌌다. 그들 가운데 일부는 어제 서녁에 우리의 배를 방문했던 사람들이었는데, 이들은 우리와 친교가 있었다는 점을 사람들에게 과시하는 듯했다. 주민들은 우리에게 털끝만큼의 적의도 보이지 않았으며 오히려 고역스러울 정도로 지나치게 우의를 표현했다.

우리가 가지고 있던 망원경과 잠망경은 큰 매력을 끌어 그들은 너나 할 것 없이 달려들었다. 나는 그것을 붙들고 다음 차례의 사람들에게 기회를 주지 않아서 소동을 유발하는 몇 사람들을 제지해야만 했다. 많은 주민들이 로나호가 정박해 있는 맞은편까지 몰려와 우리를 배웅했다. 우리가 머물 수 있도록 할애된 기간이 다 되었기 때문에 나는 그날 밤 현감에게 기선이 돌아올 때까지 우리는 해안에 머물 것이며 내일 아침 당신을 만나고 싶다는 내용의 강력한 편지를 급송했다.

나는 우리의 요구가 받아들여질 것이라는 전제로 다음날 아침 일찍 어제 보았던 넓은 평야를 탐험하고자 출발했다. 그 곳에 이르는 길은 좁은 산길이었기 때문에 우리는 시간을 단축하려고 해안을 따라 항해하기로 했다. 그러나 종착지를 앞두고 육지까지의 몇 마일의 수심이 얕았기 때문에 우리는 배를 멈추고 매우 깊고 불쾌한 개펄 해안에 상륙해야 했다.

그 곳을 통해서 우리는 거의 반마일에 이르는 거리를 무릎까지 빠지며 걸어 지면이 굳은 내륙에 도착했다. 그 일대는 거의 황무지였고 주민들은 보이지 않았다. 우리는 길게 뻗은 등성이를 넘어서 들판으로 내려가는 좁은 길이 보일 때까지 몇 시간을 걸었다. 그 길까지는 적어도 12~15마일가량 떨어져 있었기 때문에 4시간은 족히 걸어야 했다. 나는 들판으로 내려가려던 당초의 생각을 버리고 목전의 언덕을 넘어 곧장 내륙으로 들어갔다. 길고 지루한 행진 끝에 상당히 큰 마을에 도착했다.

주민의 환대

그 마을의 주민들은 우리를 친절하게 맞이했다. 우리가 현감을 찾아가는 길이라는 사실을 안 촌장은 곧바로 안내인을 붙여 주었다. 그러나 몇 마일밖에 나아가지 못했을 즈음에 말 등에 올라 탄 한 관리가 성급하게 우리를 불러 세웠다. 푸른 깃발을 든 포졸이 도보로 그를 수행하고 있었다. 깃발은 노처럼 생긴 길고 평평한 나무 조각을 칼처럼 생긴 견대(肩帶)에 묶어서 만들었다. 그 관리는 최근에 다녀갔던 치안 대장이었다. 그는 정복 대신에 흰색의 평상복을 입고 있었다.

그는 우리가 어디로 가려 하는지를 알고 나자 동행하여 길을 안내해 주기로 했다. 그의 지나친 열의와 자발적인 배려 때문에 나는 즉시 의구심이 들었다. 그가 우리를 내륙으로 안내하지 않고 로나호가 정박해 있는 곳으로 데려가고 있는 것이 아닐까 하는 의구심이 부쩍 들었다. 나는 적어도 그에게 속아서는 안 되고 그렇게 할 경우에는 위험을 각오해야 할 것이라고 경고해야겠다는 생각이 들었다.

내가 길을 멈추고 그를 말에서 내리게 하자 그는 매우 당황스러워 하며 위협을 느끼는 듯했다. 나는 그에게 우리는 당신을 엄중하게 응징할 수 있는 수단을 가지고 있으므로 우리를 엉뚱한 곳으로 데려갈 생각을 버리고 처신을 잘 하라고 경고했다. 우리가 해미를 방문한다는 것은 이들로서는 전혀 달가운 일이 아닐 것이라고 나는 생각했다.

개인적으로 우리를 받아들이는 것을 반대하지는 않지만 현감은 정부의 질책을 두려워 할 수도 있었다. 그가 배를 방문했을 때 그에게 나의 의도를 말하자 그는 자신의 관사가 너무 멀 뿐 아니라 매우 옹색해서 마땅히 우리를 대접할 수 없으므로 나의 요청을 들어주기가 어렵다고만 말했다. 물론 실제적인 이유는 쉽게 간파할 수 있었다.

나의 위협적인 태도는 즉석에서 기대했던 효과를 낳았다. 그는 정말로 우리를 현감에게 데려가고 있으므로 자신에게 분노하지 말라고 요구했다. 그때 비로소 모든 사실이 명백하게 드러났다. 현감은 나와 약속했던 바와 같이 우리가 최종적으로 보낸 편지가 당도하기 몇 시간 전에 이미 로나호에 도착해 있었다.

그는 자신이 나를 속였다면 마음대로 하라고 말했다. 그가 감히 거짓말을 할 수 없을 상황이라고 판단되었기 때문에 우리는 로나호의 정박지로 돌아가는 수밖에 없었다. 그렇지만 나는 그에게 우리가 배 위에 도착해서 당신의 말이 진실임을 확인되기 전까지는 당신은 자유로운 몸이 아니라고 알려 주었다.

준엄한 법도

산길을 따라 이동하던 중에 주민들이 살고 있는 골짜기에 이르자 주민들이 운집하여 우리를 둘러쌌다. 우리가 지난 큰 첫 마을에서 재미있는 일이 벌어졌다. 나는 더위에 지쳐 뒤쳐져 걷고 있었다. 일행보다 늦게 도착한 나는 수많은 사람들이 모여 있는 것을 보았는데, 그 가운데에 치안 대장이 매우 격노해서 손짓을 섞어 가며 고함을 치고 있었다.

서둘러 그 곳으로 달려가 보니 불쌍한 한 청년이 형용할 수 없는 몰골로 사지를 벌리고 땅 위에 엎드려 있었다. 깃발을 들고 있던 그 포졸이 그의 명령에 따라 몸에 지니고 있던 평평한 나무 막대로 그를 내리치고 있는 중이었다. 형벌을 중지시킨 다음 전말을 알아본 결과 처벌을 받고 있는 청년은 그 마을의 나팔수였다.

그런데 치안 대장이 설명하는 바에 따르면 내가 그 마을에 들어섰을 때 그가 나팔을 불지 않는 씻을 수 없는 불경을 저질렀다는 것이었다. 내가 조금만 일찍 도착했더라면 그 불운한 친구는 전혀 처벌받지 않았을 것이다. 우리의 친구는 주민들 앞에서 자신의 무너진 권위를 다시 세우고 우리에게 열성을 과시함으로써 내가 가지고 있던 불쾌한 감정을 잊게 하려는 듯이 보였다.

형벌에서 벗어난 그 불행한 나팔수는 행렬의 선두에 섰다. 한 손으로는 큰 소리로 나팔을 불며 다른 한 손으로는 매질을 당해서 부어 오른 등을 문지르고 쓸어내리면서 걸음을 재촉하는 그의 모습은 너무나 우스웠다. 기선이 정박하고 있는 곳의 맞은 편 해안에 도착했을 때 그 관리의 말이 사실임을 알 수 있었다. 내가 배 위에 올라갔을 때 그는 몇 시간 동안이나 내가 돌아오기를 기다리고 있었다.

그는 어제 밤에 나의 편지를 받은 뒤 매우 걱정스러워서 즉시 내가 정박한 곳으로 달려왔던 것이다. 접견실에 들어가자 치안 대장이 자신의 목숨이 위태롭다는 점을 강조하면서 다소 흥분된 태도로 그에게 보고하고 있었다. 현감은 마치 내가 목적을 이루려고 겁을 주었다는 것을 알고 있는 것처럼 때때로 잔잔한 웃음을 띠어 가며 그의 말을 경청했다.

그는 자신이 이곳까지 온 이유는 해안에 머물고 싶다는 나의 계획을 단념시키기 위해서라고 말했다. 물론 내가 완강하게 고집을 꺾지 않는다면 그도 나를 제지하지 못했을 것이다. 그러나 그는 정부로부터 임명받은 자신의 난처한 입장과 자신이 져야 할 책임을 고려해 달라고 간청했다. 그는 우리가 그렇게만 해준다면 서울에서 답신이 도착할 때까지 기선의 출발은 연기해도 좋으며 그 문제를 명확하게 처리하기 위해 답신의 내용을 즉시 전달해 주기로 제안했다.

그는 자신이 난처한 입장에 처하지 않고 나의 목적 또한 미리 손상시키지 않으려면 신중하게 숙고해서 불가피한 단계를 밟아 나갈 필요가 있다고 거듭하여 진심으로 간청했다. 나는 이 문제에 대해 즉답을 할 수가 없었기 때문에 모리슨 선장과 그 일을 의논했다. 기선의 출발을 연기한 책임을 물어 선주가 무거운 손해 배상을 부과하지만 않는다면 출발을 연기하는 것은 별로 문제가 되지 않았다.

우리에게는 두 가지 가운데 하나의 선택만이 남아 있었다. 곧 기선의 출발을 연기하고 조선의 관리가 도착할 때까지 해안에 머무르든지 아니면 회담을 중시하고 차후의 적절한 시기에 협상을 재개하는 것이었다. 나는 개인적으로는 가능한 전자의 결정을 따르고 싶었다. 당시로서는 전자를 선택한다고 해서 우리의 안위에 대한 별다른 위협을 느끼지 않았지만 후자를 선택할 경우에는 뒷날 강력하게 무장한 군사들을 이끌고 와야만 했다.

나는 절대적으로 도움이 필요했던 중국인 통역관에게 나와 함께 해안에 머물기를 요청했다. 깜짝 놀란 그는 도리어 조선으로 항해에 나서기 전에 이미 약속한 바가 있으므로 위험한 일을 감수할 수 없다고 간절하게 말했다. 일행 가운데 나와 함께 해안에 머물겠다는 사람은 없었으며 내가 그러한 계획을 포기하고 다음 기회를 기약하기만을 요구했다.

현감은 식사를 하는 동안 더욱 공손한 태도로 나의 결단을 유도했지만 나는 그에게 속내를 드러내지 않았다. 저녁이 되자 그는 다시 한 번 나에게 환대에 감사하다는 말을 남기고 떠났다. 나는 밤늦게 그에게 빠른 시일 내에 다시 돌아와 회담을 재개하기로 최종적인 결단을 내렸다는 서신을 보냈다.

병사의 내방

현감이 떠난 지 오래지 않아 큰 배가 우리에게로 다가왔다. 한 관리가 우리를 방문하여 자신의 직함을 적은 쪽지를 건네주었다. 그는 장군[11]이었으며 우리를 만나려고 20여 마일을 왔다. 그의 직위는 현감보다 높았으며 자태가 매우 고매하면서도 공손했다. 그는 또한 다만 한 명의 시종만을 대동했으며 공적인 모습을 찾아볼 수가 없었다.

병사는 현감보다 훨씬 개방적이었는데, 그의 방문은 조선과 외국과의 교류에 대한 고위 관리의 견해를 보여주었기 때문에 적지 않은 이익이 되었다. 이 문제에 대하여 그는 자유롭고 직설적으로 견해를 개진했다. 그는 바다를 건너온 우리의 방문이 부디 결실을 거두어 두 나라 사이의 신뢰와 이익을 도모할 수 있는 교류에 기여하기를 바란다고 말했다. 그는 나를 자신의 처소에 초청하겠다고 할 정도로 우호적이었으며 갖가지 필수품을 비롯

11) 평신 첨사 김영준을 의미함.

해서 심지어 가축들까지 우리에게 보내 주기로 약속했다.

아산만을 떠남

그러나 우리는 다음날 아침에 출발하기로 최종적인 결정을 내렸기 때문에 유감스럽게도 나는 그의 초청을 수락하지 않았으며 그가 보내 주기로 한 것들을 기다리지도 않았다. 그는 선상에서 본 모든 것들에 대해 찬사를 아끼지 않았으며 밤늦게까지 조선이 곧 외국에 문호를 개방해야 한다고 거듭해서 역설하다가 떠났다.

그의 수행원은 원 없이 독주를 들이켰는지 더할 나위 없이 만족하는 모습이었다. 다음날 동이 틀 녘에 우리는 정박지를 떠나 아산만의 북쪽으로 항해했다. 뒷날 나는 항해 보고를 통해 수도에 이르는 강을 찾는 데 실패하고 항해를 하는 동안 무슨 일이 일어났는지를 밝히게 될 것이다.

제 8 장 제2차 방한 : 1866년 6월

"당신이 무사히 돌아오신 걸 보니 반갑기 그지없소. 당신이 떠난 뒤에 사실 당신의 관을 보낼 걱정은 전혀 하지 않았소."

로나호를 타고 조선에서 돌아왔을 때 윗탈(James Whittal)은 보자마자 이와 같은 야릇한 인사를 하면서 나를 맞이했다.

"그런 수고를 덜려면 다음번에는 내가 직접 관을 가져가야 될 것 같군요. 그러나 사실 그런 관 조각을 가지고 갈 필요가 없을 것 같습니다."

"그런 사자굴에서 살아 나와 또 다시 거기에 가려고 하는 거요?"

"사실은 그럴 생각입니다. 아울러 나는 당신이 이 과업에서 손을 떼지 않길 바랍니다. 이토록 열악한 상황에서 기왕에 시작한 일이니 웬만하면 끝까지 날 좀 도와주십시오."

2차 항해의 준비

2차 항해에서는 조선 정부와 직접 교섭할 수 있도록 조선의 수도에 이르는 강을 찾아낼 것이라는 나의 신념을 분명히 말했다. 어쨌든 간에 만족할 만한 결과는 조선의 수도에 가야만 얻을 수 있었기 때문에 나는 조선 정부와 우호적인 대면을 하지 않고서는 돌아오지 않을 작정이었다. 적당한 기선을 구하자마자 나는 나름대로 일을 추진하기로 마음먹고 2차 원정의 특별한 목표를 달성하고자 준비를 시작했다.

조선에서 지부를 경유하여 내가 로나호를 타고 조선을 방문했음 무렵에 어선을 통해서 프랑스 선교사가 살해당했다는 소식을 들었을 때는 사태가 더욱 심각하게 보였다. 연로한 현감과 처음 만났을 때 그가 우리의 방문 목적을 알지도 못하면서 당황스럽기 그지없었던 태도를 그제야 이해할 것 같았다. 우리가 해안에 정박하겠다는 뜻을 밝혔을 때 부득불 나를 만류했던 그의 필사적인 행동도 그럴 만했다.

그러나 그 정도의 소식이 나의 결심을 꺾지는 못했다. 첫 번째 방문에서 나는 바깥세상과의 장벽을 허물고 싶어 하는 모든 조선 사람들의 열망을 확인할 수 있었다. 그리고 조선 정부가 오랜 쇄국 정책을 포기하고 결국에는 이들의 열망을 받아들일 것이라는 희망도 가질 수 있었다. 사실 나는 당시 조선의 특이한 정치 상황을 까맣게 몰랐으며 섭정(이라는 것도 이해하지 못하고 있었다. 여행 도중에야 이러한 정황들에 겨우 눈뜰 수 있었다

적당한 선박을 구하기까지는 다소 시간이 걸렸다. 되도록 흘수는 얕지만 며칠 동안 조선 연안을 항해할 수 있을 만큼의 선체 규모와 동력을 가진 기선이 필요했다. 다행스럽게도 이런 조건을 구비한 선박이 매물로 나와 있어서 살 수 있었다. 그 배는 엠페러호라는 약 250톤가량의 외륜 기선이었는데, 엔진의 동력도 무난했고 만선 상태에서 흘수가 7피트밖에 되지 않았다.

그 배는 원래 장기간의 원양 항해용이라기보다는 하천 운항용이었기 때문에 항해용 석탄과 식량을 가득 실은 상태에서는 운항 속도가 떨어질 수밖에 없었다. 이런 관계로 우리는 쾌속을 기대할 수 없었다. 그러나 당시 중국에서 기선을 구한다는 일 자체가 쉽지 않은 일이었기 때문에 이런 정도의 사정은 중요한 문제가 되지 않았다.

더 넓은 공간을 확보할 수 있도록 폭풍에 대비하여 선수와 선미에 상갑판을 장착하고 나와 선장이 함께 사용할 적당한 크기의 선실 하나를 마련했으

며 나와 동행한 중국인 통역관이 묵을 작은 객실을 주갑판 바로 밑에 남겨 두었다. 나는 선미 쪽의 상갑판과 주갑판 사이의 잔여 공간을 막아서 널따란 식당과 응접실로 사용할 수 있게 개조했다.

엠퍼러호의 개보수 작업을 하고 적당한 선원을 구하는 데 약간의 시간이 흘렀다. 제임스라는 매우 지적인 사람이 선장을 맡게 되었고 유능한 일등 항해사 파커가 그를 보좌했다. 포수를 겸한 이등 항해사와 더불어 두 명의 기관사 그리고 마닐라인과 중국인으로 구성된 15명의 선원이 동승했다. 여기에 중국 상인과 4명의 통역관이 원정대에 합류해서 총 승선 인원은 6명의 유럽인과 19명의 동양인으로 구성되었다.

기껏해야 9파운드 주포 한 대와 상갑판에 설치한 몇 대의 소형 회전포가 우리가 갖춘 무장력의 전부이기 때문에 화력은 그다지 충분하지 않았다. 대포 한 대를 더 탑재하려 했지만 선상에 남은 공간이 충분하지 않아 그만 두어야 했다. 그나마 이 화기들조차도 있으나 마나 하게 되어 버렸다. 출항한 뒤에야 알게 되었지만 무심결에 화약을 전혀 싣지 않았던 것이다. 기껏해야 9파운드 주포를 세 번 발사할 정도의 화약밖에 없었다. 그나마 다행스러웠던 것은 권총과 개인 화기용 탄약은 충분했으며 호신용 창과 단검도 넉넉했다는 점이었다.

출항

쾌적한 날씨 덕택에 우리는 특별한 사고 없이 항해를 계속했다. 반 디멘 해협[1]과 상해 사이를 가로지르는 중국해는 그 검은 물빛 때문에 흑해라고 불러도 좋을 만했다. 이곳을 지나 출항 나흘째에 조선의 다도해 최남단의

---

1) 반 디멘 해협(Van Dimen's Straits) : 오스트레일리아의 타스마니아 해협의 옛 이름.

흑산도를 통과했다. 다음 날에는 본토에 가깝게 접근해서 대난지도의 사주와 본토 양안 사이의 좁고 깊은 해협을 지나 덕적군도로 항해해 들어갔다.

미침 그때가 간조기였기 때문에 수심이 깊은 해협이 형성된 몇 곳을 제이하고 물은 완전히 메말라 버렸으며 몇 마일에 걸쳐 광활한 백사장만이 끝없이 펼쳐 있었다. 지난번에 로나호로 항해할 때 동행했던 선원은 한 사람도 없었기 때문에 나는 그 때 익혀 두었던 독특한 지형 지물로 정확한 위치를 가늠했다.

땅거미가 질 무렵에 가로림만에 도착해서 선장과 함께 상륙했다. 항로가 정확했음을 확인한 다음 막 배로 돌아오려고 할 무렵에 꽤 많은 조선 사람들이 다가와서 다시 돌아온 나를 보고 전혀 놀라지 않은 기색으로 따듯하게 환영해 주었다.

그러나 날이 너무 저물었기 때문에 좀 더 머물다 가라는 그들의 환대를 뒤로 하고 우리는 가로림만의 하구에 정박하고 있던 배로 돌아와야 했다. 아산만이 멀리 떨어져 있지 않았기 때문에 나는 그 곳으로 가 지난 로나호의 항해 때에 만났던 현감에게 조선 정부의 동향에 관한 정보도 좀 얻고 싶었다.

뿐만 아니라 될 수 있으면 이번 원정을 본격적으로 진행하기에 앞서 안내인도 한 사람 구해 볼까 생각했다. 사실 안내인을 구한다는 것이 대단히 어려운 일이라는 것은 알고 있었지만 그나마도 내가 이미 가본 적이 있고 친분을 쌓아 둔 곳에서만 가능한 일이었다. 물론 나는 그 지방의 관리들이 나의 제의를 들어주고 싶어도 전혀 그럴 수 없다는 사정을 이미 잘 알고 있었기 때문에 교섭을 재개한다는 것은 쉬운 일이 아니었다.

아산만에 도착

조수가 동쪽으로 흘러 나가는 대호지만은 길이가 약 70마일 그리고 폭이 약 15마일에 이르는 대단히 큰 만이며 그 가운데 몇몇의 큰 섬들은 다도해를 거느리고 있었고 그 가운데 몇몇 섬은 상당히 컸다. 이 만의 남단은 덕적군도이고 북단은 용유군도이다. 그리고 서쪽으로 뻗어 있는 중앙부는 남양만이다. 이 만의 남단에서 해안선은 정동 쪽으로 향하고 있으며 그 지류가 아산만으로 흘러 들어가는데, 여기에서 해안선은 다시 아홉 개의 지류를 형성하게 된다.

그러나 이 지류의 대부분은 내륙을 향해 불과 몇 마일밖에 뻗어 있지 않았다. 이 가운데 가장 큰 지류의 길이는 가장 짧게 잡아 30마일가량이며 그 다음으로 큰 지류가 로나호를 타고 상륙했던 곳이다. 이 지류들은 흘수가 낮은 선박으로 그 하구 쪽에서부터 몇 마일 정도밖에 항해할 수 없으며 한 달에 한 번 있는 사리 때에도 기껏해야 최대 수심이 3피트밖에 되지 않는다. 몇 달 전에 로나호로 상륙할 때에는 다른 지류들이 있다는 사실은 알지도 못했고 그저 정박할 수 있었던 장소 가운데에서 처음 나타난 곳을 선택했을 뿐이었다.

엇비슷하게 보이는 작은 섬과 암초 사이로 항로를 찾아왔기 때문인지 로나호를 타고 항해했을 때 강어귀 근처에서 보았던 특이하게 생긴 암초를 똑똑히 기억하고 있는데도 그것을 찾아내기는 좀처럼 쉽지 않았다. 그것을 찾는 동안 한두 번 암초에 걸리는 바람에 시간은 더욱 지체되었다.

결국 정확한 항로를 잡았지만 다시 한 번 확인하고자 나는 수목이 울창한 어느 언덕 마루에 상륙했는데, 그 곳에는 많은 조선 사람들이 웅성거리고 있었다. 해안에 가까스로 발을 내리기가 무섭게 많은 사람들이 언덕 밑으로 달려 내려오기에 꽤 당황하긴 했지만 사람들이 무척 반가워하며 나에게 다가왔다.

더구나 그들 가운데 대부분이 지난번 항해에서 만났던 낯익은 얼굴들이라서 기쁘기 짝이 없었다. 더없이 선량했던 그들은 다시 돌아온 나를 보고 정말 기뻐하는 듯 했다. 그들은 현감이 여전히 해미에 있으니 당장 찾아가

보라고 말했다. 즉석에서 나는 가져온 담배를 그들에게 나누어주고 내가 다시 돌아왔다는 소식에 기뻐하는 그들을 뒤로하며 그곳을 떠났다.

다음날 일찌 출항했지만 얼마 가지 못해 우리는 모래톱에 걸려 만조 때까지 꼼짝할 수가 없었다. 그러는 동안 우리가 왔다는 소식이 사방에 들불처럼 퍼졌는지 수많은 사람들이 탄 배들이 떼를 이루어 몰려들었다. 배에 탄 모든 사람들은 우리 배에 올라오고 싶어 했지만 우리는 꼼짝없이 모래톱에 걸려 있었기 때문에 손님을 맞이할 만한 여건이 못 되었다.

그러나 나서기 좋아하고 예의 없는 몇몇 사람들은 기어이 우리 배에 올라탔다가 바로 쫓겨나는 바람에 동료들의 웃음거리가 되었다. 모래톱을 빠져나온 뒤 우리는 해미 쪽으로 나 있는 만의 지류로 항해해 들어가 하구로부터 약 6마일 정도 되는 곳에 닻을 내렸다. 곧바로 나는 내가 왔다는 소식과 조속히 이쪽으로 와 달라는 부탁을 담은 서한을 현감에게 서둘러 보냈다.

이상하게도 그날은 종일토록 해안에 사람의 그림자조차 보이지 않았다. 다음날 아침까지 기다렸지만 현감이 나타날 기미는 전혀 보이지 않았다. 그래서 나는 정해진 시간까지 방문해 주지 않는다면 더 이상 기다리지 않고 직접 찾아가겠다는 내용을 적은 두 번째 편지를 보냈다. 반응은 즉시 나타났다.

현감과의 대화

몇 시간 쯤 지나 우리가 정박하고 있는 맞은편 언덕에서 관례적인 행차가 부산하게 준비되고 있었다. 멀리서 피리와 나팔 소리가 들려오는 것으로 보아 현감이 이쪽으로 오고 있음을 알 수 있었다. 그는 수행원들과 함께 큼직한 조선식 배를 타고 파도를 거슬러 다가와 두 명의 수행원의 부축을 받으며 우리 배에 승선했다. 그의 건강은 좋아지기는커녕 오히려 몇 달 전보다 더욱 노쇠해 보였다.

최근에 일어난 일[2]을 혹시 내가 알고 있지 않을까 하는 걱정에 그는 다소 당황하며 다가왔지만 내가 근간에 일어난 일에 대해 듣지도 보지도 못했다고 말했더니 안도하는 기색이 역력했다. 그는 내심 내가 몇 천 마일 멀리에 떨어져 있어 주기를 바라고 있으면서도 나와의 재회를 대단히 기뻐했다. 마치 유럽인처럼 조각 같은 그의 외모는 친절함과 흡족함으로 더욱 빛났으며, 누구라도 애정과 호의로 가득한 그의 진심을 믿을 만했다.

그가 나에게도 역시 상당한 호의를 가지고 있었다는 것은 의심할 여지가 없었다. 나와 교분을 쌓는 과정에서 지난 번 로나호에서 받았던 극진한 환대를 상기해 보면 그런 행동은 한편으로는 당연한 것이었다. 그러나 그들의 개인적인 감정은 조선 정부의 압력에 따른 책임과는 전혀 별개였기 때문에 나의 두 번째 방문을 부담스러워 했고 될 수 있는 한 빠른 시간 안에 정중하게 자리를 뜨고 싶어 했다.

그가 먼저 말문을 열었다.

"공사가 다망해서 초대에 속히 응할 수가 없었소이다. 그렇지 않았더라면 벌써 당신을 마중하러 나왔을 것이오. 지난번 당신을 만난 뒤로 당신이 우리 나라에 대해 호의적인 태도를 가지고 있다는 내 생각은 여전히 변함이 없소이다."

"그렇다고 하시니 기쁘기 한이 없군요."

지난번에 만난 이후로 정말 무슨 일이 일어나기는 한 것인가? 내가 떠난 뒤로 이 사람은 정부로부터 어떤 소식을 듣거나 무슨 지시를 받았을까? 아니었다. 아무 일도 일어나지 않았고 그에게 어떤 지시도 내려온 바가 없었다. 사실 내가 빨리 돌아오리라 예상하지 못했기 때문에 그는 정부에 어떤 지침도 요구하지 않았던 것이었다.

---

2) (원저자 주) 최근에 일어난 천주교 신부 처형 사건[병인박해]을 의미함.

그러나 이번에는 곧바로 지침을 요구할 듯이 보였고, 그러는 동안 나도 조용히 기다려 주길 바라는 눈치였다. 내가 기다리지 않을 것처럼 보였을까? 그는 말을 이으면서 나를 찬찬히 살펴보고 있었다. 그들은 그간 일어난 사건들에 대해 일언반구도 하지 않았고 우리도 그 사건들에 대해 아는 눈치를 전혀 보이지 않았다.

"글쎄요, 그런 건 지금 별로 문제가 되지 않습니다."

무관심한 나의 태도가 그를 당혹스럽게 했던 것 같다. 나는 다만 여기서 회신을 기다리겠다는 뜻은 아니라고 말했다. 그저 그 소식을 자세히 알고 싶어 수도로 향하고 있을 뿐이었다. 대화는 조용하고 냉정하게 이루어졌다. 그는 짐짓 놀란 듯이 나를 쳐다보았지만 아무 말도 하지 않았다. 마치 "자네가 설마 날 실망시키지는 않겠지. 더구나 자넨 아직 서울에 가지도 못했지 않는가."라고 말하고 있는 것처럼 그는 알 수 없는 미소를 지으며 입가를 실룩거렸다.

나는 그와 이런 대화를 계속한다거나 안내인을 구해 달라고 부탁해 봤자 소용이 없을 것임을 알고 있었기 때문에 더 이상 이번 원정과 관계된 대화를 하지 않았는데, 이것이 그를 상당히 안도시켰던 것 같았다. 이쯤 해서 이런 부담스러운 대화를 끝낼 작정으로 내가 저녁 식사나 하고 가시라고 권하자 그는 반색을 하며 밝은 낯빛을 되찾았다.

그리고 전보다 한층 온화하고 친절한 태도로 호의를 저버리지 않고 변함없이 나를 도와주고 싶다는 뜻을 전하려고 애썼다. 그와 일행들 사이에 술잔이 몇 차례 돌고 술기운이 좀 오르자 그들은 방금 전 태도와는 확연히 다른 사람들이 되었다. 만약 그들이 믿을 만한 사람들이라면 그들보다 더 정직하고 우의를 돈독하게 시킬 만한 사람들은 아마 찾을 수 없었을 것이다.[3]

---

3) 『고종실록』 3년 7월 5일자에는 당시의 상황이 다음과 같이 기록되어 있다.

의정부에서 다음과 같이 제의하였다. "공충 감사 신억이 보내온 보고서에 따르면 해미

천주교 박해

그러는 동안 지난번의 불미스러운 일 때문에 나에게 불만을 품고 있던 치안대장이 갑판 위에서 술자리에 좀 끼어 볼까 할 요량으로 우리에게 살살거리며 해변으로부터 모여든 사람들을 정리하고 있었다. 그는 여전히 품위 없이 너덜너덜한 관복을 입고 있었다. "달콤한 포도주"를 실컷 마시고 돈독한 우정이 지속되기를 바란다고 거듭 말하던 현감은 날이 저물어서야 돌아갔다.

다음날 동이 트자 해변에 정찰을 나갔던 제임스 선장은 얼마 되지 않아 몹시 흥분된 모습으로 되돌아왔다. 한 조선 사람이 슬그머니 그에게 다가와서 나에게 전하는 편지를 받아 돌아왔다. 프랑스어로 쓰인 그 편지에는 프랑스인 리델(Félix C. Ridel)의 서명이 있었다. 리델은 대원군의 폭압으로 몇 달 동안 계속 전국 수배령에 쫓기던 세 명의 프랑스 선교사 가운데 한 사람이었다. 그들은 독실한 조선 신도들이 몰래 변통해서 제공해 주는 매우 적은 식량으로 연명하며 산과 동굴 등에 숨어 지낼 수밖에 없었다.

편지를 다 읽고 주위를 살펴보니 두세 명의 조선 사람이 우리가 정박하고 있는 해안 부근을 서성거리고 있었는데, 나와 눈이 마주치자 그들은 십자가

현 조금진에 외국배 한 척이 와서 정박하고 있다고 한 것은 바로 영국 배라고 하였습니다. 배에는 영국 사람과 청나라 사람이 있었는데 모두 30명이며 그 가운데 영국 상인인 대발이라고 부르는 자는 일찍이 봄에 우리 나라에 와서 물품을 무역하자고 요청한 사람으로서 다시 와서 간절히 청하였다고 합니다. 그렇기 때문에 엄격히 잘 타일러 조속히 물러가도록 하였다고 하면서 사정 형편을 물어볼 역관을 내려 보내주는 데 대하여 묘당의 지시받아 처리해 줄 것을 제의하였습니다. 그들은 봄에 와서 정박하였던 배로서 그들이 하는 말은 지난 때에 한 말을 다시 되풀이하는 데 불과하였다고 합니다. 물건을 무역하는 문제는 나라의 법에서 허용하지 않는 만큼 엄격하게 말해주어 돌아가도록 하는 일을 조금도 늦잡을 수 없습니다. 사물을 잘 아는 역관 한 사람을 해당 관청으로 하여금 밤을 새워가며 내려보내도록 하는 것이 어떻겠습니까."

왕이 승인하였다.

모양을 그렸다. 나는 그 자리에서 바로 리델 신부에게 답장을 쓰기 시작했다. 힘닿는 대로 그와 그의 동료들에게 도움을 줄 수 있도록 노력하겠으며 물론 우리 배에 피신처를 만들어 주겠노라고 편지에 약속했다

아울러 나는 수도로 통하는 강줄기를 발견하면 최대한 수도에 가깝게 접근할 것이라는 계획과 함께 우리가 지나갈 대략의 경로를 적었다. 우리가 머물고 있는 위치는 머지않아 방방곡곡에 순식간에 퍼질 것이므로 조선 사람 신도들의 안내를 받는다면 그들이 우리를 찾아내는 일은 전혀 어렵지 않을 것으로 판단되었다. 리델 신부의 서신 전문은 다음과 같았다.

"귀하,

조선의 대원군은 아홉 명의 프랑스인을 처형했습니다. 두 명은 주교였으며 일곱 명은 선교사였습니다. 우리 세 사람은 지금 산 속에 피신하고 있지만 곧 체포될 것 같습니다. 조선 정부는 모든 유럽인들에 대한 복수를 천명하고 이 나라에 발을 들여놓는 어떤 외국인도 죽이겠다고 협박하고 있습니다. 지금은 가공할 만한 천주교 박해가 일어나고 있습니다.

서양 기선이 서해안에 출현했다는 소식을 듣고 도움을 받고 해외선교장 리부아[4] 신부에게 우리의 탄압 소식을 전하고자 서한을 보냅니다. 동해안에 러시아 군인들이 출몰한 사건을 빌미로 박해가 시작되었습니다. 당장 당신의 구조를 받지 못하면 우리는 지금보다 더 위태로운 상황에 놓이게 될 것입니다. 대원군에게 군사력은 없지만 조선 사람들은 한결같이 유럽과의 전쟁이 발발하리라고 생각하고 있습니다. 거듭해서 저희들을 구해 주시기

---

4) 리부아(Napoleon Libois : 1805~1872) : 파리외방전교회 소속 신부. 1832년에 중국에 입국하여 마카오에서 봉직하면서 당시 조선의 신학생이었던 김대건, 최양업, 최방제에게 교회 음악을 가르쳤다. 1842년에 극동 지역 경리부장이 되어 조선에 파견되는 선교사들을 지원하였다. 그 뒤 홍콩(1847), 싱가포르(1857), 상해(1864)의 경리 부장을 지낸 뒤 1866년에 프랑스로 귀국하여 교황청 포교지 경리 부장으로 근무한 뒤에 선종했다.

를 간청합니다. 아무쪼록 안녕을 기원합니다.

전도회 선교사 리델

천주교도의 만남

이 편지는 내가 지난번에 로나호를 타고 방문했을 때 쓴 것이어서 이미 몇 달이 지나서야 내 수중에 들어온 것이었다. 이 편지를 쓴 이후에도 불운한 그들은 여전히 사냥꾼에 쫓기는 짐승처럼 생활하고 있었다. 나는 답장을 쓰고 곧바로 이 소식을 전한 사람이 기다리고 있던 해안에 내렸다. 그들은 내 답장을 받고서 대단히 기뻐했고 자신들을 조선의 천주교 신도라고 소개했다.

내가 해안에 나타난 것을 보자 많은 사람들이 모여들었다. 그 군중들이 악의를 품고 있었던 것은 아니었지만 그들 몰래 이 고장에 낯선 얼굴인 그 개종자들과 만나는 것은 쉬운 일이 아니었다. 나는 그 신도들을 배로 데려와 보다 자세한 내용을 듣고 싶었지만 그들이 위험에 빠질 수도 있었기 때문에 그럴 수가 없었다. 어쨌든 리델 신부에게 쓴 회신을 그 신도들에게 전달하는 동안에는 선원들을 시켜서 모여든 군중들의 주의를 돌릴 수 있었다. 신도들 가운데 한 사람이 군중들의 눈을 피해 몸을 숨기고 라틴어로 다음과 같은 글을 써 주었다.

"나는 빌립보(Philipus)라는 조선 사람 천주교인입니다. 어제 자정이 되기 전에 다른 두 사람과 여기에 도착해서 밤새도록 기다렸습니다. 오늘 날이 어두워지면 작은 보트를 보내어 우리를 데려가 주시면 고맙겠습니다. 우리는 이곳에서 기다리고 있겠습니다."

가엽고 초라해 보이는 조선 사람이 쪼그리고 앉아 마치 평생을 라틴어만

쓴 것처럼 글을 쓰는 광경은 참으로 놀랄 만한 일이었다. 내가 저녁 여덟 시에 보트 한 척을 보내겠노라고 말했더니 그가 약속 시간에 늦지 않겠다고 약속했다. 이즈음 우리 주변에 모여 있던 사람들의 호기심 어린 시선과 질문을 의식해서인지 그들은 자리를 뜨고 싶어 했다. 그래서 나는 그들이 안전하게 그곳을 빠져나간 것을 확인한 뒤에 기선으로 돌아왔다.

그들은 정확하게 약속한 시간에 다시 그 장소에 나타났고 곧 우리 배에 무사히 도착할 수 있었다. 우리 배에 도착한 사람들은 셋이었는데, 일행 가운데 한 사람은 이미 내 답신을 가지고 며칠이 걸리는 거리에 은신하고 있는 선교사들에게로 향하고 있었다. 배에 올라탄 사람들은 잠시나마 친절하고 연민이 넘치는 우리들에게 둘러싸여 안도감과 행복감을 어떻게 표현해야 할지 몰라 했다. 우리 배의 인도인 선원들뿐만 아니라 다른 선원들 모두가 그들에게 달려가 악수를 청했는데, 그 모습은 참으로 감동 어린 장면이었다. 그들은 사심 없고 담대한 동료들의 용기에 아낌없는 찬사를 보냈다.

그들은 48시간 동안이나 아무 것도 먹지 못하고 있었다. 이 마을에 낯선 사람들이 나타났다는 소식이 퍼지면 관헌에게 발각되는 것은 당연한 일이었기 때문에 감히 누구에게도 먹을 것을 요청할 수 없었기 때문이었다. 그들이 눈앞에 차려진 진수성찬을 보고 허겁지겁 달려든 것은 당연했다. 그들은 허기를 달래고 난 뒤에야 지난번에 내가 방문한 이후로 일어난 모든 일들과 조선 정황에 대하여 나에게 조목조목 말할 여유를 찾았다.

지금은 선교사 세 사람 가운데 두 사람[5]만이 살아남아 이곳에서 약 3일 정도 되는 거리에 있는 험준한 산 속에서 몇 명의 전도사와 함께 은신하고 있다고 말하는 것 같았다. 돌연하게 박해가 가해지자 그 선교사들은 기거하고 있던 곳을 떠나 온갖 위험을 무릅쓰고 야간에만 이동하는 방식으로 현재

5) (원저자 주) 페롱(Stanislas Férron) 신부와 칼래(Alphonse Calais) 신부.

은신하고 있는 곳으로 피신했다고 했다.

이제 그들은 대원군의 탄압을 피할 수 있는 기회만을 기다리고 있었다. 그들이 지금 놓인 상황은 대단히 위험했다. 줄곧 뒤따르던 미행을 간신히 따돌렸다고 하더라도 한밤중에 야생 동물의 습격에는 무방비한 상태였다. 특히 이 지방에 빈번하게 출몰하는 엄청난 몸집의 호랑이는 대단히 위험한 존재였다.[6] 리델 신부 자신은 나에게 편지를 보내기에 앞서 동료들의 동의를 얻어 이미 그 해안에 안전하게 도착하여 몇몇 조선 사람의 도움으로 선편을 구해 지부로 가 있었다. 그가 승선한 배는 개종하지 않은 조선 사람의 소유였는데, 그 선주는 어려움에 놓여 있던 그를 기꺼이 도와주며 이렇게 말했다고 한다.

"조선 사람들이 지고 있는 멍에를 풀고자 하는 희망과 기대에서 조선에서 일어난 사건들과 감내할 수 없는 압제가 온 세상에 널리 알려지기를 바랍니다."

나는 지난번에 로나호를 타고 방문했을 당시에 이미 조선의 몇몇 신도들이 나에게 다가와 무슨 일이 일어나고 있는지를 알리고 체포된 선교사들의 신변에 대한 도움을 청하려 했지만 실패했다는 사실을 듣고는 안타까움을 금할 수가 없었다. 그들은 발각될까 두려워 그때 이런 비보를 전달하지 못했던 것이다. 적절한 순간에 소식이 전해졌더라면 그들의 목숨을 구할 수 있었을 텐데, 그렇지 못했다는 생각이 나를 더욱 슬프고 자괴감에 젖게 만들었다.

---

6) (원저자 주) 페롱 신부는 뒷날 내게 다음과 같은 이야기를 들려주었다. 페롱 신부와 그의 동료들은 밤새 길고 지루한 행진 끝에 죽을 정도로 피로해지자 안전하게 휴식을 취할 생각으로 대낮에 잘 은폐된 장소를 찾아 은신했다. 그러나 그들은 곧 호랑이 굴에 들어왔음을 알고는 대경실색했다. 먹이를 찾으러 나갔는지 어미 호랑이는 없었으나 굴 안에는 수많은 새끼 호랑이들이 남아 있었다.

천주교 박해

털끝만큼이라도 기독교인이라는 의혹을 사고 있는 가지이 조선 사람들은 고통스러운 죽음에 기꺼이 자신의 목숨을 내던졌으며 이들의 애착과 신앙심 그리고 자기 희생이 살아남은 자들의 탈출을 가능하게 했다. 몰골은 초라했을지 몰라도 자신들의 스승이 놓인 운명에 죽음마저도 마다하지 않고 온갖 위험에 몸을 내던지며 여기까지 찾아온 이들 세 사람의 헌신은 참으로 온갖 찬사로도 표현될 수 없는 것이었다.

그들의 더없이 꾸밈없고 순박한 이야기와 우리를 만나기 위해 생면부지의 땅을 지나오며 겪었던 고통스러운 일화들은 나에게 감히 형언할 수 없는 충격으로 다가왔다. 그들의 이야기를 기록하고 있던 중국인 친구들과 통역관들뿐만 아니라 귀를 기울이고 있던 모든 이들이 그들의 무용담에 흠뻑 빠져들어 탄성을 연발했고 각자가 그들에게 선물을 건네주며 주체할 수 없는 감동을 표현하려 애썼다. 우리 배의 선원들은 이러한 자기 희생이 자신들의 나라에서도 찾아보기 힘든 예라는 생각으로 그저 고개를 끄덕일 뿐이었다.

그들은 두려움과 강압에서 벗어나 조선의 정황에 대해 적나라하게 말할 수 있었기 때문에 나는 현재 조선에서 어떤 일들이 일어나고 있으며 지금 한참 진행 중인 박해에 대해서도 소상히 알 수 있었다. 선교사들과 조선의 신도들에 대한 박해는 뚜렷한 이유도 없는 상태에서 갑자기 불거진 일이었다.

더구나 이 사태는 종교 문제와 관련이 전혀 없거나 혹은 종교적으로 별로 혐의를 받을 만한 사람이 아니더라도 현 정부에 불평불만을 토로하는 사람이면 누구나 희생을 피할 수 없을 정도로까지 확대되었다. 이것은 불만과 증오의 대상이 되어 있었던 대원군 일파가 불평분자들을 아예 싹부터 잘라 버려 폭동을 미연에 방지하려는 일종의 쿠데타였다.

이번 사태의 원흉으로 입에 오르내리는 사람들 가운데에는 두세 명의 고관대작의 이름도 끼어 있었다. 이들은 아첨에 약한 대원군의 환심을 산 다음 권좌를 유지하기 위해서는 가혹한 조치를 가차 없이 취해야 하며 무엇보다도 조선과 교류하고자 하는 유럽인들의 기대를 단호하게 꺾을 수 있는 훈계가 필요하다는 언동으로 대원군을 부추겼다고 한다.

이런 설명을 듣고 나자 나는 직접 내륙으로 들어가 곤경에 빠진 사람들을 구해 내는 것이 내 의무가 아닐까를 심각하게 고민했다. 만일 내가 지금 로나호의 승무원들과 함께 있었더라면 그들의 막강한 호위를 믿고 조금도 주저함 없이 나섰을 테지만 지금은 상황이 전혀 달랐다. 그러나 방금 들은 이야기에도 불구하고 전에 단신으로 내륙 몇 십 마일까지 도보로 여행했던 때의 두려움은 전혀 들지 않았다. 그러나 고작 두어 명 정도의 인도인 선원밖에 부릴 수 없는 지금 그렇게 위험한 일을 시도한다는 것은 꿈도 꿀 수 없는 일이었다. 이외에도 또 다른 문제는 자격도 없는 내가 만일 현재의 충동적인 감정으로 그들을 구출하겠다고 나선다면 나는 분명 조선 정부에 적대적인 태도를 보이게 될 것이기 때문에 이번 원정의 목적을 이루기란 지극히 불분명하다는 점이다.

그러나 50~60마일 밖에서 시간마다 조여 오는 죽음의 공포에 떨고 있는 두 사람의 유럽인을 그냥 내버려둔다는 것은 내 성격에도 맞지 않는 일이었다. 그때 문득 태고 요새에 첫 번째 공격이 가해지자 중립을 포기하고 "피는 물보다 진하다"라는 말을 외치면서 자신의 대원들을 이끌고 영국 함대의 부상자들을 구출해 냈던 용감무쌍한 미국인 제독이 뇌리를 스쳐지나갔다.

나는 그 조선 사람들을 향해 돌아서서 그들을 구출해 내겠다는 심경을 전달했다. 그러나 그들은 이구동성으로 나의 제안을 반대했다. 낯선 차림을 한 외국인들이 떼를 지어 다니면 그들을 구출하는 데 오히려 장애가 될 것이므로 사람들의 눈에 띄지 않게 혼자 구출을 시도하는 것이 더 나을 것이라는 이유 때문이었다. 그것은 맞는 말이었다. 그래서 그날 아침에 전달한 편지의 내용대로 일을 추진하기로 했다.7)

서울 방면으로 강을 거슬러 올라갈 것이라는 나의 계획을 전달하고 안내인을 구할 수 없겠느냐고 묻자 그들 가운데 직업이 선원인 한 사람이 바로 자원해서 우리 배를 목적지까지 유도하겠다고 언약했다. 나는 그가 계속 배에 남아 있기를 바랐지만 그는 해안가에 남겨 둔 자신의 소지품을 가지고 와야 된다고 말했다. 그래서 그날 만났던 바로 그 장소에서 다음 날 밤에 만나 다시 우리 배에 돌아오기로 약속을 정했다.

그 다음날 전국 곳곳에서 몰려든 많은 구경꾼들이 우리 배에 다녀간 것 외에 특별한 일은 일어나지 않았다. 밤 9시 무렵에 나는 직접 보트를 타고 될 수 있는 한 기척을 내지 않고 약속한 해안에 도착했다. 칠흑 같은 어둠 때문에 우리가 약속한 장소 바로 맞은편에 사람을 가득 태운 조선 배 한 척이 정박하고 있다는 사실을 상당히 가까이 다가가서야 알아차렸다. 그것은 여간 실망스러운 일이 아닐 수 없었다. 단순한 우연으로 그 배가 그 곳에 정박하고 있었는지는 확실하지 않았지만 전날 밤 해안에서 일어났던 일을 알아채고 관헌들이 촉각을 곤두세우고 있을 리는 만무한 일이었다.

그러나 마치 누군가를 기다리고 있다는 듯이 사람들이 횃불을 들고 해안가를 서성이며 가끔씩 서로를 불러 확인하는 모습을 보고 우리는 사태를 금세 알아차릴 수 있었다. 나와 만나기로 한 그 조선 사람도 목전에서 벌어지고 있는 사태를 직감적으로 알아차렸을 것이기 때문에 경계가 삼엄한 해안에 감히 모습을 드러내는 행동은 하지 않았을 것이다. 이런 상황에서 조선 사람 친구를 우리 배로 데려온다는 것은 거의 가망이 없어 보였다.

나의 예상은 틀리지 않았다. 밤이 한참 깊어질 때까지 보트를 탄 채로 쥐

---

7) (원저자 주) 잔류한 이 두 선교사의 운명을 독자들이 궁금히 여길 것 같아 이들의 이후의 행적을 밝혀 두고자 한다. 내 답신이 이들에게 안전하게 전달된 뒤에 이들은 즉시 엠퍼러호를 향해 출발했다. 다소간의 착오로 이들은 방향을 잘못 잡아 기선에 도착하지 못했지만 해안에는 무사하게 도착할 수 있었다. 그리고 다행스럽게도 몇몇 개종자들의 도움으로 선박 한 척을 구할 수 있었고 신도들과 동행하여 중국 해안에 무사히 도착했다.

죽은 듯이 기다렸건만 아무도 나타나지 않았다. 결국 우리는 더 이상 기다리기를 포기하고 배로 돌아올 수밖에 없었다. 나는 더 이상 출발을 미루지 않고 오전 중에 출항하도록 지시했다. 출발에 앞서 우리는 그 만의 어귀에 있는 산의 샘물을 받아 식수를 보충해야 했는데, 그것은 서너 시간 정도는 넉넉히 걸리는 작업이었다.

안내인

다음날 아침 엠페러호의 출항 준비가 거의 끝나 갈 무렵 다행스럽게도 조선 사람 두 명이 해안에 나타나 승선할 준비가 되었다는 신호를 보냈다. 두 사람 가운데 한 사람은 바로 그 안내인이었다. 내가 직접 그들을 데리러 나섰다. 그들은 지난 밤 해안선을 따라 배치된 포졸들 때문에 약속 장소로 나올 수 없었던 것이다.

막 배로 출발하려 할 때 한 1마일 정도 밖에서 현감과 그의 수행원들을 태운 배가 우리를 방문하려고 다가오고 있었다. 정말 괴로운 일이었다. 그는 최악의 순간에 우리를 방문하고 있었다. 우리는 더 이상 출항을 미룰 수 없었으며 더구나 승객들로 가득한 우리 배에 그를 맞아들일 수 없는 일이었다. 안내를 자처한 그 조선 사람도 우리와 함께 있는 한은 안전하겠지만 발각되지 않는다는 보장도 없었다. 만일 발각될 경우에는 그는 우리의 보호를 벗어나는 순간 참혹한 죽음을 면치 못할 것이 자명했다.

그 불운한 조선 사람은 자신을 남겨 두고 떠나라고 간절하게 요청했다. 그렇지 않으면 자신이 살아남을 수 없다고 애원하다시피 하였기 때문에 우리는 그가 원하는 대로 할 수밖에 없었다. 나는 이후에 다시 만날 것에 대비해 그에게 낮 동안 정박하고 있을 만한 장소를 알려주었다. 그러나 그와 다시 만날 수 있으리라는 희망은 조금도 들지 않았다. 나는 때 아닌 현감의 방문 때문에 머리끝까지 짜증이 치민 상태로 기선으로 돌아왔다.

그가 그렇게 빨리 우리를 다시 방문한 이유는 아마도 어제 밤에 우리가 해안에 상륙했던 경위를 조사하려는 것이었음에 틀림없었다. 그러나 나는 또 다시 마음에도 없는 칭찬을 주고받거나 변함없이 우정을 간직하자는 따위의 공허한 맹약을 읊어 댈 기분이 전혀 아니었다. 그래서 갑판에 올라서자마자 나는 즉시 출발할 것을 지시하고 맞은편에 있는 현감 일행들에게 손을 흔들어 보였다. 그들은 우리의 이런 행동에 별로 놀라는 기색을 보이지는 않았지만 기선이 멀어져 가자 적지 않게 당혹스러워 하는 것 같았다.[8)]

몇 시간 동안 항진한 뒤 우리는 식수를 보충할 만한 샘이 있는 꽤 큰 산자락에 다다랐다. 선원들이 한동안 식수를 보충하고 있는 중에 몇몇 선원이 산마루에 조선 사람들이 보인다고 전해 왔다. 그들은 우리의 동태를 감시하고자 분주하게 천막을 세우고 있었다. 내 천성이 꼭 착해서 그랬다는 것은 아니지만 나는 지금까지 감시 받고 있다는 생각을 전혀 해 본 적이 없었다.

그러나 지금은 선원들 모두가 느끼는 바와 마찬가지로 안내인을 잃었다는 생각에 울분이 치밀어 있었기 때문에 도저히 조용히 묵과하고 넘길 만한 일이 아니었다. 이번만큼은 우리의 인내심과 호의에도 한계가 있음을 보여주어야 할 것 같아 나는 선원 몇 사람을 거느리고 언덕 위로 올라갔다. 우리의 갑작스러운 출현에 깜짝 놀라며 당혹스러움을 감추지 못하는 조선 사람들이 제정신을 차리기도 전에 우리는 그 감시 천막을 철거하고 한데로 묶어서 등에 짊어졌다. 그리고 더 이상 첩자를 보내는 따위의 행동을 한다면 응분의 댓가를 치르게 될 것이라는 전언과 함께 포졸들을 그들의 상관에게 돌

---

8) 『고종실록』 3년(1866) 7월 6일자에 따르면 당시의 상황이 다음과 같이 기록되어 있다.
공충 감사 신익이 제의하기를 "수군 우후 한용승과 해미 현감 김응집이 연합하여 올린 보고에 따르면, 외국배가 어제 출발하여 겨우 7리쯤 가서 닻을 내리고 정박하고 있었는데 오늘 이어 배가 떠나갔으므로 높은 곳에 올라가 살펴본즉 배는 곧바로 서해의 큰 바다 쪽으로 나가 멀리 형태조차 찾아볼 수 없었다고 하였으며 그들이 비록 멀리 가기는 하였지만 계속 살피고 있다고 하였습니다. 그래서 관청에 돌아오지 말고 다시 더 탐지해서 급보를 올리라는 내용으로 신칙하였습니다"라고 하였다.

려보냈다.

물론 그들은 단지 지시를 받고 그것을 수행했을 뿐 자신이 행한 일들에 대해서는 전혀 책임이 없는 사람들이었다. 가엾은 그들은 그저 자신들이 너무도 쉽게 풀려났다는 사실만으로 더없이 기뻐하며 사력을 다해 도망을 쳤을 따름이었다. 아무튼 이때의 메시지는 관리들에게 충분히 전달된 듯 했으며 효과를 나타냈다. 이때 이후로 어느 곳에서도 첩자와 부딪히거나 공공연한 감시를 받는 일은 되풀이되지 않았다.

덕적군도

다음날 동이 틀 무렵 우리는 안내인도 없이 덕적군도를 향해 항해를 시작했다. 얼마 지나지 않아 우리는 수많은 섬들과 무수한 암초가 가득한 해안으로 진입해 들어가게 되었는데, 사방이 드넓은 모래톱인 데다가 수심마저 시시각각으로 얕아지는 탓에 다시 닻을 내리고 정박할 수밖에 없었다. 닻을 내린 뒤 항해할 수 있을 만한 수로를 확인하려고 제임스 선장과 나는 해안에 상륙해서 가장 높은 산에 올라 정찰을 했다.

눈앞에 펼쳐지는 군도의 장관은 몇 시간 동안의 고달픈 등정마저도 보람있게 느껴지게 할 만한 광경이었다. 신록이 무성한 크고 작은 수많은 섬들은 아침 햇살을 받아 눈부시게 빛나고 있었고 발밑으로는 썰물에 씻겨 몇 마일에 걸쳐 알몸을 드러낸 광활한 백사장이 눈앞에 펼쳐져 있었다. 그러나 망원경을 꺼내어 샅샅이 주위를 둘러보아도 가까이에 큰 강이 있음직하지는 않았다.

염소를 돌보고 있던 몇 명의 목동들은 전혀 도움이 되지 못했다. 다시 기선으로 돌아와 천천히 항진하는 동안 몇 척의 어선과 마주쳤는데, 우리가 "서울"이라고 외치면 그들은 한결같이 북쪽을 가리키기만 했다. 그 어선들은 비록 조잡하게 만들어지긴 했지만 빠른 속도를 내고 있었으며 많은 어부들이 승선하고 있었다. 어떤 배에는 40명가량이 타고 있기도 했으며 대부분은 거의 발가벗고 조업을 하고 있었다.

저녁 무렵에 폭풍우가 거세게 몰아쳐 큰 섬의 뒤쪽으로 배를 숨겼는데, 몇 척의 조선 어선들도 우리 배에 바짝 붙어 정박했다. 항로를 물어 보려고 파커가 통역관을 데리고 우리 배 옆에 정박하고 있는 배들 가운데 한 척으로 내려갔다. 그는 그 배의 선장으로부터 군도의 북쪽에 있는 두 개의 큰 섬 주위에 강어귀가 있을 것이라는 말을 들었다고 했다.

또한 그 선장은 우리가 먹을 만한 싱싱한 생선을 잔뜩 보내 주었다. 그러나 생선보다는 우리가 요청했던 안내인을 한 사람 보내 주는 것이 차라리 더 좋았으리라는 생각이 드는 것은 어쩔 수 없었다. 다음날 아침에도 겨우 몇 마일 항진했을 뿐인데 또다시 강풍이 몰아쳐 재차 피항해야 했다. 강풍은 오후까지 쉬지 않고 세차게 몰아쳤지만 다행히도 우리 배는 아무런 피해를 입지 않았다.

폭풍이 다소 잠잠해진 저녁 무렵에 나는 우리가 정박하고 있던 섬에 상륙했다. 덕적군도의 다른 섬들처럼 이 섬도 초목이 무성했으며 상당히 규모가 크고 인구가 많은 마을들이 들어서 있었다. 섬의 모든 남자들은 처음에는 경계의 눈빛을 보냈지만 이내 친절한 태도를 되찾았다. 강어귀에 다다르는 길을 물었을 때 모두가 선선히 응대해 주었지만 지방 수령이 나타나는 탓에 원하던 내용을 모두 알아내지 못했다.

매우 오랜 세월 동안 관복을 입고 있었음직한 이 사람은 겉모습만 보아서는 사람에게 선입견을 가질 만한 인물은 아닌 듯했으며 자신의 지위에 대해서도 대단한 자부심을 갖고 있는 성격의 소유자인 것 같았다. 방금 전까지 스스럼없이 나의 질문에 대답을 하던 사람들도 지금은 말을 아끼며 더 이상의 언급을 삼가고 있었다. 그는 뽐내듯이 지필묵을 바닥에 펼쳐 보이며 필담을 요구했지만 나는 이를 단호하게 거절했다. 그러자 그는 마치 능멸 당했다는 듯이 인상을 붉히며 신경질적인 태도로 바닥에 펼쳐 두었던 지필묵들을 챙겨 들었다.

나는 아둔하게 생긴 이 말상대에게 시간을 허비하기보다는 오히려 이 섬을 한 바퀴 둘러보는 편이 훨씬 낫다는 생각이 들었다. 사방이 탁 트인 섬의 수려한 풍경은 정말 놓치기 아까웠으며 더구나 더없이 청명한 샘물이 솟아나는 우물도 몇 개 발견할 수 있었다. 야트막한 두렁으로 구획된 경작지에는 옥수수를 비롯한 갖가지 채소가 풍성하게 자라고 있었다.

밭두렁 뒤편에 한 늙은 여인이 모든 것을 초연한 듯한 모습으로 앉아 있었는데, 그는 우리가 유일하게 본 여자였다. 우리가 이곳에 도착한 사실이 알려진 뒤 반드시 모든 여자들은 집안으로 몸을 숨겼을 텐데, 아마도 그는 그 사실을 깜빡 잊고 있었던 모양이었다. 그는 우리 손에 죽을 각오를 단단히 한 듯한 표정을 짓고 있었다. 우리는 모른 체하고 지나치면서 그가 놀란 마음을 가다듬기를 바랐다.

우리는 전날 조선의 어선이 알려준 두 섬을 향해 뱃머리를 돌렸다. 아마도 다음날 아침 무렵에는 별다른 무리 없이 그곳의 강어귀에 도착할 수 있을 것 같았다. 우리는 이미 덕적군도를 가로질러 지난번 항해 때보다 훨씬 긴 장장 80마일가량의 거리를 샅샅이 답사했다. 그러나 이것 자체는 그리 심각한 문제가 아니었다.

아무런 성과 없이 하루하루가 지나다 보니 선장을 비롯한 모든 선원들의 의욕이 식어 갔고, 급기야 있지도 않은 강줄기를 찾고 있는 것이 아니냐는 의문이 선원들 사이에 퍼져 나가기 시작한 것이다. 내가 제임스 선장을 격려할 때마다 그는 이렇게 답하곤 했다.

"더 이상 항해해 봤자 소용없을 것 같습니다. 설령 강이 정말 있다손 치더라도 우리는 그것을 찾아내지 못할 것입니다."

북상

그러나 강은 분명히 있으며 결국 그것을 찾아낼 수 있으리라는 나의 신념에는 추호의 흔들림도 없었다. 나는 이런 내 생각이 명백하게 틀렸다는 확증이 나타나기 전까지는 결코 포기하지 않으리라고 되뇌었다. 우리가 가지고 있던 해도는 현존하고 있는 것 가운데 가장 정확한 지도였지만 여기에서는 거의 쓸모가 없었다.

우리는 연안의 북쪽으로 더 멀리 항진해 갔지만 지도에 나타난 지형과 위치는 오류투성이여 지도상으로만 보면 벌써 육지를 25마일 이상이나 거슬러 올라온 셈이었다. 더구나 사실상 우리는 연안에 들어와 있는 것도 아니었다. 그리고 기관장으로부터 석탄 비축량이 거의 바닥을 보이고 있어 얼마나 버틸 수 있을지 장담할 수 없다는 보고를 받았을 때에는 마치 모든 일들이 자꾸만 나를 옥죄어 들어오는 것처럼 느껴졌다.

출항하기에 앞서 보일러를 약간 개조한 탓에 하루 연료 소비량의 계산이 맞아떨어지지 않은 데다 항해 일정마저 예정보다 길어져 마치 석탄 창고에 구멍이 뚫린 꼴이 되어 버린 것이었다. 계속 항진하는 것보다 이 문제를 먼저 해결하는 것이 더 시급했다. 그래서 우리는 섬 북서부에 있는 볼음도에 정박하여 남아 있는 연료로 며칠 정도나 항해할 수 있는지 확인해 보기로 했다. 다음날 볼음도가 시야에 들어왔고 그 섬의 남쪽으로 5마일 정도에서 배를 대기에 적당한 정박지를 찾았다. 닻을 내린 뒤 기관사들은 곧바로 엔진 상태를 점검하고 수리에 착수했다.

적어도 하루 정도는 꼼짝없이 이 작업에 매달려야 했다. 그 동안 마땅히 할 일이 없었던 과거는 정찰 보트로 주변의 해안선과 모래톱을 답사하겠다고 자원하고 나섰다. 그는 우리 일행 가운데 멀지 않은 곳에서 강어귀를 찾을 수 있을 것이라는 나의 확신에 유일하게 동의하는 사람이었다. 나는 당시 별로 기분이 좋지 않은 상태여서 그와 동행하지 않았지만, 유능한 선원

몇 명을 뽑아 파커와 동행하도록 했고 며칠 분의 식량을 정찰 보트에 실어 주었다.

저녁 무렵쯤에는 정찰 보트의 출발 준비가 완료되었다. 파커의 임무는 여기서부터 볼음도 근해까지 뻗어 있는 항해 가능한 수로를 찾아내고 가능하다면 연안에 바짝 접근하여 근처에 있을 것으로 추측되는 강어귀를 찾아내는 일이었다. 만일 강어귀를 찾아낸다면 몇 마일 정도 상류로 항진해 본 뒤 즉시 엠페러호로 36시간 이내에는 돌아오기로 했다.

지금까지의 결과가 입증해 주듯이 그는 찬사가 부족할 정도의 정열과 판단력으로 자신의 임무를 수행해 왔다. 그리고 나는 대단히 열악한 상황에서도 아낌없이 나를 도왔던 그를 평생토록 감사하게 기억할 것이다. 나는 무거운 마음으로 기선에서 멀어져가는 정찰 보트를 바라볼 수밖에 없었다. 정찰의 성패 여부에 따라 이번 원정의 진퇴가 결정되는 기로에 서 있다고 생각했기 때문이었다. 사실 지난 며칠 동안 나의 입장은 실로 난감할 따름이었다.

평소 활기가 넘치던 제임스 선장은 이미 의욕을 상실해서 줄곧 회항 명령을 내려 달라는 기색을 역력하게 내비쳤다. 나도 지금까지 회항 명령만은 한사코 거부해 왔지만 기대에 부응하지 못하고 정찰 보트가 별다른 성과를 거두지 못한다거나 연료 비축량이 항해에 충분하지 않을 것으로 판단된다면 회항 명령을 내릴 수밖에 없다는 점을 이미 잘 알고 있었다. 만일 그러한 상황에 직면한다면 두 가지 선택밖에 남지 않는다. 아무런 소득 없이 상해로 돌아가거나 지부로 가서 연료를 재보급 받는 수밖에 없었다.

그러나 지부에서는 석탄 1톤당 5~6 파운드를 지불해야 하기 때문에 그곳으로 가게 될 가능성은 거의 없었다. 모든 것들이 너무 비관적으로 보이는 상황에서 정찰선을 기다리는 동안 나의 미온적인 태도는 선장의 불만을 샀고 극심한 흥분과 불안을 자아내게 했다. 약속 한대로 우리는 그날 밤 상당히 많은 신호탄을 쏘아 올렸다. 그러나 정찰선으로부터 아무런 신호도 보이지 않았다.

다음 날은 마치 하루가 1년 같았다! 오후 무렵에 전속 항진을 해도 9일에서 10일 이상은 항해할 수 있는 양의 연료가 남아 있다는 기관장의 보고를 듣고 나는 한시름 놓을 수 있었다. 연료 문제가 해결되었으니 이제 행운만 따라 준다면 어떤 일이든지 가능할 것 같아 보였다. 그러나 늦어도 새벽녘까지 돌아오기로 되어 있는 정찰선으로부터는 밤이 깊도록 아무런 소식도 없었고, 나는 초조한 마음으로 몇 시간 동안이나 갑판 위를 서성이고 있었다. 점점 희망이 사라져 가는 듯한 기분이었다.

동이 터오고 귀환 예정 시간이 몇 시간이나 지났는데도 불구하고 정찰선은 여전히 나타나지 않았다. 초조함을 넘어 불안감이 싹트기 시작했다. 정오쯤 되어 잠시 휴식을 취하려고 갑판 밑으로 내려왔는데 갑자기 환호성이 들려 와 나는 황급히 갑판 위로 뛰어나갔다. 하얀 물살을 가르며 달려오는 정찰선이 시야에 들어오기 시작했다. 파커 일행이 무사하다는 생각에 정찰 결과 따위는 잠시나마 까맣게 잊었다.

한강 어귀

그러나 금세 정찰 결과가 다시 궁금해지기 시작했다. 정찰선이 모선에 도착하기까지의 기나긴 한 시간을 애태우며 기다렸지만, 정찰선의 선원들이 "강이 있다"라고 외치는 소리가 귓가에 울리자 그 모든 초조함과 불안은 일거에 씻겨 내려갔다. 그리고 파커가 갑판에 올라와 보고한 내용은 강을 찾았다는 사실을 분명히 확인시켜 주었다. 이번 원정의 최대 목표가 달성되었으며 또한 멀지 않은 곳에 강이 있다는 나의 확신이 틀리지 않았다는 사실이 그저 만족스러울 따름이었다.

정찰선이 발견한 큰 강의 어귀는 다름 아닌 한강이 틀림없을 것이다. 정찰선은 모선을 출발한 다음날 밤에 몇 척의 어선 가까이에 정박했는데, 그

교동도(Beacon Hill Is.)

어선들의 한 선장이 주변 해안선의 길이와 위치를 그려 주고 정확한 방향도 가르쳐 주었다. 더구나 그 어선들이 길을 안내해 주어 어렵지 않게 강어귀를 찾을 수 있었다. 그 해로를 분명히 확인한 뒤 파커는 초조하게 기다리고 있을 모선을 향해 즉시 항로를 돌렸다고 말했다.

이 희소식은 우리 모두에게 생기를 되찾아 주었다. 침울했던 분위기는 마치 마술처럼 한꺼번에 사라지고 우리는 활기 넘치게 당장 출발 채비를 갖추기 시작했다. 정찰선이 시야에 들어왔을 때 선장은 이미 기관의 작동을 명령했기 때문에 우리는 정박지에서 15마일 가량 북쪽에 있는 강어귀를 향해 즉시 출발할 수 있었다.

해안선을 따라서 서너 시간 항해한 끝에 우리는 Lundy Island라고 이름 지은 석모도에 강어귀의 첫 번째 섬에 도착한 다음 원뿔 모양으로 생긴 교동도쪽으로 항로를 잡았다. 모양이 특이하게 생겨 우리는 그런 이름을 붙여 주었다. 이 해협은 넓이가 0.5~1.5마일 정도였으며 양안에 모두 제방이 쌓여 있었다. 우리는 별 탈 없이 항진할 수 있었으며 노을이 질 무렵에 폭풍이 몰아치면 바다에서 조업을 하다가 피항한 많은 어선들과 함께 안전하게 정박할 수 있었다.

나는 함께 정박한 몇 척의 어선에 타 보았다. 어선에는 30~50명가량의 남자들이 일하고 있었는데, 대부분 옷을 걸치지 않고 있었다. 이 어선들은 갑판 없이 판자 몇 개만 가로놓여 있을 뿐이었다. 선창은 잡은 물고기를 던져 넣은 바닷물로 채워져 있었으며 어부들은 잡아 올린 물고기들을 바쁘게 솎아 내고 있었다. 어부들은 몇 마리의 생선을 나에게 건네주기도 했지만 어부나 생선이 별로 마음에 내키지 않아 정중히 사양했다. 어쨌든 그들 모두 이 강이 한강이 맞는다고 말했기 때문에 우리가 서울로 이르는 항로에 들어선 것은 확실했다.

강화만

다음날 아침 동이 트자마자 우리는 다시 상류 쪽으로 천천히 거슬러 올라갔다. 교동도를 지나자 하상은 매우 좁아지긴 했지만 뾰족하게 돌기한 내륙 해안이 처음으로 모습을 드러냈다. 반대편 해안에는 딴납섬, 돌섬, 대섬이 강과 연접하고 있었다. 물길이 빈번하게 급하게 바뀐 데다 수면 밑의 암초와 사주를 피해 가야 했기 때문에 우리는 대단히 주의를 기울이면서 저속으로 항진했다.

강기슭을 따라 나아가는 도중에는 다채롭고 아름다운 풍경이 펼쳐져 있었다. 계곡 사이로 풍요로운 경작지가 뻗어 있었고 수목이 울창한 언덕이 곳곳에 서 있었으며 깎아지른 듯한 암벽이 수면 속으로 파고들고 있었다. 이들 뒤로는 높다란 산봉우리들이 꼬리를 물고 이어져 더 없는 장관을 이루었다. 내륙 쪽 해안에는 꽤 많은 사람들이 살고 있을 만한 크고 작은 마을이 여러 군데 보였다.

마을마다 강둑에서부터 언덕 자락까지 사람들이 모여들어 몇도 뜯지 않고서 상류 쪽으로 달리는 이양선을 신기하다는 듯이 구경하고 있었다. 수많은 사람들이 이곳저곳에서 몰려나와 마치 온 나라가 흥분의 도가니로 바뀐 것 같아 보였다. 그들이 입고 있던 흰옷, 한 폭의 그림 같은 강둑의 풍경 그리고 태양이 눈부시게 작열하는 여름의 아침 …… 이 모두가 한데 어우러져 결코 잊지 못할 것 같은 풍광을 연출하고 있었다.

몇 시간 동안 별 탈 없이 항진을 계속했지만, 수심이 갑자기 낮아져 우리는 예인 보트를 내려 항로를 인도하도록 했다. 그럼에도 불구하고 처음으로 항구가 보이기 시작한 한 시경에 강화도 남단의 반대편에서 결국 암초에 걸리고 말았다. 그 곳은 소루지포구로 불리는 심한 만곡이었는데, 그 한가운데에는 만조 때에도 20피트 정도나 되는 높고 가파른 화도가 고개를 치밀고 있었다. 주변의 수심이 상당히 깊었기 때문에 다행스럽게도 잠시 뒤 그 암초를 빠져나와 다시 천천히 전진할 수 있었다.

돌섬(Gertrude Is.)

딴납섬(Olga Is.)

그 동안 나는 파커와 함께 예인선을 타고 계속 전진해 나갔다. 그러나 거의 7노트에 이르는 유속을 거슬러 올라가야 했기 때문에 상륙할 만한 강둑에 이르기까지 거의 한 시간 이상이나 걸렸다. 어쨌든 우리는 간신히 강두에 닿을 수 있었으며 구경나온 인파들이 친절하게 상륙하는 것을 도와주었다. 그들은 우리가 상륙했던 언덕의 밑자락에서부터 정상까지 동행했다.

교동도

언덕의 꼭대기에 이르자 주변의 놀라운 배경과 굽이치는 강물의 형세가 한 눈에 들어왔다. 언덕 밑으로는 교동이라고 불리는 큰 마을이 자리 잡고 있었다. 모여든 사람들에게 담배, 성냥, 망원경 등을 돌려볼 수 있도록 하자 그들은 서울로 향하는 길을 물어 보는 질문에 매우 호의적인 태도로 주저 없이 대답해 주었다. 그러나 거리는 물어 보니 사람들마다 서로 다르게 대답했다.

어떤 사람들은 될 수 있으면 자세히 알려주고 싶어 하는 기색이 역력했지만, 남들의 이목이 걱정스러운지 슬쩍 다른 사람을 가리키며 물어보라고 했다. 우리는 잠시 동안 이들과 함께 있다가 마을에서 야단법석이 일어나기 시작하는 것을 보고 그 자리를 떠났다. 우리 일행이 승선하고 출발 준비를 마칠 무렵에 일단의 수행원들과 호위대를 대동한 지방 수령이 가마를 타고 허겁지겁 달려오는 것이 보였기 때문이었다.

우리가 서둘러 보트에 나와서 보았을 때 처음에는 수령이 기선 쪽을 향하고 있는 듯이 보였는데 어느덧 우리가 상륙한 강둑으로 곧장 다가오고 있었다. 곧이어 재미있는 일이 일어났다. 내가 언덕 밑으로 내려왔을 때 그 수령이 탄 배가 막 도착했다. 그는 꽤 다혈질의 인상을 풍기고 있어 나는 단호하게 그의 대담 요청을 거절하고 선원들에게 엠페로호로 즉시 회항하라는 명령을 내렸다.

강화 유수[9]

대담을 거절당하자 화가 치밀어 오는 그는 마치 넵튠의 삼지창처럼 생긴 세 갈래 창으로 무장한 호위병들에게 우리 배를 정지시키라고 명령했다. 그러나 호위병들이 명령을 수행하기 위해 다가올 때 우리는 세워 두었던 노를 갑자기 그들 뒤로 내렸더니 그들은 다가올 때보다 더 빠른 발걸음으로 도망치고서 다시는 다가오려 하지 않았다. 권총을 그의 이마에 겨누자 그는 겁에 질려서 엠페러호로 순순히 따라 올라가겠다고 고개를 끄덕였다.

나는 그와 그의 수행원 단 두 명 외에는 더 이상의 동행을 허락하지 않았다. 잠시 뒤 그는 나와 상갑판에서 다시 얼굴을 맞댔다. 단연코 그의 인상은 내가 본 조선 사람들 가운데 가장 사악해 보였다. 그의 태도 역시 적대적이었기 때문에 우리는 그에게 최소한의 의전도 갖추지 않았다. 그는 자신을 교동 지역의 최고 지방관이라고 밝혔으며 어떻게 해서든지 나를 돌려보내려고 애썼다. 우리는 다음과 같은 대화를 주고받았다.

"이 강의 이름은 무엇이오?"

"모르오. 이 강은 이름이 없소."

"이 강이 한강이라는 것을 모른단 말이오?"

"아니오. 이 강은 한강이 아니라 다른 강이오."

"그렇다면, 우리는 서울로 향하고 있는 것이 아니란 말이오?"

"그렇소. 당신은 길을 잘못 들었소. 이 길로는 서울에 갈 수 없소."

"여기에서 서울까지는 거리가 얼마나 되오?"

"몇 천리나 떨어져 있소. 더구나 강 수심이 곧 얕아지기 때문에 더 이상 항해할 수 없을 거요. 작은 나룻배로도 강을 거슬러 올라가는 것은 무리요.

---

9) 강화 유수 이인기(李寅夔)를 의미함.

이 배는 조만간 좌초할 텐데 그렇게 되면 당신에게도 바람직하지 않은 일이지요."

"배가 좌초하는 것은 두렵지 않소. 당신이 진실을 말하고 있다면 이 강이 한강이라고 말한 다른 사람들이 착각한 것이겠지만 아무튼 이 강이 한강이 아니더라도 끝까지 가볼 것이오. 우리는 당신이 바라는 대로 돌아가지 않을 것이오."

"그러나 돌아가는 편이 좋을 것이오. 이 길로는 절대 서울에 가지 못하오. 더구나 지금까지 어떤 외국 사람도 감히 이곳까지는 올라온 적이 없소."

"그래요? 그렇다면 우리가 처음으로 이곳에 왔군요. 더구나 감히 상류로 올라가려고 하는 최초의 외국인이고요. 더 할 말 있소?"

"없소. 그러나 한 가지만 분명히 말하겠소. 이 강은 당신이 생각하는 그 강이 아니오."

"우리한테는 무척 저주스러운 이야기로 들리는군요. 그러나 나는 이미 상류로 거슬러 올라가기로 마음을 결정했소. 당신의 권고를 받아들일 수 없어서 유감이오."

우리는 물론 그가 얼굴색 하나 변하지 않고 거짓말을 하는 동안에도 멈추지 않고 계속 항진했다. 그는 자신이 무슨 말을 해도 전혀 먹혀들지 않자 안절부절못하며 뭔가를 계속 궁리하는 것 같았다. 대화가 이쯤 진행되고 있을 때, 나와 상륙했던 선원 한 명이, 어떤 조선 사람이 우리 배 뒤에서 작은 보트를 타고 태워 달라는 듯한 이상한 신호를 보내고 있다고 나에게 말했다.

그는 우리가 상륙했을 때 유달리 친절하고 호의적인 사람이었다. 나는 불쾌하기 짝이 없는 그 수령 혼자 안절부절못하며 끙끙 앓게 내버려두고 선실로 내려가 뒤쪽의 창문을 통해 그 조선 사람을 태웠다. 나는 관헌들을 태운 배가 바로 옆에 있는데도 위험을 무릅쓰고 우리 배로 다가온 그의 과감한 행동에 놀라지 않을 수 없었다. 더구나 강둑에 있던 많은 사람들 때문에 주저하다가 정확한 정보를 알려주지 못했던 것을 개탄하며 자신은 "나쁜 사람"이라는 말을 하려고 일부러 찾아왔다고 했을 때에는 더욱 놀랄 수밖에 없었다.

포도주 몇 잔을 들이켜고 나자 그는 더욱 진솔해졌다. 나는 그에게서 서울이 50마일 정도밖에 떨어져 있지 않으며 외국인들이 마침내 서울로 가는 길에 접어들었다는 소식에 모두들 다행스러워 하고 있다는 사실도 알게 되었다.

사태가 위험해질지도 모르기 때문에 나는 다시 창문을 통해서 그를 안전하게 내보낸 뒤 조심스럽게 갑판 위로 돌아왔다. 갑판 위에는 여전히 그 수령과 수행원 두 명이 대담 도중에 자리를 뜨는 무례함에 기분이 상한 표정으로 앉아 있었다. 무례함을 사과하자 그는 다시 방금 전과 같은 태도로 말을 이었다. 그러나 나는 한시라도 빨리 서울에 도착하고자 속력을 더 올리고 싶었기 때문에 그에게 즉시 그의 배로 내려가 달라고 말할 수밖에 없었다.

그는 거짓말이 전혀 효과가 없고 또한 자신의 "애정 어린 충고"가 무위로 끝나자 더욱 노기가 치밀어 오르는 듯이 보였다. 그가 한껏 격앙된 표정을 짓자 나는 더욱 부드러운 미소로 응대하면서 그를 그의 배로 안내해 주며 정중히 작별 인사를 고했다. 아무리 노기를 띠어도 우리의 태도에 별로 변함이 없고 심지어 웃음으로 답례하자 그는 더욱 난감해 했다.

그가 자신의 배로 건너간 뒤 우리는 육중한 기선을 움직여 전진했다. 나는 그가 건너가기 전에 했던 말들이 우리의 항해를 축복하는 말이었다고는 도저히 생각되지 않았다. 그는 그의 뱃전에 꼿꼿이 서서 한참 동안 우리를 뚫어지게 응시했지만, 그의 배는 이내 급류에 휩쓸려 강화도 해안까지 멀리 밀려가 버렸다. 이로써 유일하게 불쾌한 기분에 휩싸였던 조선 관리와의 만남은 일단락이 났다.

강화도

이 사건으로 잠시 지체된 시간을 서너 선까시는 만회하고자 우리는 오후 들어 최대한 속력으로 항진했다. 화도를 지나자 한강은 갑자기 서쪽으로 꺾이면서 강폭이 급격히 좁아졌다. 물살은 처음에는 동쪽 기슭을 따라 흐르다가 다시 서쪽 기슭을 따라 흘렀다. 우리는 교동을 지나 대단히 위험한 수역을 무사히 통과했다. 강의 한가운데에 간조의 수면 바로 밑으로 암초가 살짝 숨어 있었는데, 네 개의 뾰족한 암괴로 이루어진 이 암초를 우리는 Barrier Rocks라고 이름 지었다.

이곳은 웬만한 배는 쉽게 좌초할 수 있을 만큼 매우 위험한 장소였다. 그러나 만조 때에는 이 암초와 강기슭 사이로 대형 선박도 통과할 수 있을 만큼 수심이 충분했기 때문에 그렇게 위험스럽지는 않았다. 이 암초 위로 흐르는 물살은 강화도까지 이어져 긴 해협을 이루었다. 여기서부터는 요새의 숫자가 계속 늘어나 우리는 거의 10분마다 요새를 하나씩 지나쳤다. 이 요새들은 사각형의 돌로 상당히 강고하게 축성되었지만 다소 파손된 상태로 이끼와 잡목으로 덮여 있었다.

포대도 비어 있었고 성벽에 파수병도 없는 것으로 보아 상당히 오랫동안 방어 진지로 사용되지 않은 것 같았다. 아마도 임진왜란이 종결된 17세기 이후로 전혀 사용되지 않았고 보수 공사도 하지 않은 듯했다. 지금까지 낮고 완만했던 강기슭은 점점 가파른 형세를 띠기 시작하면서 뒤쪽의 높은 능선의 봉우리들도 확연히 드러났다. 가장 높은 산 가운데 하나인 정족산(Table Mountain 또는 Tower Mountain)은 높이가 약 3~4,000피트였다.

어둠이 깔린 뒤에 우리는 폐쇄된 요새를 하나 골라 그 앞에 정박했다. 제임스 선장과 나는 보트를 타고 상류 쪽으로 몇 마일을 더 답사하여 요새 하나를 정찰해 보았다. 그 요새에는 두세 명의 파수병만 있을 뿐 무장은 하고 있지 않은 듯했다. 별 탈 없이 밤을 보낸 우리는 동이 튼 뒤 강기슭으로 바

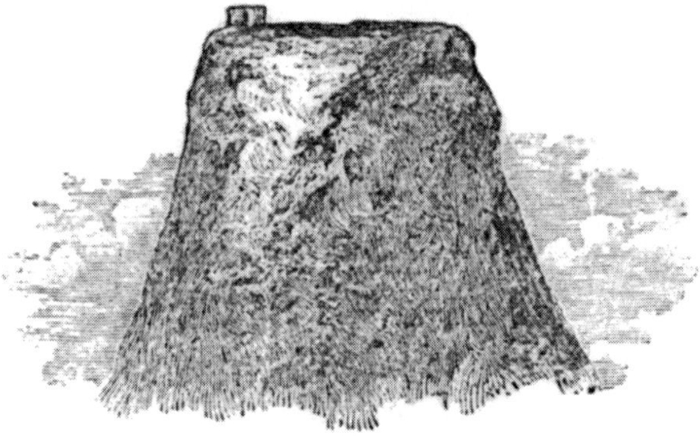

정족산

짝 붙어 다시 항진하기 시작했다. 강둑의 많은 가옥들 뒤로 무척이나 다채롭고 아름다운 풍경이 펼쳐졌다. 앞으로 나아갈수록 경치는 더욱 정취를 더해 갔다. 사람들이 무리를 지어 우리를 따라왔다. 머지않아 상당히 큰 도시가 기다리고 있음직한 흔적이 나타나기 시작했다.

8시경이 되어서 높은 언덕 꼭대기에서부터 거의 물가까지 뻗어 내려온 성벽이 눈에 들어왔다. 커다란 성문은 반쯤 열려 있었다. 성벽은 양옆에 커다란 나무가 서 있는 망루가 있어 다른 요새들과는 다소 달라 보였으며 언덕 뒤쪽까지 죽 연결되어 있어 몇 마일은 충분히 될 것 같았다.[10] 분명히 중요한 지역을 방어하기 위한 성벽임에 틀림없었다.

선원들 대부분은 이제 서울에 거의 도착했다고 생각하고 있었다. 그러나

---

10) (원저자 주) 여기에서 언급한 성문은 로즈(P. G. Roze) 제독이 원정길에 올랐을 당시 첫 번째 공격 목표였으며 프랑스군이 진격할 무렵 조선군이 퇴각하는 바람에 이 성문을 쉽게 점령했다. 당시에 우리는 독특한 지형물이었던 이 언덕을 Two-tree Hill(마니산)이라고 명명했다. 나는 뒤에 프랑스군이 진주하여 이 나무를 쓰러뜨리고 망루를 파괴했다는 말을 들었다. 나중에 다시 조선을 방문했을 때 이 언덕에는 망루의 잔해만 남아 있었을 뿐 예전에 서 있었던 장중한 두 그루의 나무는 온데간데없었다.

강기슭의 수많은 사람들과 활기에 넘치는 선박들의 움직임이 서울에 가까이 다가왔음을 입증하는 것처럼 보이긴 했지만 나는 왠지 확신이 서지 않았다. 굽어진 강줄기를 돌아 올라가도 눈앞에 있는 언덕 뒤에 숨어 있는 도시의 모습은 보이지 않았다. 그러나 그 언덕과 강둑 사이에 펼쳐진 평지에는 지금까지 조선에서 본 가장 많은 사람들이 운집하여 있었다.

몇 천 명은 충분히 되어 보이는 군중들이 처음으로 이렇게 내륙 깊숙이 들어온 이양선을 바라보고 있었다. 이들 이외에도 우리가 도착했다는 소식을 듣고 황급하게 달려 나온 듯이 보이는 각급 관리들도 함께 서 있었다. 그들은 모두 기수와 푸른 제복을 입은 호위병들로 둘러싸여 우리가 도착하기를 기다리고 있었다. 그 관리들 가운데 누구도 우리 배에 직접 올라올 것 같지 않았고 나 역시 지금 여기가 어디며 누구와 교섭을 해야 할지 궁금했기 때문에 내가 직접 강둑에 상륙하기로 했다.

제임스 선장도 나와 동행하기로 했다. 상황이 특별한 만큼 예의를 갖춘 의전이 필요할 것 같아서 우리는 급히 선장의 낡아빠진 빨간 색 수렵복을 포수에게 입혔다. 그는 그런 복장을 내켜 하지도 않았으며 다소 두려워하고 있는 듯했지만 그가 우리의 유일한 호위병이었기 때문에 어쩔 수 없는 일이었다. 결국 총으로 무장을 하고 나서야 그는 용기를 회복하고 우리를 따라나섰다. 강둑으로 절반쯤 다가갔을 무렵 보트 위에서 종이 한 장을 흔들고 있는 하급 관리를 지나쳤는데, 나는 그의 신호를 무시하고 계속 나아갔다.

나는 강둑에 가장 가까이 서 있는 관리들 쪽으로 직진할 것을 선원들에게 지시했다. 우리가 그들이 서 있는 바로 앞에 상륙했을 때 군중들은 예의상 약간 떨어져 서 있었다. 빨간 색 수렵복을 입고 두려움으로 기가 질려 있는 우리 호위병의 얼굴을 보고 자꾸 웃음이 나오려 했지만 나는 비무장에 단신으로 수많은 군중 앞에 선다는 것이 얼마나 위험한 일인지 너무도 잘 알고 있었기 때문에 웃을 기분이 아니었다.

강화도 포대

강화도에 상륙

더구나 그들이 어떤 생각을 하고 있는지도 우리는 전혀 알지 못했다. 나는 지금까지 외국인이라고는 전혀 없는 20~30마일 내륙까지 거리낌 없이 단신으로 여행해 왔으며 많은 군중에 둘러싸여 있다 하더라도 개인적인 안위를 걱정해 본 일은 전혀 없었다. 그러나 지금은 천성적으로 선량한 사람들과 쉽사리 친분을 나눌 수 있었던 옛 상황과는 전혀 달랐다. 지금 우리는 조선의 심장부에서 수많은 수행원과 호위병을 거느리고 있는 일단의 고위 관리들을 대면해야 하는 순간이었다.

그들의 무장이 아무리 보잘것없다 하더라도 그 숫자만으로도 우리를 쉽게 제압하고 남을 만했다. 더구나 나는 조선 영토에 발을 들여놓은 모든 외국인이 조선 정부의 살해 위협에 놓였었다는 사실을 똑똑하게 기억하고 있었다. 강둑에 가까이 다가갈수록 그들이 우리의 방문에 대단히 격앙되어 있다는 것을 절감했다. 그들의 표정은 거의 협박에 가까웠다. 관리들의 표정을 봐서는 실제로 그들이 과연 어떻게 돌변할지 알 수가 없었다.

그러나 당시에는 이것저것 따질 여유가 없었다. 조금이라도 머뭇거리거나 두려워하는 기색을 보인다면 큰 위험에 빠질지도 몰랐다. 나는 담대함과 결단력만큼 아시아인들에게 강한 인상을 심어 주는 것은 없다는 것을 충분한 체험을 통해 알고 있었다. 나는 마치 늘 최면에 걸려 있는 듯한 눈빛으로 나를 바라보던 최고위 관리에게 재빨리 다가가 그가 거리낌 없이 내민 손을 잡고 진심에서 우러나오는 친근한 악수를 나누었다.

그가 최고위 관리라는 것은 근엄한 풍채와 다른 사람들과 확연히 구분되는 그의 의상으로 알 수 있었는데, 그는 3인치 정도 크기의 은제 두루미를 장식하고 챙을 짚으로 엮은 둥근 모자를 쓰고 있어 쉽게 구분할 수 있었다. 나는 그의 팔을 손으로 감싸며 초대하겠다는 뜻을 밝혔다. 나는 당장 기선으로 가서 대담을 나누고 싶다고 정중하게 요청했다. 그때까지 군중들은 앞으로의 사태를 가늠하며 침묵을 지키고 있었고 관리들 또한 입을 꾹 다물고 있었다. 그러나 내가 그 연로한 신사에게 흠잡을 수 없이 호의적인 태도로 인사를 하자 그들은 마치 마법에서 풀려난 사람들처럼 만면에 희색이 감돌기 시작했다.

그날은 대단히 성공적인 하루였다. 그는 안도의 미소를 띠며 그 자리에서 예비 대담을 갖는 게 어떻겠냐고 제의했지만 나는 그것을 정중하게 거절했다. 그가 다시 같은 제안을 했으나 나는 거듭 사의를 표시했다. 그는 잠시 동안 다른 관리들과 의논을 한 뒤 곧 기선으로의 초청을 받아들였다. 곧바로 몇 척의 거룻배가 준비되었고 우리는 그들이 승선할 때까지 잠시 기다려 주었다.

강화도 수비대

지난번에도 그랬지만 호위병들의 무장 정도는 무척이나 빈약했다. 창과 화살이 모두였을 뿐이었고 칼이나 화승총조차 구경할 수 없었다. 그 고위 관리 바로 옆에 있던 단 한 사람만이 특이하게 생긴 총 한 자루를 들고 있긴 했지만 그는 손에 위협적인 무기를 가지고 있다는 사실을 별로 뿌듯하게 여기지 않는 듯했다. 그 총은 상당히 다루기 불편하고 거추장스러워 보였다. 땜질을 해서 접합한 세 개의 총열이 끝부분에서 동그랗게 모여 있는 모양새를 보니 아주 구형의 리볼버 같았다.

1.5피트 정도 되어 보이는 총열은 적당한 크기의 탄약이 들어갈 것 같았는데, 그가 불붙은 성냥을 손에 들고 있는 것으로 보아 아마도 장전되어 있는 듯했다. 더구나 그 총의 수명은 굉장히 오래되어 보였는데, 먼지가 두껍게 앉아 있는 것으로 보아 아마도 몇 년 동안 창고에 처박혀 있다가 오늘에야 세상 밖으로 나온 것 같았다. 그 총을 들고 있던 포수도 그것을 격발해야 하는 불행한 상황을 피했다는 현실에 매우 안도하는 표정이었다.

손님들이 거룻배에 승선한 것을 확인한 뒤에 우리는 강둑으로 돌아왔다. 그때까지 뒤로 물러나 있던 사람들은 우리와 관리들 사이의 분위기가 부드럽게 무르익은 것을 보고 우리 주변으로 몰려들기 시작했다. 그러나 빨간 수렵복을 입고 있던 우리의 호위병이 단연 주민들의 이목을 끌자 그가 짜증스러운 태도를 보인 탓에 바람에 한동안 긴장된 분위기가 흘렀다. 거룻배가 강둑을 떠나자마자 우리는 서둘러 보트로 되돌아왔다. 엉성해 보이는 그들의 거룻배가 기선에 당도하기 전에 먼저 도착해서 얼마간의 의전을 준비하기 위해서였다.

우리가 기선을 비우기에 앞서 강둑으로 건너가던 도중에 이상한 종이를 흔들어 보였던 그 사람이 우리 기선에 서신을 전달해 두었다. 그 내용을 해석해 보았더니 우리가 누구인지, 무엇을 원하는지, 어디서 왔는지 등의 질

마니산

문이 나열되어 있었다. 그리고 이미 우리가 왕실에 매우 가깝게 접근해 있기 때문에 더 이상 전진하는 것은 조선의 법과 관습에 어긋나는 "무례한" 행동이라는 글도 씌어 있다고 중국인이 통역했다.

서신의 끝 부분에는 선수를 돌린 뒤 좀 더 "멀리 떨어져" 요구 사항을 개진하라는 권고가 덧붙여 있었다. 파커는 아무런 대답 없이 그를 돌려보냈다. 별다른 말이 없이 돌아간 그가 곧 다시 돌아와 즉각적인 대답을 요구했다. 그러나 파커가 통역관을 시켜서 자신은 서신의 내용에 대하여 어떤 대답을 해야 할지 전혀 지시 받은 바가 없다고 전달했기 때문에 그는 어두운 얼굴을 한 채 돌아갔다.

그 동안 우리는 주갑판과 식당 겸 응접실에 깃발을 꽂아 말끔하게 장식해 두었다. 승무원들은 깨끗한 옷으로 갈아입고 예총과 예도 그리고 창 등을 휴대하여 예열 태세를 갖춘 뒤에 통로를 따라 두 줄로 도열하여 승선한 조선의 관리들을 엄숙히 영접했다. 그들은 강둑에서 만났을 때보다는 분명히 덜 긴장하고 있었으며 우리의 영접을 만족스럽게 여기는 듯했다.

그들은 우리가 자리를 비운 사이에 장전해 둔 9인치 포의 위용에 상당한 관심을 보이긴 했지만 넌지시 바라보기만 했을 뿐 손을 대지는 않았다. 세 명의 최고위 관리가 응접실에 자리를 잡고 앉자 나는 그들의 인상에서 풍기는 선입견을 없애려고 여유를 가지고 다시 한 번 찬찬히 그들을 살펴보았다. 두루미 장식을 한 고관 한 사람이 내 바로 옆에 앉아 있었다. 그는 60~70세가량 나이가 들어 보였으며 유복한 유럽 신사를 연상케 하는 선량한 인상을 가지고 있었다.

그의 태도는 강둑에서 처음 만났을 때와는 분명히 달라져 있었다. 나의 말에 친근하게 고개를 끄덕이며 웃음을 머금고 포도주를 마시는 그의 얼굴은 마치 방금 전까지 나에 대한 자신의 선입견이 옳지 못했음을 전달하고 있는 듯 했다. 그는 최고급 중국산 비단으로 만든 갈색 예복과 황색 저고리를 입고 있었으며 팔목 부근의 소맷자락의 폭은 거의 1야드 정도는 넉넉히 되어 보였다. 그의 작은 일본도는 그를 수행하고 있던 시종이 들고 있었으며 그의 부관도 둥근 매듭으로 장식한 칼을 차고 있었다.

강화 유수의 초대

맛이 독특한 포도주를 몇 잔 비운 뒤 우리는 직위와 성명 등을 밝히는 의례적인 자기 소개로 대담을 시작했다. 그는 우리가 이미 지나온 요충지인 강화도의 유수였다. 그는 자신의 이름을 김재헌이라고 밝힌 다음 우리의 방문 목적을 물었다. 나는 그에게 오랫동안 세계와 격리되었던 조선과 친선을 맺고 통상 관계를 수립하고자 한다는 희망을 전했다.

그리고 통상에 관해서 만큼은 지금 당장은 거절할지 몰라도 다소 시간이 흐르면 어차피 허용할 수밖에 없을 것이므로 조선 정부가 우리의 우호적인 제안을 신중히 고려하고 현명하게 판단해서 수용해 주기를 바란다고 말했다. 그리고 나는 조선의 통치자와 이 문제에 대하여 의논하고자 서울로 향하는 중이라고 덧붙였다.

거듭 언급하지만 그의 대답은 전에 해미에서 현감이 말했던 바와 별반 차이가 없었다. 그는 대부분의 조선 사람들이 개인적으로는 오랫동안 지속되어 온 쇄국의 장벽이 허물어지기를 열망하고 있으며 자신 또한 그것을 충분히 이해하고는 있지만 그런 중요한 문제는 국왕만이 결정할 수 있다고 말했다. 그리고 그는 즉시 나의 요청을 국왕에게 전하겠다고 말했다.

그러나 그 대신에 그는 우리에게 서울이 얼마 떨어져 있지 않으니 더 이상 항진하지 않기를 당부하면서 우리가 머물고 있는 그 곳에서도 대담은 충분히 이루어질 수 있기 때문에 서울까지 갈 필요는 없다고 덧붙였다. 물론 이러한 요청들이 서울까지 전진하겠다는 나의 원래의 의도를 꺾은 것은 전혀 아니었지만, 두 가지 심각한 이유 때문에 나는 계획을 수정할 수밖에 없었다.

첫째로 상해로 안전하게 회항할 정도의 연료밖에 남지 않은데다가 서울이 겨우 15~20마일밖에 떨어져 있지 않았지만 항해에 상당한 주의를 기울여야 하는 하상 때문에 이 짧은 거리를 항해하는 데 며칠이 걸릴지 모르는 상황이었다. 두 번째 이유는 더 심각했다. 우리는 이곳에 닻을 내리자마자 강 상류로 5~10마일 정도 정찰 보트 한 척을 내보냈다. 대담이 한창 진행되는 동안 매우 암담한 정찰 결과가 보고되었다.

정박지 상류 쪽으로는 만조 때에도 몇 군데에서만 항해가 가능할 정도로 수심이 계속 낮아지고 있으며 수많은 암초와 사주가 널리 퍼져 있어 항해가 대단히 어렵다는 내용이었다. 이러한 피치 못할 이유로 나는 엠페러호로 서울까지 탐사해 보겠다는 계획을 철회할 수밖에 없었다. 그렇지만 나는 본격적인 대담이 조속히 이루어진다면 요구 사항을 따르겠다고 그 관리의 구미를 맞추어 주었다. 이후에 이어진 대담 내용은 지금까지와는 사뭇 달랐다.

"좋습니다. 귀하가 원하는 대로 서울까지 가겠다는 나의 계획을 포기하겠습니다. 그러면 이 사안을 논의할 정부의 특사가 이곳까지 오는 데 얼마나 걸리겠습니까?"

내가 김재헌에게 물었다. 그들은 나의 질문에 대해 한참 동안 상의했다.

나는 여기서 서울까지 몇 시간 거리밖에 되지 않지만 아마도 그들이 그 이상으로 더 오랫동안 나를 묶어 둘 것이라는 예상을 하기는 했다. 그러나 그들은 내가 너무 쉽게 설득되었다고 생각했는지 도대체 말도 안 되는 소리를 하는 것이었다. 일행들과 상의를 끝낸 김재헌은 가볍게 미소를 지으며 나에게 이렇게 대답했다.

"이 곳에서 정부의 특사를 기다리겠다고 하는데, 내 생각에 그가 이곳까지 당도하려면 한 달은 넉넉히 걸릴 것 같소이다."

이틀이면 충분할 텐데 한 달이라니! 어처구니가 없었다. 그러나 내가 낮고 단호한 목소리로 바로 대답을 하자 즉시 효과가 나타났다.

"제 이야기를 들어보시죠. 특사가 이곳까지 오는데 길어 봐야 이틀밖에 걸리지 않는다는 것을 잘 알고 있는데, 나에게 한 달씩이나 기다리라는 말씀을 하시는군요. 그렇다면 오늘까지 포함해서 나흘 여유를 드리겠습니다. 만일 나흘 뒤 아침까지 특사가 당도하지 않는다면 그 즉시로 서울을 향해 항진하겠습니다."

그러자 그들은 다시 머리를 맞대고 상의한 뒤 다시 대답했다.

"아마도 30일까지는 걸리지 않을 것 같소. 특사가 열흘 안에 온다면 괜찮겠소?"

"이미 말씀 드리지 않았습니까? 나흘 이상은 절대 기다리지 않을 것입니다."

"그렇다면 8일은 어떻소?"

"나흘 이상은 한 시간도 더 기다릴 수 없습니다."

"그러나 정부 특사는 6일 안에는 당도할 수 없소. 그 정도는 기다릴 수 있잖소!"

"그럴 수 없습니다. 나흘이면 정부 특사가 도착하는 데 충분한 시간이기 때문에 그 이상은 한 시간도 더 기다리지 않겠다고 이미 마음을 정했습니다. 이제 당신들이 원하는 대로 해도 좋습니다. 분명히 합당한 내 제안을 받아들이지 않는다면 논의는 이미 끝났다고 봅니다. 나흘까지도 필요 없고 한 시간 내에 출항하도록 명령을 내리겠습니다. 이에 대한 책임은 당신들에게 있습니다."

서울로의 통보

이 마지막 한 마디는 만족스러운 결과를 낳았다. 특사의 도착 시한을 나흘째 아침까지로 한정하는 데에 더 이상의 논쟁은 없었으며 김재헌 자신도 그 시간까지는 특사가 도착할 것이라고 보장했다. 이런 결론에 그와 그의 수행원들은 허탈해 하는 기색을 보이지는 않았다. 그들은 단지 우리를 지체시켜 보려는 시도에 실패했을 뿐이었기 때문에 이 문제에 대해 더 이상 이러니저러니 말하지 않았다.

이렇게 약조가 막 이루어질 무렵 나의 결연한 의지에 다시 한 번 힘을 실어 주고 그들을 잔뜩 긴장시킨 우스꽝스러운 일이 일어났다. 우리가 닻을 내렸던 곳은 정박지로 썩 알맞은 장소가 아니었기 때문에 제임스 선장은 좀 더 안전한 상류 쪽으로 몇 마일 이동해서 배를 정박시키려 했다.

나와 관리들이 대담을 나누고 있는 동안 이동 준비가 마무리되자 갑자기 기관이 작동했다. 수차가 돌아가기 시작하자 그들의 안색이 창백하게 변했다. 더구나 수행원이 겁에 질려 응접실로 뛰어 들어와 사람을 태운 보트들을 매단 채로 기선이 움직이고 있다고 호들갑을 떨자 그들은 일제히 공포에 휩싸였다.

우리가 그들을 태운 채로 서울로 배를 몬다거나 더 심각한 경우에 그대로 바다로 직항하는 것이 아닌가 하는 두려움 때문이었을 것이다. 우리는 전혀 두려워 할 필요가 없다고 손쉽게 그들을 안심시킬 수 있었다. 마음의 평정을 찾자 그들은 이제껏 전혀 경험해보지 못한 기선의 항진을 오히려 즐기고 있었다.

오늘 아침까지만 해도 그들이 평생 동안 기선이라는 것을 듣지도 보지도 못했을 것이라는 점을 생각해 보면 조금 전까지의 두려움을 송두리째 잊고 품위마저도 잠시 잊은 채 움직이는 기선에 타고 있다는 현실에 마냥 즐거워하는 것이 이해할 수 없을 만한 일도 아니었다.

특히 그들은 기관실로 몰려들어 조용하고도 규칙적으로 엔진이 작동하고 있는 모습을 보고 놀라움과 경탄을 숨기지 못했다. 30분가량 상류 쪽으로 몇 마일 더 이동해서 새로운 정박지에 닻을 내리자 그들은 더 이상 생생한 재미를 맛보지 못한다는 데 대해 방금 전에 느꼈던 두려움만큼이나 아쉬움을 내비쳤다.

이로써 대담을 나누던 동안의 냉랭했던 분위기는 씻은 듯이 사라지고 나이가 지긋한 김재헌과 심각한 인상을 하고 있던 그의 수행원들도 더없이 호의적으로 변했다. 다시 응접실로 돌아와 그날의 대담은 서로가 약간씩 양보하는 것으로 무사히 끝을 맺게 되었다. 그들이 개인적으로 조선의 개방을 위한 특사와의 회담에 결실이 있기를 바란다는 말을 들었을 때 나는 그들의 바람이 진심임을 더욱 깊이 믿게 되었다.

나는 최근에 일어났던 사건들에 관해서는 전혀 아는 바 없는 것처럼 행동했기 때문에 그들이 먼저 그에 관해 어떠한 언급을 할 이유가 없었다. 지금까지 그 사건들에 관해서 그들은 일언반구도 하지 않았으며 나 또한 그들에게 그 사건에 대해 어떤 정보를 얻어내려고 하는 것은 무의미하다고 생각했다. 그들 가운데 누구도 상관의 즉각적인 질책을 무릅쓰고 그에 대해 자신의 견해를 표명하려는 모험은 하지 않을 것이기 때문이었다.

주민들의 선상 방문

얼마 지나지 않아 크고 작은 수많은 배들이 기선 주위로 몰려들어 승선해 보고 싶다는 의사를 전달했다. 아마도 조선의 관리들과의 대담이 순조롭다는 소문이 금세 퍼졌던 것 같았다. 나는 조선 사람들에게 친근한 인상을 주고자 그들 모두에게 승선을 허가해 주었다. 그러자 순식간에 기선의 구석구석까지 인피로 넘쳐 났다.

그리고 여러 가지 견본 물품들 가운데에서 틀을 도금하여 장식한 작은 손거울 한 다스를 천진한 그들에게 나누어주자 그들은 어쩔 줄 모르며 즐거워했다. 유리나 거울은 조선에서 무척 희귀한 물건이었다. 따라서 거울에 비친 자신들의 모습을 바라보며 아이처럼 즐거워하는 광경을 바라보는 것은 꽤 흐뭇한 일이 아닐 수 없었다.

배에 올라온 사람들 모두에게 나누어 줄만큼 물건이 충분하지 않았기 때문에 귀한 보물을 받은 몇몇 행운아들의 주변에는 사람들이 잔뜩 몰려들어 한번만 보자고 야단법석을 떨었다. 낯선 사람에게 얼굴을 보여주지 못한다는 엄격한 조선의 관습에 마치 보상과 위안이라도 받는 듯이 아마도 그날 밤 저 많은 조선의 처녀들이 작은 손거울에 자신의 모습을 처음으로 비추어 보며 작은 기쁨을 느꼈으리라.

노년의 김재헌 역시 매우 유쾌하게 오후 늦게까지 선상에 머물렀는데, 우리와 함께 우호적인 분위기에서 저녁까지 먹고 몇 시간이 지난 뒤에야 돌아갔다. 그도 성의를 표시하려고 닭과 야채를 우리에게 보내 왔다. 조선의 관리들의 통상적인 과묵함을 고려할 때 그토록 짧은 만남에서도 그의 자유분방함을 확인할 수 있었다는 점이 우리에게는 참으로 귀중한 의미로 다가왔다.

그러나 밤이 깊어 갈 무렵에 일어난 사건은 관리들이 개인적으로 우리에게 더 없는 호감을 가지고 있다고 하더라도 우리에 대한 감시의 눈길만은 소홀히 하지 않고 있다는 것을 보여주었다. 그래도 이번은 해미에서와는 다른 방식으로 덜 노골적으로 이루어졌다. 이곳에는 언덕에 망루나 감시 초소 따위는 설치되어 있지 않았다.

대신 엠퍼러호와 강둑 사이로 작은 배들이 열을 지어 늘어서 있었는데,

아마도 우리뿐만 아니라 조선 사람 방문자들도 아울러 동시에 차단하려는 조치인 것 같았다. 하루 종일 작은 배들이 강에 가득했기 때문에 이 감시선들이 눈에 띄지 않았고 방문객들의 배가 모두 떠난 뒤에도 이 배들은 별로 관심의 대상이 되지 않았다.

처음 이 감시선들이 일정한 간격을 두고 일렬로 정박해 있는 것을 보았을 때 다소 의심을 하다 말았지만 파커와 강둑으로 가는 도중에는 그냥 두고 볼 수만은 없었다. 우리가 이들에게 가까이 다가가자 배에 타고 있던 한 감시병이 일어나 기선으로 돌아가라고 고함을 질러 댔다. 우리는 감시병들의 이목을 돌릴 작정으로 가장 가까운 감시선을 향해서 작살을 발사한 뒤 갑작스러운 공격에 그 배에 타고 있던 감시병들이 정신을 차리기 전에 고함을 질러 대던 그 배로 건너갔더니 상황은 금세 달라져 버렸다.

방금 전까지 건방진 태도로 시끄럽게 떠벌리던 그의 태도가 곧 비굴하게 바뀌었던 것이다. 무릎을 꿇고 굽실거리며 용서를 구걸하는 그에게 우리는 당장 철수하고 두 번 다시 얼굴을 보이지 않는다면 풀어 주겠다고 말했다. 황급히 닻을 풀던 다른 감시선의 사람들 역시 영문도 모르는 채 우리가 건너가서 혼쭐낸 무리들을 따라 정신없이 달아났다. 그 일이 있은 뒤로 우리가 정박했던 동안 엠페로호 주변에는 어떤 감시선도 얼씬하지 않았다.

강둑에는 꽤 많은 구경꾼들이 이 장면을 목격했었는데, 그 가운데에는 하급 관리도 한 사람 끼어 있었다. 우리가 강둑에 닿았을 때 그는 매우 호의적인 태도로 이 사건을 무마하려고 무던히 애를 썼다. 물론 그는 이 사건이 감시선에 타고 있던 초병의 단순한 "과잉 충성" 때문이라고 애써 변명을 늘어놓았다. 아무튼 결과는 만족할 만했기 때문에, 나는 그에게 우리는 감시 받는 일에 익숙하지 못하므로 또다시 이런 "충성스러운 일"이 일어난다면 그 때에는 정말로 후회스러운 사태가 일어나지 않는다는 보장을 할 수 없다고 말을 맺었다.

강둑을 따라 몇 시간 걸어서 주위가 한눈에 들어오는 꽤 높은 언덕에 다다랐다. 언덕의 왼편에는 크고 작은 마을이 점점이 박혀 있는 비옥한 강화 평야가 펼쳐져 있었고 그 뒤로는 정상이 구름에 자욱이 덮인 뾰족한 봉우리들이 마치 병풍처럼 둘러쳐 있었다. 앞쪽에는 굽이굽이 휘돌아 바로 우리 발밑에서 세 갈래로 나뉘는 한강이 흐르고 있었다. 그 가운데 한 갈래는 서울로 통하는 작고 얕은 샛강이었고 다른 한 갈래는 강화도와 내륙 사이의 좁은 해협을 이루고 있었으며 나머지 갈래는 북쪽으로 흐르는 강의 본류였다.

풍요롭고 고요한 경작지로 둘러싸여 많은 가옥들이 들어서 있는 강화 마을이 우리의 오른편에 자리 잡고 있었다. 우리가 서 있는 발밑에는 사용한 지 오래되어 이끼가 두껍게 덮인 두 대의 포대가 조밀한 나무 그늘에 가려진 채 폐물처럼 남아 있었다. 성채 내부는 잡다한 농기구들을 보관하는 창고로 쓰이고 있었다. 그곳에는 소박하기 그지없이 전원 생활을 꾸리고 있는 창고지기와 그 가족이 사는 작은 오두막이 들어서 있었다.

강화 주민들

곳곳으로 뚫린 깊은 계곡과 암벽은 반대편 강둑까지 가파르게 이어져 무척 험준하면서도 낭만적인 풍경을 연출하고 있었다. 이 가파른 암벽은 멀리서도 보이는 거대한 산맥을 이루고 있었는데, 특히 계두산과 유도는 특이한 모양으로 우뚝 솟아 있어서 다른 산들과 확연히 구분되었다. 아름다운 여름 저녁의 경건하기만 한 정적, 요술 불빛처럼 산자락을 붉게 물들인 태양…….

밤하늘의 그림자가 점점 길게 드리워질수록 이 모든 것들이 한데 어우러져 소선의 아름나움을 한 폭의 그림으로 승화시켰나. 이 때문에 우리는 그 자리를 뜨고 싶은 마음이 전혀 들지 않았지만 어둠이 더욱 짙어지기에 앞서 기선으로 돌아올 수밖에 없었다. 한 무리의 조선 사람들이 우리와 동행하겠다고 했지만 나는 이들의 제안을 거절하는 대신 예쁘장하게 생긴 몇 명의

계두산

유도

소년들에게 길 안내를 부탁했다.

새로운 식물 종류를 찾을 수 있을까 해서 주변의 초목들을 유심히 들여다 보고 있자 우리의 꼬마 친구들이 곧장 나르지도 못할 만큼의 초목들을 잔뜩 모아 왔다. 우리는 그 가운데 절반 정도밖에 가져오지 못했다. 그 가운데 몇 가지는 중국으로 가져와 이후에도 잘 키웠지만 새로운 종류는 없어 다소 실망스러웠다. 나무 종류로는 소나무와 전나무가 특히 많았고 키가 작은 침나무도 언덕의 곳곳에서 자라고 있었다.

강변에 있는 마을의 한 지긋한 노인은 우리가 강둑까지 내려오기를 기다리고 있다가 우리에게 무단으로 집을 방문하여 사람들을 놀라게 하지 않아서 감사하다고 말했다. 물론 이 경우의 사람들이란 "여자들"을 말했다. 그러나 나는 안면이 없거나 주인에게 초대받지 않은 사람이 남의 집에 함부로 들어가면 안 된다는 점 그리고 여자들에게 요구되는 엄격한 덕목 등의 조선 풍습에 대해 이미 잘 알고 있었다. 우리로서도 이러한 풍습을 어길 시기가 아니었기 때문에 나는 공연한 호기심으로 조선 사람들의 심기를 건드리지 말라고 단단히 지시를 해 두었다.

화창하기만 하던 날씨는 다음날 완전히 돌변했다. 강한 폭풍우를 동반한 악천후 때문에 우리는 꼼짝없이 기선에 갇혀 강둑과 연락을 전혀 취할 수 없었다. 아침에 먼 마을에서 온 사람들이 탄 몇 척의 대형 거룻배들이 도착했지만 그들도 날씨가 개일 때까지 고분고분 기다릴 수밖에 없었다. 자신이 한 말을 책임지고자 했던 강화 유수 김재헌은 오후 들어 날씨가 잠시 잠잠해질 무렵에 커다란 배에 갖가지 야채와 오이, 닭, 계란 등을 실어 보내 왔다.

우리도 오랫동안 신선한 식량을 구경하지 못했기 때문에 그 선물이 더 없이 고마웠다. 우리도 답례로 그가 받아들일 만한 포도주와 설탕, 일용품 그리고 배에 남아 있던 마지막 양 한 마리까지 보냈기 때문에 조선 사람들도 무척 기뻐했을 것이다. 조선 사람들에게 양은 무척 생소한 가축인데다 선상에서 눈총을 사며 구박받던 양을 선물로 보내는 편이 차라리 났다고 생각했기 때문에 일거양득이었다. 우리는 방문객들에게 늘 그렇게 해 왔던 것처럼 선물을 가지고 왔던 조선 사람들이 배 안을 마음 놓고 구경하도록 한 다음 이들에게 별로 신경 쓰지 않았다.[11)]

그런데 갑자기 상갑판에서 한 조선 사람이 다른 한 조선 사람의 멱살을 잡고 구타하는 소동이 일어났다. 아마도 구타를 당하는 사람이 선장실을 지나가다가 열려진 창문으로 은수저 하나를 훔쳐 소맷자락에 숨기는 것을 다른 조선 사람이 보았던 것 같다. 도둑질한 사람에 대한 동료들의 노여움은 대단해서 우리는 구타당하던 사람을 구해 내는 데 무척 애를 먹었다. 그 주위를 둘러싸고 있던 사람들 틈에서 우리가 그 사람을 떼어 내 그들이 타고 왔던 배에 태운 다음 우리 선원들이 그를 보호해 주자 겨우 사태는 잠잠해졌다.

그러나 내가 그 사람을 잠시 보호해 주긴 했어도 절도는 조선에서 중죄에 해당하고 처벌도 상당히 무거웠기 때문에 그는 강둑에 도착한 뒤에 처벌을 피할 수는 없었다. 그러나 분명한 것은 지금까지 이 나라를 여행하는 동안 그렇게 수많은 조선 사람들이 우리 배에 방문했음에도 이런 절도 사건은 처음으로 일어났다는 점이다. 조선 사람들은 그만큼 자신의 명예를 대단히 귀중하게 여겼다.

다음날 정오 무렵까지 다시 폭풍우가 몰아친 뒤 겨우 날씨가 화창해졌다.

---

11) 『고종실록』 3년(1866) 7월 13일자에는 당시의 상황이 다음과 같이 기록되어 있다.

의정부에서 다음과 같이 제의했다.

"강화 유수 이인기가 올린 제의서에 따르면, '월곶진에 정박하고 있는 영국 상선에 가서 다시 내막을 물어보니 지난번의 해미현을 통과해 온 배와 관계되는 것이었는데 영국 상인 대발과 선주 제임스가 그 가운데 있었으며 그들은 오직 두 나라 사이에 물건을 통상할 것을 청했습니다. 바다물이 얕은 관계로 승천보 앞바다에 물러가 있겠다고 하면서 몇 가지 선물할 물건이 있다고 했으며 또다시 닭, 물고기, 과일, 채소 등 물건을 요구했습니다. 이는 전례가 없는 일이므로 마음대로 처리하기 곤란합니다. 묘당으로 하여금 제의하여 처리하도록 하기 바랍니다.'라고 했다. 서양 배가 이렇게 머뭇거리고 있는 것은 참으로 심히 해괴한 일이며 바쳐 올리는 물건으로 말하면 일의 체면과 관계되는 만큼 사실을 물어볼 역관으로 하여금 잘 타일러 물러가도록 하며 식량과 반찬 등속은 되도록 후하게 대줌으로써 멀리 있는 나라 사람들을 너그럽게 대하는 뜻을 보여 주도록 하는 것이 어떻겠습니까?"

왕이 승인했다.

연안무역선

그 동안 폭풍우 때문에 선상에서 꼼짝하지도 못하고 우리 배 근처에 정박해 있던 대형 거룻배를 타고 온 사람들과 마을 사람들은 그제야 엠퍼러호로 올라와 호기심을 해소할 수 있었다.

서울과 근 상업 도시인 송도에서도 희한한 증기선이 나타났다는 소식을 듣고 사람들이 몰려들었다. 그들 대부분은 말쑥한 차림의 중상 계층에 속했으며 다소 완고한 성격을 가지고 있는 것 같았다. 그들은 우리 기선을 보고 흡족해 하는 듯이 보였다. 키도 크고 잘생긴 데다 멋진 턱수염을 기르고 있던 한 송도 상인은 여덟 살짜리 아들도 데리고 왔다.

그 아이도 다갈색의 머리카락과 초롱초롱한 눈을 가지고 있어서 귀여워 보였다. 나는 그 꼬마에게 장난감을 한 가득 주고 머리를 쓰다듬어 주었다. 매우 이지적인 인상을 가진 꼬마의 아버지도 자기 아들에 대한 선심에 고마움을 느낀 탓이었는지 우리는 조선을 방문한 목적에 대해 허심탄회하게 대화를 나눌 수 있었다.

그는 그를 비롯해서 다른 모든 사람들이 기선을 방문하는 동안에 받았던 환대에 정중히 감사를 표시했다. 그리고 최근에 외국인들을 의도적으로 악평하는 소문이 나돌아 사람들이 외국인과의 만남을 탐탁스럽지 않게 생각하는 경향이 있는데, 사실무근임을 확인하게 해주어서 더욱 고맙다고 그는 덧붙였다. 아울러 그는 관리들의 생각이나 행동과는 달리 대다수의 민중들은 오랫동안 지속되어 온 조선의 고립에 반대하고 외국과의 자유롭고 제한 없는 교류에 찬성하고 있다고 말했다.

케케묵긴 했어도 조선의 장래를 결정할 이런 중차대한 논쟁이 조속히 해결될 것이라는 희망이 우리 기선의 출현을 계기로 외국인에게 호의적인 태도를 가진 사람들 사이에서 우러나고 있었다. 더구나 이 사람이 상인이었다는 점에서 대다수 조선 사람들의 뜻은 물론 상인들이 가지고 있는 생각을 숨김없이 표현했던 것은 틀림이 없었다.

음악

조선 사람들은 또한 음악에 상당한 관심을 가지고 있었는데, 우리 기관사 가운데 한 사람이 바이올린을 연주하자 그들은 대단히 즐거워했다. 그러나 그들이 바이올린 연주에 너무도 열렬히 환호하는 바람에 연주자는 파김치가 되도록 연주를 멈출 수가 없었다. 저녁이 되어 강화 유수로부터 다음과 같은 서신이 도착했다.

"며칠 전 당신과 대담을 나눈 뒤 마음이 매우 평온해졌습니다. 당신을 비롯한 선원들이 별 탈 없이 잘 지내고 있다는 소식이 그저 고마울 따름입니다. 나는 그 동안 안질에 걸려 침소를 떠나지 못하고 있습니다. 당신이 요청한 사항들은 차질 없이 진행되고 있습니다. 오늘 당신을 찾아보고 싶지만 안질이 전혀 차도를 보이지 않아 그렇지 못할 것 같습니다. 조금만 참고 앞으로의 일을 차분히 기다리시기 바랍니다. 병환이 차도가 있는 대로 당신을 찾아가 대담을 나누도록 하겠습니다.

병인년 7월 17일, 김재헌이 사의를 표하는 바입니다."

그날 저녁에도 나는 첫날처럼 다른 사람들과 산책을 나갔다. 8월의 날씨치고는 그 동안 줄곧 너무도 온화했다. 낮 동안의 기온은 78°F(25.6°C)를 넘지 않았고 저녁에도 70°F(21.2°C) 이상으로 올라가지는 않았다. 비슷한 시기에 중국 북부를 방문했을 때 그늘에서조차도 기온이 95~102°F(35°~38.9°C) 사이였던 것에 견주면 이런 날씨는 아시아 대륙 어느 곳에서 만날 수 없는 것이었다.

이인기

다음날 아침 약속했던 시간까지 특사가 나타나지 않아 내륙으로 더 들어갈 준비를 모두 마칠 무렵인 오전 10시경에 강둑에서 일대 소동이 일어나고 있었다. 수많은 기수들이 도열해 있고 그 주변으로 뭔가 특별한 행사를 구경하려는 듯이 사람들이 몰려나와 있었다. 정오 무렵에 강화 쪽에서부터 강둑까지 긴 행렬이 이어졌으며, 관리들이 가마에서 내려 미리 준비되어 있던 몇 척의 배에 수행원들과 함께 승선하는 것이 보였다. 강화 부사 김재헌이 소개한 두 명의 특사와 수행원들이 우리 배에 승선했다. 그 가운데 키가 크고 잘생겼으며 중국어를 유창히 구사하는 한 사람이 있었는데, 그의 수행원은 그를 "37세의 정부 특사 이인기"라고 소개했다.

나중에 그가 말해서 알게 된 사실이지만 그는 얼마 전까지 북경의 사절이었다. 그는 곧 예의를 갖춘 친절한 태도로 나와 마주앉았다. 아마도 김재헌이 우리에 관해 정부에 보고한 내용이 나쁘지만은 않았던 것 같았다. 그는 내가 지금까지 만났던 조선 사람들 가운데 가장 신사적인 사람이었으며 생김새 역시 대단히 호감이 가는 인상이었다. 그와 동행했던 다른 관리는 그보다 하급자로 대화에 거의 끼어들지 않았다. 의례적인 인사를 주고받자 그는 곧바로 본론으로 들어갔다. 그는 조선 정부의 위임을 받아 이곳에 왔다며 나의 방문 목적을 될 수 있는 한 소상히 듣고 싶다고 말했다. 나는 다음과 같이 대답했다.

"우리는 귀국이 다른 국가들과 통상을 비롯한 여러 가지의 교섭을 할 수 있도록 우호적인 취지에서 이곳에 왔습니다. 이 교섭이 일단 성사되면 조선에도 이익이 될 것이며 조선 정부도 이런 취지에 공감하리라 확신하고 있습니다. 잘 알고 계시겠지만 대다수의 조선 사람들도 조선 정부가 오랫동안 고수해 온 쇄국 정책을 폐지하고 문호를 개방하기를 바라고 있습니다. 나 또한 이런 조선 사람들의 뜻을 도처에서 확인할 수 있었습니다. 나는 지금까지 우리의 우호적인 뜻과 태도에 조선 정부도 응당하게 화답해 줄 것으로 생각해 왔으며 분명히 이 회담에서 만족할 만한 성과가 나올 것으로 기대합니다."

"나는 누구로부터 위임을 받거나 어떤 정부의 대표도 아닌 개인으로서 말할 뿐이지만 오랫동안 조선과 조선 사람들에게 관심을 가지고 있었습니다. 그리고 내가 바라는 바를 다른 외국인들도 원하고 있다는 것도 잘 알고 있습니다. 더불어 조선의 문호를 개방하려는 나의 노력이 성공을 거둔다면 외국 정부들도 즉시 특별 조약을 체결하여 조선과의 선린 관계를 명확히 할 것으로 장담합니다. 당신에게 전한 나의 요구는 불합리하지도 않고 불공평하지도 않은 것입니다. 오늘날에는 외부의 문명 세계로부터 자신을 고립시키는 어떤 나라도 정당화될 수 없으며 언제까지나 빗장을 걸어 두고 나라 안에서만 안주하고 살 수 있는 힘을 가지고 있지도 않습니다. 나는 조선 정부에 이런 당부니 조언을 할 생각은 없습니다만 이 말은 해야겠습니다. 만일 지금의 이런 우호적인 요청을 거절한다면 아마도 또 다른 형태로 개방 압력을 받을 것이며 그때에는 조선 정부에게 외세의 압력에 대한 판단을 내릴 시간조차 주어지지 않을 것입니다."

이인기는 이와 같은 긴 발언에 때때로 동의한다는 듯이 고개를 끄덕이며 진지하게 경청했다. 내가 말을 끝마치자 그는 이렇게 대답했다.

"당신의 말은 충분히 일리가 있는 고견입니다. 그렇다면 나는 이렇게 대답해야 할 것 같습니다. 우리 정부 역시 그 문제를 중요히 여겨 심각하게 고려하고 있습니다. 그리고 당신의 제안을 받아들이지 않겠다는 생각도 없습니다. 그러나 그토록 중요한 사안을 우리 정부가 독자적으로 결정하는 것은 피해야 할 문제입니다. 이 때문에 우리 정부는 이 문제에 대한 결정을 내리기에 앞서 중국 황제로부터의 승낙을 받고자 노력하고 있습니다. 나는 오늘 당신에게 최종적인 답변을 하려고 온 것이 아니라 단지 당신과 예비 회담을 갖기 위해 온 것입니다. 나는 당신과 회담을 한 뒤 곧 서울로 돌아가 그 결과를 보고하도록 지시를 받았습니다. 그리고 이틀 뒤에 정부의 결정 사항을 전달할 상관과 함께 다시 돌아올 것입니다."

이런 대화가 오고가자 조선 정부가 무슨 생각을 하고 있는지 어렵지 않게 알 수 있었다. 조선 정부는 나의 제안을 노골적으로 거부할 권한이 없었으며 또한 그렇게 하고 싶어 하지도 않았다. 현재의 상황에서 그런 변화는 권력자들에게 상당히 거북한 일이라는 것을 쉽게 이해할만 했다.

최근의 선교사 살해 사건에 연루된 섭정 체제의 간신배들은 일단의 외국인들이 나라 안으로 몰려오자 책임을 뒤집어쓸까 봐 두려워하고 있었던 것이다. 따라서 그들은 나의 제안을 거절한 데 대한 책임을 다른 누군가에게 전가시켜 될 수 있는 한 시간을 끌어야 했다.

그리고 중국 황제야말로 그런 부담에 연연해하지 않을 만큼 충분한 권한을 가지고 있었던 것이다. "바키스 씨[12]는 그럴 뜻이 있는" 사람이었지만 다행스럽게도 멀리 떨어져 있는 북경의 말썽꾸러기가 나중에 "안 돼"라고 말한다면 불쌍한 바키스 씨는 어떻게 해야 할 것인가? 무거운 짐을 짊어진 북경의 불쌍한 어린 황제도 몽골의 칸이나 다른 강성한 군주들처럼 많은 정사에 시달리고 있는지 나는 알 도리가 없었다. 그에 대해 나는 이렇게 답했다.

"당신의 말을 듣고 보니 이 문제에 대해 더 깊이 논의하기보다는 당신이 서울에서 상관을 데리고 이리로 돌아오기를 기다리는 편이 더 나을 것 같다는 생각이 듭니다. 그러나 나는 당신에게 이런 말을 덧붙여야 할 것 같습니다. 중국 황제는 이 일을 다룰 만한 여력도 없을 뿐더러 이 일 때문에 골머리를 썩으려 하지도 않을 것이라는 점을 나도 당신만큼이나 잘 알고 있습니다. 만일 그런 보증이 필요하다거나 황제의 말에 조선 정부가 순순히 따를 것이라고 생각하신다면 조선의 문호가 개방된 뒤에도 외국의 내정 간섭이나 이렇게 책임질 만한 일의 불편함도 걱정할 일은 아니겠군요."

이인기는 우리의 대화 내용을 빠짐없이 보고하고 특히 자신이 느낀 우호적인 감정에 대해서는 보다 각별하게 설명하겠노라고 대답했다. 이것이 그가 가진 권한의 전부였기 때문에 최종적으로 어떤 결과가 도출되리라는 것은 당시로서는 물론 예상조차 할 수 없는 일이었다. 내가 지금 한 말은 의심의 여지없이 모든 사안의 핵심이었다. 특사의 말을 듣고 난 뒤 성공적인 결과가 나오리라는 희망은 작아졌지만 사전에 그들의 변명을 막기 위해 별다른 효용은 없더라도 그런 말을 하는 것이 그렇게 나쁘지만은 않았다.

이인기는 지시 받은 일을 충실히 이행하면서도 내내 공손하고 정중한 태

---

12) 바키스(Barkis) : 디킨스(Charles Dickens)의 소설인 『데이빗드 커퍼필드』에 등장하는 인물. 주인공인 데이빗드의 유모인 페곳티에게 청혼한 마찻꾼인데 Barkis is willing이라는 말을 한 데에서 "응락한다"는 뜻으로 바킨스를 인용하는 속담이 생겼다.

도를 잃지 않고 있었다. 그리고 그는 호쾌하면서도 능력 있고 재치 있게 자신의 임무를 완수했다. 그는 한 시간이 채 못 되어 대담을 끝내고 서둘러 서울로 돌아갔다.

이인기가 출발하기에 앞서 나는 그와 김재헌에게 그들이 귀하게 여기는 모르단상사의 연필과 같은 약소한 선물을 주었는데, 그들은 그것을 받고 크게 즐거워했다. 이인기는 서울에서 돌아오는 길에 몇 종류의 조선 모자 와 토산품 등을 가져와 선물하겠다고 약속했다. 그는 모든 것에 흡족해 하며 돌아갔다. 강화 유수 역시 대담 중에는 별다른 말을 하지 않았다.[13)]

특사가 떠난 직후 나는 예정된 탐사에 나섰다. 나는 몇 명의 호위병을 데리고 아무런 제재도 받지 않은 채 몇 십 마일을 여행할 수 있었다. 강화는 조선에서 가장 비옥한 경기도의 가장 넓은 지역 가운데 하나였다. 같은 이름을 가진 이 지역의 향도는 1만 5,000 내지 2만 명의 주민들이 살고 있는 대도시였다.

강화읍의 경치는 아름다웠지만 특별히 눈여겨 볼 만하지는 않았다. 상점은 거의 찾아볼 수 없었으며 있어 봤자 중국 도회지의 훌륭한 상점에 익숙

---

13) 『고종실록』 3년(1866) 7월 16일자에는 당시의 상황이 다음과 같이 기록되어 있다.

"강화 유수 이인기가 올린 보고서의 등본은 다음과 같다.

'승천보에 와서 정박하고 있는 영국 상선에 가서 수도에서 내려온 역관으로 하여금 사정을 물어보게 했더니 그들은 통상하려고 하는 한 가지 문제를 가지고 거듭 간청하려고 했습니다. 그러므로 여러 모로 잘 타일러 주었는데도 아직 물러갈 생각을 하지 않고 있으니 다시 타일러 주어 꼭 돌려보내도록 하겠습니다.'라고 하였습니다. 영국 사람이 시종 간절히 청하는 것은 무역하려는 한 가지 일에 지나지 않으며 저희들이 비록 통상하자고 말한다 하더라도 우리 나라로서는 원래부터 떳떳한 법이 있는데 이를 어떻게 갑자기 시행하도록 승인할 수 있겠습니까? 이미 여러 날 동안 사정을 물어보고 말을 주고받고 했는데도 정박하고 있는 배는 현재 언제 떠나갈지 알 수 없으니 진실로 잘 타일러 주었다고 하면 어찌 그럴 리 있겠습니까? 사정을 물어보는 딴 관리를 해당 관청에서 특별히 선발하여 임명하고 곧바로 밤새워 내려 보내도록 할 것입니다. 그리하여 다시 엄중하게 말해주기도 하고 좋은 낯으로 이야기해 주기도 하여 반복해서 잘 타일러 줌으로써 꼭 돌려보내도록 하는 것이 어떻겠습니까?" 승인했다.

왕이 윤허하였다.

한 우리들에게는 전혀 볼품없이 보였다. 산골까지 이어진 도로는 넓고 잘 닦여 있어 여행하기에 전혀 불편함이 없었다.[14)]

현감의 초대

저녁 무렵이 되어 다소 피곤에 지쳐 돌아오는 길에 우리가 지나던 촌락에서 전혀 예기하지 못한 일이 준비되어 있어서 우리는 깜짝 놀랐다. 그곳 현령이 닭고기 요리와 갖가지 진수성찬을 마련하여 자신의 집으로 우리를 초대했던 것이다. 그의 재량으로는 감히 이런 환대를 베풀 엄두도 못 냈을 것이고 아마도 위에서 지시를 받고서 이런 준비를 했던 것으로 보였다.

대체로 조선 사람들은 호의적이지만은 않기 때문에 별로 내키지는 않았지만 이 만찬에서 받았던 환대는 더욱 가치 있게 느껴졌다. 더구나 갖가지 이름 모를 진수성찬들은 그것을 준비한 사람들의 성의를 무시하지 않고서는 도저히 거절할 수 없었다. 주변 마을의 현령들도 이 잔치에 초대되어 엄청난 양의 술을 마시며 즐겼다. 그러나 술은 중국의 것보다 더 독했으며 내가 지금까지 마셔 본 어떤 술 보다 불쾌한 맛이었다.

얼마 지나지 않아 모두들 이 독주에 취해서 홍청대기 시작했다. 그들은 우리가 친구처럼 느껴진다며 이번 여행에서 좋은 성과를 거두기를 빌어 주었다. 한밤중이 다 되어서야 우리는 자리를 뜰 수 있었다. 그들은 강둑까지

---

14) 『고종실록』 3년(1866) 8월 13일자에는 당시의 상황이 다음과 같이 기록되어 있다.

의정부에서 제의하기를, "영종 방어사가 올린 보고 등본에 따르면 외국 배 1척이 부평 경계까지 굴러들어왔다고 했습니다. 이때를 당하여 방비를 허술하게 할 수 없으므로 새로 임명한 통진 부사(通津府使)로 하여금 고을 원들 가운데에서 만약 수도에 올라와 있는 사람이 있을 경우에는 일체 밤을 새워 가며 내려가도록 하는 것이 어떻겠습니까?"라고 했다.

이 사건으로 강화 유수 이인기는 신지도로 유배되었다. 『고종실록』 3년(1866) 10월 28일자 참조.

바래다주겠다며 고집스럽게 따라와 우리와 따뜻한 인사를 나누며 헤어졌다. 우리를 초대했던 현령은 나에게 아주 특이하고 단단한 나무로 많든 지팡이를 선물했다. 나는 그 뒤로 물곧 그 지팡이를 사용하고 있다.

방우서의 방문

다음날 여전히 많은 손님들이 우리 배에 찾아온 일 외에 특별한 일은 일어나지 않았다. 그 다음날 정오 무렵 특사의 도착을 알리는 기수대의 행렬이 보였다. 곧이어 특사가 강화 부사와 함께 나룻배에 승선했다. 이인기는 이번에는 부대표로 왔다. 특사 대표가 배에 올라오자 그의 수행원은 그를 "외국인 영접을 지시 받은 78세의 특사 대표 방우서"라고 소개했다. 그는 연로했지만 여전히 활력 있는 신사로 보였다. 다른 두 사람의 수행원이 그의 지위에 걸맞게 예의를 갖추며 길을 인도했다. 그는 곧 평정을 되찾고 이인기보다 더 유창하게 중국어를 구사했다.

승선하기에 앞서 이인기는 서울에서 가져오겠다던 선물을 미리 보내 왔다. 선물은 세 점의 수공예품, 말끔한 밀짚모자, 튼튼하나 다소 조잡하게 만들어진 하얗고 붉은 색깔의 종이 부채, 소형 나무빗 등이었다. 이 선물들로 말미암아 품평회를 여는 듯한 흥청거림이 있긴 했지만 조선의 전문 장인들의 작품 가운데에서 선별된 것들이었기 때문에 우리는 적절히 사의를 표시하며 그것들을 받았다. 형식적인 의전 절차가 끝나자 그는 다음과 같이 운을 띄웠다.

"나는 정부의 대표 자격으로 당신을 영접하라는 지시를 받았습니다. 이곳에 도착한 당신의 배를 환영하는 것이 언젠가는 우리 나라의 문호 개방으로 이어질 교류의 시작이라고 생각하는 바입니다. 이인기로부터 당신에 관한 보고를 받은 뒤 대신 회의를 소집하여 당신의 요구와 제안에 대해 심각하게 고려해 보았습니다. 정부 역시 당신의 제안을 신중하게 처리하고자 하는 바입니다. 그러나 국왕은 중국 황제의 재가 없이 그런 중대사에 독자적인 결정을 내리고자 하지는 않습니다. 당신이 직접 북경으로 가서 조선의 개방을 허가하는 황제의 칙서를 받아 올 수는 없습니까? 칙서만 받아 올 수 있다면 당신이 원하는 바는 즉시 시행될 수 있으며 이런 절차상의 어려움은 모두 해소될 것입니다."

방우서는 진지하고 인상적으로 자신의 의사를 개진한 뒤 나의 반응을 유심히 살피고 있었다. 나는 그의 말에 전혀 놀라지 않았다. 조선 정부는 지금까지와 같은 방법으로 질문을 회피할 것이며 자유로운 교류를 지연시키기 위해 온갖 속임수를 짜낼 것임을 지난번 이인기와의 대담 때에 이미 간파했기 때문이다. 그러나 나는 조선과 중국과의 실질적인 관계를 무시하는 이와 같은 얄팍한 술책이 짜증이 날 뿐이었다. 그래서 나는 함축해서 특사들이 알아들을 수 있도록 답변했다.

"조선 정부가 나의 제안을 거절하려고 그렇게 얕은 구실을 대고 있다니 대단히 유감스럽습니다. 나더러 직접 북경에 가서 조선의 문호를 개방하라는 칙서를 받아 오라는 것은 당신도 알다시피 삼척동자도 웃을 만한 바보짓이 아닙니까? 설령 내가 중국 정부의 관계 부처를 통해 칙서를 신청한다 하더라도 소용없는 일이라는 것을 당신도 잘 알고 있지 않습니까?"

"조선과 중국 사이의 관계를 외국인들이 전혀 모르고 있을 것으로 조선 정부가 생각하고 있다면 아주 잘못된 발상입니다. 나의 제안을 거절하려고 중국에 기대었던 오래된 관행을 이용하는 것이 적절하리라고 판단할지는 몰라도 나는 이미 그러한 처사가 술책에 불과하다는 것을 잘 알고 있고 당신도 또한 눈치 챘을 것입니다. 차라리 단도직입적으로 솔직하게 거절하는 편이 오히려 영예롭지 않겠습니까?"

"어떤 경우라도 나는 당신들을 이해하겠으며 조선 정부의 성실성과 신의에 의문을 달지도 않을 것입니다. 나는 귀국을 방문하는 동안 정부 관료와 주민들과 만나 조선이 외국과 교류 관계를 수립하면 어떤 위해도 받지 않을 분더러 명명백백하게 조선에 이득이 된다는 점을 우호적이고 열린 자세로 강조해 왔습니다."

"그리고 나는 연령과 신분에 상관없이 대다수의 조선 사람들이 쇄국 정책을 폐지하기를 바라고 있다는 사실을 알게 되어 기뻤습니다. 아울러 우리가 이곳까지 오는 동안 조선 사람들에게 심어 준 우호적인 인상이 그러한 열망을 더욱 높여 주었다는 점에 만족하고 있습니다."

"그러나 이렇게 둘도 없는 호기를 눈앞에 두고도 조선 정부는 만백성들의 열망과 달리 행동을 하고 있다는 사실에 심히 유감스러울 따름입니다. 지금은 이렇게 우호적인 태도로 개방을 요청하고 있지만 언제인가는 좋든 싫든 개방을 해야 할 때가 올 것입니다. 조선 정부가 지금 정치적으로 현명하게 처신하고 있다는 생각은 들지 않습니다."

"만일 내가 조선이 문호를 개방하고 세계와 교류를 시작한다는 소식을 가지고 돌아간다면 모두가 조선 정부의 개방 정신에 찬사를 보낼 것입니다. 그리고 선교사 살해 사건이 몰고 올 심각한 후유증도 막을 수 있을 것입니다. 조선 정부를 배려하고 나의 선의를 확인시키기 위해 지금까지 나는 이 문제에 대한 언급을 자제해 왔습니다. 그러나 이곳에서 일어나고 있는 일을 외국인들이 전혀 모르고 있을 것이라는 당신들의 생각이 틀렸다는 점을 밝히기 위해서 이제는 이 문제를 거론해야겠습니다."

"그리고 당신의 미온적인 대답을 나의 제안에 대한 최종적인 거절 의사로 받아들이겠습니다. 이런 상황에서는 더 이상 정박하고 있을 필요가 느껴지지 않으니 곧 회항 준비를 하겠습니다. 뒤에 더욱 가혹한 개방 압력을 받을 때에는 지금의 우호적인 요청을 오히려 감사히 여기게 될 것입니다."

수교 담판

특사들은 미동도 하지 않고 내 말을 경청했다. 그 동안 수행원은 내 말을 한 자 한 자 받아 적고 있었다. 내가 선교사 살해 사건에 대해 언급했을 때 그들은 그 사건이 바깥 세상에 알려졌으리라고는 생각도 못했다는 듯이 놀란 눈빛으로 서로를 쳐다보았다. 내가 말을 끝내자 그들은 나에게 다가와서 말을 잇는 동안 달아오른 분노와 노여움을 달래려고 애썼다. 그들은 지시 받은 답변 사항의 유감스러운 내용이 못내 마음에 걸리는 듯 적당한 시기가 오면 모든 일이 잘 풀리리라는 희망 섞인 말을 나에게 해주었다. 또한 그들은 내게 차분함을 잃지 말라고 다독이면서 이러한 일에 개인적인 악의는 전혀 없다고 덧붙였다. 나는 계속 말을 이었다.

"당신들은 단지 지시 받은 일을 수행할 뿐이기 때문에 당신들에게 화를 낼 이유는 없습니다. 나는 평화적이며 합당한 소리에 귀를 기울이지 않는 조선 정부가 원망스러울 뿐입니다. 조만간 조선 정부는 포성을 듣게 될 날을 맞을지도 모릅니다. 중국이나 일본도 외국의 개방 압력을 견디어 내지 못했건만 조선은 이 두 나라보다 영토의 크기와 국력에서 모두 열세가 아닙니까? 만일 서구 열강이 강압적으로 조선의 개방을 요구한다면 과연 얼마나 견뎌 낼 수 있을 것 같습니까? 한 나라가 세계와 문을 닫고 안주하던 시대는 이미 오래 전에 지나갔으며 조선도 예외는 아닙니다. 조선의 수도 근처까지 올라온 이 작은 기선의 출현이 바로 그 증거입니다. 당신들이 거의 불가능하리라고 생각했던 일을 우리도 해냈는데, 유럽이 첫 발을 들여놓은 이 과업을 끝내려고 중무장한 군대를 파견하는 것은 오죽이나 쉬운 일이겠습니까? 우리의 대화가 만족할 만한 결과를 도출하지 못한 것이 매우 유감스러울 따름입니다. 조선 정부가 이미 결정을 내렸고 어떤 합리적인 말로도 그 결정을 바꾸지는 못할 것 같은데, 더 이상 시간을 허비하는 것이 무슨 소용이 있겠습니까? 이쯤에서 대담을 끝내도록 합시다."

귀항

방우서와 이인기도 이 대담이 좋은 결과로 끝나지 않은 것에 유감을 표시했다. 그러나 그들도 우리 제안에 호의적이지 않은 대원군이 전권을 장악하고 있는 이상, 권력자들이 결심을 바꿀 가망은 보이지 않는다는 발언에는 고개를 끄덕였다. 비록 그들은 정부를 직접 비난하지는 않았지만 가라앉은 목소리와 얼굴 표정에 드리운 그림자에서 그들도 현재의 상황에 불만을 가지고 있음을 확신할 수 있었다.

대담을 더 이상 진행할 만한 이유가 사라지자 결국 그들은 자리에서 일어나며 이 대담의 좋지 않은 결과가 자신들의 개인적 의지와는 무관함을 다시 한 번 주지시켜 주었다. 우리는 지체 없이 출항 채비를 갖추고 다음날 아침 귀로에 올랐다. 떠오르는 태양은 떠나가는 우리의 귀항을 위로하는 듯 낭만적인 아름다움과 장밋빛으로 한강을 물들였다.

여전히 고요한 아침 하늘에 마지막 예포를 발사하며 우리의 늠름한 작은 기선은 뱃머리를 돌렸다. 암초가 곳곳에 숨어 있는 만조의 물살을 쉬지 않고 가르며 항진한 우리는 그날 저녁 한강 하구에 도착할 수 있었다. 그곳에서 우리는 아름다움은 조선만 못하나 더욱 안락한 중국 해안으로 직항하여 며칠간의 항해를 끝마치고 그곳에 안착했다.

제 9 장 제3차 방한 : 1868년 4월

로즈(P. G. Roze) 제독이 이끈 불운한 원정대와 엠퍼러호가 조선에로의 항해에 오른 지 2년이 지났다. 지난날 나의 경험은 여러 면에서 부족했던 준비를 충족시켜 조선으로의 3차 항해에 착수하도록 하는 결단의 원천이 되었다. 이 장은 3차 항해에 대한 내용으로 구성되어 있다. 3차 항해의 분위기는 성격상 매우 예외적이고 특별했다. 곧 항해의 성격이 과거와 달랐기 때문에 세부적인 내용을 기술하기에 앞서 우선 항해를 계획하고 수행했던 궁극적인 동기에 대해 명쾌하게 설명할 필요가 있다.

병인양요

지난날의 프랑스 함대의 원정 결과는 괜스레 큰 기대를 가져 봤자 의도한 만큼의 성과는 나오지 않으며 실망감만 더욱 크고 깊을 수밖에 없다는 점을 명백하게 가르쳐 주었다. 선린 우호의 기치를 앞세우고 엠퍼러호가 조선을 방문한 동안 우리들에게 협상안을 관철시킬 수 있는 물리력이 없다고 판단한 조선 정부와 진행한 협상은 결렬된 것으로 알려진 바 있다. 그러나 프랑스 제독은 어느 정도 숙련되고 투혼에 찬 원정대를 지휘해서 종국에는 만족스러운 결과를 얻을 수 있었다.

큰 희생을 치르지 않고서도 프랑스로부터 공격당할 위험에서 벗어나는 놀라운 환희를 맛보자 조선 정부는 문호를 개방하라는 외국의 제안을 받아들이는 듯이 대외적으로 호의를 표방함으로써 명백하게 적대감을 포기하는 듯 했다. 그러나 대원군과 그의 정부는 이전에 특사의 설명을 통해 자신들이 전보다는 외국인들에게 더 우호적이라는 인상을 심어 주고 개방의 시기가 빠른 속도로 막바지를 향해 접근하고 있다는 점을 설득시키면서도 분명하게 우리의 요구를 회피하는 태도를 취했다. 따라서 부정적인 결과가 도출된 것은 불가피한 일이었다.

쇄국

그들은 국내로 유입되는 새로운 사조들을 차단함으로써만 권력을 유지할 수 있기 때문에 외국인들의 입국을 강력하게 저지했다. 결국 현재 하늘 높은 줄 모르는 권세를 떨치고 있는 소수의 일파가 근래에 취해진 결정을 내리는 과정에 완전하게 주도권을 행사하고 있다. 그들은 갖가지 수단을 동원해서 기민하게 사태에 대응했다.

이전에 자기 색채가 분명했던 대원군은 단지 기쁨에만 흠뻑 취하여 현재 그가 가장 아끼는 일파에 의해 끌려가고 있다. 그들은 대원군과 한 배를 타고 있다. 종전대로 쇄국을 유지해야만 자신들의 안위와 권력이 보존된다는 것을 알고 있는 그들은 백성들의 개혁 열망을 꺾으려고 만백성의 심장을 향해 테러를 가하는 방도를 취했다. 이를 위해 그들은 우선 외국인들의 조선 입국을 통제하는 지난날의 금지령을 부활시켰으며 보다 새롭고 매우 엄격한 일련의 금지 조치들을 시행했다.

모든 조선 사람들은 북부 지방에서 연례적으로 열리는 장에 참여하는 것이 금지되었으며 품목의 종류에 관계없이 외국 산품 수입 또한 일체 금지되어 이를 어기면 엄중한 처벌을 받았다. 정부는 각 지방의 수령들에게 120명씩의 남자들을 징집하여 훈련시키라는 명령을 내렸다. 이들은 장차 외침에 맞서 각 지역을 지키는 수비대로 복무할 것이다.

대원군의 정책

그러나 이러한 금지 조치들로도 성이 차지 않은 대원군과 그 일파들의 광포는 우선 토착 천주교인들에게, 그리고 다음으로 외국인들에게 우호적이거나 그런 혐의가 있는 모든 이들에게로 향했다. 이러한 사람들은 모두 죽음으로 내몰리거나 먼 곳으로 추방되었다. 그리고 몇 천 명에 이르는 무고한 사람들이 정부와 그 주구들의 독단적인 조치에 불평하거나 반대했다는 이유만으로 참혹하게 살해되거나 집을 몰수당했다.

이러한 사태는 프랑스 원정대가 퇴각한 이후에 더욱 두드러졌다. 따라서 사람들은 대원군과 그의 정부가 겪어야 했던 사실에 대한 우려 때문에 가혹한 고통을 당해야 했다. 피에 굶주린 전제 권력과 파렴치한 일파에게는 털끝만큼의 자비심도 없었으며 또한 이들을 전복하고 응징할 어떠한 방도도 강구할 수 없었다.

그들은 자신들의 위엄과 권력을 모독한다는 이유로 백성들에게 원한과 분노를 터뜨리며 조선을 불행의 구렁텅이로 몰고 갔다. 따라서 지배 세력은 권력을 확고하게 다져 나갔기 때문에 누구도 죽음을 무릅쓰고 그들의 지배를 끝장내려 하거나 노골적으로 맞서는 시도를 감행하지 못했다.

이 나라에서 일어나는 사건들의 소식이 세상 밖으로 알려지는 것을 막기 위해 조선 정부가 가장 가혹한 조치들을 취했을지라도 권좌에 올라 있는 일파에 반대하는 개종자들과 그 밖의 조선 사람들은 조선에서 일어나는 모든 사태에 대한 가장 믿을 만한 소식을 전파하려는 계획을 세웠다.

그들은 요동의 북부 지방을 넘어 상해에 이르기까지 수시로 비밀리에 소식을 전달했다. 이를 통해 나는 조선에서 일어나는 사태에 대해 정통하게 되었다. 따라서 조선과의 관계가 개선될 어떤 희망도 엿보이지 않은 시기에도 내가 조선에서 일어나는 모든 일에 깊은 관심을 가지고 있는 것은 당연한 일이었다.

리델 신부의 구원 요청

지난 2차 항해 동안에 박해를 당하고 있던 두 선교사가 나에게 구원을 요청했던 자연스러운 결과로서 그들이 안전하게 중국으로 귀환한 뒤에 나는 그들과 친교를 맺게 되었다. 나는 해미에서 천주교 신자인 빌립보(Phillips)를 통해 리델(Félix C. Ridel)의 편지를 받아 보았다. 그가 매우 능력 있고 따뜻하며 진실로 성실한 사람이라는 점 외에 내가 부연할 수 있는 말은 없다.

그러나 최근까지 조선 신부들의 대리 교구장이었던 페롱(Stanislas Féron)은 이 장에서 비중이 높은 인물이기 때문에 보다 각별하게 언급할 필요가 있다. 두 사람 모두 내가 스스럼없이 그들을 원조하고자 나섰던 데 대해 더할 나위 없는 감사함으로 충만해 있었다는 점을 첨언해도 괜찮을 것 같다. 이 신사들이 결코 천주교나 그 밖의 다른 교파에 소속하지 않았다는 점은 여기에서 명확하게 한 번쯤 밝혀 두는 것이 적절할 것이다.[1)]

내가 알기로는 페롱 신부는 11년 이상을 줄곧 조선에 머무르며 선교 활동에 몰두했다. 그러던 가운데 박해가 일어나 동료들이 참살 당하고 그 자신 또한 거의 목숨을 잃을 뻔했다. 마지막 장에는 어떻게 그와 그의 동료들이 수많은 우여곡절과 위기를 겪으면서 탈출에 성공할 수 있었는지를 기술하고 있다.

---

1) 리델이나 페롱이 모두 천주교 신부였음에도 불구하고 그들이 어느 교파에도 소속되지 않았다는 필자의 기록은 잘못이며, 아마도 그들이 종교적 편견을 가지지 않았다는 것이 잘못 표현된 것 같다. 페롱이 조선 교구 대리교구장이었다고 기술하고서도 어느 교단에 소속되어 있지 않았다는 대목은 정직한 표현이 아니다.

분노한 대원군은 그들을 잡아들이기 위해 추격대를 파견했다. 그는 오래 동안 조선에 머물면서 조선과 조선 사람들을 사랑하게 되었다. 그는 불행한 동료인 베르뉘(S. F. Berneux) 신부로 말미암아 범한 판단 착오를 솔직하게 인정했다. 페롱 신부는 사태가 점차 악화되면서 집권 세력의 압제와 무자비한 탄압에 불복한 조선 사람들이 당하는 고통에 매우 충격을 받고 깊은 슬픔에 빠졌다. 그는 매우 박학다식할 뿐더러 진실하고 성실한 성품이 몸에 배어 있으며 종교적인 열광으로부터도 자유로웠다. 그는 누구와도 비견할 수 없을 정도로 극기하며 전 생애를 헌신했다. 그는 자신의 임무를 완수하겠다는 단 한 가지 목표에만 모든 생각을 집중했다.

내가 외지의 이곳저곳을 돌아다니거나 장기간 체류하는 동안에 친교를 맺었던 천주교와 기독교를 포함한 모든 선교사들 가운데에서 페롱 신부보다 더 높은 찬사를 받을 만한 사람은 내 기억에 없다. 그와 비교할 가치조차 없는 사람들이 그를 비방하면 할수록 그것은 오히려 그의 고결한 성품을 입증하는 예이며 그가 가장 순수한 동기에서 활동했다는 나의 확신을 더욱 명확하게 밝히는 것이 나의 임무라고 생각되었다.

그가 만약 이 책을 읽어본다면 그는 내가 결과를 가지고 그를 비난하는 최후의 사람인 동시에 그가 베푼 친절과 자애의 기억을 늘 간직하려 한다는 것을 확인할 수 있을 것이다. 완전하게 패퇴하여 자신의 활동 무대로부터 너무 갑작스럽고 예기치 않게 쫓겨나게 된 이런 부류의 사람은 강요된 휴식 상태를 깊이 자책하며 몇 년 동안 온갖 위험을 무릅쓰고 헌신해 온 일들을 비탄에 젖어 떠올린다.

자신들의 스승을 버리지 않고 가족과 조국을 떠나기로 결심한 일부 조선 사람들은 그를 따라 중국으로 건너갔다. 그리고 나중에는 과거에 조선에서 일어난 사태로 말미암아 슬픔을 겪고 마음의 상처를 입은 더 많은 사람들이 그의 뒤를 따랐다. 페롱 신부의 소개로 나는 그가 조선 사람의 연락망을 통해 입수한 소식들을 주기적으로 들을 수 있었다. 우리는 조선의 동향에 관심을 갖고 있는 열강들이 개입하여 사태를 호전시키는 일은 헛된 꿈에 불과하다는 결론을 이내 내리면서도 상황이 나아지리라는 전망에 대하여 때때로 남화를 나누었나.

페롱 신부의 내방

하루는 페롱 신부가 나를 찾아와 대단히 관심을 환기시키는 사건이 일어났다고 말했다. 대원군이 만행을 저질렀다는 생생한 소식이 입수되었던 것이다. 그 사건은 페롱 신부의 보호를 받고 있던 조선 사람들을 매우 동요시켰다. 그들 가운데 조선 사람들의 머리 꼭대기 위에 군림하고 있는 흉포한 일당을 끝장내려는 결의를 세운 몇몇은 회합을 가지고 최종적으로 대원군을 타도하는 계획에 합의했다. 당시에 나는 그의 계획의 내용에 대해서는 듣지 못했지만 대원군의 정신이 번쩍 들도록 혼내겠다는 것은 틀림없었다. 페롱 신부가 나에게 말했다.

"선생, 당신은 언제든지 나를 기꺼이 도울 사람이라고 나는 늘 생각하고 있었습니다. 내가 만일 대원군과 그의 정부를 항복시켜 조선의 개방을 골자로 하는 조약을 체결할 수 있도록 서구 열강의 힘을 빌려 수단을 제공한다면 당신은 이 계획을 실행하기 위한 새로운 항해에 착수할 수 있겠습니까?"

그러나 나는 이 질문과 제안을 받고 그다지 놀라지 않았다. 다만 나는 그 원대한 목적을 이룰 수 있는 수단이 무엇인지를 알려 달라고 말했을 뿐이었다. 페롱 신부는 나에게 제안한 원정의 세부적인 계획에 대해서는 충분히 재고할 시간을 가진 다음에 자신의 조선 사람 친구들과 모임을 가질 때까지 어느 정도 기다려 달라고 요청했다.

그렇지만 그는 비록 예측에 불과하지만 그 목표가 반드시 이루어질 것이라는 확고한 신념을 표명했다. 나는 그의 신념에 절대적으로 동조했지만 그 방안이 확실히 실행 가능하며 의도했던 결과를 낳을 수 있는지를 물은 다음 그를 도와 그 과업을 완수하겠노라고 대답했다.

며칠 뒤에 페롱 신부가 다시 나를 방문하여 원정 계획에 대해 생각하면 할수록 의도하는 바대로 일이 착착 진행되리라는 확신이 더욱 커지고 아울러 조선 사람들도 우리의 뜻에 동조하여 자신의 계획을 강력하게 지지할 것이라고 말했다. 페롱 신부는 이어서 이렇게 말했다.

"당신은 나의 계획에 처음에는 매우 놀라고 비정상적인 생각으로 받아들일 것입니다. 그러나 냉정하게 나의 계획을 숙고해 본다면 현재로서는 그것만이 우리가 설정한 목표, 곧 대원군이 조선의 개방 요구에 동의하도록 만들 수 있는 유일한 방책이라는 나의 소신에 동조하게 될 것입니다. 나와 당신은 대원군이 어떻게 해서든지 우리가 손쉽게 계획을 실행하도록 보고만 있지는 않으리라는 것을 이미 잘 알고 있지 않습니까? 또한 우리는 모든 조선 사람들이 한결같이 그를 얼마나 저주하는지도 알고 있지 있습니까? 조선 사람들은 그 누구보다도 조선이 개방되기를 열망하고 있지 않습니까? 잘 알고 있겠지만 나는 어떤 저열하거나 이기적인 동기에 의해 행동하지도 않을 것이며 일신의 영욕을 쫓지도 않고 오로지 지난 몇 해 동안 공들여 온 작업들이 결실을 맺기만을 바랄 뿐이라는 점은 당신도 인정할 것입니다."

그는 다시 말을 이었다.

"조약이 체결되기만 한다면 천주교뿐만 아니라 개신교 선교사들에게도 길이 열리게 될 것입니다. 특히 개신교로서는 전혀 새로운 장을 개척할 수 있을 것입니다. 그렇게 되면 내가 종교적으로 편협하다는 비난 따위는 듣지 않게 될 것입니다. 만약 지금 내가 당신에게 제안한 계획이 언뜻 보기에 상식에서 벗어난 비정상적인 것으로 여겨진다면, 작은 수단을 가지고서는 원대한 목표를 이룰 수 없으며 우리는 통이 좁은 범부의 눈이 아니라 전혀 다른 시각에서 이 일을 조망해야 한다는 점을 항상 기억해 주기 바랍니다."

"나아가 이 계획은 대원군을 효과적으로 강제하는 수단으로 역할을 하면서도 그로 말미암아 가급적이면 조선의 어느 개인의 생명이나 재산에 위해를 입히지는 않을 것입니다. 다만 나와 나의 조선 친구들은 적어도 어떤 현실적인 위험을 우려해서가 아니라 우리의 전진을 가로막는 어리석은 판단을 하는 사람들로부터 스스로를 보호하기 위해 강력한 호위대가 필요하다고 생각합니다."

남연군 묘의 도굴 계획

이렇게 서두를 설명한 뒤에 페롱 신부는 나에게 계획 전반에 대해 소상하게 설명했는데 그 내용은 다음과 같다. 매우 미신적인 성벽의 소유자인 대원군은 각종 유품의 보전을 대단히 중시해서 그가 소유하고 있는 어느 한적한 장소에 오랫동안 자신의 가문의 유품을 보전하고 있었다. 조선 사람들은 유품을 보전함으로써 자신과 가문이 번창한다고 생각하기 때문에 유품들은 점차 존귀해져서 일종의 미신적인 외경의 대상이 되었다.

대왕대비[2]가 대원군의 아들을 후사로 들이기에 앞서서는 대원군의 신상이 거의 알려진 바가 없었지만 그가 통치권을 강탈하여 섭정을 편 이래로 곧 그의 진면목이 만천하에 드러났다. 조선의 친구들은 이러한 상황에서 그들의 계획을 세웠다. 그들은 일시적인 방편으로 대원군이 보존하고 있는 유품들을 수중에 넣는다면 그것을 통해 대원군과 거래할 수 있기 때문에 금권 그 자체를 장악하고 있는 것이나 마찬가지일 것이라고 확신했다.

그렇게 되면 대원군은 유품들을 되찾기 위해 어떠한 요구든지 기꺼이 받아들이게 될 것이다. 따라서 그는 조약을 체결하여 나라를 개방하겠다는 열의의 증거로 열강들에게 사절을 보내라고 요구한 조건들에 귀를 기울이지 않을 수 없을 것이다. 페롱 신부는 대화를 결론으로 이끌어 갔다.

---

2) 대왕대비(大王大妃) : 순조의 세자였던 익종의 비 신정왕후(1808~1890) 조대비를 의미함.

"두 말할 필요도 없겠지만 한 사람의 희생도 감수하지 않고 우리가 의도한 목적을 달성할 수만 있다면 나는 이 일에 당신의 도움을 요청하겠다는 생각을 전혀 하지 않았을 것입니다. 이번 계획을 실행에 옮기는 과정에서 전혀 난관이 없으리라고 단언할 수 없습니다. 유품이 보전되어 있는 지역의 위치는 특별해서 가장 위험한 곳입니다. 그 곳에 도착하려면 기선을 이용해서 내륙을 향해 거의 30마일에 이르는 아산만의 지류를 거슬러 올라가야 합니다."

"그리고 이 계획은 한 달에 한 번 조수가 가장 높이 들어오는 한사리가 일어나는 30시간 안에 처리해야 합니다. 그 동안에는 지류의 수심이 최고 3피트에 이르지만 나머지 시간 동안에는 물이 거의 메말라 버립니다. 문제의 지역은 기착지에서 도보로 약 네 시간 거리에 있으며 도중에 인구가 조밀한 마을을 통과해야 합니다. 따라서 한 사리가 시작될 때 아산만의 입구에 도착해야 하며 왕복 시간을 모두 계산에 넣어야 합니다."

"마침 몇 명의 조선 사람들이 그 지방 출신이거나 그 곳의 지리를 잘 알고 있으므로 안내자의 역할을 할 것입니다. 이들은 거사의 성공을 낙관하고 있어 유품들을 되찾으려고 대원군이 직접 조약의 전문에 서명을 할 것이라고 단언하고 있습니다. 당신은 결심하기에 앞서 무엇보다도 이번 거사가 성공을 거둔다면 그간 온 세계에 누를 끼쳐 온 대원군이 입을 손실과는 비교도 안 될 정도로 세상의 만인들, 특히 모든 조선 사람들에게 크나 큰 은총을 가져다주게 될 것이라는 점을 명심하기 바랍니다."

이 대화로 말미암아 내가 전율을 느꼈다는 점은 두 말할 필요도 없다. 그 이유는 계획의 성격이 특이하고 비정상적이기 때문만은 아니었다. 나도 또한 평범한 방식으로는 조선을 개방시킬 수 없다고 생각하고 그러한 방안을 준비해 오고 있었다. 그러나 페롱 신부와 그의 조선 사람 친구들의 의도대로 확실한 결과가 보증되어야만 한다. 페롱 신부가 제안한 가장 진지하고 의기충천한 방안은 틀림없이 이번 원정의 성공에 도움이 될 것이다.

나는 페롱 신부가 비합리적이거나 과도하게 낙관적으로 성공을 꿈꿀 사람은 아니라는 점을 잘 알고 있었으며 그의 순수한 성품은 더욱 의문의 여지가 없었다. 나는 그 계획에 착수하는 것은 모험이긴 하지만 그로 말미암아 거두게 될 수확은 확실히 매우 클 것이라는 점을 마음속 깊이 확신하고 있었다. 구경꾼들은 이 계획이 헛된 망상에 불과하다고 폄하하겠지만 나는 그간의 경험을 통해 그 전보다 훨씬 더 낙관적인 시각으로 이 일을 조망할 수 있었다.

그렇지만 나는 경솔하게 대들고 싶지는 않았다. 나는 며칠 동안 그 문제를 진지하고 신중하게 생각해 보겠노라고 답했다. 약속한 기한 내에 이 계획에 대해 모든 측면에서 심각하게 골몰한 끝에 나는 페롱 신부의 제안을 받아들이고 조선 왕국의 개방이라는 우리가 얻고자 하는 원대한 목표를 이루기 위해 내가 할 수 있는 한 그를 돕기로 결정했다.

항해의 준비

며칠 뒤 화창한 날 아침 나는 묄러(Moeller) 선장이 지휘하는 약 1,000톤 가량의 기선 차이나호를 타고 계획된 원정을 위해 상해를 출발했다. 페롱 신부 외에 그의 조선 사람 동료들과 나 그리고 미국인 신사 J 씨[3]가 승선했다. J 씨는 재정적인 면에서 나에게 가장 든든한 조력자가 되었다.

우리는 중국인보다도 중국어를 더 잘 하는 그가 동승하는 것을 허용했다. 그 외에도 약 10~12명의 유럽인 항해사, 25명의 마닐라인 그리고 많은 중국인 항해사들이 호위대로 참여했다. 기선 차이나호는 아산만의 지류를 거슬러 올라가기에는 규모가 너무 커 우리는 흘수가 2피트에 지나지 않은 작은

---

3) J 씨 : 남연군 묘의 도굴 사건의 경비를 부담했던 미국인 젱킨스(F. B. Jenkins)를 의미함.

기선 그레타호를 밧줄에 묶어서 싣고 갔다. 그것은 J 씨가 제공한 것으로서 내 마음대로 쓸 수 있었다. 그럼에도 불구하고 악천후를 만나는 바람에 우리는 한 사리가 시작되는 시점에 맞추어 겨우 도착하기는 했지만 겨우 안전을 유지할 수 있었다. 이 때문에 우리는 몇 시간 동안 발이 묶였다.

우리가 조선 사람의 안내를 받아 아산만에 진입해서 기항했을 때에는 이미 한밤이 되었을 때였다. 우리는 즉시 그레타호를 단단하게 잡아당겨 매고 다음날 아침에 출발할 수 있도록 준비를 서둘렀다. 새벽이 한 시간 지난 뒤에 우리는 차이나호를 시동하여 목적지에 도착함으로써 계획은 활발하게 착착 진행되었다. 몇 마일에 이르는 강어귀의 폭은 점점 좁아져 해안 근처에 이르러서는 전체 폭이 0.5마일에 불과했다.

한 편으로 강둑의 초입에는 돌이 많고 지세가 험해 마치 산맥을 연상하게 했으나 몇 마일 아래에서는 평평해졌다. 대단히 많은 마을들이 양 해변에 들어서 있었으며 우리의 시야에 꽉 찰 정도로 많은 주민들이 썰물이 밀려드는 해안의 끄트머리에 운집해 있었다. 우리는 가능한 조류의 중심에서 벗어나지 않으려고 무던히도 애를 썼으나 한참 동안 표류하다가 가까스로 정박하는 데 성공했을 때에는 이미 예정 시간을 훨씬 넘긴 뒤였다.

아산만의 진입

그레타호가 약 4시간 동안 달린 거리는 약 30마일에 불과했다. 항해하는 도중에 몇 번이고 정지해야 했기 때문에 도착이 몇 시간 늦어질 수밖에 없었다. 우리가 최종적인 목적지에 상륙했을 때에는 거의 정오가 다 되어서였다. 우리는 그 곳에서 또 다시 다른 지역에서처럼 우리에게 지대한 호기심을 가지고 있으면서도 눈길이 곱지 않은 무리들을 만났다.

안내인인 조선 사람들은 지리를 잘 알고 있었기 때문에 다른 안내가 전혀 필요하지 않았다. 더구나 상륙해서 행군 조를 편성한 뒤에 우리는 더 이상

머뭇거릴 시간이 없었다. 조선 사람들이 여전히 정박지에 남아 있다는 소식이 들렸다. 기관사와 몇 몇 사람들에게 맡겨 놓고 떠난 작은 기선은 조선 사람들에게 상당한 매력을 끌었기 때문에 우리는 그들의 시선으로부터 빗어나는 데 큰 애를 먹지는 않았다.

행군 길의 초입은 드문드문하게 몇 채의 집이 들어선 긴 평야로 뒤덮여 있었다. 우리는 그 평온한 길을 지났다. 햇볕을 가려 줄 수목들은 보이지 않았으며 몇 시간을 힘들게 걸어 목적지에 이르자 마음이 흐뭇했다. 좁은 길을 지나자 울창한 숲이 나왔다. 길은 점차 오르막의 구릉이었는데, 마치 한 폭의 그림 같았다.

오랜 길을 걸었지만 전혀 인적을 찾아볼 수 없었다. 우리는 눈에 띄는 인근의 마을을 향해 걸어 내려갔다. 그 곳을 통과하지 않으면 길을 돌아야 했기 때문에 우리의 발걸음은 당연히 처음부터 눈에 띌 수밖에 없었으므로 우리는 은폐물을 찾고자 했다. 조선 사람 안내자들에게서는 전혀 두려운 기색을 찾아볼 수 없었다. 길을 들어서자 우리는 마을의 수령[4]과 함께 길목에 버티고 서서 우리를 제지하는 병사의 무리와 마주쳤다.

내가 그에게 다가가 병사들을 길가로 비키도록 요구하자 그는 언뜻 겁을 집어먹으면서도 맞섰다. 나는 즉시 호위대에게 밀치고 나가라고 명령했다. 분위기가 심상치 않음을 그가 알아차렸을 때에는 이미 몇 안 되는 휘하의 병사들이 모두 도망치고 없었다. 페롱 신부는 우리가 당신이나 주민들을 해칠 뜻이 전혀 없다는 점을 그에게 납득시켰다. 처음에는 그도 도망치려 했지만 용기를 내어 남아 있었고 우리에게 목적지로 가는 지름길을 알려주기까지 했다.

행군 도중에 더위와 피곤을 이기지 못하고 탈진한 한 선원이 결국 맥을

4) 수령(守令) : 덕산 군수 이종신을 의미함.

잃고 기절했다. 우리는 그를 뒤에 남겨 둘 수도 없고 귀중한 시간도 많이 허비했기 때문에 난감했는데, 관리는 우리에게 등산용 의자를 빌려주었다. 우리는 그가 충분하게 기운을 회복할 때까지 그를 싣고 다녔다. 다행스럽게도 별 다른 장애는 없었으나 조선 사람 안내자가 시간을 잘못 측정하는 바람에 행군을 멈추어야 할 시간이 되었음을 그제야 밝혀졌다.

애당초의 계획대로라면 우리는 적어도 1시 정각까지 목적지에 도착해야 했으나 시간이 채 반 시간도 남지 않았다. 우리는 오르막을 향해 뻗어 있는 언덕을 목전에 두고 큰 걱정에 휩싸였다. 언덕의 풍광은 천혜의 비경을 자랑하고 있었지만 우리에게는 그것을 즐길 수 있는 여유가 없었기 때문에 서둘러 언덕길을 올랐다. 매우 이상하게도 인근의 어디에도 가옥이나 마을이 없었다. 예외적으로 몇 명의 소몰이꾼들이 소 떼를 방목하고 있었지만 그렇다고 사람들이 살고 있는 흔적을 찾아볼 수는 없었다.

남연군 묘의 도착

5시 정각에 이르러 드디어 조선 사람 안내자들은 양쪽 편으로 깊은 골짜기를 거느리고 있는 다소 가파른 언덕의 정상을 가리켰다. 그 곳에 도착하는 데에는 1시간 30분 이상이 소요되었다. 언덕의 정상은 내가 이제까지 보았던 손꼽히는 절경들 가운데 하나였다. 양쪽으로 우뚝 솟은 산을 끼고 있는 그곳은 찬연한 빛을 발산하는 숲이 우거져 있고 언덕의 경사지에는 제법 큰 마을이 들어서 있었다.

곧 마을 주민들이 눈에 띄었으며 조선 사람 안내자들은 이곳이 우리가 찾는 바로 그 장소라고 말했다. 의혹의 눈길을 풀지 않으면서도 마을 주민들은 별 어려움 없이 우리에게 그 곳을 가르쳐 주었다. 그 곳은 매우 외딴 장소였다. 그러나 기대와는 달리 돌집 대신에 둥그렇고 견고하게 토벽을 둘러쳐 유품들을 보호하고 있는 것을 보고 나는 다소 실망했다.[5]

묘의 안으로 들어가려면 한 쪽 벽을 허물어야 했다. 실내에는 출입문이 있을 것으로 생각되었다. 벽을 허무는 일은 별 어려움이 없을 것 같았으며 조선 사람 인내자들은 그곳이 접근하기가 용이하다고 예측하면서 우리를 인도했다. 우리에게는 파열 도구가 없었기 때문에 마을에서 그것들을 빌려야 했다.

우리 일행은 곧 벽을 허물기 시작했다. 그러나 이곳에 도착한 뒤 전혀 시간을 낭비하지 않았음에도 불구하고 뜻하지 않게 이 작업을 끝내기까지 거의 다섯 시간이나 허비되었다. 작업은 페롱 신부와 그의 조선 사람 친구들이 생각했던 것보다 훨씬 더 힘들었다. 물론 우리들을 제외하고 일행 가운데 누구도 우리의 활동 목적을 몰랐다. 그러나 매우 중요하고 위급한 어떤 문제가 있으며 모든 일이 지금의 작업이 신속하게 마무리되느냐에 달려 있다는 것을 모든 이들은 직관적으로 감지했다.

마침내 벽이 거의 허물어졌다. 그러나 보다 험난한 새로운 난관이 나타났는데, 기대하고 있던 문 대신에 거대한 돌덩이가 버티고 있었던 것이다. 그것은 입구의 안쪽에 박혀 있었다. 우리는 그것을 제거하려고 했지만 헛수고였다. 찬찬히 살펴보니 이 마지막 장애물을 제거하는 데에는 최소한 대여섯 시간은 충분히 걸릴 것으로 판단되었다. 그러나 그렇게 오랫동안 머물 시간은 없었다.[6]

---

5) (원저자 주) 왜 대원군 자신의 거주지 근처의 보다 좋은 장소를 놔두고 이곳을 택했는지를 의아해 하고 있을 때 나는 이 외진 곳을 찾아낸 승려들의 권고에 따라 이곳이 선정되었으며 이곳은 유품들을 보관하기에 가장 안전한 장소로 여겨 최근 몇 년 동안 유품들을 옮겼다고 들었다.

6) 『고종실록』 5년(1868) 4월 20일자에는 당시의 상황이 다음과 같이 기록되어 있다.

총청감사 민치상이 다음과 같은 장계를 올렸다.

"덕산 군수 이종신의 공문에 따르면 이러합니다. '이달 18일 오시에 돛을 세 개 단 이상한 배 1척이 서쪽으로부터 와서 홍주 행담도에 정박했습니다. 종선 1척은 돛이 없이도 다닐 뿐더러 배안에서는 연기가 나면서 빠르기가 번개 같았습니다. 그들은 얼마 지난 뒤 본군의 구만포로 가서 육지로 올라왔습니다. 러시아 군대라고 하는 병졸 100여 명이 군복을 매우 낙심한 나는 페롱의 의견을 묻지 않을 수 없었다. 페롱은 우리가 배로 귀환하지 않아 일행들의 생명이 위태로워지는 문제에 대해서는 자신이 책임질 수 없다고 말했다. 거의 12시가 되었기 때문에 우리는 이미 예정된 시간을 훨씬 넘기고 있었다. 그리고 나는 그레타호를 정박시켜 놓은 위치가 노출될 위험이 있을 뿐만 아니라 만조 시기가 임박했으므로 조수가 빠지기 전에 차이나호에 도착할 시간이 거의 없다는 사실을 고려해야 했다. 그는 목전에 놓여 있는 불행한 장애들을 몹시 개탄했지만 나의 견해를 받아들일 수밖에 없었다. 더 이상의 시도를 중지하고 짧은 휴식을 취한 다음 기선으로 돌아가기로 결정했다. 잠시 숨을 돌린 다음 우리는 정박지로 발길을 돌려 그레타호로 귀환했다.

입고 창, 칼, 총 등을 가지고 곧바로 관청으로 들이닥치더니 무기를 빼앗고 관청 건물들을 파괴했습니다. 그래서 그 사유를 물었으나 대답하지 않고 총을 쏘아 대고 칼질을 하면서 접근하지도 못하게 하다가 곧바로 남연군의 묘지로 달려갔습니다. 묘촌에서 호미와 괭이 등의 연장을 빼앗아 갔기 때문에 아전, 군교, 군노, 사령들과 가동의 백성들을 거느리고 가서 죽기로 맞섰으나 그들의 드센 칼과 총을 당해 낼 수가 없었습니다. 그리하여 서양 도적들이 과연 묘지를 침범하여 잔디 3장을 떼어내기까지 했습니다. 19일 묘시에 서양 도적들은 곧 구만포로 가서 배를 타고 큰 배에 모였다가 서쪽을 향하여 갔습니다.

이에 앞서 이런 소식을 듣고 놀랍고 황송하여 어찌할 바를 모르겠기 때문에 신의 감영에 있는 별초 군관 50명, 군뢰 30명과 병영에 속하는 군졸 가운데 20명에게 각기 무기를 주고 공주 영장 조희철에게 급속히 병졸을 거느리고 가동 지방으로 가도록 했으며 활 쏘는 사람과 총 쏘는 사람들을 계속 모집하여 뒤따라 보내도록 했습니다. 홍주와 해미 두 진영의 장수들에게도 밤을 도와 달려가 힘을 합쳐 변란에 응하도록 엄하게 강조했습니다. 여러 군사들의 군량은 환자곡을 이미 모두 나누어주었기 때문에 이웃 고을에 있는 아직 떠나보내지 못한 조세곡을 가지고 대처하고 있습니다. 그런데 이곳 군수 이종신은 이미 잘 방비하지 못한데다가 또 잘 감시하지도 못하였으므로 우선 벼슬을 파면시켰으니 그 죄상에 대해서는 법을 맡은 관청으로 하여금 지시를 받아 처결하게 할 것입니다.'"

왕이 지시하기를, "덕산 고을 원은 불시에 변고를 당한 것만큼 이것은 이미 방어하다가 실수한 것과는 심히 차이가 있으니 아직은 죄를 진 채로 직무를 수행하게 할 것이다. 그 밖에 그들을 소멸하기 위한 대책을 묘당으로 하여금 감사와 병사 · 수사들에게 공문을 띄우도록 할 것이다"라고 했다.

실패와 귀환

배로 돌아가는 동안에 아무 일도 일어나지 않았으며 길은 완전히 불모지였다. 그리고 우리는 마을을 지나는 동안 어제 만난 병사들과 다시 마주쳤지만 아무런 제재도 받지 않았다. 아산만의 해안에 다다랐을 때, 이미 수많은 무리들이 그 곳에 운집해 있었다. 잔류해 있던 사람들은 안절부절못하면서 배를 지키고 있었기 때문에 우리가 귀환하자 무척 기뻐하며 안도했다.

우리가 출발할 무렵에는 시간이 너무 지체되어 수심이 이미 낮아져 있었다. 우리는 몇 시간 뒤에 돌아올 기약 없이 메마른 수면을 고속으로 가로지르며 항진했다. 우리는 신속하게 승선해서 모든 희망을 바친 곳을 떠나 무거운 마음으로 배를 출발시켰다. 우리가 어제 상륙했다는 소식을 듣고 엄청나게 많은 수의 매우 우호적인 사람들이 해안선을 따라 늘어섰다. 곳곳에서 배를 멈추고 해안으로 돌아오라는 요청이 있었지만 우리는 엄중한 분위기 때문에 그렇게 할 수는 없다고 생각했다.[7)]

우리의 행군 소식은 물론 곳곳으로 확산되어 갔다. 우리들의 목표가 대원군이라는 증오스러운 인물에게 반기를 드는 것임을 이해하는 사람들은 이번 과업이 실패로 돌아간 데 대해 많은 지역에서 노골적으로 대단한 실망을 표현했다. 우리가 마을을 지나 내려오는 몇 시간 동안 아산만의 수심이 급속히 낮아져 심지어 차이나호가 시야에 들어온 뒤에 차이나호가 보내 주는 보트의 도움 없이 도착할 수 있을지 암담할 정도였다. 보트의 작은 엔진을 우리는 최대한도로 작동시켰다. 오후 3시경이 되자 우리 뒤에 펼쳐져 있는 만은 완전히 메말라 버렸다. 우리는 원정 대원이 상해를 입는 어떤 사고도

---

7) (원저자 주) 이때에 겪은 일로서, 나는 우리와 함께 보트에 동승했던 어느 조선 사람으로부터 대원군과 그의 무리들의 명령에 따라 몰락을 면치 못했던 지역과 수많은 피살자의 명단을 들었다.

없이 차이나호로 무사히 귀환했다.[8)]

귀환 행군을 하는 동안에 이미 나는 앞으로의 나아갈 바에 대해 페롱 신부와 의견을 나누었다. 우리는 중국으로 돌아가기에 앞서 대원군이 현재 추진하고 있는 정책을 포기하도록 계획을 시도하기로 결정했다. 물론 대원군의 본성을 잘 아는 우리는 만족스러운 결과를 얻을 수 있다는 희망 따위는 애당초 갖지 않았다. 그러나 우리는 그의 이성을 회복시키기 위한 시도 자체를 배제하지는 않았다. 시간이 너무 오래 걸릴 뿐더러 차이나호의 흘수 때문에 한강의 본류를 따라 거슬러 올라가는 것은 불가능했다. 나는 프랑스 원정대의 항로를 따라 강화도 남단에 인접한 영종도에 기항하기로 마음먹었다. 그 곳에서는 본토의 위정자들과 용이하게 접촉할 수 있었다.

다음날 아침 동이 틀 무렵에 우리는 대부도를 향하여 북진했다. 우리는 로즈 제독이 항해한 바 있는 항로를 따라 항진하여 오후 늦게 목적지에 도착했다. 한강의 좁은 지류를 따라 형성된 해협은 영종도를 지난 지 얼마 되지 않아 수심이 매우 낮아졌다. 규모가 큰 배는 그 근처의 강화로 진입할 수 없었다. 따라서 상업적 목적을 위한 교역선들은 이 항로를 따를 수 없는 어려움이 있었다.

---

8) 『고종실록』 5년(1868) 5월 23일자에는 당시의 상황이 다음과 같이 기록되어 있다.
충청감사 민치상이 다음과 같이 보고했다.
"덕산군에서 변고를 일으킨 비적의 무리들이 19일 밀물 때에 구만포에서 떠나갔는데 배 안에 우리 나라 옷차림을 한 사람 2명이 있었습니다. 틀림없이 예수교의 무리들이 기회를 타서 따라간 것입니다. 이 배는 천안읍 동전포에 정박했다가 이날 해시에 본군 하평리의 후포로 옮겨가서 정박했는데 이 마을은 4~5호를 넘지 못하는 외딴 마을입니다. 그런데 저들 10여 명이 밤을 타서 이 마을에 침입하여 약간의 가정 집물을 강탈해 갔는데 처음부터 사람을 해치는 일은 없었습니다. 20일 진시에 곧바로 홍주 행담도에 가서 큰 배와 함께 정박했으며 썰물 때에는 수원 여웅암의 바다 앞으로 물러가서 정박했고 21일 오후에는 남양 연흥해를 향하여 갔다고 했습니다. 곧 경기도 연해로 들어가거나 아니면 반드시 황해도로 갈 것이기 때문에 경기도와 황해도 관찰사들에게 공문을 띄워 미리 손을 써서 방비하도록 했습니다. 대개 이 서양 배가 동에 번쩍, 서에 번쩍 나타나서 여덟 고을에서 보고하기 때문에 어리둥절한 것 같지만 하나의 같은 배입니다."라고 했다.

영종도와 동검도 사이를 지날 때 차이나호는 약간 속력을 올렸다. 동검도는 매우 크고 아름다운 섬으로서 해안에는 마을이 조밀하게 들어서 있었으며 근래에 이르러 성벽을 쌓아 방어하고 있었다. 이 섬의 근처에 정박하고자 뱃머리를 돌려 강화로부터 20분 정도 떨어진 거리에 닻을 내렸다. 그러나 시간이 너무 늦어져서 그 날은 온종일 아무 것도 할 수 없었다.

동검도의 상륙

다음날 아침 약 10시경에 우리가 방문한 목적을 알고자 동검도의 책임자들이 보트에 올라왔다. 그들은 매우 우호적이었으며 지체 없이 우리들의 서신을 직접 대원군에게 전달해 주기로 확약했다. 조선어로 서명한 이 서신에서 나는 지난번의 조선 방문, 특히 2차 항해 당시에 대원군에게 나의 우호적인 교섭 제의가 거절된 것을 상기시킨 다음 조선의 개방에 합의함으로써 조선 사람들과 외국 국가들의 호의를 즉시 얻을 수 있는 기회가 두 번 다시 오지 않을 것이라는 점을 그에게 솔직하고 명백하게 경고했다.

아울러 프랑스 원정대의 방문은 이미 나의 예측이 정확함을 입증해 주었으며 프랑스군이 단시일 내에 퇴각한 것은 로즈 제독의 적절한 판단에 따른 것이었기 때문에 대원군은 마치 프랑스군을 격퇴한 것처럼 상상하는 자가당착에 빠지지 말아야 한다는 점도 지적했다. 나는 또한 이번 원정의 목적과 여러 가지 부족한 준비 때문에 뜻을 이루지 못했음을 그에게 밝혔다.

우리는 장비의 부족 때문에 최종적으로 본래의 계획을 포기하기로 결정했으며 별 다른 방해를 받지 않고 우리가 목적지에 도착할 수 있었던 것은 그가 이제껏 믿어 온 대로 그의 권력과 권위가 그렇게 무제한적이지는 않다는 것을 납득할 필요가 있다는 점을 첨언했다. 주변의 일파들을 제외하고 그만을 놓고 보았을 때 나는 진정으로 일전에 조선 정부 앞으로 제출한 조약의 초안을 그에게 재차 알려주고 검토하도록 하여 현재 그를 둘러싸고 있는 측근들의 유해한 영향으로부터 그가 벗어나도록 하고 싶었다. 그러면 나중에 그는 조약을 체결하게 될 것이다. 나는 신속한 답신을 요구하며 글을 맺었다.

대원군에게 전갈

며칠 내로 이 호소에 대한 답이 오지는 않을 것으로 생각되었다. 그리고 우리는 예전처럼 많은 방문객들이 들끓을 것을 우려해서 배를 멀고 외진 곳에 정박시켰다. 우리는 다도해의 많은 섬들의 주위를 순항하고 방문하면서 여가를 보냈다. 우리는 강화 남단을 한두 차례 소풍했는데, 그 동안에 나는 마니산의 그 유명한 두 그루의 나무가 없어졌으며, 망루가 허물어진 것을 볼 수 있었다.

동검도의 관리가 나의 서신을 대원군에게 전달한 지 나흘 뒤 아침에 특사와 몇 명의 수행원들이 대원군의 답신을 가지고 우리 배에 올라 왔다. 그 서신 또한 지난날과 마찬가지로 조선어로 쓰여 있었다. 그의 명령에 따라 쓰인 것임을 의미하는 대원군의 인장이 찍혀 있었으며 특사 또한 그것이 그의 뜻에 따른 것임을 확인해 주었다.

그의 답신은 이렇게 써 있었다.

“나(대원군)에게 위해를 가할 목적으로 조선에 들어와 가당치도 않은 행위를 벌이고 있다는 소식을 듣고 나는 매우 분노하고 있다. 나는 더 이상 선린과 우호의 정신을 견지하지 않기로 했다.”

그는 내가 가공스러운 박해를 피해 달아난 페롱 신부와 조선의 천주교 신자들의 허위 진술과 결정적인 간언에 속아 그와 같은 행위를 저질렀다고 믿는 듯했다. 대외적으로 조선을 개방하라는 나의 거듭된 제안에도 불구하고 대원군은 요지부동이었다. 조선은 외부 침입자들을 거부했다. 그리고 그는 프랑스 원정대에게 했던 방식대로 우리를 내쫓고 조선을 정복하려는 것은 무모하고 헛된 시도라는 점을 만천하에 보여주는 방도를 모색하고 있었다. 이것이 내 앞으로 온 답신의 내용이었다.

대원군은 예전에도 그랬지만 현재는 그때보다 더 두려울 것이 없음을 세계 만국에 선포하고 천명했다. 이번 원정이 자신에 대한 반기를 든 시도라고 감지한 대원군이 얼마나 격노했는지를 명백하게 알기 전에도 사실 우리는 별 다른 답을 전혀 기대하지 않았다. 그가 뒷날 피할 수 없었던 역사의 결과를 충분히 인지할 수 있도록 해주려는 것이 우리의 의도였다.[9]

---

9) 『고종실록』 5년(1868) 4월 23일자에는 당시의 상황이 다음과 같이 기록되어 있다.

영종첨사 신효철이 다음과 같이 보고했다.

"22일 정탐할 목적으로 신의 진영에 있는 토중군 이보능과 교리 4~5인을 먼저 그들의 배가 정박한 곳에 보냈습니다. 그랬더니 저들이 먼저 글을 써서 관리이냐고 물었습니다. 그래서 그들의 정상을 탐지하기 위해 아니라고 대답하고는 무엇 때문에 묻는가 하니 그들이 당신이 관리가 아니면 잠깐 올라와서 구경하라고 하면서 사다리를 내려 보내 주므로 그들의 배에 올라갔습니다. 당신들은 어느 나라 사람이며 무슨 일로 여기에 왔는가 물으니 그들은 대답하지 않고 생선, 돼지, 닭, 무, 배추 등 음식물을 사러 왔다고 했습니다. 그들의 생김새와 배의 연통을 보니 틀림없이 서양인들이기 때문에 당신들이 요구하는 것은 없다고 대답하자 내리라고 독촉했습니다. 배의 모양은 길이가 40발 쯤 되고 너비는 10발 쯤 되며 배 위에서 왔다 갔다 하는 저들의 인원은 100명은 실히 넘었고 배 위에 실은 것은 창과 총 같은 물건들이었다고 합니다. 저들이 정박하여 있는 곳이 신의 진영과 10리 밖에 되지 않는데도 아직도 소멸하지 못했으니 황송하기 그지없습니다."

영종에 정박해 있는 서양 배에서 보낸 편지의 겉봉에는 위로 전달해서 대원군 좌하에게 전달할 것이라고 씌어 있었으며, 그 내용은 다음과 같다.

"삼가 말하건대 남의 무덤을 파는 것은 예의가 없는 행동에 가깝지만 무력을 동원하여 백성들을 도탄 속에 빠뜨리는 것보다는 나으므로 하는 수 없이 그렇게 했습니다. 원래는 여기까지 관을 가져오려고 했으나 정도에 지나친 것 같아서 그만두고 말았습니다. 이것이 어찌 예의를 중하게 여기는 도리가 아니겠습니까? 군사와 백성들이 어찌 석회를 허물만한 기구가 없어서 그렇게 하였겠습니까? 절대로 먼데 사람들의 힘이 모자라서 그만 두었으리라고 미심스럽게 생각하지 말 것입니다. 귀국의 편안과 위태로움이 그래도 귀하의 처리에 달려 있으니 만약 나라를 위하는 마음이 있거든 높은 관리 한 사람을 파견하여 좋은 대책을 강구하는 것이 어떻겠습니까? 만일 결단을 내리지 못하고 계속 우유부단하다가 나흘이 지난다면 먼데 사람들은 돌아갈 것이니 지체하지 말 것입니다. 몇 달이 되지 않아 반드시 나라를 위태롭게 하는 우환을 당할 것이니 후회하는 일이 없도록 했으면 천만다행이겠습니다. 0000년 0월 0일 아리망 수군 제독 오페르트"

회답 편지 : 영종 첨사 명의로 회답 편지를 써서 보냈는데 그 내용은 다음과 같다.

"우리 나라 대원군 각하는 지극히 존엄스러운 위치에 있다. 이런 글을 어떻게 전달하겠

주민들의 반응

우리의 배를 방문한 관리들은 우리가 내륙의 목표지로 행군했던 소식이 지금까지도 조선의 전역에 퍼지고 있다고 노골적으로 말했다. 그들은 어떠한 원한이나 증오심도 가지고 있지 않았을 뿐 아니라 오히려 우리가 실패한 데 대해 아쉬워했다. 그들은 상당한 양의 술을 마신 다음 대원군과 그의 무리들을 맹렬하게 비난함으로써 우리를 놀라게 했다.

그들의 말이 해안에 퍼진다면 틀림없이 그들은 목을 내놓아야 할 것이다. 그들은 대원군의 온갖 만행과 전제적 폭압을 비난하고 기만적인 화폐 발행으로 자신의 배를 채우려 했다고 분노하면서 조선에서는 누구도 그를 공공연하게 비난할 수 없지만 그는 만백성의 저주의 대상이라고 말했다. 그 가운데 키가 크고 건장한 관리는 조선 사람들이 늘 목숨을 잃을 공포에 떨고 있다고 말했다.

그러면서 그는 더 이상 이러한 상태를 감내할 수 없는 조선 사람들은 압

는가. 그래서 다시 돌려보낸다. 귀국과 우리 나라의 사이에는 원래 서로 연계도 없었고 또 서로 은혜를 입었거나 원수진 일도 없다. 그런데 이번 덕산 묘지에서 저지른 변고야말로 어찌 인간의 도리상 차마 할 수 있는 일이겠는가. 뿐만 아니라 방비가 없는 것을 엿보아 몰래 침입하여 소동을 일으키고 무기를 약탈하여 백성들의 재물을 강탈한 것도 사리로 보아 어찌 할 수 있는 일이겠는가. 이런 지경에 이르렀기 때문에 우리 나라 신하와 백성들은 단지 있는 힘을 다해 한마음으로 귀국과는 같은 하늘을 이고 살 수 없다는 것을 다짐할 따름이다. 보내 온 편지에서 좋은 대책을 강구하자고 한 것은 바로 예수교 무리들을 위해 그들을 대신해서 좋은 말로 용서를 구하려는 것이 아닌가. 우리 나라는 바로 단군과 기자에 의한 몇 천 년의 역사를 가진 예의 있는 나라인데 어찌 이단에 유혹되어 그것을 없애 버리지 않을 수 있겠는가. 그렇기 때문에 유교를 옹호하고 예수교를 배척하는 것은 부득이한 것이다. 이렇게 보면 우리 나라의 법의 그물에서 빠져나간 나쁜 자들이 당신의 배에 도망가서 백방으로 부추겨 그렇게 된 것이다. 남의 부추김을 받아 가지고 소동을 피우는 것은 귀국을 위해 매우 좋지 못한 일이다. 몇 달 뒤에 싸움배가 온다고 하더라도 우리 나라도 방비할 대책이 있다. 대원군 각하가 엄하게 틀어잡고 있는 데 대해서는 내가 잘 알고 있다. 이제부터 표류해 오는 서양 각국의 배에 대해서는 먼 곳의 사람을 포섭하는 도리로 대우하지 않을 것이니 다른 말을 말 것이니 그리 알 것이다."라고 하였다.

제자로부터 자신들을 구하려고 외국인들이 무력을 이끌고 곧 되돌아 올 것으로 확신하고 있다고 말했다. 그는 이러한 상황이 임박했다고 생각한다면서 그때가 되면 그와 그의 친구들의 생명을 보장하는 문서를 만들어 달라고 우리에게 요청했다. 그들은 그때가 이르렀을 때 자신들의 안전을 보장하는 데 문서가 필요하다고 생각했던 것이었다.

우리는 그에게 그러한 증서를 줄 만한 권한이 없으며 설사 그렇게 한다 해도 그에게 아무런 쓸모가 없을 것이라는 점을 이해시키려고 노력했으나 헛수고였다. 그는 몇 번이고 거듭해서 요청했지만 우리가 아무런 반응을 보이지 않자 매우 당황해 하고 실망의 기색이 역력해졌다. 그들은 오랜 시간을 머물다가 자리에서 일어나면서 내가 동검도의 자신들을 방문하도록 간청했다.

나는 다음 날 그렇게 하겠노라고 약속했다. 우리는 해안 근처 마을의 성벽에 늘어서 있는 수많은 병사들을 보고 호위대를 동행시키기로 했다. 묄러 선장, 페롱 신부 그리고 나는 20명의 유럽인 및 마닐라인과 함께 그레타호를 타고 섬을 향해 거슬러 올라갔다. 단순히 서신을 받았다는 것 이외에 아무런 내용도 없는 대원군의 짤막한 답신이 당도했다.

해안은 마을로 들어서는 성벽까지 약 1,000야드가량 뻗어 있었다. 성벽은 조선에서 흔하게 볼 수 있는 튼튼하지 못한 방어용 요새의 종류였다. 성벽의 한 측면은 약 20야드가량 해안으로 뻗어 있었고 그 부분에 마을로 들어갈 수 있는 유일한 출입문이 있었다. 성문은 목재로 튼튼하게 만들어져 있었다.

소를 훔침

그레타호에서 내려 상륙하자 화승총으로 무장한 많은 병사들이 성벽에 있는 것을 보고 우리는 깜짝 놀랐다. 지난번의 우호적인 초대와는 전혀 다른 상황이었다. 그러나 초대에 따르는 것 이외에는 달리 방도가 없었다. 그들에게 두려워하는 것을 결코 보여줄 수 없다는 생각으로 우리는 여유롭게 천천히 길을 올라갔다. 페롱 신부와 내가 앞장섰다. 우리가 접근하자 관리들 가운데 한 사람이 성문 앞에 서서 맞이했다. 우리의 서신을 받고서 그는 우리에게 입성을 허용하기에 앞서 우리가 도착했음을 먼저 알려야 한다고 말했다.

성벽에는 최소한 400~500명의 병사들이 도열해 있었다. 그러나 우리는 그들에게 매우 친근함을 느꼈으며 위협의 징후는 전혀 찾아볼 수 없었다. 우리는 오랜 친구라도 되는 것처럼 농담을 주고받으며 낄낄거렸다. 우리는 전혀 깨끗하지 않은 마을을 별다른 생각 없이 방문했기 때문에 우리를 방문했던 관리에게 섬 주위를 산책해 보고 싶다고 요청했다. 섬은 매우 아름다웠으며 우리는 삼삼오오 짝을 지어 즐거운 시간을 보냈다. 일행들은 흩어져서 마을 외곽의 숲을 거닐었다. 우리는 주위의 아름다운 경관을 즐기면서 산책했다.

모든 일이 매우 만족스럽게 풀려 나갔다. 우리는 곧 차이나호로 돌아가려고 생각하고 있었다. 그런데 마닐라인 가운데 한 사람이 우리에게 달려와 다른 외국인 선원 가운데 한 사람이 우리가 별다른 신경을 쓰지 않는 사이에 사전에 주지시킨 명령을 어기고 마을의 외곽에서 풀을 뜯어먹고 있는 송아지 한 마리를 훔쳐서 그레타호에 실으려 한다고 말했다. 그는 다름 아닌 내륙 행군 당시에 쓰러져 우리의 일정을 지연시키고 무척이나 우리를 곤혹스럽게 만들었던 장본인이었다. 그의 몰염치한 소행에 격분한 우리는 서둘러 마을로 내려갔으나 그는 이미 소를 데리고 사라진 뒤였다. 나는 페롱에게 이렇게 말했다.

"이것은 전혀 있을 수 없는 일이며, 주민들은 아마도 그의 소행이 사전에 우리의 승인을 얻은 것으로 생각할 것이니 우리는 주민들에게 그 자가 명령을 어기고 그런 짓을 저질렀다고 밝히고 반드시 죄를 물어 그를 엄벌에 처할 것을 약속해야 합니다."

총격전

페롱은 즉시 나의 생각에 뜻을 같이하고 그를 잡아 엄벌하겠나는 표시로서 도둑맞은 송아지를 되찾을 때까지 주인에게 몇 달러를 쥐어 줘 분위기를 누그러뜨리기로 했다. 우리는 성벽 쪽으로 걸어가 모여 있는 주민들과 병사들에게 자초지종을 설명하고 반드시 송아지를 돌려주고 그 자를 엄벌하겠노라고 약속했다. 우리는 그들에게 매우 다정하게 말했고 그들 또한 별반 대수롭지 않은 일로 여기는 듯했다. 송아지 주인은 우리가 주는 돈을 받지 않았다.

그들과 이야기를 나누고 있는 동안에 어떤 명확한 이유도 없이 성문의 구석에서 연이어 총성이 세 차례 울렸다. 곧 이어 성벽의 병사들이 우리를 향해 총을 겨누었다. 이 사태는 전혀 예기치 않게 느닷없이 일어났다. 그러나 우리는 전혀 놀라지 않고 여전히 그들과 지척 사이에 서 있었다. 누군가 갑자기 외쳤다.

"병사들이 우리를 겨누고 있어요."

혼비백산한 우리 일행은 그레타호가 정박해 있는 해안으로 뛰기 시작했다. 그들은 적개심에 불타 사격하기 시작했다. 사방에서 날아오는 화승총의 총탄이 귓전을 스치며 해안의 이곳저곳에 박혔다. 처음 날아온 총탄을 맞고 마닐라인 한 사람이 즉사하고 다른 한 사람이 부상을 입었다. 500명의 병사들이 쉴 새 없이 총탄을 날려 댔기 때문에 우리는 그저 목숨을 부지해야 한다는 생각만 들 뿐이었다.

어떻게 이들의 총구를 피할 수 있었는지가 놀라울 뿐이었다. 우리는 서두르지 않고 천천히 겨우 퇴각했다. 기선에 도착했을 때 우리는 이 모든 참사의 원인을 제공한 자를 발견했다. 그는 이미 보트 가장 가까이에 도착해 있었지만 총상을 입고 있었다. 총탄은 그의 견갑골(肩胛骨)에서 팔꿈치를 관통했다.

우리는 불운한 마닐라인의 죽음을 깊이 후회하면서, 물론 이번 사태를 일으킨 자가 총탄을 맞자마자 송아지는 달아났지만, 그를 엄벌에 처하겠다는 생각을 더욱 굳게 다졌다. 그는 생명이 위태로울 정도의 부상을 입지는 않았으나 매우 고통스러워했기 때문에 우리는 조금이나마 동정심을 가지고 그를 부축했다.10)

우리가 간신히 배에 도착해서 승선할 때까지 사격은 멈추지 않았다. 성문이 열려 군중들이 고개를 내밀었을 때에야 우리는 겨우 배를 출발시킬 수 있었다. 이 예기치 않은 사건은 더 이상 확대되지 않고 종결되었다. 이제 어떤 조선의 관리도 우리 배를 찾아올 리는 없었고 우리가 다시 그 섬을 방문하는 일도 매우 어리석은 일이라고 밖에 볼 수 없었다. 그들은 적개심에 불타 광분하여 총탄을 퍼부었다.

다음날 아침 내내 우리가 출발할 때까지 사격 명령은 철회되지 않았다. 밤에 우리가 그 날의 사건에 대해 논의하는 동안에 말레이와 중국계의 수병들이 대표자를 뽑아 나에게 진지하게 의견을 제시했다. 그가 말했다.

"선생님, 우리는 섬에서 누구에게도 해를 끼치지 않았는데, 그 믿을 수 없는 개새끼들은 성벽 뒤에서 우리를 공격해서 동료를 죽였습니다. 당신이 허락해 주기만 한다면 나와 우리 나라 사람들은 친구의 죽음을 복수하고자 합

---

10) 『고종실록』 5년(1868) 5월 26일자에는 당시의 상황이 다음과 같이 기록되어 있다.
영종첨사 신효철이 다음과 같이 보고했다.
"25일 사시에 중간급의 배와 작은 배 두 척에 탄 적들이 성 부근에 내려와서 대오를 짓고 둘러섰습니다. 하는 짓이 수상한 데다 칼을 차고 총을 가지고는 성문을 두드리면서 열라고 호통을 치르므로 신이 100명의 군사들과 10여 명의 군교를 거느리고 한바탕 싸움을 벌였습니다. 적들이 많이 다치고 물에 빠져 죽었는데 정확한 숫자를 알지 못하기 때문에 낱낱이 보고하지 못합니다. 단지 두 적의 목을 잘라 동쪽 성문에 매달아 적들에게 시위했습니다. 그런데 수량으로 보아 우리는 적고 저들은 많아 밤낮으로 성을 지키고는 있지만 위태롭기가 그지없어 일의 결말을 예측하기가 어렵습니다. 적들이 비록 좀 물러서기는 했다 하더라도 틀림없이 다시 올 것이니 죽음을 무릅쓰고 섬멸해 버리겠습니다."

니다. 보트에 타든지 기선에 탑시다. 섬으로 되돌아가 마을을 불살라 버리고 그들이 쉽게 잊을 수 없도록 뼈아픈 교훈을 되새겨 줍시다. 우리는 당신이 동참해 주기를 진심으로 요청합니다."

나는 대답했다.

"여보시오, 나보다 당신의 친구에게 닥친 운명을 더 크게 슬퍼할 사람은 아무도 없소. 그러나 우리는 기껏해야 반야만인에 불과한 저들을 우습게 봐서는 안 됩니다. 그리고 유감스럽게도 우리들 가운데 한 사람의 부도덕한 행동이 그들을 분격시켰습니다. 다음의 적당한 기회에 우리가 그러한 어리석음을 저지르지 않을 사람들과 함께 온다면 저들과 전쟁을 할 필요는 없을 것입니다. 그리고 내가 당신의 요구를 받아들인다 해도 그로 말미암아 당신이 희생되기라도 한다면 내가 그 책임을 어떻게 질 수 있겠습니까? 설사 당신이 성공한다 해도 응징을 당해야 할 자들은 우리에게 총을 쏜 병사들이나 무고한 주민들이 아닙니다. 나의 생각에 동의한다면 당신의 제안은 결코 실행에 옮겨져서는 안 됩니다. 당신이 냉정을 되찾으면 내가 당신의 요구를 승인하지 않은 것을 옳았다고 여기게 될 것입니다."

귀환

내가 왜 그의 요구를 왜 받아들이지 않는지를 이해시키기는 데에는 적지 않은 시간이 걸렸다. 그는 마침내 반쯤 수긍해서 물러갔지만 여전히 동료의 죽음을 복수하지 못하는 것을 불평했다. 내가 최소한의 의심을 가지지 않고 그들의 요구를 승인했다면 그들은 사방으로 총탄을 날렸을 것이다.

나음날 아침, 차이나호는 선 날의 참사 현상을 떠나 상해로 항진했다. 이로써 이 독특한 나라로의 나의 세 번째이자 마지막 항해는 막을 내렸다. 오늘날까지 우리는 부끄러운 짓으로 고개를 들지 못하는 그 땅은 모든 서구인들에게 여전히 "금단의 땅"으로 남아 있다.

부 록

1. 조선의 과거와 미래[1)]

양한주[2)] 옮김

서문

이 저서에 수록된 회상록과 수필들 가운데 일부는 이미 유력한 영국 · 독일 전문지에 게재된 바 있다. 이 글들은 필자의 환상의 산물이 아니라 모두 필자의 산 경험을 토대로 쓴 것이다. "가브리엘 부로튼"(Gabriel Broughton)이라는 제목의 이야기는 여기서 제외되나 이 글 역시 실제 경험을 근거로 꾸민 이야기다.

지난 몇 년 동안 동아시아에서 일어난 일련의 사건들로 말미암아 동아시아에 관한 유럽인들의 일반적인 관심도가 나날이 고조되고 있다. 동아시아문제가 계속해서 세계적인 관심거리가 될 것은 의심할 여지가 없다. 그런 의미에서 시대가 요청하는 동아시아에 관한 정보가 실려 있는 본 저서가 많은 관심인과 독자의 애찬을 받기를 기대해 본다.

1898년 2월 함부르크

지은이 배상

---

1) 이 글은 독일 함부르크의 한국인학교 부교장으로 마인츠대학에서 박사학위 과정을 밟고 있는 김운경 선생이 발굴하여 역주자에게 보내 준 오페르트의 『동아시아 견문기 : 인도 · 중국 · 일본 · 한국의 모습과 회상』(*Ostasiatische Wanderungen, Skizzen und Erinnerungen, Stuttgart : Strecker and Moser,* 1898)중에서 조선관계 기록인 제1장 「조선의 과거와 미래」를 번역 · 주석한 것임.

2) 이 글을 옮긴 양한주는 독일의 프랑크푸르트대학에서 독어독문학 석사 학위를 받고 현재 프랑크푸르트 한국 학교의 교사와 『교포 신문』의 기자로 활약하면서 독일정보연구소의 창업 요원으로 일하고 있음.

제 1 장

미지의 대륙 아프리카 현지 원정과 연구에 관한 관심도가 시시각각으로 고조되고 있다. 위험을 불사하는 아프리카 탐험가들의 행적과 보도를 많은 독자들이 관심을 가지고 추적하는 것은 당연하다. 그와는 달리 유럽에 아직 거의 알려지지 않은 중앙아시아와 동아시아 국가들에 관한 탐험과 연구에 관한 일반인들의 관심이 비교적 미미한 것은 부인할 수 없다. 학문과 세계교류에 기여하자는 큰 목적 아래 생명의 위험까지 감수하며 미지의 아시아대륙에 원정하는 개척자들의 이름조차도 전문가 이외에는 별로 알려지지 않았다.

추측하건대 고도의 문명과 잘 조직된 정치 · 사회제도를 갖춘 동아시아국가들에 관한 견문기보다는 문명이 전혀 발달되지 않은 원시 내지는 반원시인들인 아프리카인들에 관한 탐험가들이 일반인들에게는 훨씬 낭만적이고 센세이셔널하기 때문일 것이다. 더욱이 동아시아인들이 품고 있는 서구 문명에 관한 적대감은 서양 개척자들에게 극복하기 힘든 장애 요소이다.

몇 년 전까지만 해도 가장 가까운 인접국인 중국에게조차도 신비의 베일에 싸여 있던 한 나라가 극동의 반도에 위치해 있었으니, 이름하여 대조선왕국이다. 도요토미 히데요시의 죽음으로 일본이 패전함으로써 1597년 막을 내린 대일본전쟁[임진왜란]과 1657년 청나라의 침략으로 발발된 불운의 전쟁[병자호란]으로 수난을 겪어야만 했던 조선은 이들 침략국들뿐만이 아니라 일체의 외국에게 쇄국정책으로 대응했다.

조선의 쇄국정치를 파기하려는 그 후의 모든 시도는 조선왕국의 끈질긴 저항에 부딪쳐 허사로 돌아갔다. 그러나 이 경직된 쇄국정치의 종말이 멀지 않았다는 것은 이미 예견할 수 있었다. 곧, 일본의 개항과 중국 및 유럽 국가들과의 전쟁으로 말미암은 극동의 급격한 정세 변화에 조선 역시 휘말려 들어갈 수밖에 없었다. 조선과 우호적인 교류를 맺기 위한 일부 유럽 국가들이 군사력 동원이나 혹은 개인 사절단들의 노력은 실질적인 결실을 맺지 못했으나 조선의 쇄국 장벽을 와해하는 토대가 되었다.

조선의 쇄국정치는 지정학적인 요소와도 연관이 있다. 북방과 북서방의 인접 국가들 사이에는 두만강과 압록강, 험준한 백두산이 국경을 이루고 있으며 동해안의 산악지역은 해발이 높고 험하여 배가 닿을 수 있는 해안지역과 항구는 소수에 불과했다. 한편 서해안 전역에는 수많은 섬과 열도, 암초와 사주가 산재하여 배의 상륙이 거의 불가능했다. 증기기관이 발명된 오늘에 이르러서야 이런 열악한 조건들을 가볍게 극복할 수 있다.

이 글에서는 조선 지리에 관한 정통한 정보를 기술할 수 없다. 지난 몇 십년 동안 배의 상륙이 용이한 해안 지점이 설정되었을 뿐이어서 필자와 수행인들은 조선과 일본에서 완성된 신빙성이 약한 내륙 지도에 의존해야만 했다. 이 지도에는 단지 조선 내륙의 지방 분할과 강산이 표시되어 있을 뿐이다. 현재와 같은 국제 정세의 흐름이 지속된다면 유럽연구가들이 정확한 조선 지도를 완성하여 선보일 날이 머지않을 것이다. 무엇보다도 해안지역에 관한 정확하고 세밀한 지리 연구가 시급하며, 현존하는 서해안과 남해안의 지도는 수정이 불가피하다.

동해안의 높은 산맥에서 출발 서해안 쪽으로 구릉지대를 이루며 점차적으로 낮아지는 조선의 지리는 전국적으로 산악 지형이 그 대부분을 이룬다. 이 때문에 지금까지 조선이 불모지라는 가설이 나돌았고, 결과적으로 내륙 지리에 관해 대체로 무관심했다. 이 가설이 틀리다는 것은 현재 많은 보도와 현장 연구에 의해 밝혀지고 있다.

조선에는 풍경이 수려하고 거대한 평야지대에는 별 힘을 들이지 않고도 여러 종류의 농작물 수확이 가능한 비옥한 토지가 있으며, 지금까지 활용법을 몰라 방치된 수목으로 밀집된 숲이 우거져 있다. 또한 중남부 지방에는 차와 목화 재배가 성행하고 있다. 배의 운행이 가능한 큰 강과 수로가 부족하나, 이는 전국적으로 잘 닦아지고 관리되는 도로로 어느 정도 대체된다.

조선의 저조한 생산성이 유감스러우나, 조선인들이 그동안 국내·외에서 일체의 자극을 수용할 기회가 없었고 자국이 얼마나 풍요한 자연 조건을 갖췄다는 것에 무지하여 전혀 개발할 기회와 능력도 없었다는 민족이라는 것을 감안하면 당연한 귀결이다. 기후는 주거에 적절한 온대기후로 여름에는 남부 유럽의 기온과 흡사하나 해풍이 더위를 식혀주고 겨울 날씨도 북부지방 이외에는 어느 곳에도 강한 추위를 몰고 오지 않는다.

조선인의 보편적인 기질은 일본이나 중국인과 견주어보면 훨씬 우수하다. 눈에 띄는 조선 사람의 우수한 민족 기질이라면 자비 · 충성 · 정직을 들 수 있다. 상대방이 호감을 갖고 있다는 것을 인식하면 이방인에게도 금방 호의를 보인다. 우리들 유럽인에게 가소롭기만 한 중국인들의 전형적이고 선천적인 오만이나 적대감을 조선인에게서는 찾아 볼 수 없다.

일본인과의 상거래에서 자주 겪게 되는 불성실의 실체인 우둔함은 조선인과 접촉하면서도 더러 경험하게 되나, 조선인을 치욕에 빠트릴 정도로 심하지는 않다. 반면에 조선 사람들은 처세와 예절이 세련되지 못하고 생활 스타일이 우악스러운데 이는 고위신분층 출신들도 마찬가지다.

조선의 개방을 목적으로 60년대에 실행된 수많은 외국인의 조선 원정이 수포로 돌아간 뒤 조선은 다시 과거 몇 백 년 동안 지속된 어둠과 망각의 칠흑 속에 다시 잠기는 듯 했다. 그러나 떨어진 불씨는 잿더미 속에서 꺼지지 않아, 점화되는 것은 시간 문제라는 것을 조선을 관심 있게 관측하는 자들은 간과하지 않았다.

필자가 집필한 한국에 관한 서적에서 대원군의 성격에 관해 부정적이긴 하지만 사실 그대로 서술한 바 있다. 그 당시 세력의 정점에 올라있던 대원군은 권력을 마구 휘두르고 있었는데 일반 국민들은 이를 절실히 느끼고 있었던 것 같다. 조선에 대한 유럽 열강과 미국의 접촉 시도가 무산된 뒤 다시 시도할 기미를 보이지 않자 대원군은 앞으로 몇 년 동안 안심하고 계속 횡포를 부렸다. 대원군은 그들이 그에게 경계심만 주입시켰을 뿐 열강들의 군사력이 조선의 군사력에 미치지 못한다고 생각했다.

국가의 개방은 자신의 권력 상실을 불러온다고 생각한 대원군은 개항을 요구하는 외국인들과 직면, 불안과 두려움에 사로잡혀, 아시아의 폭군답게 조선인 개화파들에게 분풀이 했다. 그의 보복의 희생물인 된 사람이 몇 명이나 되는지 정확한 집계는 나와 있지 않다.

그렇지만 그의 횡포를 피하여 우수리 국경 지역까지 피난하여 러시아에서 새로운 주거지를 형성한 사람이 줄을 이은 것으로 보아 상당한 수였음을 능히 짐작할 수 있다. 알렉산더 황제 2세의 25주기를 맞아 페테르부르크 지리학회 연설에서 오스텐-자켄 남작[3]은 "본국의 압정에 못 이겨 망명한" 조선 사람들의 미래를 보장하겠노라고 희망적으로 언급한 바가 있다.

연소한 왕이 즉위한 뒤 상당히 긴 세월 동안 대원군과 그의 일파는 조선의 운명을 손아귀에 쥐고 있었다. 드디어 다가온 대원군의 쇄국정치의 종말은 대외에서 예상치 못한 작은 나라가 유도했다. 본국인이건 외국인이건 동일한 법으로 다스리던 중국과 상대도 되지 않은 약소국인 일본이 그 장본인이었다. 중국 정부가 이런 결정적인 역할을 한다는 것은 어불성설이었다. 왜냐하면 중국은 공공연히 조선의 쇄국정치를 지원하고 있었기 때문이다.

본 주제에서 벗어나는 인상을 주기는 하지만, 그 당시 중국의 정세와 대외정책을 살펴보면, 중국 정치는 조선의 대외정치에 직접적인 영향을 미쳤다. 중국이 외국 세력과 대치하거나 전쟁에 휩쓸리게 되면 조선 역시 곧 자주권에 위협을 받았다.

중국이 개항한 직후 조선 개항의 적절한 기회는 있었다. 세계 열강이 이를 포착했다면 조선은 꼼짝없이 모든 요구 조건을 받아들였을 것이다. 이를테면 청국과 영국 사이에 제1차 아편전쟁과 1858~59년에 일본이 개항한 직후, 1860년의 영불연합국의 대중국 전쟁이 그 절호의 기회였다. 그러나 전쟁의 위협이 사라지자마자 서울(Saoul)[4]에서는 이를 망각하고 말았다.

외세에 대한 두려움 대신에 아시아인의 전형적인 자만심과 자부심 그리고 자기 나라의 불멸성에 관한 자신감이 점점 커졌다. 그로 말미암아 조선은 자진해서 반쯤 열었던 개방의 문을 다시 닫고 빗장을 더욱 단단히 채웠다. 과거의 어느 사건보다 평화주의적인 조선 사람의 성품을 뒤바꿔놓은 프랑스 로즈 제독[5]의 조선 원정이 실패한 뒤로, 대원군은 외국 세력 퇴치를 위해 청나라에 조선 원정군 파견을

---

3) 오스텐-자켄 남작(Baron von der Osten-Sacken : 1752~1837) : 러시아의 군인. 리보니아 출신. 젊어서는 대터키 전쟁과 대폴란드 전쟁에 참전하였으며, 나폴레옹의 러시아 원정(1812~1815) 당시에도 항전했다. 1818년에 제1군 참모장이 되었으며, 1826년에 원수가 되었다.

4) (원저자 주) 도시 명 "서울"은 수도, 혹은 대궐이라는 의미를 지니고 있으며 유럽에서는 쇠울(Söul)이나 세오울(Séoul)로 잘못 표기 · 발음되고 있다. 조선 사람은 "아" 모음을 강하게 발음하고 마지막 음절과 거의 동시에 발음하여 마치 사울(Saul)로 들린다.

5) 로즈(Pierr G. Roze : ?~?) : 프랑스 극동함대 사령관. 병인박해(1866)의 보복으로 병인양요를 일으킨 장본인임.

제안했다니 얼마나 기가 막힌 노릇인가! 이 제안은 안보의 완벽성에 관한 중국 측의 우려로 기각되었다. 가소롭기 짝이 없이 보이는 이 제안을 만약 중국 측에서 수용했다면 오늘의 정치 판도가 달라져 있을 수 있다.

1867년 어느 고위급 정치인이 "15년 내지 16년 뒤에는 중국 안에 외국인을 단 한 명도 찾아볼 수 없을 것"이라는 발언을 하여 센세이션을 일으켰다. 그는 다름 아닌 존 웨이드 경[6])으로 얼마 전까지 북경 주차 영국 대사로 역임했으며 그 시대의 대표적인 중국통으로서 30여 년 동안 중국에 체류했다.

웨이드 경은 그 시대의 중국에 관하여 해박한 지식을 소유한 사람으로 유명하며 한 때는 최초의 영국인으로서 중국 세관 검열관으로 근무한 적도 있다. 외모에서 풍기는 이미지와는 달리 웨이드 경은 반중국주의자가 아니었다. 도리어 유럽인들이 비웃는 조로 말하는 소위 중화주의자가 바로 웨이드 경이었다. 그는 몇 년 동안 중국의 관료들과 교제하면서 중국인들의 우아한 사교 스타일에 호감을 갖게 되었고, 더 나아가 중국의 생활 양식이 많이 몸에 배여 있었다.

웨이드 경의 이 발언은 그 당시 많은 이들의 조소의 대상이 되었으나 이는 결코 정당하지 못한 처사였다. 왜냐하면 웨이드 경의 발언은 말 그대로의 의미를 담고 있었다. 그뿐만 아니라 그가 중국인과 빈번히 접촉하고 특히 해박한 중국통이라는 점을 감안하면 그가 내린 결론은 진지하게 수용될 가치가 있었다.

그 당시 중국인들은 일체의 외국 문물, 국가 개방, 구시대적 산물의 개혁을 적대시했으며 신문물의 영향으로부터 해방되기를 갈구했다. 오늘날의 시각에서 보자면 이런 중국인들의 적대심도 충분히 이해할 수 있는 측면이 있다. 현재 베이징의 중국 정부는 과거 어느 때보다도 모든 외국인에게 깊은 의혹을 품고 있어 우리 외국인들을 마치 불가피한 필요악처럼 취급하고 있다. 중국 정부가 유일하게 유럽인들의 우수성을 인정하고 배우려고 하는 분야가 있다면 무기 생산과 국가 안보

---

6) 웨이드(Sir Thomas Francis Wade : 1818~1895) : 영국의 군인 · 외교관이며 중국학자. 1838년에 육군에 입대하여 아편전쟁 당시에 중국에 입국. 북경 주차 영국 공자(1871~1883)를 역임하고 케임브리지대학 교수(1888)로 있으면서 중국어의 웨이드식 표기법을 창안했다.

분야일 것이다. 중국 정부는 군수 물자의 모든 새로운 발명이나 개선을 하나도 놓치지 않고 수용 · 응용하고 있어 그 수준과 속도가 유럽과 대등하다.

외국인이 운영하는 중국의 개항 항구에서 들어오는 세관 수입의 대부분이 국가 교통, 산업의 개선에 투입되는 것이 아니라 무기와 군함 기타 군수물자 구입에 지출된다. 외국 자본을 이용한 유일한 프로젝트로 상해와 무성 간의 실험 철도 건설이 계획 · 실시되다가 지방 유지들의 결사 반대로 중단되고 말았다. 이렇게 구입된 군수 물자와 무기들이 누구의 가슴을 겨냥하리라는 것은 불을 보듯 뻔하다.

북경의 권력층에는 섭명침[7]처럼 서양인을 혐오하여 기회와 능력만 허락한다면 외국인을 멸종하려고 눈에 불을 켠 중국인들이 헤아릴 수 없이 많다. 이 외국인들을 증오하는 중국인들은 은근한 간접 고문과 교활하고 은밀한 외교의 대가들로 유럽의 어떤 외교관도 모방할 수 없다.

이렇듯 서양인에 대한 증오에 불타는 중국 정부를 서양 국가들이 군함, 군수 물자 조달, 장교 투입 등을 통해 원조하는 것은 크나큰 정치적 오류라는 것을 실감할 날이 머지않아 올 것이다. 중국인은 모든 서양인을 증오하므로 유럽 모든 국가가 중국의 적대국이 될 수 있다. 중국과 전쟁이 발발하여 서양의 한 국가가 패전할 경우, 그 피해는 이루 말할 수 없을 것이다.

러시아는 아무르의 국경 문제를 해결하고자 유럽 열강 가운데 어느 나라보다 조선에 관한 관심이 많았다. 당연히 조선은 이웃 강대국인 러시아를 매우 경계했으며 해안에 러시아 군함이 출현하기만 해도 공포의 도가니 속에 빠졌다. 1865년 러시아 군함이 조선 연안에 나타나자 다급한 조선 정부는 프랑스의 베르뇌 주교[8]에게 조선에 전국적으로 천주교 포교를 허락하는 조건으로 러시아 군함을 퇴치하는 데 협력을 요청했다. 베르뇌 주교는 자신의 견해에 따르면 러시아가 조선을 정

---

7) 섭명침(葉名琛 : 1807~1859) : 중국 호북성 사람. 字는 곤신. 도광 연간에 벼슬에 올라 광동의 포정사 · 순무, 양광 총독 겸 통상대신을 지냈으며, 광주 부근의 양민 10만 명을 학살했다. 1856년에 영국군이 침략하자 이에 항복한 뒤 포로가 되어 인도에서 죽었다.

8) 베르뇌(François Berneux : 1814~1866) : 파리외방전교회 소속의 신부. 일본과 만주에서 포교하다가 1855년 제4대 조선 교구장으로 취임 · 입국했으며 1866년의 병인사옥 때 순교함.

복하는 것은 시간 문제라며 이 청원을 거절했으며 그 뒤 베르뇌 주교는 8명의 수행원과 함께 암살당했는데 보복 살인이 분명하다.

그로부터 몇 년이 지난 뒤에 블라디보스토크에서 출발한 러시아 정부 사절단이 통상 조약을 체결할 목적으로 조선의 국경을 넘어왔다. 조선왕국이 이를 거절하자 사절단은 순순히 물러났다. 러시아가 조선 개항의 기회를 이러한 식으로 코앞에서 놓친 것은 오늘의 시각에서 보아 이해하기 어렵다. 심지어 청러전쟁 당시에 러시아 군함이 조선의 연안에 정박했을 때 조선을 정복하거나 개항을 강요하는 것은 손쉬운 일이었다.

그럼에도 불구하고 러시아는 그와 같은 절호의 기회를 포착하지 않았다. 그렇게 되었다면 러시아는 조선 서해안에 해군 기지를 확보할 수 있었고, 그렇게 되면 중국과의 전쟁 때에 중국 북해 연안에 용이하게 도달할 수 있는 중요한 기지의 역할을 했을 것이다. 애석하게도 러시아는 시대가 제공하는 기회를 간과해버렸고 앞으로 그런 기회는 두 번 다시 반복되지 않을 것이며 머지않은 장래에 과거의 짧은 안목을 후회할 것이다.

조선왕국의 끈질긴 저항을 물리치고 개항을 종용한 나라가 다름 아닌 일본이라는 사실은 거대한 군함을 보유한 서구 열강들에게는 수치스러운 일이다. 들리는 바에 따르면 조선에 표류한 일본선원들이 조선 해당 관청에서 자신들을 험하고 불손하게 다룬다는 상소문을 본국에 여러 차례 송신한 것이 직접적인 동기였다고 한다. 그러나 이런 정당하고 공식적인 동기는 표면적이었을 뿐 그 이면에는 조선의 개항으로 교역 시장을 개척하고자 하는 일본의 경제적 목적과 기타 정치적 목적이 숨어 있었다. 300년 전의 임진왜란 패전의 쓰라린 과거는 일본 사람들의 뇌리에 고스란히 간직돼 있었고 정신적인 우수성과 문화 진보에 대한 자부심에 들떠 있던 일본은 표류인들의 소식에 신경을 곤두세웠다.

그 당시 일본은 자긍심을 갖기에 충분할 조건을 갖추고 있었다. 곧 대외관계의 불안정과 피어린 내란의 연속에도 불구하고 일본은 개항 뒤 25년이라는 짧은 기간에 모든 분야에 걸쳐 눈부신 발전을 이룩하였다. 중국과는 반대로 신중하게 전력을 기울여 문호를 개방하고 서양 문물을 수용함으로써 서양인들과 우호관계를 맺은 일본 천황 정권의 공적은 높이 평가되어야 한다.

북경과 도쿄는 견줄 수가 없었다. 한 쪽은 100년 전의 구시대의 환상에 매달려 일체의 서양 문물을 거부하는 자세로 경직되어 있었고 다른 한 쪽은 서양 문물과 윤리 도덕을 양팔을 활짝 펴고 크게 환영하는 적극적인 자세였다. 일본은 체결된 통상 조약들을 성실히 이행했을 뿐만 아니라 더 나아가 전국적으로 항구를 개항하여 세계적인 교역을 가능케 했다. 그렇다고 일본에 문호 개방을 반대하는 보수적인 봉건 귀족들이 없었던 것은 아니다. 그러나 봉건 귀족들은 근세기의 내란 이후 몰락해 갔으며 사회적인 영향력을 상실하는 바람에 과거 형식에 불과했던 천황 권력은 실권으로 변모해 갔다.

1870년대에 조선 왕국과 통상 조약을 체결하려는 목적으로 사절단을 실은 일본 군함이 조선의 량강(Riang-Kiang)[9]으로 향했다. 일본의 통상 조약 체결 요청은 내원군의 심례직이고도 오만한 반대로 기각되었다. 대원군은 사절단의 접견조차도 거절하고 즉각 귀국을 명령했다. 일본 사절단을 쉽사리 물리칠 수 있다고 생각한 것은 대원군의 오산이었다. "그리스인이 그리스인을 만나야 전쟁의 맛이 난다."는 격언을 대원군은 몰랐던 모양이다.

쉽게 흥분하고 인내심이 적은 유럽인들과 일본인들은 본질적으로 달랐다. 인내의 미덕을 잘 교육받은 아시아 대 아시아인의 대치였던 것이다. 인내의 한계를 감지한 일본 사람은 좀 더 격렬한 방법을 썼다. 곧 통상 조약 체결을 계속 거부하고 계속 시간을 끌 경우 전쟁을 선포하겠다고 엄포를 놓자 어리석고 오만한 대원군도 근거리에 위치한 일본과의 전쟁의 위험성을 인식하고 동요하기 시작했다.

결국 대원군은 어쩔 수 없이 일보 양보하여 일본 사절단의 서울 입성을 허락한 뒤 긴 협상에 들어갔다. 그 결과 일본과 서해안의 부산은 1880년 5월 1일자로, 동해안의 원산을 같은 해 10월 1일자로 잠정적으로 개항한다는 것을 내용으로 하는 통상 조약을 체결했다.

일본은 이 조약을 통해 조선의 쇄국정치 장벽을 와해하는 데 큰 의미를 부여하여 과격한 요구를 삼갔다. 일본은 개항 도시의 특정 지역에 거주권과 상권을 할애

9) 여러 가지의 정황으로 볼 때 한강을 의미하는 것으로 보임.

받았으며 이 특정 지역을 벗어난 활동은 금지되었다. 또한 조선에 체류하는 일본 사람을 보호하려는 목적으로 공사관을 설치하기로 약정했다.

이 조약이 효력을 발생하기에 앞서 조선에는 새로운 왕이 즉위했으나 대원군과 그의 일당들의 정치적 영향력은 여전했다.[10] 대원군의 강한 세도는 일본처럼 조선과 통상 조약을 체결하려는 목적으로 미국의 슈펠트 제독[11]이 조선에 군함을 이끌고 올 때도 입증이 되었다.

슈펠트의 시도는 조선의 오만한 거절로 일차적으로 수포로 돌아갔다. 1880년 부산을 개항한 뒤 슈펠트 제독은 다시 한 번 조선과 통상 조약 협상을 요구하지만 역시 거절당한다. 일본의 중재나 슈펠트의 군함을 이용한 엄포도 별다른 소용이 없었다. 반복되는 실패로 말미암아 서양인에게 조선의 문은 다시 굳게 닫힌 듯했다.

그 뒤 1882년 쇄국파 일당의 패배를 유도한 조선 궁전 내의 폭동[임오군란]이 발발했을 때까지 서울과 특히 궁전에서는 여전히 암흑의 시대가 계속되었다. 추측하건대 대원군의 폭정과 섭정에 진저리가 난 조선의 국왕이 개화파들을 정치에 점점 더 참여시킨 것 같으며 더구나 이 개화 정책은 서울에 체류하던 일본 공사관에게 지원을 받았던 것 같다.

이는 조선의 개국을 더 이상 지체할 수 없다는 것을 감지한 대원군과 그의 일파들의 분노를 샀다. 일본의 적극적인 중재로 조선의 국왕이 미국과 통상 조약 체결을 결정하자 대원군과 그의 일당들은 공공연한 분노를 터뜨려 이를 반대하는 봉기를 일으킴으로써 조선의 국왕과 그의 친족들, 그리고 일본공사관원의 생명을 위협하자 이들은 피신해야만 했다.

이번에도 조선을 망치는 쇄국파의 승리가 명약관화한 것 같았던 아슬아슬한 순

---

10) 문맥상으로 볼 때 대원군의 집정 시기 동안에 왕위의 교체가 있었던 듯이 표현되어 있으나 이는 사실과 다르며, 아마도 고종의 즉위를 오해하고 있는 것 같다.

11) 슈펠트(R. W. Schufeldt : 1822~1895) : 한국명 설비이. 미국의 해군 제독. 뉴욕 출신. 1839년에 해군에 입대하여 브라질 · 아프리카 · 지중해에서 활약하다가 퇴역. 남북전쟁 당시에는 쿠바총영사(1861~1863)를 지냈으며 그 뒤 다시 해군에 복귀하여 국무장관 브레인을 설득하여 조선 개국의 임무를 맡고 출항(1878), 일본에 도착(1880), 한국의 연안을 왕래하면서 끝내 한미수호통상조약을 체결함(1872). 그 뒤 해군자문국의장(1882~1884)을 지냈으며, 묘소는 알링턴 국립묘지에 있음.

간에 쇄국파들은 다시는 헤어날 수 없는 패망의 수렁에 빠졌다. 청국은 적당한 명목 아래 대원군과 그의 일당들을 배에 억류하여 중국으로 추방하는데 성공한다. 배가 중국 천진에 도착하자 대원군과 그 추종자들은 중국 정부에 의해 체포, 포로로서 내륙으로 압송되어 오늘날[1884]까지도 억류되어 있다.[12)]

중국 정부조차도 대원군의 쇄국적인 폭정을 너무 지나친 것으로 평가하여 일본과 미국에 지원을 자청한 것 같다. 이 사건을 계기로 대원군의 정치력은 결국 종말에 이른 것 같다. 필자가 예전에 다른 저서에서 서술한 바 있는 대원군의 폭군 기질은 억류된 대원군을 경험한 한 중국인의 편지에 의해 거듭 확인되었다. 그 중국인은 "피에 목마른 폭군 대원군이 드디어 체포되어 힘을 잃은 것은 천만다행이다"라고 편지에 적고 있다.

1882년에 한미 수호 통상 조약이 체결된 이후 다른 유럽 열강들도 그와 동등한 조약을 맺기를 시도하리라 예견할 수 있었다. 영국을 선두로, 그 다음 프랑스와 독일이 차례대로 한국과 수호통상조약을 체결했고 그로 말미암아 수많은 조선의 항구들이 통상을 목적으로 개항했다. 러시아와의 통상조약은 지금까지 성립되지 않고 있으며 통상조약의 체결은 예전처럼 그렇게 중요한 의미를 소지하지는 못한다.

일본과 조선 사이의 교역은 해마다 증가하는 매상고로 보아 만족할 만한 성과를 거두고 있다. 통상 거래가 성립된 첫해의 매상고가 40만 엔(1엔=2마르크 20페니히)을 기록했으며, 1882년도에는 이미 그 3배로 증가했다. 이는 조선인의 낮은 생활 수준과 빈약한 소비력을 감안하면 엄청난 금액이다. 증가하는 교역의 물량에 비례하여 내수 교역과 산업, 그리고 생산력도 증가하는 것은 당연한 결과이다. 조선의 주요 생산품인 차, 비단, 면과 기타 물품의 합리적인 재배는 조선의 경제적인 부흥의 토대가 될 것이며, 지하의 천연자원은 언급할 필요도 없다. 그 풍부한 생산량은 아시아대륙의 최대를 기록하리라고 추정된다.

최근에 조선이 미국에 공사관을 창설하려는 계획을 세우고 있다는 사실은 현재의 집권자인 조선 정부가 예전의 쇄국 정책을 청산하고 개방 정치를 유지하리라는

12) 대원군은 1882년 7월에 납치되어 1885년 2월에 귀환했다.

것을 입증하고 있다. 나가사키(長崎)와 부산을 연결하는 항로의 개통은 조선 정부의 개방 정치를 명약관화하게 드러내고 있다. 조선을 세계의 교류에서 철저히 고립시켰던 장애물들이 드디어 제거되었다. 필자는 과거 수많은 고난의 역경을 치러야 했던 조선 민족의 밝은 장래와 인류 문화와 학문의 진흥을 위해 조선의 개화가 거침없이 진행되기를 소망한다.

제 2 장

본 저서의 제1장을 집필한 지가 어느덧 10년이라는 긴 세월이 흘렀다. 제1장의 마지막을 장식했던 필자의 소망, 즉, 조선의 발전과 평화에 대한 간절한 기원은 그동안 유감스럽게도 미미하게 실현되었을 뿐이다. 일본의 강요로 체결된 강화도조약과 그에 잇따른 서구 열강과의 수호통상조약으로 말미암아 대외 교역이 성립되고 조선의 전반적인 경제 부흥도 성립되었지만 그 규모가 워낙 미미해서 실제 성과보다 4배 정도의 천연 자원 개발의 여지가 충분히 있었던 것이다.

조선이 개발되지 않은 원인은 빈곤한 생활 수준에 만족하는 탓도 있지만, 교역과 변혁의 증가에 지대한 관심을 가진 조선 민족보다는 집권층에 있다고 보는 것이 정확하다. 조선왕조는 이미 시대에 뒤진 관행과 연계 속에서 아직도 정치 파벌 싸움과 내란을 거듭하고 있으며 앞으로 이런 상황은 계속될 것이 분명하다.

일본이 서울에 공사관을 설치하고 새 시대에 적합한 정치 개혁의 유도를 통해 조선에서 점차 적으로 영향력을 구축하자 이를 질시하던 중국은 그 때까지는 조선에 별 관심이 없음에도 불구하고 조선에서 상실한 영향력을 회복하고 일본을 견제하려는 낌새를 보였다. 중국은 조선의 몇몇 세도가들을 자신의 편으로 유인하는데 성공하고 그 때까지 중국의 세관 총세무사였고 의심할 여지없이 의기가 양양하고 능수능란한 묄렌도르프[13]를 고문으로 임명하여 소위 친중국파를 조성하기에

---

13) 묄렌도르프(Paul G. von Moellendorff : 1848~1901) : 독일의 외교관 겸 동양학자. 중국 주재 독일영사관에 근무하다가 청국 관리가 되었으며(1860), 이홍장의 추천으로 조

이른다.

이들의 핵심적인 저의는 일본의 영향력을 꺾고 조선에 대한 중국의 영향력을 고조시키는 데 있었다. 더구나 조선 민족은 과거에 겪었던 일본의 조선 침략으로 말미암은 상흔을 잊지 못하고 있었다. 또한 선천적으로 기질이 선량하고 유순한 조선 사람들은 일본 공사관 및 대표들의 강박한 태도를 못마땅하게 여기고 있었다.

일본 사람에 대한 이와 같은 적대감은 조선의 보수적인 고급 관리와 공무원들에게 더욱 심각했다. 이 보수파들은 일본이 추진하는 개혁으로 말미암아 자신들의 세도가 약해진다고 보았다. 뿐만 아니라 개혁은 곧 그들의 치부의 수단이었던 부정부패한 구제도의 말살을 의미하므로 개혁을 기피하는 경향이었다.

그 뒤 내란과 파벌 싸움으로 점철된 시대가 이어지니 암살 사건들이 연달아 일어났다. 이러한 환란의 틈을 타 중국의 지원 부대가 조선에 파견됨으로 말미암아 청일전쟁이 불붙게 되었다. 러시아도 잠자코 있지만은 않았다. 러시아는 청일간의 각축전을 자신의 실리 축구에 이용하고자 조선의 보호국으로 자칭하고 나섰다. 이러한 러시아의 시도는 그 당시 영국과 일본의 견제로 수포로 돌아갔다. 부당하게도 묄렌도르프는 러시아의 조선속국화 책략의 주도자로 몰려 몇 차례에 걸쳐 암살의 희생물이 되려다가 가까스로 조선 고문관의 직책을 사직하고 중국으로 돌아갔다.

한편 폭정 때문에 몇 년 동안 중국에 억류되었던 대원군은 1885년 석방되어 조선으로 돌아왔다. 그 이면에는 대원군을 정치적 꼭두각시로 이용하려는 청나라의 저의가 숨어 있었던 것으로 추정된다. 필자가 과거에 몇 차례 대원군의 악랄한 기질을 서술한 적이 있지만[14] 대원군은 조선 민족으로부터 악신의 대명사요, 조선의 평화로운 발전에는 도무지 부정당한 인물이라는 평을 받고 있었다. 들리는 바에 따르면 그는 중국에서 석방될 시기에 행동거지를 조심하고 일체의 정치 간섭을

선에 진출하여(1882~1885) 주로 해관 업무를 보면서 개화파를 견제하고 친러시아 노선을 걸었다. 그 뒤 이홍장에게 해임되어 중국 영파에서 죽었다.

14) E. Oppert, *Ein Verschlossenes Land : Reisen nach Corea*, Leipzig : F. A. Brockhaus, 1880, S. 80.

금하겠다는 약정을 했다고 한다. 그러나 그처럼 교활하고 악착같은 기질의 소유자가 이 약속을 이행하지 않으리라는 것은 누구나 예견할 수 있었다.

조선에 귀송된 뒤 대원군은 초기에는 비교적 은밀히, 나중에는 공공연히 과거에 자신이 누렸던 세도를 회복하려는 움직임을 보였으며, 왕의 친부인 그에게는 그런 일이 그리 어려운 일이 아니었다. 추축하건대 지난 몇 년 동안 조선의 내란과 정치적인 혼란의 배후 조정자는 분명히 대원군이 그 장본인이다. 지난 몇 년 동안에 조선 왕족에게 가해진 두 차례에 걸친 궁내의 시해 사건의 원흉은 자신의 정치적인 포부를 실현하려던 당파와 물불을 가리지 않았던 대원군이었음은 분명하며 그는 조선의 불운을 가져오는 장본인임에 틀림없다.

몇 년간 지속되던 중국과 일본 사이의 상호 견제 정책의 배후에는 조선 문제뿐만이 아니라 그 밖의 다른 정치적인 문제들이 얽혀 불씨가 되었다. 1894년 일본 정부가 조선 정부에게 개혁 정책 도입을 강요하며 군대를 조선에 투입하자 중국은 그에 적극 반대하여 일본군의 즉각 철수를 요구하고 나섰다. 이 사건의 전말과 그 결과는 이미 잘 알려져 있다.

조선에 진입된 중국 군대는 일본군과 조선에서 몇 차례의 대전을 벌여 매번 패배하여 중국군은 압록강의 국경까지 밀리게 되었다. 이렇게 조선에서 시작한 청일전쟁은 중국 본토로 옮겨져 북경 정부가 완전히 항복할 때까지 계속된다. 청일전쟁의 패배로 말미암아 중국은 조선에 대한 영향력을 완전히 상실하고 만다. 또한 그 뒤에 체결된 시모노세키조약을 통해 어떠한 외국 세력도 조선의 내정에 간섭하는 것을 금하는 규정을 서면화한다.

일본이 청일전쟁에 전력을 기울이는 동안 조선의 내정을 소홀히 하자 서울에 주재하는 러시아 공사 웨베르[15]는 이 틈새를 이용하여 자신의 영향력을 확장하려 했다. 페테르부르크의 소재 러시아 정부는 청일전쟁으로 말미암아 양국이 승전국이든 패전국이든 약해질 것을 은근히 기대하고 있었던 듯하다. 또한 양국 가운데

15) 웨베르(Karl I. Weber) : 제정러시아의 외교관. 북경과 천진에서 외교관으로 있다가 멕시코 공사로 전임될 때까지 14년 동안(1884~1897) 주한 공사, 총영사로 활약하면서 러시아의 남진에 기여했다.

한 국가는 분명히 경쟁의 대열에서 낙오되는 것을 기뻐하고 있었다. 청일전쟁 이후 조선에 대한 일체의 영향력을 상실한 중국의 경우 러시아의 기대가 맞아떨어진 셈이다.

서울 궁정의 내란은 러시아의 이러한 은밀한 계획을 더욱 부채질했으니 상당히 무지몽매했던 왕비가 살해된 뒤[을미사변] 나약해질 대로 나약해진 조선의 국왕은 목숨을 건지기 위해 러시아 공사관으로 피신하게 된다.[아관파천] 러시아 공사관에서 몇 달 동안 피신한 조선의 국왕은 최근에야 마지못해 귀국하여 겨우 정치의 고삐를 다시 손에 쥔 듯하다.

최근 정세를 감안하면 조선이 머지않은 장래에 평화를 되찾고 발전하리라는 기대는 요원하다. 과거 몇 백 년 전부터 최근까지 조선은 주변 열강들의 각축장이며, 또한 머지않아 동아시아의 주도권을 놓고 혈안이 되어 경쟁하는 러시아와 일본 사이의 피로 점철된 전쟁의 첫 싸움터가 될 것이 분명하다. 일본으로서는 지금까지 확보한 동아시아에서의 세력을 양보하고 싶은 의도가 추호도 없다.

일본이 군사력을 회복하기까지는 약간의 시간이 걸리겠으나 강인한 일본 사람의 기질을 고려하면 그 날은 분명히 올 것이다. 그렇게 되면 일본은 러시아의 조선 간섭에 대응할 것이 확실한데 두 국가가 군사력으로 대치될 경우 조선에 가까이 위치한 일본이 훨씬 유리하다. 뿐만 아니라 동아시아의 러시아 세력을 견제하려는 영국이 일본을 지원하게 될 것이다.

이러한 열강의 각축전이 우선적으로 조선에서 진행될 것이므로 수많은 시련을 감수해 온 조선 민족이 또 다시 희생의 제물이 될 것이다. 동아시아의 역사의 장에 먹장구름이 소나기로 내린 뒤, 자신의 무기력과 부실한 경제의 어두움에서 깨어날 때에야 조선은 평화와 발전의 길을 갈 수 있으리라.

2. 조선 정부에 제안한 조약문의 초안

제1조 조선 정부는 자주적인 의지로 유럽의 열강 및 미국과 다음과 같은 기본적인 항목들의 친선 · 평화 · 통상 조약을 체결함을 공표한다.

제2조 조선 왕국의 서 · 동 · 남해안의 군산, 동래, 송도, 강화의 무역항과 교역지대를 외국인들에게 개방하며 그밖에 개방될 항구들의 수와 위치는 이해 관계를 가지고 있는 주요 열강의 특별한 협의를 통해 결정한다.

제3조 조선 정부는 이 임시 조약에 서명하고 체결했음을 국민들에게 공표하며 조약이 발효되자마자 조선 사람들이 외국인들을 우호적으로 대할 수 있도록 준비한다.

제4조 조선 정부는 모든 개항장에 외국인 거주지와 상점 그리고 그 밖의 필요한 건물들을 세우기 위해 면적이 충분하고 이용이 편리한 별도의 조차지를 제공한다. 조차지의 선택과 규모는 특별하게 임명된 외국인 관리와 조선 정부 간의 합의에 따른다.

제5조 모든 외국인들은 오직 무역항으로 개방된 지역에서만 영구적으로 거주할 수 있도록 허용된다. 그러나 다음의 제한 사항을 준수하는 조건에 한해서 사업이나 여가를 위해 조선의 국내를 자유롭게 여행할 수 있다.

(1) 집주인의 특별한 초대가 있지 않는 한 외국인들은 조선 사람의 집, 숙소, 공공 건물에 들어갈 수 없다.

(2) 외국인들은 자국의 정부가 발급한 여권을 소지하고 있어야 한다.

(3) 불필요한 분쟁을 막기 위해 외국인들은 조선 사람들의 풍속과 관습을 존중해야 한다.

(4) 양반의 집을 무단으로 침입한 경우 또는 조선 사람에 의해 상해를 입지 않았음에도 불구하고 외국인이 조선 사람을 위해하거나 살해했을 경우에 조선 정부는 그를 체포하여 처벌할 수 있는 권한을 가지고 있으며 아울러 그의 추방을 명령하는 것도 조선 정부의 선택에 달려 있다. 이러한 권한들은 조선 정부가 조선 사람이 외국인에게 상해를 입힐 경우에도 책임을 진다는 전제하에서만 동의를 얻을 수

있다. 조선 정부는 국내를 여행하는 모든 외국인들의 권한을 최대한으로 보장하고 신변을 보호하도록 하는 지시를 모든 문무 관리들에게 내릴 의무를 가지고 있다.

제6조 조선의 전역에서 기독교의 자유로운 선교 활동을 보장하며 천주교와 개신교의 사제들은 원하는 어느 지역에서든지 자유롭게 설교할 수 있다. 또한 이들이 교회, 학교, 병원을 세우는 것을 허용한다. 어떠한 조선 사람도 기독교적 신념을 가졌다는 이유 때문에 박해를 당하지 아니한다. 개종자들은 새로운 믿음에 대해서 침해를 받거나 불탑을 개보수하는 노역에 강제로 동원되어서도 안 된다. 지방 관리와 그 밖의 개인들은 조선의 기독교인과 그의 가족에게 위해를 가해서는 안 된다.

제7조 수출입 무역에서 징수되는 의무적인 관세는 중국과 일본에서 적용하는 관세를 기본으로 하여 약정국과 조선 정부가 결정한다.

제8조 외국 정부는 모든 개항장에 영사 또는 그 대행인을 임명하며 그는 특히 교포들을 재판하고 보호 · 감독할 책임을 진다. 약정국들은 수도(서울)에 거주하면서 전권을 행사하는 외교 사절 또는 공사를 임명할 수 있는 권리를 가진다. 그는 자국의 이익을 요구할 필요가 있을 때에는 언제나 대표로서 조선의 국왕 및 정부와 직접적으로 의견을 교환할 수 있다.

제9조 조선의 노비들은 제재 없이 외국인들을 위해 봉사할 수 있도록 허용한다.

제10조 외국인들은 오직 자국의 법 내에서만 구속받고 책임을 지며 자국 정부의 법률적 효력 하에 세워진 법정에 한해서만 구속된다. 외국인과 조선 사람 사이에 분쟁이 발생할 경우 외국인들은 오직 자신들의 법정에서만 증언할 수 있으며 조선 사람들도 마찬가지이다.

제11조 조선 정부는 연안에서 난파되거나 악천후로 인해 불가피하게 조선의 항구로 피항한 선박에 대하여 가능한 모든 원조를 제공하도록 약속하며 이렇게 해서 입국한 모든 외국인들을 친절하게 대하고 난파된 배의 승무원들에게 가장 가까운 숙박지로 갈 수 있는 운송 수단을 제공한다. 이를 통해 그들은 본국으로 안전하게 귀환할 수 있다. 이러한 약속은 이 임시 조약에 서명한 날로부터 효력을 발생하여 시행한다. 그리고 조선 정부는 이러한 효력에 대해 공고와 훈령을 통해 연안 지역의 모든 관헌들에게 즉시 공지하도록 해야 한다. 또한 외국 선박은 자유롭게 항만에 출입항할 수 있기 위해 조선의 도선사를 고용할 수 있다.

제12조 외국인들은 자신의 사용 또는 통상에 대해 약정된 세금을 납부하고 밀수품 외의 상품들을 자유롭게 수입할 수 있으며, 향후에 신설될 특별한 규정에 따라 같은 방식으로 자국의 상품을 수출할 수 있다. 외국에서 수입되는 모든 상품들은 조선 사람들이 국내로 운반한다.

제13조 아편의 수입과 거래는 엄격히 그리고 영원히 금지한다.

제14조 한국 정부는 모든 개항장에 사기와 밀수 행위를 금지하기 위해 필요한 방안을 마련한다.

제15조 모든 외국 화폐는 조선 화폐의 무게와 가치에 상응해서 조선에서 통용될 수 있다. 금, 은, 구리 혹은 위조되거나 결함이 없는 기타 금속 등으로 제조된 모든 주화들은 면세되어 국내외로 통관된다.

제16조 조선 정부는 서구 열강과 체결한 특별 조약이 조인되고 비준될 때까지 외국과의 교역을 금지하거나 제한할 수 있는 권리를 유보한다.

제17조 각 외국들과 긴밀하고 우호적인 관계를 맺을 준비가 되어 있음을 증명하고 그러한 강고한 신념이 확고하게 다져지기를 열망하는 의미로서 조선 정부는 서구 열강들의 궁정과 미국의 대통령에게 공식적으로 임명한 고위 관리들로 구성된 사절단을 파견하는 데 동의한다.

제18조 사절단의 목적은 선린 · 우호의 의지를 외국 정부에 전달하며 이 임시 조약에서 합의된 조항들에 기초해서 평화 · 친선 · 통상 조약의 특별 조항을 조정하여 최종적으로 합의하는 것이다. 조선 정부는 적절한 때에 사절단과 외국 정부 사이에 체결된 조약들을 승인하고 비준할 의무가 있다. 사절단은 또한 특별히 신임장을 휴대하지 않았더라도 조선과 우호적인 관계를 맺기를 열망하는 외국 정부와 조약을 체결할 수 있는 완전한 권한을 부여받는다.

제19조 조약의 문안은 중국어와 조선어로 기술하며 조선과 조약을 체결하는 나라의 국어로 번역한다.

제20조 확정된 조약은 조선의 사절단과 조약 체결국이 서명한 날로부터 1년 이내에 비준하기로 한다.

위의 임시 조약 전문은 조선의 강화도에서 작성했다.

3. 오페르트 굴총사건의 진입로 연구

이중국

1. 서 론

어떤 죽은 사람의 유해에 대한 도굴이 시도되었다. 이 대상이 된 무덤은 당시 조선의 최고 권력자이던 대원군 이하응의 생부이며 국왕 고종의 조부인 남연군 묘였다. 여기에 신부를 포함하여 문명국이라고 자처하는 나라 가운데 3개국 사람이 관련되었고 그 밖에 다른 2개국 사람 다수가 고용되었다. 이것이 오페르트의 굴총사건이다.

그런데, 이러한 도굴의 시도 자체는 그 성공이나 실패에 관계없이 국제적 성격을 띠게 하였고, 조건의 정치에 깊게 관련될 소지를 충분히 가지고 있었다. 실제로 이 사건은 조선의 정책 결정이나 대외 관계에 중대한 영향을 미쳤으며, 나아가서는 천주교 탄압, 쇄국정책, 조선인의 서양인에 대한 인식, 사회 변화 등에 미친 영향도 적지 않았던 것으로 보여 진다. 이러한 판단에서 이 사건의 정치적 의의는 매우 크다.

그러나 이 사건을 올바르게 이해하고 의미를 부여하려면 먼저 사건의 전모를 사실대로 알아야 할 것이다. 그럼에도 불구하고 이 사건의 전모는 아직까지도 명확하게 밝혀지지 않았고 각기 주장하는 바가 다르며, 사실의 많은 부분이 은폐내지 왜곡되어 있었다. 더구나 진입로에 대해서는 거의 알려져 있지도 않은 실정이다. 이러한 원인은 여러 가지가 있겠으나 주된 것으로 다음 몇 가지를 들 수 있다.

첫째, 기록의 부실이다. 이것은 한국사학이 발전하지 못한 문제점 가운데 하나로 지적되어 온 것으로 모처럼 어떤 것을 알아보려고 해도 문헌이 갖추어져 있지 않은 경우가 많다는 것이다.[1] 필자의 조사에 따르면 이 사건에서도 현지 관청의

남연군 묘

기록으로 참고가 될 만한 것은 거의 존재하지 않았으며 잔재(殘在)하는 다른 기록들로 매우 부실하였다.

이 사건을 다루고 있는 서적은 20여 종을 넘고 있으나, 국내의 『고종실록』과 『승정원일기』, 『일성록』, 『고종시대사』, 『비변사담록』 등과 해외의 오페르트의 『조선기행』[2]과 그리피스(William E. Griffis)의 『은자의 나라 한국』[3] 등 몇 종을 빼면 후세에 쓰인 기록 가운데 대부분은 대체로 이들의 어느 한쪽을 그대로 옮겼거나 양편의 기록을 적당히 짜 맞추어 놓았다고 해도 과언이 아니다.

둘째, 기록의 신뢰성 문제이다. 이렇게 잔재하는 기록 가운데에서도 사실에 대하여 은폐 또는 왜곡된 것이 많다고 판단된다. 사실 자체의 확인 없이 추상적으로

---

1) 천관우, 『한국사의 재발견』(서울 : 일조각, 1974), p. 8.

2) Ernest J. Oppert, *Ein Verschlossenes Land, Reisen Nach Korea*, Leipzig, 1980; 영역본인 *A Forbidden Land, Voyage to the Corea*도 그리고 한국어 번역본인 신복룡(역), 『금단의 나라 조선기행』(서울 : 집문당, 1999)이 있다.

3) William E. Griffis, *Corea ; The Hermit Nation*(New York : Charles Scribner's Sons, 1907); 신복룡(역주), 『은자의 나라 조선』(서울 : 집문당, 1999)

쓰인 기록이 대부분이고 자신의 입장을 정당화시키려는 의도에서 쓰인 것도 있는데 이것은 아무런 비판 없이 받아들인 경우가 많다. 그리피스의 『은자의 나라 한국』에 보면, "재판이 진행됨에 따라 많은 사실들이 은폐되었음이 명백히 밝혀졌다. 그러나 밖으로 노출된 진상은 사건 전체의 일부에 지나지 않는 것으로서 보일러의 안전판에서 나오는 1회의 수증기와 같았다"[4]라고 말하여 이 같은 사실을 뒷받침하고 있다.

이러한 점에 대하여 필자는 평소에 문제 의식을 가져 왔었고, 특히 이 사건이 발생했던 덕산이 고향이므로 남다른 관심을 가졌던 것도 사실이다. 이 사건이 정치적으로 중요한 의의를 가지는 점에 착안하여 현지 조사의 방법으로 진입로에 초점을 맞추어 사건의 전모를 밝혀보고, 이 사건에서의 민중의 역할을 알아보는 것이 이 글의 목적이다.

그런데, 이 사건의 윤곽을 파악하기 위하여 기존의 문헌이나 자료가 필요하였으므로 이를 다수 정리하고 평가하여 참고로 하였으나, 이는 오로지 사건을 이해하기 위한 것이었으며 이 글은 주로 현지 조사의 방법으로 현지 주민들의 증언, 현지 답사, 물적 자료의 수집 등을 바탕으로 하여 썼다. 그러므로 이글은 기존의 기록에 의존한 것이라기보다는 필자의 답사에 의한 사실 접근이라고 해도 무방할 것이다.

그러나 본고는 이 사건 전제에 대한 연구는 되지 못하며, 다만 진입로를 밝히기 위한 현지 조사의 한 기록에 불과하다. 또한 지연으로 말미암아 필자가 가질 수도 있는 선입견이나, 현지 주민들의 증언이 목격자의 증언이 아니고 구전하여 오던 것인 만큼 이 문제에 대하여 세심한 주의를 하였지만 자소 객관성이 결여된 부분이 있을지도 모른다.

---

4) William E. Griffis, *Corea; The Hermit Nation*; 신복룡(역), 『은자의 나라 한국』, p. 511.

2. 사건의 배경

이 사건은 1868년(고종 5) 4월 프러시아의 상인 오페르트 등이 현 충남 예산군 덕산면 상가리[5]에 있는 남연군 묘에 대하여 도굴을 하려다 실패한 사건이다. 이런 까닭에 "오페르트 굴총 사건", "오페르트 도굴 사건" 또는 남연군 묘 도굴 사건"이라 불린다. 이 사건의 배경을 밝히려면 먼저 남연군이나 오페르트에 대하여 알아보는 것이 순서일 것이다.

1) 남연군 묘

남연군은 조선 왕족의 한 사람이고 본관은 완주(현 전주)이며 흥선대원군 이하응의 생부이다. 본명은 구이고 인조의 왕자 인평대군 요의 6세손인 병원의 아들이다. 그는 은신군에게 양자로 가 남연군에 봉해졌고, 1815년(순조 15) 수원관, 1821년에 수능관 등을 지냈다. 그의 초시는 영희였으나 뒤에 충정으로 시호를 바꿨다.[6]

남연군의 생애에 대해서는 『순조실록』, 『일성록』, 『승정원일기』 등에도 이 이상 자세한 것이 없는 실정이다. 그런데, 그가 출생한 것이 언제인지는 밝혀지지 않았고 세상을 떠난 것도 17세[7] 또는 18세[8] 때라는 대원군의 주장과 그 보다 어렸을 것이라는 주장[9]이 엇갈려 있다. 이중 어느 주장이 옳다고 하더라도 남연군은 대원군이 어렸을 때 세상을 떠난 것으로 보인다.

한편 남연군은 슬하에 4남 1녀를 두었는데 장남 흥녕군 창응,[10] 차남 흥완군 정응, 삼남 흥인군 최응, 그리고 흥선군 하응이다. 이렇게 5남매를 남기고 남연군

---

5) 당시의 이름은 공충도 덕산군 가야동이다.
6) 『한국인명대사전』(서울 : 신구출판사, 1967), p. 211.
7) 조홍상, "비는 말한다 : 남연군 묘," 『대전일보』(1978. 11. 30.), p. 4
8) 황현, 『매천야록』(서울 : 대양서적, 1973), p. 39.
9) 『한국인명대사전』, p. 211.
10) 창응의 묘 또한 충남 예산군 덕산면 왕계리에 있으며, 이것이 남연군 묘보다 아래쪽에 위치하므로 속칭 "아랫산소"라고 한다.

이 일찍 세상을 떠난 것은 척족의 세도와 함께 대원군이 소년기에 불우하게 된 원인 가운데 하나였다.

당시 순조 · 철종비가 모두 안동 김씨로 척족의 횡포가 거세어 똑똑한 체하다가는 목숨을 부지할 수 없음을 간파하고 대원군은 무능한 왕족임을 자처하고 거리의 부랑자나 장안의 무뢰배들과 어울려 부랑 생활을 하였다. 이런 처지에서 시정의 호협배들과 전국을 방랑할 때 이곳 상가리 현재 남연군의 묘소가 있는 곳까지 오게 되었다. 이곳에 묘를 쓰면 집권할 수 있다는 어떤 풍수지리가[11]의 말을 듣고 겉으로는 구설 행각을 할망정 집권에의 웅지를 가슴속 깊이 품은 대원군은 이곳으로 아버지인 남연군의 묘를 옮기기로 결심하게 되었다.

대원군은 이곳에 있던 가야사[12]라는 절을 헐고 금탑이 있던 자리에 수원에 있던 아버지 남연군의 묘를 이장했는데 이것이 그의 세 번째 이장이었다.[13] 이때의 상황에 대하여 『매천야록』에는 다음과 같이 기록되어 있다.

> 대원군은 상여를 받들고 그곳에 이르러 불타고 남은 재를 쓸고 쉬니 한밤중이다. 이때 형 세 사람이 잠자리에서 일어나 꿈 이야기를 하는데 흰옷을 입은 늙은이가 노해서 욕설을 늘어놓으며 말했다.
>
> "나는 탑신인데 너희들은 어찌해서 내가 거처하는 곳을 빼앗느냐? 끝내 장례를 지낸다면 뜻하지 않게 죽음을 당할 것이며 네 형제가 폭사할 테니 속히 돌아가는 것이 좋겠다."
>
> 세 사람의 꿈이 모두 같았다. 대원군은 흥분하면서 말했다.
>
> "그렇다면 이곳은 진정 명당자리이다. 명이란 타고 난 것인데 신이 죽으라고 빈다고 해서 죽겠는가? 슬프게도 종실(宗室)이 쇠퇴하니 우리 형제들

---

11) 종래의 중이었다는 설은 잘못된 것이고 실제는 장씨 성을 가진 이 고장의 사람이었다고 한다.

12) 황현은 이절을 "대덕사"라고 했으나 이는 잘못된 것이다. 황현, 『매천야록』, p. 49.

13) 당시에 썼던 상여는 특이한 궁중 상여로 전체의 모습과 부속품의 조각 솜씨가 뛰어난 중요한 민속자료로 지정, 현재 덕사면 광천리에 보관되고 있다.

> 은 안동 김 씨 문전에서 옷자락을 끌며 얻어먹으면서 구차한 삶을 바라느니 차라리 일시에 합연히 쾌하게 되는 것이 좋지 않겠는가? 형님들은 모두 자식이 있으나 하나의 핏덩어리도 없는 것은 오직 나뿐이오. 그러나 죽는 것은 두려울 것이 없으니 형님들은 쓸데없는 말 그만 하시오."
>
> 이른 아침에 탑을 깨뜨리고 보니 그 자리는 전체가 돌이었다. 도끼로 깨뜨리니 도끼가 튀기만 하였다. 도끼를 치켜들고 허공을 향해서 크게 꾸짖으니 도끼는 다시 튀지 않았다고 한다. 장례를 치렀으나 다른 사람이 뒤에 옮기지나 않을까 하여 철 몇 수만 근을 녹여서 부었으며 그 위에 흙을 비벼 다졌다.[14]

이에 대하여 현지 주민들의 증언은 다소의 차이가 있을 뿐 대체로 이에 일치하는데, 이때 철을 녹여서 부은 것이 아니고 돌을 우물 정자 모양으로 끼워서 쌓았다는 주장[15]도 있다. 아무튼 대원군은 누군가 이 묘를 팔까봐 단단히 대비하였음은 분명하다.

그런데, 남연군 묘가 명당인지는 알 수 없으나 대원군은 묘를 쓰고 몇 년[16] 뒤에 둘째 아들 명복을 낳고 12년 뒤에 명복이 고종으로 왕위에 오르자 하루아침에 대원군이 되어 실권을 장악하게 되었다. 가야사를 헐고 남연군 묘를 썼을 당시에는 신도비[17]로 세울 수조차 없었으나 고종이 등극하던 해 영의정 조두순에게 비문을 짓게 하여 이듬해 5월에 비를 세우고 묘지를 정비하였다. 이때 보물을 부장했을 것이라는 추측이 있으나 믿기 어렵다.

그리고 대원군이 헐어버린 가야사에 대한 덕을 갚는다는 뜻으로 보덕사[18]를 짓고 친히 "보덕만대"라는 글을 내렸으며, 토목금벽으로 치장하여 대단히 웅장하고

---

14) 황현, 『매천야록』, pp. 39~40. 그런데 황현은 주지승이 돈을 받고 절에 불을 질렀다고 적고 있으나 이는 사실이 아닌 듯하다.
15) 이흥로(李興魯 : 당 75세, 충남 예산군 덕산면 신평리 거주)의 증언(1980. 12.)
16) 『매천야록』은 14년 뒤로 되어 있고, 앞에 든 『대전일보』는 7년 뒤라고 되어 있다.
17) 가야사를 헐고 남연군 묘를 이장한 사연이 새겨져 있다.
18) 이곳에는 가야사에서 옮겨 놓았다는 "석등화사"가 현존한다.

화려하였다고 하는데 이 보덕사는 남연군 묘에서 북동쪽으로 약 2㎞ 정도 떨어진 곳에 현존한다. 이 밖에도 신비로운 이야기가 많이 전해 내려오나 본고의 목표와 기리기 있어 논외로 하였다.

2) 오페르트

오페르트(Ernest J. Oppert : 1832~1903)는 북부 독일(프러시아)의 상인으로 1851년 상해까지 왔다. 1866년(고종 3) 2월 당시 쇄국 중이던 조선에 통상의 길을 개척한다는 명목 아래 영국 상선 로나호로 상해를 출발하여 충청남도 해미[19]의 조금진에 정박, 입국을 교섭하다가 법금을 이유로 거절당하고 돌아갔다.

오페르트는 같은 해 6월, 기선 앰페러호로 다시 조금진에 정박하여 재차 지방관에게 서한을 주며 동싱을 요구하어 왔다. 지방관이 국금을 이유로 불허한다 하니 오페르트는 자기 자신이 왕도에 가서 왕명을 기다리겠다고 하며 버티었으나 지방관이 기어코 이를 거절하였다. 그러나 그는 다음에 와서 기어코 성사할 것이며 다음에 올 때에는 영국선 한 쌍뿐만 아니라 각국의 많은 선박을 끌고 올 것이며 그때에도 들어 주지 아니하면 화평이 깨질 것이라고 위협하였다.

오페르트는 그날 서해로 향하였다. 그길로 다시 강화도 갑곶진에 나타났으므로 정부에서는 해사역관을 급파하여 이들이 헌납하는 물화는 거절하고 그들이 요구하는 어계야채 등을 넉넉하게 제공하였다. 이들은 여기서도 통상을 요구하다가 돌아갔다.[20]

이처럼 조선에 대하여 관심과 남다른 집념을 가지고 있던 그가 때마침 제너럴셔먼호의 행방불명으로 상해 방면의 서구인들 사이에 조선 왕국이 화제에 오르내리고 갖가지 풍설과 억측이 구구한 때에 다시 접근을 꾀하게 되었는데, 이것이 그의 제3차 조선 탐험이자 굴총 사건이다. 그는 이때의 일을 그의 저서인 『조선기행』에서 제3차 여행이라는 이름으로 한 장을 할애해서 상세하게 다루고 있다.

그런데, 오페르트가 그의 입장을 옹호하고 자신의 행동을 합리화시키려고 하였

19) 덕산에서 서쪽으로 약 16㎞ 정도 떨어져 있으며, 덕산에서 해미 경계까지는 약 7㎞이다.
20) Ernest J. Oppert(저) 신복룡(역), 『금단의 나라 조선』, pp. 147~226.

으므로 이 책에는 상당한 부분에 엄청난 무리가 있다.[21] 그러나, 이 책은 그 뒤 조선에 적극적인 관심을 갖게 된 러시아 제국에게 긴요한 참고를 제공하였을 뿐만 아니라 그때까지 조선에 대하여 거의 아는 것이 없던 서구인들에게 중요한 안내서 역할을 하였으며[22] 특히 그가 제2차 여행 때 작성한 조선 해도 한 장은 병인양요 때 프랑스 함대의 안내도가 되었다.[23]

3) 사건의 성격

이 사건의 성격은 특이하다. 왜냐하면, 이것이 죽은 사람의 유해를 둘러싸고 여러 나라 사람이 관련되었으며 그 방법이 불법적이고 비난받을 만한 도굴이라는 형태였기 때문이다. 또한 그 대상은 당시 조선의 최고권력자인 대원군의 생부인 남연군의 묘였으므로, 이 사건은 그 성패를 떠나서도 결과가 여러 가지 면에서 커다란 영향을 미칠 소지를 충분히 가지고 있었다.

한편, 상해에서 열린 이 사건의 재판 당시 배석 판사였던 헤이스 2세(A. A. Hayes Jr.)는 『더 네이션』지에 기고한 "조선에 대한 오페르트의 비인도적 행위"라는 글에서 이 사건의 성격을 다음과 같이 말하였다.

> "조선에 관한 오페르트의 글을 읽은 저로서는 몇 가지 기이한 사건들이 생각나는군요. 남의 왕릉을 파헤친다는 것은 역사상 가장 심각한 사건 가운데 하나입니다. 조선의 병사들이 도굴범들을 공격할 당시 그 불운한 마닐라 수부를 죽이는 사태가 벌어지지 않았더라면, 이번 사건은 처음 발생 단계에서부터 실패에 이르기까지 모든 내막이 은폐될 수도 있었던 문제입니다. …… 석탄 삽으로 왕릉을 파헤치려고 했던 그들의 어리석음을 탓하기에 앞서 그들의 해적 행위 원정의 사악함을 더욱 잊지 못했습니다. 이번의 해적 행위로 말미암아 오페르트는 자기 나라에서 일정 기간 동안 구금된다고 보

21) W. E. Griffis(저) 신복룡(역), 『은자의 나라 조선』, p. 515.
22) Ernest J. Oppert(저) 신복룡(역), 『금단의 나라 조선』, p. 8.
23) W. E. Griffis(저) 신복룡(역), 『은자의 나라 조선』, p. 486~487.

도되었는데 자신의 그와 같은 해적 행위가 실패한 원인을 설명한 그의 책자에는 엄청난 무리가 있습니다."[24]

이러한 사건의 성격으로 말미암아 이 사건에 대한 진상 파악이나 이해는 많은 곤란을 겪게 된다. 이 때문에 오페르트 등의 내침 동기나 항해 목적에 대해서도 여러 가지 주장이 엇갈리고 있다. 이들의 항해 목적에 대하여 자본주인 젠킨스(Jenkins)가 뒷날 재판에서 말했다는 것으로는,

(1) 조선 왕국와 통상 조약의 체결을 교섭하자는 것,
(2) 조선 왕국의 사신 1명을 배에 태워 지구 일주 여행을 시켜주자는 것,
(3) 그럼으로써 은둔국 조선을 세계에 소개하자는 것[25]

등이었다고 하는데 이것은 구실에 불과한 것이다. 또한, 오페르트는 그의 저서에서 이 사건이 박해를 피하여 상해로 건너갔던 조선교인들의 마지막 꾀에서 나온 것이고, 페롱(Férron) 신부가 이 교인들의 제안을 그에게 설득시킨 데서 이루어졌으며 자신은 이들을 도운 것처럼 주장하고 있으나,[26] 사실은 그 자신도 적극적으로 나섰고 그는 주모자 가운데 한 사람일 뿐만 아니라 총책을 맡았던 것으로 보인다. 이렇게 그들의 항해 목적에는 여러 가지 주장이 있으나 다음 몇 가지로 요약할 수 있다.

첫째, 재물에 대한 욕심이다. 이들은 분묘 속에 많은 보물이 있을 것으로 판단하였으며 이것을 파헤쳐 보물을 약탈하고 남연군의 시체를 탈취하면 교섭을 통하여 많은 돈과 바꿀 수 있을 것으로 계산했다. 이 같은 사실은 오페르트가 그의 저서에서,

---

24) W. E. Griffis(저) 신복룡(역), 『은자의 나라 조선』, pp. 514~515.
25) 이선근, 『대한국사』(6)(서울 : 신태양사, 1973), pp. 97~98.
26) E. J. Oppert(저), 신복룡(역), 『금단의 나라 조선』, pp. 233~237.

"이러한 유물을 잠시 동안 점유하는 것은 그 점유자에게 거의 절대적인 권력을 부여할 것이며, 수도 자체를 점령한 것이나 다름없는 의의를 가질 것이다. 그리하여 대원군은 이것을 다시 찾고자 누구에게든지 두말할 것 없이 찬의를 표할 것이며 따라서 그를 강요하여 그에게 제안된 조건을 수락하도록 할 수 있을 것이다."[27]

라고 말한 것이다. 그들의 항해 목적으로 주모자들만 알고 있었을 뿐 승무원들에게도 비밀로 했던 점에서도 알 수 있다.[28] 또한 당시 상해 주재 미국 총영사인 슈워드(G. F. Seward)도 워싱턴의 국무성으로 보낸 글에서, "이번의 원정은 조선의 왕릉에서 시체를 꺼내어 돈을 우려내려 한 것으로 보인다."[29]라고 보고했다.

둘째, 이렇게 재물을 탈취할 뿐만 아니라 잘되면 교역까지 확보하자는 것이다. 오페르트는 『조선기행』에,

"그러면 이제 내가 대원군과 그의 정부에 강요하여 문호 개방의 요청에 응하게 하고, 또 이러한 뜻의 조약을 외국과 체결하도록 하는 방책을 당신에게 제공한다면, 당신은 이것을 수행하기 위하여 또 한 번 여행을 해 볼 결심을 하겠습니까? …… 대원군을 강요하여 문호를 개방하라는 요구를 듣게 하자는 우리의 목적을 달성하는 유일한 방법은 지금으로서는 이것뿐이라는 것입니다."[30]

라고 말하고 있는데 이런 것들은 이를 뒷받침하는 것으로 두 차례의 교역 요구가 거절된 뒤 오페르트가 제3차 여행을 결심하게 된 요인으로 보여 진다.

셋째, 천주교 박해에 대한 보복이다. 실제로 이 사건을 제안한 조선 교인이나

---

27) E. J. Oppert(저), 신복룡(역), 『금단의 나라 조선』, pp. 235~236.
28) E. J. Oppert(저), 신복룡(역), 『금단의 나라 조선』, pp. 241.
29) W. E. Griffis(저), 신복룡(역), 『은자의 나라 조선』, p. 511.
30) E. J. Oppert(저), 신복룡(역), 『금단의 나라 조선』, pp.

페롱이 천주교 박해를 피하여 구사일생으로 상해까지 도주했던 사람들이므로 이들의 제안을 오페르트가 받아들임으로써 이 사건이 생겼다는 것이다.[31)]

그런데, 필자는 이 가운데 어느 하나가 그들의 여행 목적이 아니고, 이러한 요인들이 복합적으로 나타난 것으로 이해하고 있다. 곧 천주교 박해를 피하여 겨우 상해로 도주한 조선교인과 페롱이 그 보복으로 이를 제안하자, 이미 두 번이나 교역을 요구하다가 거절당한 오페르트 등이 분묘에서 보물을 탈취하고 시체를 끌어내어 많은 돈과 바꾸거나 교역을 확보하기 위한 미끼로 사용하려고 기도한 이들의 이해가 일치한 데서 이 사건이 발생한 것으로 판단된다.

3. 침입의 경위

1) 침입

오페르트 자신을 총책으로 하여 미국인으로서 상해 영사관에 근무한 적이 있는 모험가 젠킨스(F. B. Jenkins)를 자본주로 하고, 프랑스인 선교사 페롱[32)]을 통역관 겸 보좌관으로 대동했다. 앞에 든 세 사람과 이것을 제안한 조선교인들이 이 사건의 주모자이며, 이 사건은 이들의 이해가 일치한 데서 나온 것으로 보인다. 이들은 침입에 필요한 준비로서 680톤급 기선 차이나호(선장 Moeller)에 60톤 정도의 증기선 그레타호를 붙여 놓고, 다량의 식량과 연료는 물론 머스키트[33)] 등의 수상한 무기와 공구까지 실었다.

승무원은 백인 8명에, 조선인 천주교 신자 약간 명과 말레시아인 25명, 100명 내외의 청국인 등이었다.[34)] 이런 준비를 마치고 상해를 출발한 것이 1868년

---

31) 유홍렬, 『고종치하 서학수난의 연구』(서울 : 을유문화사, 1962), pp. 252~254.
32) 그는 패로우(Farout)라는 가명을 써서 참가했다. W. E. Griffis(저), 신복룡(역), 『은자의 나라 조선』, p. 508.
33) 강선이 들지 않은 구식 보병총을 말한다.
34) E. J. Oppert(저), 신복룡(역), 『금단의 나라 조선』, pp. 237 ; W. E. Griffis(저), 신복룡(역), 『은자의 나라 조선』, pp. 509~510.

4월 30일(양력)이었다. 배에는 북독일 연방의 국기를 게양하고 나가사키로 항진하여 그곳에서 2일간 머물면서 석탄과 물, 그리고 10상자의 머스키트를 싣고 충청도로 뱃머리를 돌렸다.

그들은 5월 8일(양력) 금요일 오후 10시에 남양만에 도착하였고, 충청도 공주군 행담도[35]에 이른 것이 다음날 오전 10시였으며 저녁에는 그레타호를 준비해 놓았다. 이튿날인 5월 10일(음력으로는 4월 18일) 일요일에는 그레타호에 옮겨 타고 삽교천을 거슬러 올라가 오전 11시경에는 구만포에 상륙했다.

2) 안내자

이 사건에서 프랑스인 신부 페롱과 천주교 박해를 피하여 상해로 도주했던 조선 교인 몇 명이 안내자가 되었다는 것은 앞에서 말한 바와 같다. 이렇게 안내자가 존재했다는 사실과 그들이 이 지방의 지리에 밝은 사람들이었다는 것은 이 사건을 이해하는데 많은 시사(示唆)를 준다. 이에 대한 기록을 살펴보면 다음과 같은 사실을 확인할 수 있다.

오페르트의 저서에 보면, "다행히도 나의 조선 친구 몇 사람은 이 지방 출신이며 그들은 그 장소를 아주 잘 알고 있습니다. 그리고 그들이 안내자로서 우리와 같이 그곳에 가게 될 것이다…… 우리 편의 조선 사람들은 우리가 잡아야 할 방향을 정확하게 알고 있었기 때문에 우리에게 다른 안내자가 도무지 필요하지 않았다."[36]고 하여 이들이 실제로 안내자를 대동했다는 것을 밝히고 있다.

한편, 대원군도 이를 간파하였으니, "이번에 덕산 묘소에서 일어난 변은 놀랍고도 송구스런 일이다. 그러나 해외의 오랑캐들이 어떻게 이 길을 알아서 침입할 수 있었겠는가? 반드시 국내의 사류들이 종용하고 길 안내를 맡은 것이다."[37]라고 하여 반드시 국내 사류의 내응과 향도가 있었다고 결론지었다. 『고종실록』에도,

---

35) "행담도" 또는 속창 "행당도"라고도 하며 현 행정상으로는 충남 당진군 신평면 매산리이다.
36) E. J. Oppert(저), 신복룡(역), 『금단의 나라 조선』, p. 236.
37) 『승정원일기』; 『일성록』, 고종 5년(1868) 4월 21일 : "今此德山墓所作變 萬萬驚悚 海外洋醜 豈能知程道 而肆然闖入乎 必有我國邪類 慫慂嚮導者也"

> "충청감사 민치상이 덕산군에서 일어난 변에 대하여 보고한 가운데 비류에 대해 말하기를, 19일 아침에 구만포로부터 배가 왔는데 그 배 가운데 조선 의복을 입고 관을 쓴 자가 2명 있었다. 이들은 반드시 사류인데 배가 떠날 때 따라 갔다."[38]

고 하여 이들이 천주교 신자라는 것을 나타내고 있다.

위에서 살펴본 대로 이 사건에 천주교 신자 몇 명이 안내자가 되었음은 분명한 사실이다. 이들이 누구인가에 대해서 지금까지는 천주교 박해 때 화를 피해서 상해로 갔던 조선교인으로만 알려져 왔는데, 이 사건을 제안할 당시에는 장치선, 김계쇠, 최인서(본명 : 영준, 교안 : 요안) 등이 있었고[39] 그 가운데에서 안내자로 온 것은 최인서[40]와 공주 사람인 최선일(본멍 : 지혁)[41] 그리고 이영중[42] 등이었던 것으로 보인다.

이들은 모두 천주교 신자들이었는데, 특히 이들 가운데에는 이 지방 출신도 있었으므로 이 지방의 지리에 밝았을 것이며, 이와 같은 사실은 이 사건을 이해하는데 중요한 의미를 가진다. 왜냐하면, 이렇게 안내자가 있었으므로 오페르트 일행은 길을 물을 필요가 전혀 없었으며 오히려 진로에 대한 정확한 방향이나 목적지의 위치 또는 소요되는 시간 등의 제반 사항을 알고 행동할 수 있었기 때문이다. 이것은 그들이 원하기만 하면 덕산을 우회(迂廻)하려고 시도할 수도 있음을 뜻하는 것이다.

---

38) 『고종실록』 고종 5년(1868) 4월 23일 : "公忠監司 閔致庠 以德山郡作變之匪類 十一九日 朝水 自九萬浦行船 而船中 有我國衣冠者 二名 必時邪類 乘時隨去"

39) 『승정원일기』, 고종 5년(1868) 5월 22일 ; 이상옥, 『한국의 역사』(6)(서울 : 하서출판사, 1972), p. 51.

40) 유홍열, 『고종치하 서학수난의 연구』, p. 254.

41) 『고종시대사』(서울 : 탐구당, 1967), 고종 5년 4월 21일.

42) 『고종시대사』 고종 5년(1868) 6월 16일.

3) 이종신과의 조우

이종신은 당신 덕산 군수였다. 오페르트 일행이 안내자까지 대동하고 치밀한 계획 아래 조심스럽게 남연군 묘에 접근하려고 했음에도 불구하고 당시 덕산 군수이던 이종신과 마주치게 된 사실은 의문을 자아내기에 충분하다. 오페르트는 이들이 서로 마주쳤을 때의 상황을 다음과 같이 말하고 있다.

> 행군 길의 초입은 드문드문하게 몇 채의 집이 서 있는 긴 평야로 뒤덮여 있었다. 우리는 그 평온한 길을 지났다. 햇볕을 가려 줄 수목들은 보이지 않았으며 몇 시간을 힘들게 걸어 목적지에 이르자 마음이 흐뭇했다. 좁은 길을 지나자 울창한 숲이 나왔다. 길은 점차 오르막 구릉이 있었는데, 마치 한 폭의 그림 같았다. 오랜 길을 걸었지만 전혀 인적을 찾아볼 수 없었다. 우리는 눈에 띄는 인근의 마을을 향해 걸어 내려갔다. 그 곳을 통과하지 않으면 길을 돌아야 했기 때문에 우리의 발걸음은 당연히 처음부터 눈에 띌 수밖에 없었으므로 우리는 은폐물을 찾고자 했다. 조선 사람 안내자들에게서는 전혀 두려운 기색을 찾아볼 수 없었다. 길을 들어서자 우리는 마을의 수령(守令)과 함께 길목에서 버티고 서서 우리를 제지하는 한 무리의 병사들과 마주쳤다.
>
> 내가 그에게 다가가 병사들을 길가로 비키도록 요구하자 그는 언뜻 겁을 집어먹으면서도 맞섰다. 나는 즉시 호위대에게 밀치고 나가라고 명령했다. 분위기가 심상치 않음을 그가 알아차렸을 때에는 이미 몇 안 되는 휘하의 병사들이 모두 도망을 치고 없었다. 페롱 신부는 우리가 당신이나 주민들을 해칠 뜻이 전혀 없다는 점을 그에게 납득시켰다. 처음에는 그도 도망치려 했지만 용기를 내어 남아 있었고 우리에게 목적지로 가는 길을 알려주기까지 했다.
>
> 행군 도중에 더위와 피곤을 이기지 못하고 탈진한 한 선원이 결국 맥을 잃고 기절했다. 우리는 그를 뒤에 남겨 둘 수도 없고 귀중한 시간을 많이 허

> 비했기 때문에 난감했는데, 관리는 우리에게 등산용 의자를 빌려주었다. 우리는 그가 충분하게 기운을 회복할 때까지 그를 싣고 다녔다. 다행스럽게도 별 다른 장애는 없었으니 조선 사람 안내자가 시간을 잘못 측정하는 바람에 행군을 멈추어야 할 시간이 되었음을 그제야 알았다. 애당초의 계획대로라면 우리는 적어도 1시 정각까지 목적지에 도착해야 했으나 시간이 채 반시간도 남지 않았다.[43]

이러한 그의 주장에는 많은 의문이 있으며 무리하게 왜곡하려고 한 부분도 있음을 알 수 있다. 그런데 이때의 상황에 대한 국내의 기록 중에는,

> "충청감사 민치상이 보고하기를 덕산 군수 이종신이 러시아 군병에 대비하여 지키지 못하고 그대로 관문으로 들어가 버리니 ……. 이 무슨 해괴한 짓이며 이것은 있을 수 없는 일이다. 우선 파면시켜서 그 죄상을 다스려야 한다."[44]

라는 것이 보이는데, 이러한 기록들로 미루어 볼 때 이종신이 오페르트의 주장대로 길을 가르쳐주고 가마까지 빌려주는 이적 행위를 했다고는 믿어지지 않지만 적극적이고 능동적인 판단을 하지 않았음은 분명하다. 그런데, 다음의 기록은 이때의 상황을 이해하는데 많은 시사를 준다.

> "천주교 죄인 손경로와 김양길을 공충감영에 압송하여 효수시키고 염화신을 수원부로 하여금 후상을 내리도록 명하다. 앞서 오페르트 등이 덕산군 구만포에 내박했을 때 손경로는 승선하여 반겨 답무하였고 김양길은 그들이 하륙하여 급수처를 찾으려고 방황할 때 물을 스스로 길어다가 그들에게

43) E. J. Oppert.(저), 신복룡(역), 『금단의 나라 조선』, pp. 238f.
44) 『고종실록』; 『승정원일기』; 『일성록』 5년(1868) 4월 21일.

주고 금전을 받은 것이 밝혀지고 염화신은 김양길의 급수 거동을 보고 분격하여 비신추타하여 그들로부터 괴철(총을 뜻함)의 피습을 받은 위험을 무릅쓴 까닭이다."[45]

이러한 기록으로 미루어 볼 때 오페르트 등은 덕산에 접근하기 훨씬 이전에 이미 발포한 것 같다. 따라서 그들의 위치는 폭로되었으며 덕산을 우회(迂廻)할 수 없게 되자 그대로 행군을 계속하였는데 이때 총격을 듣고 나오던 이종신이 거느린 덕산군의 군졸과 마주치게 된 것으로 보인다.

덕산군수 이종신은 원래 담대한 사람이었으나, 오페르트 일행이 침입해 오자 그의 부하들은 모두 도망하였고 혼자 남게 된 그는 어쩔 수 없이 이들의 덕산 통과를 묵인할 수밖에 없었던 것이다. 또한, 오페르트 등의 저의가 남연군 묘를 도굴하는 데에 있다는 것을 알 리 없는[46] 이종신으로서는 목숨을 바쳐가며 저항할 준비가 갖추어져 있지 않았다.

이렇게 해서 오페르트 일행은 이종신이 거느린 덕산 군졸들과 마주쳤으므로 아무런 손실 없이 남연군 묘에 도달하게 되었다. 이때 오페르트 일행이 덕산군청을 공격했다는 주장이 있는데 이 문제는 4절에서 충분히 논의될 것이다.

4) 도굴의 실상

오페르트 일행은 아무런 희생도 치르지 않고 묘소에 도착할 수 있었는데 이때가 4월 18일(음력) 오후 5시 30분이었다.[47] 그런데 오후 5시 30분이면 묘소는 이미 어두워지고 있을 시간이다. 계절로 볼 때 5시 30분이면 일몰이 가까운 시간이다.[48]

---

45) 『고종시대사』, 고종 5년(1868) 5월 29일.

46) 오페르트는 그들의 항해 목적과 거사를 주모자들만 알고 있었을 뿐, 그들의 승무원들에게까지 비밀로 했다고 한다. E. J. Oppert.(저), 신복룡(역), 『금단의 나라 조선』, pp. 241f.

47) 오후 5시라는 주장도 있으나 오페르트의 『금단의 나라 조선』을 살펴보면 목표를 발견한 것이 오후 5시이고 도착한 것은 오후 5시 30분임을 알 수 있다. E. J. Oppert.(저), 신복룡(역), 『금단의 나라 조선』, p. 240.

남연군 묘가 위치해 있는 지역은 가야산의 석문봉이 가로 놓여 있어서 다른 곳보다 빨리 어두워진다. 그들은 곧장 남연군 묘소를 지목하여 셔블[49]과 곡괭이[50]로 분묘를 파헤치기 시작했다. 그러나 이들의 발굴 작업은 쉽지 않아서 5시간 만에 가까스로 분묘의 한구석을 파헤쳐 관곽을 노출시켰지만 그것은 아주 견고해서 깨드려 지지 않았다.

이것은 앞에서 말한 바와 같이 대원군이 묘를 옮길 때 다른 사람에 파헤칠 것을 염려하여 특별히 견고하게 만들었기 때문이었다. 더구나, 그들이 다시 내려갈 내하의 퇴조 시간이 박두하게 되자 관곽을 깨드리기 직전에 모든 작업을 중단한 체 창황히 구만포로 물러났다. 그들은 귀로에서 하리 후포에 있는 민가를 습격하여 약탈을 자행했다고 한다.[51] 이렇게 해서 오페르트의 굴총 기도는 실패로 끝나게 되있는데, 이들이 발굴을 중단하게 된 원인은 앞에서 든 대로 관곽이 성석(成石)으로 말미암은 작업 곤란과 퇴조 시간의 박두에 있었지만, 이에 못지않게 민중의 저항도 이들의 발굴 작업을 중단하게 만든 원인 가운데 하나로 보인다.

5) 민중의 저항

여기서 민중이라 함은 발굴 작업이 진행될 때 운집해 있던 군중들을 말한다. 실제로 이들의 대부분은 호기심에 모인 동민들이었다. 그런데 종래의 기록에 보면 민중의 저항 매우 거세었다는 것은 인정하면서도[52] 이 사실을 추상적이고 간단하게 다루고 있어서 이들의 저항을 무시한 것이나 다름이 없다. 더구나, 종래의 기록만으로는 이러한 민중들의 저항이 마치 덕산군수 이종신의 통솔 아래 이루어진 것으로 오인할 가능성마저 엿보인다.

---

48) 국립 천문대에 따르면 이 날의 일몰 시간은 오후 7시 30분이라고 한다.

49) 연탄용 삽을 뜻하며 기관실에 있던 것을 4명이 들고 왔다.

50) 묘촌에서 탈취된 것이다. 『고종실록』 고종 5년(1868) 4월 21일; "奪取墓所 鋤子光耳等物 ……"

51) 『고종실록』 고종 5년(1868) 4월 23일.

52) 『고종실록』; 『승정원일기』; 『일성록』 5년(1868) 4월 21일. ; 『고종시대사』, 고종 5년(1868) 4월 21일; W. E. Griffis(저), 신복룡(역), 『은자의 나라 조선』, pp. 511; E. J. Oppert(저), 신복룡(역), 『금단의 나라 조선』, pp. 242.

앞에서 든 오페르트 일행과 이종신과의 조우에 대한 필자의 논리에 무리가 없다면, 오페르트 일행의 공포에 놀라 도주했던 덕산 군졸이나 사실상 덕산 통과를 묵인한 군수가 민중을 통솔하여 결사코 싸운다는 것은 상상하기 어려운 일이다. 오페르트나 그리피스의 저서에도 이들이 성난 주민들로부터 강력한 저항을 받아서 공포로써 공격해 오는 주민들의 접근을 막았다는 내용은 있으나[53] 주민들 이외에 군졸들이 있었다거나 군수가 민중들을 통솔했다는 기록은 찾아볼 수 없었다.

이와 같은 현상은 한국사학에서 문제점 가운데 하나인 감상적 영웅주의 필법[54]과 남아 있는 기록이 목격자의 증언이 아닌 이종신의 보고 내용만을 그 근거로 한 데 원인이 있다고 본다. 그렇기 때문에 민중의 저항을 밝히면서 종래의 기록은 충분치 못하다고 판단된다. 이러한 점에 착안하여 여기서는 새로운 접근방법으로 현지 주민들의 증언과 현지 조사에서 얻어지는 자료를 중심으로 이들의 저항의 실상을 밝혀 보려고 한다.

조상의 무덤을 존중하는 것은 동양이나 서양이나 마찬가지로, 후손들에게 치명적이다. 그럼에도 불구하고 값나가는 물건을 찾고자 제왕의 무덤을 도굴하는 것은 몇 천 년 전부터 시도되어 왔다. 그런데, 이 사건은 도굴의 대상이 값진 물건뿐만 아니라 거기에 묻힌 유해까지였으며, 그 묘는 당시 최고 권력자이던 대원군의 생부이며 국왕 고종의 조부이던 남연군의 묘였으므로 더욱 중대한 문제였다.

뿐만 아니라 유교의 가르침에 따라 조상을 숭배하던 조선 사람들의 의식에는 죽은 사람의 무덤은 신성한 것이어서 이것을 불법적으로 해치는 것은 가장 파렴치하고 야만적인 행동의 하나로 보아왔던 것이다. 이에 대하여 그리피스도 그의 저서에서 이들의 행위를 가리켜 국제적인 시체 강탈이라고 규정하면서 다음과 같이 비난했다.

---

53) W. E. Griffis(저), 신복룡(역), 『은자의 나라 조선』, pp 511; E. J. Oppert(저), 신복룡(역), 『금단의 나라 조선』, pp. 250-251.

54) 신복룡, "3. 1 운동사 연구에서 몇 가지 문제점," 『논문집』(3)(서울 : 건국대학교, 1976), pp. 78~79.

"이번 사건으로 말미암아 조선 사람들은 무덤이 파헤쳐지지나 않을까 하는 두려움에 싸이게 된 것은 분명하다. 외국인들이 입국하는 주된 목적은 시체를 파헤치고 인간의 가장 성스러운 본능을 훼손하는 것이라는 외혹이 이제는 엄연히 사실로 입증되었음을 그들의 목격한 것이다. 의심할 나위도 없이 서양인들은 야만족이며, 그들의 대부분은 도둑이라고 조선 사람들은 확신하게 되었다."[55]

그런데, 그들이 발굴 작업을 시작하자 그때까지 주모자 몇 명만 알고 있던 침입의 저의가 모든 사람들에게 명백하게 드러났다. 이때까지 호기심으로 모였던 민중들은 이 광경을 보고 크게 분노했다. 여기에는 이 묘가 남연군의 묘인 점에도 있었지만 그보다도 유교의 가르침에 따르는 조선인들의 조상 숭배 정신에 더 큰 요인이 있었을 것으로 보인다.

민중들은 누가 먼저랄 것도 없이 일제히 돌을 던지며 오페르트 일행을 공격했고 오페르트 일행은 공포를 쏘면서 민중들의 접근을 막았다. 이것이 민중들의 분노에 찬 공격에도 오페르트 일행이 어느 정도나마 작업을 진행할 수 있었던 까닭이다. 그러나 이런 상태를 오래 지속할 수 없었다. 왜냐하면, 민중들이 총을 두려워하지 않고 그들을 공격한 때문이다.

현지 주민들의 증언에 따르면 처음에 총이 무서워 접근을 꺼리고 멀리서 돌을 던지던 민중들이 목숨을 걸고 그들을 공격하게 된 것은 당시 남연군 묘의 묘지기였던 이대근[56]이 군중들을 이끌었기 때문이라는 것이다.[57] 본래 담대하고 힘이 장사였던 이대근이 묘소 침입 사실을 전해 듣고 달려오니 이미 발굴 작업이 진행되고 있었다. 그는 오페르트 일행에게 가까이 접근하여 그들의 비행을 꾸짖으며 도굴을 중지하라고 요구했다.

---

55) W. E. Griffis(저), 신복룡(역), 『은자의 나라 조선』, pp. 511~512.
56) 본명은 종하, 태조 이성계의 4남인 방간의 17대손으로 알려지고 있다.
57) 이홍로(당 75세, 충남 예산군 덕산면 신평리)의 증언(1978. 9.); 박성흥(당 67세, 충남 예산군 덕산면 읍내리)의 증언(1978. 12.)의 증언.

그러나 오페르트 일행은 공포를 쏘면서 그들에게서 더 멀리 떨어지라고 했다. 이때 이대근은 크게 분노하여 자신의 상의를 걷어서 배를 드러내고는 총으로 쏘라고 시위하면서, 그 총으로 나를 죽일 수 있을지는 모르나 나를 죽이면 민중들이 그대로 있지 않을 것이고, 머지않아 증원군이 올 것인데 그때는 살아서 돌아갈 수 없을 것이라고 위협했다.

이대근의 이런 대담한 행동에 오페르트 일행은 감히 총을 쏘지 못하자 멀리 떨어져서 이 광경을 지켜보던 민중들은 용기백배하여 다시 돌을 던지며 오페르트 일행을 공격하게 되었다. 사태가 여기에 이르자 이제는 총으로도 흥분한 민중을 저지할 수 없고, 증원군이 온다는 것이 확실해지자 오페르트 일행은 생명의 위협을 느끼게 되었다. 때마침 발굴 작업도 관곽의 성석으로 벽에 부딪치자 오페르트 일행 가운데에서 퇴각하자는 소리가 높아지게 되었다.

오페르트도 그의 책에서 주민들의 강력한 저항을 받은 사실과 그들이 좀 더 늦게 퇴각했다면 생명이 위험했을 것이라는 점을 인정하고 있다.[58] 이러한 현지 주민들의 증언은 당시 목격자들의 직접 증언이 아니고 구전되어 온 것이기 때문에 어느 정도 과장되어 와전되었을 가능성도 있다. 그렇기 때문에 필자는 여러 사람의 증언 가운데에서 내용이 일치하는 부분만을 신중하게 검토하여 인용했다.

또한 이때에 이대근의 후손이 보관하고 있는 교지를 발굴했는데, 이것은 이때 이대근이 세운 공이 인정되어 받은 것이라고 하며,[59] 현지 주민들의 증언을 뒷받침하는 중요한 자료로 보인다. 위에서 살펴본 바와 같이 이 사건에서 민중의 저항은 지금까지 알려진 것보다는 한결 거세었던 것으로 보이며, 증원군이 온다는 위협과 민중의 강력한 저항은 오페르트 일행이 퇴각을 결정하는데 중요한 요인의 하나였던 것으로 추정된다.

---

58) E. J. Oppert(저), 신복룡(역), 『금단의 나라 조선』, pp. 240~242.

59) 교지의 내용은 이대근으로 하여금 절충장군의 칭호를 내리고 용양위부호군자에 임명한다고 되어 있다.

4. 진입로에 관한 종래의 학설과 그 비판

오페르트 일행이 상해를 출발하여 나가사키를 거쳐 남양만과 행담도를 지나 구만포에 상륙한 과정은 앞의 3. 침입의 경위 가운데 1) 침입에서 상세하게 다루었으며 여기에는 이론이 없는 것 같다.

그러나 그들이 구만포에서 남연군 묘소까지 접근할 때 통과한 경로에 대해서는 여러 가지 주장이 있다. 특히 그들이 어느 길로 덕산을 통과했으며, 덕산군청을 공격하였는지 여부에 대해서는 주장이 엇갈려 아직도 결론에 도달하지 못하고 있는 실정이다.

이런 점에 비추어 이 장에서는 진입로를 오페르트 일행이 구만포에서 남연군 묘소까지 접근한 경로에 국한시켜 그들이 덕산을 통과한 길을 알아보고, 덕산군청을 공격하였는지 여부에 대해 알아보고자 한다.

1) 덕산군청 공격설

이 주장은 오페르트 일행이 덕산을 통과할 때 군청을 공격했다는 것으로 그 내용은 대체로 다음과 같다.

> "충청감사 민치상은 장계에서 덕산군수 이종신이 보내온 첩보의 내용 중에 다음과 같은 것이 있다고 보고했다. 즉 4월 18일 오시에 3개의 돛을 단 외국배 1척이 서쪽으로부터 와서 공주군 행담도에 정박했다. 이 배에는 작은 배 하나가 붙어서 왔는데 이 작은 배는 돛이 없어도 능히 갈 수 있고 배 가운데에 연기가 나는데 빠르기가 번개와 같았다. 이 작은 배는 본군 구만포에 와서 상륙하여 자칭 러시아 군명이라고 하는데 그 수가 100여 명이나 되었다. 그들은 군복을 입었고 창 · 칼 · 총으로 무장했는데 직접 관무으로 들어와서 무기를 빼앗고 공해를 파괴하므로 그 곡절을 물으니 대답이 없었다. 그들은 발포 행검하여 접근을 못하고 하고는 직접 남연군 묘소로 달려갔다."60)

그러나 이 덕산 군청 공격설은 다음 몇 가지 이유에서 그대로 믿기 어렵다고 본다.

2) 자료의 신뢰성 문제

앞에 든 덕산군청 공격설의 근거로 보이는『승정원일기』,『일성록』,『고종실록』 등의 기록을 주의 깊게 살펴보면 다음과 같은 사실을 알 수 있다. 이것은 당시 충청감사이던 민치상의 장계를 근거로 하고 있는데, 민치상은 장계에서 덕산군수 이종신 첩정내라고 하여 그의 장계가 최초 이종신의 보고 내용을 기초로 하고 있음을 나타내고 있다.[61] 그러므로, 덕산군청 공격설의 근거는 실제 이종신의 보고를 그대로 인용한 것에 지나지 않는다. 그런데 충청감사 민치상의 다른 장계인 다음 글은 이 문제를 이해하는 데 많은 도움을 준다.

> "충청감사 민치상이 보고하기를 덕산군수 이종신이 러시아군병에게 대비하여 지키지 못하고 그대로 관문으로 들어가 숨어 버리니 이 무슨 해괴한 짓이며 있을 수조차 없는 일이다. 우선 파면시켜서 그 죄상을 다스려야 한다."[62]

이 같은 기록과 앞에 든 3. 침입의 경위 가운데 3) 이종신과의 조우의 논리가 무리가 없다면 이종신이 자신으로서는 역부족이었던 것으로 스스로의 소극적 저항을 합리화하여 책임을 면하려 했을 가능성은 충분히 있다. 한편 오페르트도 이종신이 그들의 덕산 통과를 묵인했다고 말하고 있으며[63] 현지 주민들의 증언도

---

60) 고종실녹, 고종 5년(1868), 4. 21; 승정원일기, 고종 5년(1868), 4. 21;일성록, 고종 5년(1868), 4. 21 :"公忠監司 閔致庠 狀啓 德山郡守 李鍾信 諜呈內 本月十八日 午時 三帆異船 日隻 從西而來 來泊於 洪州行擔島 而其從船一隻 無帆能行 煙出船中 疾若飛電 小項致 本郡 九萬浦 下陸 稱以俄羅斯國軍兵 百餘名 著軍服 持槍劍砲 直入官門 奪取軍器 破碎公廨 故問其委折 則不答 發砲行劍 使不得接足 直走 南延君墓所"

61)「고종실록」;「승정원일기」;「일성록」 고종 5년(1868) 4월 21일

62)「고종실록」;「승정원일기」;「일성록」 고종 5년(1868) 4월 21일 :"公忠監司 閔致庠狀啓 德山郡守 李鍾信 俄羅斯國軍兵 不能備禦 直入官門 英船現形 不善瞭望 爲先罷黜 其罪狀"

63) E. J. Oppert(저), 신복룡(역),「금단의 나라 조선」, pp. 248~249.

덕산 병졸들이 모두 도망했다는 점에 일치된다.[64)]

위에서 살펴본 대로 덕산군청 공격설은 이종신의 최초 첩정을 인용한 것에 지나지 않는다. 충청감사 민치상이 처음에는 사실 여부조차 확인하지 못하고 그대로 조정에 보고했다가, 그 다음 장계에서 이종신이 대비하지 못하고 관문으로 들어가 숨어 버리니 그 죄를 물어 파면시켜야 한다고 말하고 있다. 이와 같은 이유로 이종신의 첩정은 자료로서의 신뢰성이 의문시된다.

3) 병력의 문제

오페르트 일행과 덕산군의 병력을 비교하여 보면 상당한 차이가 있음을 알 수 있다. 오페르트 일행의 정확한 수는 알려지지 않았고 기록마다 약간씩 차이가 있다. 오페르트 자신의 주장에 따르면 백인이 8명, 말레시아 사람이 25명, 조선인 안내자 3명, 그리고 청국인이 100여 명으로 이들은 모두 135~140명 정도 였던 것으로 보인다.[65)] 더구나 이들은 머스키트를 10상자나 가졌으며 그 밖에도 창과 검으로 무장했다. 이와는 달리 당시 덕산군의 병력은 오페르트의 표현처럼 얼마 되지도 않았던 것으로 보이며 이들의 무기도 보잘 것이 없었다.

한편 이들이 덕산군 부근 어느 곳에서 마주 쳤다고 전제할 때 덕산산성[66)]을 제외하면 요새라고는 없다. 이 같은 상황에서 만약 오페르트 일행이 덕산군청을 공격하여 접전이 이루어졌다면 부상자가 생겼을 것이다. 그런데, 이종신의 보고나 오페르트의 기록, 그 밖의 다른 기록 어느 곳에도 단 한명의 사상자도 발생했다는 것을 찾아 볼 수 없었다. 이와 같이 이들이 마주쳤으면서 단 한 명의 사상자도 없었다는 사실은 어떤 형태의 접전도 없었다는 것을 뜻하며, 덕산 군졸들이 모두 도주했고 이종신이 이들의 덕산 통과를 묵인했다는 앞에서의 주장을 뒷받침하는 것이다.

---

64) 박성흥(당 67세, 충남 예산군 덕산면 읍내리)의 증언(1978. 12.); 이경섭(당 61세, 충남 예산군 덕산면 옥계리)의 증언(1979. 1.)

65) E. J. Oppert(저), 신복룡(역), 『금단의 나라조선기행』, p. 237.

66) 흙과 돌로 쌓았으며 주위가 2,655척이고 높이가 9척이다.

4) 심리적 요인

오페르트 일행으로서 최상책은 덕산 군졸과 충돌하지 않고 그들의 목적을 달성하는 것이다. 더구나 이 사건과 같이 죽은 사람의 유해를 도굴하면서 방어자와 만나지 않는 것은 성패와 직접 연관되는 것이다. 이런 사실을 잘 알고 있던 오페르트 일행은 이 지방 지리에 밝은 안내자를 대동하여 덕산을 우회하려 했던 것으로 보인다.

그는, "우리가 이 도시를 우회할 수 있는 터에 이 도시를 지나도록 우리의 행로를 변경할 필요는 없었으나 …"[67]라고 말하여 그들이 최초 덕산을 우회하려고 했음을 인정하고 있다. 도굴 자체가 비밀을 필요로 하는 일이고, 최초 오페르트 일행이 덕산을 우회하려 했던 이들이 심리적 요인으로 볼 때 먼저 덕산군청을 공격했다는 주장에는 의문이 있다.

5) 시간 · 거리의 문제

오페르트 일행이 구만포에서 남연군 묘까지 도달하는 데 필요한 시간을 4시간으로 계획하였으나[68] 실제 이들이 소비한 것은 6시간 30분이었다. 그런데 오페르트가 덕산을 지난 뒤에는 아무런 방해도 받지 않고 지체 없이 묘소로 갔다고 주장하고 있다는 점[69]으로 미루어 이들은 덕산을 지나기 전에 2~3시간을 지체하게 된 것으로 보인다. 여기에 대하여 안개가 낀[70] 벌판에서 길을 잃었을 것이라는 추측이 있으나 그대로 믿기 어렵다.

이 문제를 자세히 살펴보면 다음과 같은 사실을 알 수 있다. 구만포[71]에서 덕산까지 거리는 8㎞이고, 덕산에서 남연군 묘소까지는 4㎞이다. 곧 필자가 답사 과

67) E. J. Oppert(저), 신복룡(역), 『금단의 나라조선기행』, p. 236.
68) E. J. Oppert(저), 신복룡(역), 『금단의 나라조선기행』, p. 238.
69) E. J. Oppert(저), 신복룡(역), 『금단의 나라조선기행』, pp. 241-242.
70) W. E. Griffis(저), 신복룡(역), 『은자의 나라 조선』, p. 261.
71) 현 행정상으로는 충남 예산군 고덕면 구만리에 있다. 필자가 현지에 갔을 때는 폐항이 되어 작은 하천에 지나지 않았다. 폐항 이유는 토사로 말미암은 하상의 매몰과 양항이 늘어난 때문으로 보인다. 이 사건 당시에도 밀물 때만 작은 배가 들어 올 수 있었다고 한다.

정에서 오페르트 일행이 예상 진입로를 통과하는 데 걸린 시간은 3시간 20분이었다.[72] 이때의 상황을 이해하는 데 다음 기록은 많은 시사를 준다.

> "앞서 오페르트 등이 덕산구 구만리에 내박했을 때 손경로는 승선하여 반겨 답무한 사실을 자복하고 김양길은 그들이 하륙하여 급수처를 찾으려고 방황할 때 물을 스스로 길어다가 그들에게 주고 금전을 받은 것이 밝혀졌다. 이때 염화신이 김양길의 급수 거동을 보고 분격하여 비신추타하여 그들로부터 혼철(총을 뜻함)의 총격을 받았다."[73]

위의 기록으로 판단하여 볼 때, 오페르트 일행은 처음에 덕산을 우회하려고 계획하였으나 짙은 안개 속에서 물을 구하려다가 충돌이 벌어져 발포하게 된 것 같다. 총격으로 그들의 위치가 폭로되고 덕산을 우회할 수 없게 되자 오페르트 일행은 그대로 행군을 계속했는데 이때 총격을 듣고 나오던 이종신이 거느린 덕산군의 군졸들과 마주치게 된 것으로 보인다.

6) 덕산 통과

오페르트 일행이 덕산을 통과할 때 지나간 경로에 관해서 명확하게 밝힌 기록은 찾아 볼 수 없다. 다만, 덕산군청 습격설에 따라 오페르트 일행이 덕산군청을 습격하고 곧바로 남연군 묘소로 갔으니 당연히 덕산군청을 지나지 않았을까 하는 것이 지금까지의 일반적인 추측이다.

그런데, 앞에서 살펴본 바로는 오페르트 일행과 덕산의 군졸이 마주친 곳은 덕산군청이 있는 지역이 아니고 보다 앞쪽이었던 것으로 판단된다. 왜냐하면, 오페르트 일행은 덕산에 도달하기에 앞서 발포하였고 덕산 군졸들은 총격을 듣고 그쪽

---

72) 3회에 걸친 답사에서 얻은 시간의 평균이며, 출발은 오페르트 일행이 구만포를 출발한 오전 11시에 했고, 최초 45분 행군 뒤 15분 휴식, 그 뒤에도 50분 행군에 10분 휴식의 방법을 썼다.

73) 『고종시대사』, 고종 5년(1868) 5월 29일.

으로 가다가 서로 마주치게 되었기 때문이다.

한편, 오페르트는 그의 책에서, "이종신이 우리의 목적지에 가장 가까운 길로 갈 수 있는 방향을 알려 주기까지 하였다."[74]고 하여 이종신이 지름길을 알려 주었다고 적고 있다. 이러한 오페르트의 주장을 그대로 믿기는 어려우나, 현지 주민들의 증언은 오페르트 일행이 덕산을 통과한 길이 속칭 "개고개"였다는 점에 일치한다.[75] 이 "개고개"[76]는 당시 덕산군청에서 1km 정도 떨어진 곳에 있는데 고개가 높지 않아 덕산군청에 가까이 가지 않고도 묘소에 접근할 수 있는 이른바 지름길이다. 또한, 오페르트 일행이 야음을 이용하여 산길과 밭고랑을 더듬어 가야동에 있는 분묘에 이르렀다는 기록[77]도 있는데 여기서 산길과 밭고랑이 이 "개고개"를 뜻하는 것이 아닌가 여겨진다.

이 내용을 그림으로 나타내면 다음의 지도와 같다. 지도의 화살표는 현지 주민들의 증언대로 오페르트 일행이 속칭 "개고개"를 넘었을 때의 예상 경로이다. 현지 주민들의 증언이 틀림없다고 전제할 때 덕산군청 습격설은 논리상의 무리가 있다. 곧 오페르트 일행의 주장대로라면 지도에서 보는 것과 같이 1km나 떨어진 두 지점을 동시에 통과한 것이 되는데 이런 점에서 볼 때 오페르트 일행이 덕산군청을 습격했다는 주장은 그대로 믿기 어렵다.

5. 결 론

위에서 살펴본 바로, 적어도 다음 몇 가지의 결론에 도달할 수 있다고 본다.

첫째, 오페르트 일행이 덕산군청을 습격했다는 주장은 그대로 믿기 어렵다. 이

---

74) E. J. Oppert(저), 신복룡(역), 『금단의 나라조선기행』, p. 281.

75) 박성홍(당 67세, 충남 예산군 덕산면 읍내리)의 증언 (1978. 12.); 이흥로(당 75세, 충남 예산군 덕산면 신평리)의 증언 (1978. 9.); 고운직(당 61세, 충남 예산군 덕산면 북문리)의 증언 (1979. 1.)

76) 현 행정상으로 덕산면 읍내리 · 북문리 · 옥계리와 봉산면의 사석리의 경계지점이다.

77) 한우근, 『한국통사』(서울 : 을유문화사, 1974), p.404.

오페르트의 진입로

것은 허위 보고로 판단되는 이종신의 첩정을 근거로 하고 있으며 현지 주민들의 증언과도 다르다.

둘째, 오페르트 일행이 덕산을 통과할 때 지난 곳은 덕산군청에서 약 1km 정도 떨어진 속칭 "개고개"이다. 구만포에 상륙한 오페르트 일행이 안개 속에 헤매다가 발포를 하게 되었고, 발포로 위치가 알려지자 덕산을 우회하려던 최초 계획을 변경하였다.

그들은 덕산 쪽으로 행군을 계속하다가 총격을 듣고 나온 덕산 군졸과 마주쳤는데, 오페르트 일행이 공포를 쏘자 군졸들은 모두 도주하고 군수이던 이종신만 혼자 남게 되었다. 오페르트 일행의 저의를 모르던 이종신은 이들이 군청에서 약 1km 정도 떨어진 속칭 "개고개"를 넘도록 허용하는 수밖에 없었다.

그러나 이 글이 이 사건의 유입로에 초점을 맞추었던 만큼 사건의 전개나 오페르트 일행의 내침 동기, 사건의 영향 등이 소홀히 다루어져 아쉽다. 특히 현지 주민들의 증언에 따르면 이 사건이 발생한 뒤에 대원군은 실추된 권위를 회복하려고 이 지역에 대한 소도화를 꾀하였다.[78]

그러한 계획의 하나로 하마비[79]와 포청주막[80] 등이 있었다고 하나 현존하지 않는다. 이 계획은 그 뒤에도 상당 기간 행해져서 살인자라도 이곳으로 들어가 숨어 버리면 체포할 수 없었고 때문에 이 지역은 인심이 나쁘고 범죄가 많았다고 한다.[81] 이러한 몇 가지는 연구 가치가 있는 것으로 보이며 앞으로 이에 관한 연구가 활발하게 이루어지기를 기대한다.

---

78) 이숙로(당 95세, 충남 예산군 덕산면 신평리)의 증언(1978. 12.)
79) "大小人員皆下馬"라는 글이 새겨져 있었다고 한다.
80) 남연군 묘로 가는 길목에 날랜 군사 300여 명이 항상 주둔해 있었다고 한다.
81) 이경섭(당 61세, 충남 예산군 덕산면 옥계리)의 증언(1979. 1.)

역주자 참고문헌

구한말조약휘찬(상 · 중 · 하), 국회도서관 입법조사국, 서울, 1964~65.

국립지리원, 한국 전도(1/25,000), 1975.

기독교대백과사전 기독교문사, 서울, 1983.

김원모(편), 근대한국외교사연표, 단국대학교 출판부, 서울, 1984.

朴大憲, 서양인이 본 조선, 壺山房, 서울, 1996.

司馬榜目

세계대지도, 서문당, 서울, 1985.

유홍렬, 한국천주교회사, 가톨릭출판사. 서울, 1962.

이선근, 한국사 : 최근세편 · 현대편, 을유문화사, 서울, 1961.

이홍직, 국사대사전, 지문각, 서울, 1965.

한국가톨릭대사전, 한국교회사연구소, 서울, 1985.

한국인물대사전, 중앙일보, 서울, 1999.

한국학대백과사전, 을유문화사, 서울, 1972.

American English Dictionary on Historical Principles, University of Chicago Press, Chicago, 1968.

Atlas of the Encyclopaedia Britannica, The University of Chicago Press, Chicago, 1963.

Barhart, Clarence L. (ed), *The New Century Cyclopedia of Names*, Appleton-Century-Crofts, Inc, New York, 1954.

Encyclopedia Britannica, The University of Chicago, Chicago, 1963.

Thomas, J., *Universial Pronouncing Dictionary of Biography and Mythology*,

J. B. Lippincott Co., Philadelphia, 1883.

Webster's Biographical Dictionary, G. and C. Merriam Co, Springfield, 1951.

신복룡(역주), 조선견문기, 집문당, 서울, 1999(H. N. Allen, *Things Korean*, Fleming H. Revel Co, New York, 1908).

신복룡(역주), 대한제국멸망사, 집문당, 서울, 1999(H. B. Hulbert, *The Passing of Korea*, William Heinemann Co, London, 1906).

신복룡(역주), 은자의 나라 한국, 집문당, 서울, 1999(W. E. Griffis, *Corea : The Hermit Nation*, Charles Scribner's Sons, New York, 1894).

安應烈 · 崔奭祐(역), 한국천주교회사, 분도출판사, 칠곡, 1979~1980(*Charles Dallet, Histoire de L'Eglise de Corée*, Victor Palme, Paris, 1874).

韓沽劤, 조선 기행, 일조각, 서울, 1974.

臧勵龢, 中國人名辭典, 商務印書局, 臺北, 1985.

孫平化, 日本人物辭典, 商務印書館, 北京, 1988.

李盛平, 中國近現代人名辭典, 新華書店, 北京, 1989.

찾아보기

ㄱ

ㄴ

ㄷ

역주자 **장우영(張又永)**

건국대학교, 동 대학원 졸업(정치학 박사)

현재 대구가톨릭대학교 정치외교학과 교수

대한정치학회 이사

대구광역시 선거토론방송위원

한국매니페스토실천본부 평가위원

전 국회 입법조사처 조사분석지원위원

역주자 **신복룡(申福龍)**

충북 괴산 출생/ 건국대학교 정치외교학과 · 동 대학원 수료(정치학박사)/ 고등고시위원 역임/ 건국대학교 정치외교학과 교수 역임/ 미국 Georgetown 대학교 객원 교수 역임/ 건국대학교 중앙도서관장 · 대학원장 역임/ 한국정치외교사학회 회장 역임/ 건국대학교 정치외교학과 석좌교수 역임

저서 및 역서

저서

『한말 개화사상연구』(평민사, 1987)/ 『전봉준평전』(지식산업사, 1996)/ 『한국분단사 연구 : 1943-1953』(한울, 2001, 한국정치학회 저술상 수상)/ 『한국사 새로보기』(풀빛, 2001)/ 『이방인이 본 조선 다시 읽기』(풀빛, 2002)/ 『한국정치사』(박영사, 2003)/ 『대동단실기』(선인, 2004)/ 『동학사상과 갑오농민혁명』(선인, 2006)/ 『서재 채워드릴까요?』(철학과 현실사, 2006)/ *The Politics of Separation of the Korean Peninsula 1943-1953*(Edison, NJ : Jimoondang International & Seoul : Jimoondang, 2008)/ 『한국정치사상사』(지식산업사, 2011, 한국정치학회 인재상(仁齋賞) 수상)/ 『해방정국의 풍경』(지식산업사, 2016) 외 다수

역서

『민족자결주의』(A. Cobban, *National Self-Determination*, 1968 : 共)/ 『외교론』(H. Nicolson, *Diplomacy*, 1979)/ 『군주론』(N. Machiavelli, *The Prince*, 1980)/ 『칼 마르크스』(I. Berlin, *Karl Marx*, 1982)/ 『공산주의 간부 제도 연구』(Cho Jaekwan, *A Comparative Analysis of the Communist Cadre System*, 1985)/ 『모택동자전』(E. Snow, *Red Star over China : Genesis of A Communist*, 1985)/ 『데니의 생애와 활동』(R. Swartout, *O. N. Denny and the International Rivalries in Korea*, 1988 : 共)/ 『묵시록의 4기사』(E. Penchef, *Four Horsemen : Pollution, Poverty, Famine, Violence*, 1988)/ 『한국분단보고서』(1992 : 共)/ 『현대정치사상』(L. P. Baradat, *Political Ideologies*, 1995 : 共)/ 『정치권력론』(C. E. Merriam, *Political Power*, 2006)/ 『入唐求法巡禮行記』(2007)/ 『林董秘密回顧錄』(2007 : 共)/ 『한말외국인기록』 전 23권 외 다수